한국수어의 구조와 의미

인지언어학적 탐색

한국수어의 구조와 의미

인지언어학적 탐색

임지룡 지음

한국문화사

한국수어의 구조와 의미:
인지언어학적 탐색

1판 1쇄 발행 2025년 11월 11일

지 은 이 | 임지룡
펴 낸 이 | 김진수
펴 낸 곳 | 한국문화사
등   록 | 제1994-9호
주   소 | 서울시 성동구 아차산로49, 404호(성수동1가, 서울숲코오롱디지털타워3차)
전   화 | 02-464-7708
팩   스 | 02-499-0846
이 메 일 | hkm7708@daum.net
홈페이지 | http://hph.co.kr

ISBN 979-11-6919-362-7 93700

• 이 책의 내용은 저작권법에 따라 보호받고 있습니다.
• 잘못된 책은 구매처에서 바꾸어 드립니다.
• 책값은 뒤표지에 있습니다.

오류를 발견하셨다면 이메일이나 홈페이지를 통해 제보해 주세요.
소중한 의견을 모아 더 좋은 책을 만들겠습니다.

머리말

　이 책은 인지언어학적 관점에서 한국수어의 구조와 의미를 탐색한 것이다. 인지언어학은 언어가 사람의 몸과 마음, 그리고 언어공동체의 삶과 문화를 반영하고 있으며, 언어와 인지가 신체화된다는 언어 이론이다. 수어는 몸짓-시각적 양식을 통해 인간의 사고 과정을 나타내는 특유한 방식 때문에 최근 들어 인지언어학자들 사이에서 관심이 높아지고 있다. 오랫동안 인간 언어의 소외된 반쪽으로 남아 있던 수어에 대해 인지언어학·인지심리학·뇌과학적 관점이 도입됨으로써 언어의 본질과 인간의 인지 구조를 온전히 해명할 수 있을 것으로 기대를 모은다.

　십여 년 전 수어의 작용 방식을 눈여겨보면서 틈틈이 수어의 세계를 탐색해 왔다. 그동안 보고 듣고 생각한 바를 정리해 10장으로 구성해 보았다. 각 장의 대상은 다르지만, 그것을 바라보는 시각은 인지언어학적 관점을 공유하고 있다.

　제1장은 '수어의 기본 개념'으로서, 수어의 정의·구조·탐구의 목적을 기술한 것이다. 제2장은 '수어의 힘'으로서, 말의 갈래와 힘을 바탕으로 농인들에게 생존·삶·문화적 측면에서 수어가 발휘하는 힘을 살펴보고, 농인들과 건청인들이 차별 없이 살았던 '마서즈 비니어드' 섬사람들의 이야기를 기술하였다. 제3장은 '수어 탐구의 방법론'으로서, 수어 탐구의 역사적인 관점을 개관하고, 수어 탐구에 대한 '구조언어학' '인지심리학' '인지언어학'의 주요 특징을 검토한 것이다. 제4장은 『한국수화사전』의 성격과 해석'으로서, 『한국수화사전』(2005/2007)을 대상으로 사전의 기본 정보, 어휘의 구성 및 의미 관계, '한국어 학습용 어휘'와의 상관성, 의의와 한계를 기술한 것이다. 제5장

은 '북한『손말사전』의 성격과 특성'으로서, 북한의 손말사전 4종을 대상으로 그 구성과 내용 및 특성, 남북한 수어 및 손말의 일치도, 장점과 문제점을 살펴보고 남은 과제를 제시한 것이다. 제6장은 '수어 의미 관계의 양상과 특성'으로서, 한국수어의 다의 관계 및 동음이의 관계, 동의 관계, 대립 관계, 상하 관계의 양상과 특성을 검토하여, 수어 의미 관계의 독자성을 밝히고 남은 과제를 기술한 것이다. 제7장은 '한중 수어의 대립어 양상 비교'로서, 한중 수어의 '공간 속성' 대립어와 '공간 방위' 대립어의 양상, 그리고 그 공통성과 특이성을 기술한 것이다. 제8장은 '수어의 도상적 양상과 의미 특성'으로서, 수어 도상성의 분석 기제, 양상과 의미 특성을 기술한 것이다. 제9장은 '수어의 비유적 도상성'으로서, 수어의 '도상성', '비유', '비유적 도상성'의 성격을 바탕으로 환유적 도상성과 은유적 도상성의 양상과 특성을 밝힌 것이다. 제10장은 '수어 탐구의 내일을 향하여'로서, 수어 탐구의 과제 12가지를 제시하고 그 미래의 방향을 전망한 것이다. 부록은 '한국수화언어법'으로서, 2016년 2월 3일 제정되고 개정된 '한국수화언어법(법률 제19592호)'의 총칙, 기본계획의 수립 등, 한국수어의 발전 및 보급, 보칙, 부칙이다.

2005년 제9차 서울 국제인지언어학대회에서 주제 강연자의 특강을 좌우에 앉은 두 명의 수어 통역사가 동일한 손짓과 표정으로 통역하는 것을 보고 깊은 감명을 받은 적이 있다. 적지 않은 시간이 흐른 뒤, 문외한으로서 캄캄한 어둠 속의 수어 세계를 탐구하며 힘들고 외로웠던 적이 한두 번이 아니었다. 이 길을 앞서간 수많은 이들의 발자취를 따라 걸으면서 "자세히 보아야/예쁘다//오래 보아야/사랑스럽다//너도 그렇다."의 '풀꽃'(나태주)처럼 자세히, 그리고 오래 보면서 '수어'가 아름답고 소중한 언어라는 것을 깨닫게 된 것은 축복이 아닐 수 없다.

주변을 돌아보면 수어로 소통하면서 뜻깊고 아름답게 살아가는 사람들이 많다. 그분들을 통해 수어의 힘과 소중함을 절감하게 된다. 표지의 '수어 연합 깃발(Sign Union flag)'은 프랑스의 '농맹장애(deafblind)' 예술가 아르노 발라르(Arnaud Balard)가 2년 동안 온 누리의 깃발과 '기학(旗學, vexillology)'의 원리를 연구한 뒤 2013년에 디자인한 것이다. 손의 윤곽에다가 세 가지 색상을 형상화하였는데, 무한히 뻗어 가는 손가락은 수어를 사용하는 5개 대륙의 연결을 상징하며, '감청색'은 '청각장애와 인간애', '청록색'은 '수어', '노란색'은 '깨달음과 희망'을 상징한다. 발라르는 이 깃발이 농인을 사랑하는 개방·포용·통합의 국제적 표상이 되기를 의도했으며, 2023년 7월 9일 세계 농인연맹에 의해 승인되었다. 오늘날 이 깃발은 발라르의 염원대로 온 누리에 게양되고 있으며 수어를 사용하는 이들에게 자랑스러운 표식으로 자리매김했다.

이 책을 쓰는 동안 신안군 자은도를 탐방한 적이 있다. 해변에 "파도 소리를 보며 걷는 둘레길 -자은 백길해변-"이라고 적힌 자그마한 표지판이 붙어 있었다. 그 말을 곱씹으면서 잔잔한 파도가 일렁이는 백사장 고운 모래 해변을 하염없이 걸었다. 두 손으로 귀를 막았는데 신기하게도 밀려오는 '파도의 소리'가 보였다. 노을이 곱게 그 해변을 물들이는 순간 소리가 막힌 채 '소리 보는 체험'을 하면서 전율하였다.

끝으로, 이 책을 쓰는 데 도움을 주신 나라 안팎의 선학들께 감사드린다. 여러 측면에서 자문해 주신 윤희수 교수님, 황용하 교수님, 김령 선생님 그리고 자료 수집·편집·교정·찾아보기를 도와주신 송현주 교수님, 임태성 교수님, 김령환 교수님, 리우팡(劉芳) 교수님께 감사드린다. 부족한 원고를 책으로 꾸며 주신 한국문화사의 김형원 과장님, 편집을 맡아 주신 한병순 부장님, 표지를 디자인해 주신 강인혜 과장님께 감사드린다. 이러한 정성이 함께한 이 책이 우리 학계에 보여주고 보는 언어, '수어' 탐구의 새 지평을 여는 계기가 마련되기를 희망한다.

2025년 10월 1일
밝고 따뜻한 뜨락 '혜화정'에서 임지룡

차례

머리말   5

제1장 수어의 기본 개념

1. 들머리   17
2. 수어의 정의   18
    2.1. 수어와 한국수어   18
    2.2. 수어에 대한 몇 가지 오해   20
    2.3. 수어의 특징   24
3. 수어의 구조   28
    3.1. 수어소   28
    3.2. 수어의 형태   30
    3.3. 수어의 어휘   32
    3.4. 지문자   34
    3.5. 수어의 문법과 문장   36
4. 수어 탐구의 목적   39
5. 마무리   40

제2장 수어의 힘

1. 들머리   43
2. 말의 갈래와 힘   44
    2.1. 말의 갈래   44
    2.2. 말의 힘   45
3. 수어가 발휘하는 힘   48

3.1. 보여주고 보는 언어, 수어의 힘	48
3.2. 수어 통역	55
3.3. 수어 연극	59
3.4. 수어 힘의 새 지평	61
4. 마서즈 비니어드 섬사람들	63
4.1. 개요	64
4.2. 청각장애의 기원	66
4.3. 청각장애의 대응	67
4.4. 수어 학습	68
4.5. '마서즈 비니어드'의 교훈	69
5. 마무리	71

제3장 수어 탐구의 방법론

1. 들머리	73
2. 역사적 관점	74
2.1. 수어에 대한 언급	74
2.2. 밀라노 총회	76
3. 구조언어학적 탐구	77
3.1. 윌리엄 스토키	77
3.2. 의의와 한계	82
4. 인지심리학적 탐구	83
4.1. 수어와 음성언어의 소요 시간	83
4.2. 수어 습득의 임계기	86
4.3. 수어의 언어적 처리 기관	90
5. 인지언어학적 탐구	91
5.1. 인지언어학과 수어	92
5.2. 환유	93
5.3. 은유	95
5.4. 도상성	99
5.5. 정신공간과 개념적 혼성	103

        5.6. 문법화   106
    6. 마무리   109

제4장 『한국수화사전』의 성격과 해석

    1. 들머리   111
    2. 『한국수화사전』의 기본 정보   113
        2.1. 『한국수화사전』의 초판과 개정판   113
        2.2. 『한국수화사전』의 구성   114
        2.3. 『한국수화사전』의 표제어 항목   117
    3. 『한국수화사전』 수어 어휘의 구성 및 의미 관계   123
        3.1. 수어 어휘의 구성   123
        3.2. 수어 어휘의 의미 관계   127
            3.2.1. 다의어   127
            3.2.2. 동형어   129
            3.2.3. 반형어   132
            3.2.4. 상하위어   134
    4. 『한국수화사전』 수어 어휘와 '한국어 학습용 어휘'의 상관성 136
    5. 마무리   140

제5장 북한『손말사전』의 성격과 특성   143

    1. 들머리   143
    2. 북한 『손말사전』의 성격   145
        2.1. 『손말사전(롱아학교용)』(2005)   145
            2.1.1. 구성   145
            2.1.2. 내용   148
        2.2. 『손말학습(참고자료)』(2005)   156
            2.2.1. 구성   156
            2.2.2. 내용   160
        2.3. 『조선손말(카드)』(2009)   162

2.3.1. 구성	162
2.3.2. 내용	164
2.4. 『손말사전(부문별손말)』(2019)	166
2.4.1. 구성	166
2.4.2. 내용	169
3. 북한 『손말사전』의 특성	180
3.1. 올림말의 배열 방식	180
3.2. 손말 동작의 기술 방식	182
3.3. 표제어 수	184
3.4. 손말 동작의 대비	185
3.5. 의미와 의미 관계	188
3.6. 손말과 수어의 일치도	190
4. 마무리	195

제6장 수어 의미 관계의 양상과 특성

1. 들머리	199
2. 다의 및 동음이의 관계	201
2.1. 다의 관계의 양상	201
2.2 동음이의 관계의 양상	206
2.3. 특성	207
3. 동의 관계	208
3.1. 양상	209
3.2. 특성	214
4. 대립 관계	216
4.1. 양상	216
4.2. 특성	220
5. 상하 관계	221
5.1. 양상	221
5.2. 특성	225
6. 마무리	226

11

제7장 한중 수어의 대립어 양상 비교

1. 들머리   229
2. 비교 대상 및 분석 기제   231
    2.1. 비교 대상   232
    2.2. 도상성과 개념적 비유   233
3. 한중 수어의 공간 속성 대립어 양상   237
    3.1. '크다/작다'와 '大/小'   238
    3.2. '길다/짧다'와 '長/短'   240
    3.3. '높다/낮다'와 '高/低(矮)'   241
    3.4. '넓다/좁다'와 '宽/窄'   242
    3.5. '굵다/가늘다'와 '粗/细'   243
    3.6. '깊다/얕다'와 '深/淺'   244
    3.7. '두껍다/얇다'와 '厚/薄'   245
    3.8. '멀다/가깝다'와 '遠/近'   246
    3.9. 한중 수어 공간 속성 대립어의 특성   247
4. 한중 수어의 공간 방위 대립어 양상   249
    4.1. '동/서'와 '東/西'   250
    4.2. '남/북'과 '南/北'   251
    4.3. '오른쪽/왼쪽'과 '右/左'   252
    4.4. '앞/뒤'와 '前/後'   252
    4.5. '위/아래'와 '上/下'   253
    4.6. '안/밖'과 '內/外'   254
    4.7. 한중 수어 공간 방위 대립어의 특성   255
5. 마무리   257

제8장 수어의 도상적 양상과 의미 특성

1. 들머리   259
2. 수어 도상성의 분석 기제   260
    2.1. 자의성과 도상성   260

            2.1.1. 자의성의 개념 260
            2.1.2. 자의성의 재고 261
            2.1.3. 도상성의 개념 262
            2.1.4. 자의성과 도상성의 새로운 관점 263
            2.1.5. 자의적 수어와 도상적 수어 264
        2.2. 도상성의 유형과 도상적 수어의 작용 원리 266
            2.2.1. 수어 분석을 위한 도상성의 유형 266
            2.2.2. 도상적 수어의 작용 원리 268
    3. 수어의 도상적 양상 271
        3.1. 영상적 도상성 271
            3.1.1. 모양 272
            3.1.2. 동작 273
        3.2. 구조적 도상성 276
            3.2.1. 양적 도상성 276
            3.2.2. 순서적 도상성 277
            3.2.3. 거리적 도상성 277
        3.3. 비유적 도상성 278
            3.3.1. 환유적 도상성 278
            3.3.2. 은유적 도상성 279
            3.3.3. 복합적 도상성 280
    4. 수어의 도상적 의미 특성 280
        4.1. 수어 도상성의 특성 281
        4.2. 수어의 문화 간 변이 282
    5. 마무리 286

제9장 수어의 비유적 도상성

1. 들머리 289
2. 수어의 도상성·비유·비유적 도상성 291
    2.1. 수어의 도상성 292
    2.2. 수어의 비유 293

  2.3. 수어의 비유적 도상성   296
 3. 수어 비유적 도상성의 양상   298
  3.1. 환유적 도상성의 양상   298
  3.2. 은유적 도상성의 양상   302
 4. 수어 비유적 도상성의 특성   310
  4.1. 비유적 도상성의 특성   310
  4.2. 환유적 도상성의 특성   312
  4.3. 은유적 도상성의 특성   315
 5. 마무리   319

제10장 수어 탐구의 내일을 향하여

 1. 들머리   321
 2. 수어 탐구의 과제   322
  2.1. 수어 탐구의 기제   323
  2.2. 수어와 음성언어   324
  2.3. 수어와 제스처   326
  2.4. 수어 습득과 실어증   327
  2.5. 수어의 의미 관계   328
  2.6. 수어 사전   329
  2.7. 수어 교육   331
  2.8. 수어 통역   333
  2.9. 남북한 수어   336
  2.10. 한국수어의 계통   337
  2.11. 수어의 의미 변화   338
  2.12. 수어의 언어 간 대조   341
  2.13. 수어 공학   343
 3. 마무리   346

| 부록 | **한국수화언어법** 349
    제1장 총칙 349
    제2장 기본계획의 수립 등 351
    제3장 한국수어의 발전 및 보급 353
    제4장 보칙 356
    부칙〈법률 제13978호, 2016. 2. 3.〉 357
    부칙〈법률 제17722호, 2020. 12. 22.〉 358

참고문헌 359
찾아보기 381

제1장 수어의 기본 개념

1. 들머리

이 장은 '보여주는 언어' 및 '보는 언어'로서 수어의 기본 개념을 기술하는 데 목적이 있다. 수어는 청각장애인, 즉 농인이 사용하는 손짓 형식의 말이다. 곧 수어는 수어자가 말할 내용을 손과 표정 등으로 보여주고, 수신자가 보는 언어로서 그 내용을 동작으로 표현하고 시각으로 수용한다. 사고 과정의 '개념'에 기반을 둔 '전언(message)'을 '건청인'은 음성언어의 음성-청각적 양식을 통해서 소통하는 데 비해, '농인' 및 '농인-건청인'은 수어의 손짓-시각적 양식을 통해 소통한다. 따라서 음성언어와 수어 간에는 의사소통의 양식이 다르다.

수어의 기본 개념을 이해하기 위해 이 장에서는 구체적으로 다음 세 가지 사항에 대해서 논의한다.

첫째, 수어의 정의이다. 수어가 무엇인가에 대해서 살펴보기로 한다.

둘째, 수어의 구조이다. 수어의 기본적 양식인 '수어소' '형태' '어휘' '지문자' '문법과 문장'에 대해서 살펴보기로 한다.

셋째, 수어 탐구의 목적이다. 우리가 수어에 관심을 갖고 탐구하는 까닭에 대해서 살펴보기로 한다.

2. 수어의 정의

수어와 한국수어, 수어에 대한 몇 가지 오해, 수어의 특징을 통해 수어가 무엇인지 살펴보기로 한다.

2.1. 수어와 한국수어

'수어(手語, sign language)' 또는 '손말'은 손짓-시각적 양식으로 의미를 주고받는 언어이다. 수어는 주로 청각장애인, 즉 농인과 난청인이 사용하지만 장애나 질환으로 음성언어 사용에 어려움을 겪는 사람, 그리고 농인 가족과 함께 지내는 건청인 등이 사용한다. 공식적인 용어 '수어'는 '수화언어(手話 言語)'를 줄인 것이며, 2016년 2월 3일 '한국수화언어법(법률 제13978호)'이 제정되었다. 이 법은 농인들에게 가장 기본적인 언어권을 보장한다는 점에서 그 의의가 크다.

이 법에서는 '한국수어'를 (1)과 같이 정의하고 있다. 곧 '한국수어'는 대한민국 농인의 공용어로서, 대한민국의 농문화 속에서 시각과 동작 체계를 바탕으로 생겨난 고유한 형식의 언어이다. 따라서 '한국수어'는 대한민국의 공용어 '(한)국어'와는 독자적인 언어로 규정된다.

(1) a. 한국수화언어(이하 '한국수어'라 한다)는 대한민국 농인의 공용어이다. (제2조 ①)
   b. '한국수어'란 대한민국 농문화 속에서 시각·동작 체계를 바탕으로 생겨난 고유한 형식의 언어를 말한다. (제3조 1)

또한, 이 법에서는 '농인'과 '농문화'를 (2)와 같이 정의하고 있다. (2a)에서 '농인(聾人)'이란 청각장애를 가진 이로서 농문화 속에서 한국수어를 일상어로 사용하는 사람이며, '농문화'란 농인의 농정체성과 가치관을 기반으로 하는 생활양식의 총칭을 이른다. '농인'에 대응되는 '비농인'은 '건청인(健聽人)', 또는 '청인(廳人)'이라 한다.

    (2) a. '농인'이란 청각장애를 가진 사람으로서 농문화 속에서 한국수어를 일상어로 사용하는 사람을 말한다. (제3조 2)
          b. '농문화'란 농인으로서의 농정체성과 가치관을 기반으로 하는 생활양식의 총칭을 말한다. (제3조 4)

'수어'를 '한국수화언어법'에서는 (3)에서 보듯이 "(한)국어와 동등한 자격을 가진 농인의 고유한 언어"라는 점을 명시하고 있다. 우리나라에서는 일제 강점기부터 '수화(手話)'라는 용어를 사용해 오다가 2013년에 '한국수어법안'이 국회에서 발의되고 2015년 12월 31일에 통과되면서, '수어(手語)'가 공식적인 용어가 되기에 이르렀다. '수어'라는 용어의 '어(語)'는 '언어', '국어', '한국어'와 같이 '말'이라는 점을 명백히 하고 있다.[1]

    (3) 이 법은 한국수화언어가 국어와 동등한 자격을 가진 농인의 고유한 언어임을 밝히고, 한국수화언어의 발전 및 보전의 기반을 마련하여 농인과 한국수화언어사용자의 언어권과 삶의 질을 향상시키는 것을 목적으로 한다. (제1조)

수어는 음성언어와 양식 및 구조에서 차이를 지니고 있다. '건청인'은

---

[1] '한국수화언어법'(전문개정 2020.12.22.) 제17조에는 "농인등의 한국수어 사용 권리를 신장하고 한국수어에 대한 국민의 인식을 고취하기 위하여 매년 2월 3일을 *한국수어의 날*로 하며, 한국수어의 날이 속한 주간을 *한국수어 주간*으로 정한다."라고 하여 '한국수어의 날'과 '한국수어 주간'을 명시하고 있다.

음성언어, 즉 귀로 들리는 말소리를 습득하여 음성기관을 통해 말하는 반면, '농인'은 타고날 때부터 또는 후천적으로 청각장애를 입게 되어 '들리는 말'이 아니라, 눈을 통해 '보는 말'인 수어를 습득 또는 학습해 손짓으로 '보여주는 말'을 사용한다. 수어를 사용하는 농인들에게 한국수어는 제1 언어이며, 한국어는 제2 언어가 된다. 따라서 한국수어는 한국어와 다른 체계를 지닌 별개의 말로서, 한국어의 음운·형태·통사·의미에 대응하는 한국수어 고유의 체계를 가진다. 이 점에 대해서는 (3)의 "국어와 동등한 자격을 가진 농인의 고유한 언어"라는 기술의 '고유한 언어'에 주목할 만하다.

요컨대 수어는 음성언어와 별개로 농인 공동체에서 발생한, 자연스러운 농인의 언어이며,[2] '한국수어(Korean Sign Language, KSL)'는 대한민국 농인의 공용어이다.

2.2. 수어에 대한 몇 가지 오해

2016년 2월 3일 '한국수화언어법(법률 제13978호)'이 제정되기 전까지 농인들의 언어권은 열악한 상태에 놓여 있었다. '수어'에 대한 다음 두 가지 오해도 이 연장선 위에 있다.

첫째, 수어는 언어가 아니라는 생각이다. 실제로 수어는 오랫동안 언어로 간주되지 않았다. 곧 수어를 음성언어의 음운, 어휘, 형태 및 통사 자질이 결핍되어 있는 제스처의 일종으로 여겼다.

이러한 주장은 서양 철학의 뿌리로서 '마음'과 '몸'을 철저히 구분하는 '데카르트의 이원론(Cartesian dualism)'에 근거를 둔 것이라 하겠다. 데카

---

[2] 농아가 건청인 부모의 가정에서 농인 공동체와 소외된 채 가족과 손짓 및 몸짓에 의해 의사소통이 이루어지고 나름의 어휘와 문법 체계가 갖추어진 경우를 '가정 수어(home sign)' 또는 '부엌 수어(kitchen sign)'라고 하며, 농인 공동체의 수어와 공통성이 있는 것으로 알려져 있다(Torigoe & Takei 2002, Hoff 2013 참조).

르트의 '마음-몸' 이원론과 '언어(language)', '수어(sign)', '제스처(gesture)'의 뒤엉킨 관계는 〈표 1〉과 같다(S. Wilcox & Occhino 2017: 102 참조).

〈표 1〉의 '데카르트 사상(Cartesian thought)'은 언어학 분야에서 '언어(language)', '구어(speech)', '제스처(gesture)', '수어(sign)'에 대해 (4)와 같은 가정을 낳게 되었다.

〈표 1〉 언어, 수어, 제스처에 적용된 마음-몸 이원론

마음	몸
언어	제스처
구어(음성언어)	수어
생각의 습득	구체적
사고의 표현, 사고의 도구	사고를 발생시키지 못함
사회로 복귀: 고요함, 신중함, 진리(인간다움)	반항적이고, 타락하기 쉬우며, 존엄하지 않음(동물다움)
정확성(문법)	문법(수, 성, 명사, 동사 등)의 결핍; 무언극과 비슷함
추론, 반성, 추상, 일반화, 개념화, 합리성의 유도와 허용	감각적·물리적이며, 상상력과 환상을 찬양하고, 열정을 조장하며, 해로운 정신 인상을 조장함
영혼, 정신	육체적인 몸, 살, 물질세계

(4) a. 언어는 구어와 동등하다.
    b. 제스처는 언어가 아니다.
    c. 수어는 제스처이므로 언어가 아니다.
    d. 구어(언어)는 마음에 관한 것이며, 수어(제스처)는 몸에 관한 것이다.

1960년대 미국의 구조언어학자 찰스 하킷(Charles F. Hockett)은 '언어의 구성 자질(design features of language)'[3]을 제시하였는데, 이 자질의 기준에서 수어는 언어가 아니라 제스처라는 결론에 이르게 되었다. 곧 수어는 '음성-청각 전달 경로(vocal-auditory channel of transmission)', '자

의성(arbitrariness)', '조형의 이중성(duality of patterning)' 등 언어 특유의 결정적인 구성 자질이 결핍되어 있다는 것이다.

그러나 수어는 '몸짓-시각 전달 경로(gestural-visual channel of transmission)', '자의성 및 도상성(arbitrariness and iconicity)', '조형의 이중성(duality of patterning)' 등 수어 특징적인 구성 자질을 가지고 있다. 곧 수어는 본능적으로 내는 몸짓 언어나 야구에서 투수와 포수 간, 그리고 포병 숫자와 같은 '수신호'와 구별된다. 수어는 그 자체의 구조와 의미, 그리고 문법과 화법을 가진 독자적인 언어이다. 또한, 농인들이 사용하기도 하는 '구화(口話, lipreading)'는 수어와 별개인데, 이는 건청인이 사용하는 목소리의 입 모양을 보고 음성언어의 뜻을 파악해 의사소통하는 방식이다. 구화는 그 시점이 건청인 중심이며, 농인에게 구화 교육은 시간이 오래 걸릴 뿐 아니라 시각에 제한된 것으로서 불완전하며 비효율적이다. 더욱이 구화에 의존하는 농아들은 수어 교육의 시기를 놓치게 된다.

둘째, 수어는 대체로 동일할 것이라는 생각이다. 오랫동안 수어는 전 세계적으로 공통적인 '제스처(gesture)' 또는 '몸짓 언어(body language)'라는 생각이 널리 퍼져 있었다. 그러나 수어는 농인 공동체에서 발생하는 자연언어이므로, 지역마다 고유한 수어가 존재한다.

〈그림 1〉에서 보듯이, '침대'라는 단어에 대해 한국, 북한, 미국의 수어는 서로 다르다.

한국의 수어 '침대'는 손바닥이 위로 향하게 편 왼 손바닥에 오른손의 1·2지를 펴서 등을 대고 두 손을 동시에 상하로 두 번 움직이는 모양인

---

3   '구성 자질'의 개념과 목록은 Hockett(1959)의 "동물 언어와 인간 언어" 및 Hockett & Hockett(1960)의 "말의 기원"이라는 논문에서 비롯되었다. 그런데, Hockett(1978)은 "주피터의 이마를 찾아서"에서 수어 자료를 검토한 뒤, 모든 언어가 음성-청각적 채널을 통해 전달된다는 '구성 자질(design feature)'을 폐기했다(S. Wilcox 2004: 142 참조).

반면, 북한의 수어, 즉 손말 '침대'는 4·5지를 세우고 1·2·3지를 눕혀 양손으로 손가락 끝을 서로 붙이는 모양이며,[4] 미국의 수어 'bed'는 오른 손바닥 전체를 오른쪽 뺨에 댄 모양이다.

〈그림 1〉 한국, 북한, 미국의 수어 '침대'

에스놀로그(Ethnologue)[5] 28판(2025.2.21.)에 따르면 세계의 음성언어는 7,159개이며 수어는 160개로 집계되었는데,[6] 해마다 새로운 수어가 발견됨으로써 이 수치는 증가할 것이라고 한다. 음성언어처럼 수어도 공통 어족을 형성하고 있다. 예를 들어, 프랑스수어 어족에는 프랑스수어(FSL), 미국수어(ASL), 브라질수어(BSL), 튀니지수어(TSL), 러시아수어(RSL) 등이, 영국수어(BSL) 어족에는 호주수어(AUSLAU), 뉴질랜드수어(NZSL), 스리랑카수어(SLS) 등이 포함된다(S. Wilcox & Martínez 2021: 500 참조).

음성언어의 '미국영어'와 '영국영어' 간의 상관성과 달리, 미국수어는 프

---

4 수어를 설명할 때는 집게손가락이 1지, 가운뎃손가락이 2지, 약손가락이 3지, 새끼손가락이 4지, 엄지손가락이 5지이다.

5 '에스놀로그(Ethnologue)'는 '민족어'라는 뜻으로 'Languages of the World(온 누리의 언어)'라는 이름을 붙이고 있는, 전 세계의 현대어에 관한 통계와 여러 정보를 제공하는 연간 온/오프라인 출판인쇄물로 세계에서 가장 포괄적인 언어정보지이다. 1951년에 처음 발행되었으며, 국제 SIL(미국 복음주의 기독교 영리 기구)이 출판하고 있다.

6 Pfau, Steinbach & Woll(eds.)(2012))의 *Sign Language: An International Handbook*의 '수어 색인 1120-1124쪽'에는 106가지 수어가 실려 있다.

랑스수어와 자매관계에 있지만 영국수어와는 서로 다르며 역사적으로 친족어가 아니어서 상호 이해가 어렵다고 한다(S. Wilcox & Occhino 2017: 99 참조). 또한, 한국수어와 대만수어는 일본수어와 자매관계인데, 한국수어와 일본수어의 차이는 방언 수준의 차이로서, 기초어휘의 많은 부분이 유사하며, 완전히 다른 항목들도 있다고 한다(Sasaki 2007: 123 참조).

이것은 수어의 교육 및 정착과 관련이 있다. 미국수어는 프랑스수어 사용자에 의해 정착되었는데, 프랑스수어를 사용하는 농인 강사 로랑 클레르(Laurent Clerc, 1785~1869)가 미국의 교육자 토마스 갤로뎃(Thomas Gallaudet, 1787~1851)의 권유로 미국 농아학교 교육에 종사함으로써 프랑스수어가 미국수어와 자매관계에 놓이게 된 것이다(Lane *et al.* 1996: 57, 175 참조). 또한, 한국수어와 대만수어는 일제 강점기에 일본이 농아학교를 세워 교육한 데 말미암은 것이다.

2.3. 수어의 특징

수어의 특징을 음성언어와의 상관성을 중심으로 살펴보기로 한다.

먼저, 수어와 음성언어의 차이점이다.

첫째, 음성언어의 감각 양상은 '음성-청각적 양식'을 통해 의사소통하는 반면, 수어는 공간 언어로서 '몸짓-시각적 양식'을 통해 의사소통한다. 이는 음성언어가 '전언'을 말하고 듣는 양식을 통해 소통하는 반면, 수어는 보여 주고 보는 양식을 통해 소통함을 뜻한다.

이와 관련하여 윌콕스(S. Wilcox 2018: 35)에서는 모든 의사소통은 몸을 움직이는 것이라 하고 전달 매체에 따른 청각적·시각적 의사소통의 체계를 〈그림 2〉와 〈그림 3〉으로 대비하고 있다.

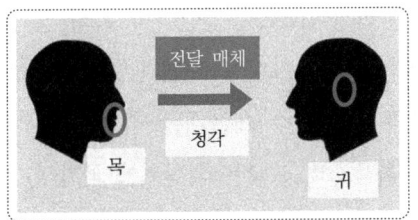
<그림 2> 청각적 의사소통

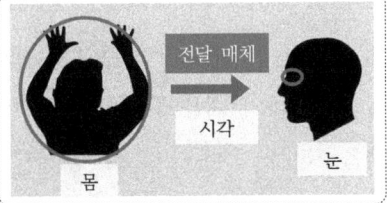
<그림 3> 시각적 의사소통

둘째, 음성언어는 정보의 전달이 '선형성'과 '분절성'을 특징으로 하는 반면, 수어는 정보의 전달이 '동시성'과 '중층성'을 특징으로 한다. 음성언어의 경우 '전언'을 순차적인 흐름에 따라 연결하고, 정보를 음성·음절·단어·문장 층위에서 조합하여 전달한다. 그 반면, 수어는 음성언어와 마찬가지로 시간 축에 따라 선형성을 갖는 경우도 있지만, 대부분의 경우 중층성, 즉 많은 양의 정보를 동시에 포장하거나 수어 단어 하나에 몇 가지 정보를 동시에 제시함으로써 시간과 노력이 절약된다.[7]

---

[7] '동시성' 또는 '중층성'을 수어 시인 '손청'은 "나의손, 수어시(평택시사신문, 2025. 4.9.)"에서 '*다층선(多層線)*'이라고 하며, 건청인 시와 수어 시의 차이를 다음과 같이 기술하고 있다.

"청인의 시는 문자로 표현되는 이차원적인 예술이다. 독자는 문자를 통해 장면을 상상하고, 감정을 느끼게 된다. 하지만 수어시는 시각적 표현에 기반한 삼차원의 예술로, 마치 영화처럼 생생하고 직관적인 표현을 가능하게 한다. 언어와 이미지가 어우러진 이 예술은, 문자보다 더 확장되고 풍부한 감각을 전해준다.

전통적인 문학 시는 보통 선형 구조를 따라, 위에서 아래로 단어가 이어진다. 반면 수어시는 선형적인 표현뿐만 아니라, *다층선*이라는 수어만의 방식도 사용할 수 있다. 양손을 이용해 서로 다른 이미지를 동시에 표현하거나, 여러 의미를 동시에 전달하는 방식이다.

제가 좋아하는 수어시 '희망꽃'에는 다음과 같은 대사가 있다. "너의 아이가 태어났어 / 꽃과 행복한 미소 / 아이의 이름, 희망꽃" 음성으로 낭송한다면 한 줄씩 순서대로 읽어야 하지만, 수어시에서는 여러 이미지를 동시에 펼쳐낼 수 있다. 왼손은 아기를 안는 모습을 하고, 오른손은 위로 활짝 핀 꽃을 표현하며, 얼굴에는 따뜻한 미소를 띤다. 두 손의 동작과 하나의 표정이 동시에 어우러져, 하나의 아름답고 완전한 장면을 만들어낸다. 이것이 바로 우리가 말하는 '*다층선*'이며, 수어시만의 입체적 표현 방식이다."

셋째, 수어는 '몸짓-시각적' 의사소통 체계이므로 음성언어의 '음성-청각적' 체계에 비해 도상적 구조의 잠재력이 매우 크다고 하겠다. 예를 들어, '소리-소리'의 대응에 의한 음성언어의 도상성은 '개굴개굴'이 '개구리'의 울음소리를, '음매'가 '소'나 '송아지'의 울음소리를 닮은 의성어에 국한되지만, '시각-시각'의 대응에 의한 수어는 '배를 부풀리는 동작'이 '개구리'를, '토끼의 귀를 나타내는 동작'이 '토끼'를 나타내는 것과 같이 도상성 친화적이다. 실제로 수어에서 도상성은 어휘 및 문법 층위에서 널리 퍼져 있다.

맥스위니 외(MacSweeney et al. 2008: 433)[8]에서는 "수어의 뇌: 수어의 신경생물학"에서 수어와 음성언어 간 '산출', '지각', '도상적 표상의 잠재력'에 관한 양식 차이의 영향 분석을 〈표 2〉와 같이 제시한 바 있다.

〈표 2〉 수어와 음성언어 간 양식 차이의 영향 분석

수어	음성언어
산출	
① 호흡과 연결되지 않은 조음 리듬; 진동자 없음	① 호흡 및 진동하는 아래턱과 연결된 조음 리듬
② 완전히 볼 수 있는 조음기관들	② 대부분 숨겨진 조음기관들
③ 큰 조음기관들	③ 작은 조음기관들
④ 짝지어진 다중 조음기관들	④ 단일 조음체계
지각	
① 수어자는 현재 눈에 보여야 함	① 수신자는 화자를 볼 필요가 없음
② 높은 공간 해상도; 낮은 시간 해상도	② 높은 시간 해상도; 낮은 공간 해상도
③ 시각적 사건들은 지각의 대상물임	③ 청각적 사건들은 지각의 대상물임
도상적 표상의 잠재력	
① 시각적 표상들은 도상성에 더 쉽게 접근할 수 있음	① 청각적 표상은 일반적으로 자의적 상징-지시물 연결에 의존함
② 지시에 사용되는 지표 기호	② 지시에 사용되는 동시 음성 제스처
③ 모방 부호화와 아날로그 부호화 가능성	③ 분할, 조합, 범주적 부호화에 적합함

---

8   M. MacSweeney는 영국 런던대학교 인지신경과학 연구소, C. M. Capek는 영국 런던대학교 인지·지각 및 뇌과학 연구 학과, R. Campbell & B. Woll은 영국 런던대학교 청각장애·인지 및 언어 연구 센터 소속이다.

다음으로, 수어와 음성언어의 공통점이다.

첫째, 음성언어와 마찬가지로 수어도 '자연언어(natural language)'라는 점이다. 음성언어는 언어공동체에서 저절로 생겨난 자연언어인 반면, 수어는 오랫동안 '언어'로서 취급받지 못하였다. 그러나 수어는 음성언어를 수신호로 바꾼 것이라거나, 음성언어의 보조 수단이 아니라 수어 공동체에서 저절로 생겨난 '자연언어'이다. 수어도 음성언어와 같이 고도의 문법성을 갖추고 있는데, 구체적으로 음운적·형태적·통사적·의미적 분석 층위를 가지며, 이 층위들은 유기적으로 작용하여 음성언어와 동일한 의사소통적 기능을 수행한다.

둘째, 실어증의 사례 연구에서, 두뇌의 좌반구 손상을 입은 농인이 음운이나 문법 처리가 불가능한 것으로 나타나 수어도 음성언어와 마찬가지로 두뇌의 좌반구에서 언어를 처리하고 있음이 드러났다(Poizner et al. 1987: 61-109 참조).

셋째, 음성언어와 마찬가지로 수어의 습득 연령이 동일한 것으로 확인되었다. 수어 습득의 시작 시점이 중요한 관심사인데, 부모가 자연언어로서 수어를 사용하는 선천적으로 수어 환경의 '수어 모어 화자(native signer)'의 경우 수어 습득 순서나 시점이 음성언어와 다르지 않다고 한다. 유아기에 수어에 노출되었던 어린이는 건청인 어린이가 말을 시작하는 만큼 어린 시기에 수어를 시작했다. 더욱이 농인 유아와 농인 부모가 있는 건청 유아는 평균적인 건청인 아동이 말을 시작할 수 있는 것보다 몇 개월 더 빨리 수어로 의사소통을 시작할 수 있다고 한다(Groce 1985: 144 참조). 윌버 & 존스(Wilbur & Jones 1974) 및 알그렌(Ahlgren 1977)의 연구는 발음하는 능력보다 손을 민첩하게 사용하는 것이 유아에게 더 빨리 발달한다는 것을 보고했다. 또한, 수어 역시 음성언어와 마찬가지로 습득에서 '임계기'의 중요성이 확인되었다(Mayberry & Eichen 1991: 486-512 참조).

요컨대 수어와 음성언어 간에는 공통점이 많지만 중요한 차이점도 존재하므로, 온전한 인간 언어는 이 둘의 조합이라 하겠다. 윌콕스(S. Wilcox 2004: 120)에서는 수어와 음성언어는 '신체화된 인지(embodied cognition)'라는 공통된 기반에 의해 통합된다고 하였다. 또한, 샌들러(Sandler 2003: 383)는 "수어와 음성언어의 상보성"에서 인간 의사소통의 보편적인 특징을 더 잘 이해하기 위해서는 두 자연언어의 양식이 합쳐질 때 비로소 인간 언어능력의 전체적인 양상이 제대로 드러날 것이라 하였다.

3. 수어의 구조

수어소, 수어의 형태, 수어의 어휘, 지문자, 수어의 문법과 문장을 통해 수어의 구조에 대해서 살펴보기로 한다.[9]

3.1. 수어소

음성언어 또는 입말에서 말소리의 최소 단위를 '음소(音素, phoneme)'라고 하는데, 음성언어의 음소에 해당하는 수어의 구조적 등가물, 즉 수어의 의미 차이를 가져오는 시각적 변별 요소를 '수어소(手語素, chereme)'라고 한다. 수어는 기본적으로 다섯 가지 '매개변인(parameter)'으로 구성되어 있다. 손과 손가락 모양인 '수형', 손바닥의 방향인 '수향', 손의 움직임인 '수동', 손의 위치인 '수위', 비수지 요소인 '표정'이 그것이다. 이 다섯 가지 매개변인은 개별적으로, 그리고 복합적으로 의미 변별의 언어적 기능

---

9 한국수어의 구조에 대해서는 최상배·안성우(2003: 93-167), 이준우·남기현(2014: 53-308), 윤병천·김칠관(2022: 65-205), 한국수어의 문법에 대해서는 원성옥 외(2020), 원성옥 외(2021) 참조.

을 수행한다. 즉, 손 모양의 위치와 방향, 움직임에 따라, 그리고 표정의 변인에 따라 다양한 의미의 수어가 만들어진다. 이러한 매개변인 중 하나를 바꾸면 다른 기호가 유발되므로, 이 매개변인은 최소 대립쌍으로서 음성언어의 '음소적(phonemic)' 등가물이다.[10]

예를 들어, 〈그림 4〉의 '턱'을 중심으로 한 수어 단어들을 보기로 한다(국립국어원 2014: 10-11 참조).

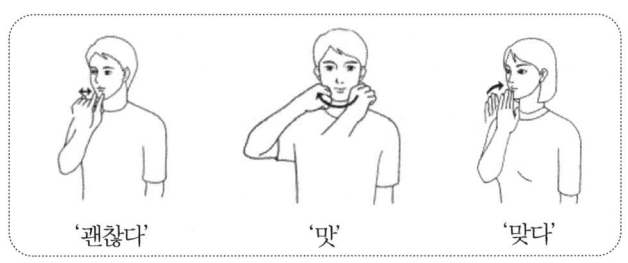

'괜찮다'   '맛'   '맞다'

〈그림 4〉 '턱'을 중심으로 한 수어 단어들

〈그림 4〉에서 '괜찮다'는 오른 주먹의 4지를 펴서 끝 바닥을 턱에 가볍게 두 번 대며, '맛'은 오른 주먹의 1·5지 옆면을 턱 왼쪽에 댔다가 오른쪽으로 이동시키며, '맞다'는 5지를 접고 나머지 손가락을 펴서 손바닥이 왼쪽으로 향하게 세운 오른손의 1지 옆면을 턱 중앙에 댄다. 이와 같이 동일한 신체 부위를 중심으로 동작을 취하더라도 구체적으로 어떤 움직임을 보이느냐에 따라서 별개의 단어가 만들어진다.

또한, 수어는 표정이 의미의 변별 기능을 수행한다. '냄새'의 경우, '구수한 냄새'는 오른 주먹의 1·2지를 펴서 끝이 콧구멍으로 향하게 하여 두 번 밀어 올리며, '더러운 냄새'는 오른 주먹의 1·2지를 펴서 끝이 콧구멍으

---

10 이것은 수어와 음성언어가 조직되는 방식과 시각적 동기에서 차이가 있음에도 불구하고 이 둘은 동일한 근본적 조직 원리의 지배를 받음을 뜻한다.

로 향하게 하였다가 밖으로 튕겨 내며 두 손가락을 벌려 편다. 서로 다른 냄새에 대해 손동작의 표현은 거의 비슷하지만, 앞의 경우는 기분 좋은 표정을 짓는 반면, 뒤의 경우는 기분 나쁜 표정을 지어 그 의미 차이를 나타낸다. 2020년 3월 9일 코로나19의 바이러스 감염증 현황과 대응의 정부 브리핑에서 수어 통역사만이 마스크를 끼지 않았는데, 그 까닭은 마스크를 쓰면 표정이나 입 모양 등이 제대로 드러나지 않아 전달력이 절반 이하로 떨어지기 때문이다.

3.2. 수어의 형태

수어의 형태에 관한 수어 단어의 분절 구조는 단일 구조와 복합 구조로 대별할 수 있다.[11] 수어 단어의 분절 구조는 '정지 분절'과 '이동 분절'로 나뉘며, 분절의 '수형·수위·수향·비수지 기호'를 '조음 자질' 또는 '조음소'라 한다. 〈그림 5〉와 같이 '정지 분절'은 조음 자질들이 하나의 집합체로 이루어져 있으며, 〈그림 6〉과 같이 '이동 분절'은 두 개 조음 자질의 집합체로 이루어진다 (Liddell & Johnson 1989: 211, 원성옥 2013a: 31-37 참조).

분절 자질
조음 자질

〈그림 5〉 정지 분절

분절 자질	
1차 조음 자질	2차 조음 자질

〈그림 6〉 이동 분절

수어의 '이동-정지 모형'에 의한 단일어의 구조는 다음 네 가지를 들 수

---

11 음성언어에서 의미를 가진 최소 단위의 언어 형식을 '(자립 및 의존)형태소'라 하고, 자립할 수 있거나 자립 형태소에 붙어서 쉽게 분리할 수 있는 언어 형식을 '단어'라고 한다.

있다. 첫째, 하나의 '정지(Hold)' 분절로 이루어진 단어는 〈그림 7〉의 '눈'을 들 수 있다. 둘째, 하나의 '이동(Movement)' 분절로 이루어진 단어는 〈그림 8〉의 '항상'이다. 셋째, 이동(M)과 정지(H)의 두 개 분절로 이루어진 단어는 〈그림 9〉의 '맞다'이다. 넷째, 정지(H)-이동(M)-정지(H)의 세 개 분절로 이루어진 단어는 〈그림 10〉의 '잘하다'이다.

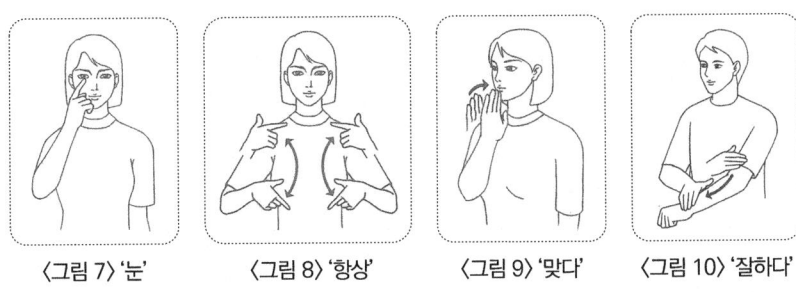

〈그림 7〉 '눈'　　〈그림 8〉 '항상'　　〈그림 9〉 '맞다'　　〈그림 10〉 '잘하다'

단일어에 해당하지만, 복합 구조를 가진 수어 생성에 두 가지 방법이 있다. 첫째, 분절 층위의 변화에 따른 단어의 형성으로서, '논'은 '물'과 '밭'이 결합한 복합 수어인데, 정지(H) 분절의 '물'과 이동-정지(M-H) 분절의 '밭'이 결합한 '논'은 〈그림 11〉과 같이 '정지-이동-정지(H-M-H)' 분절이 된다.

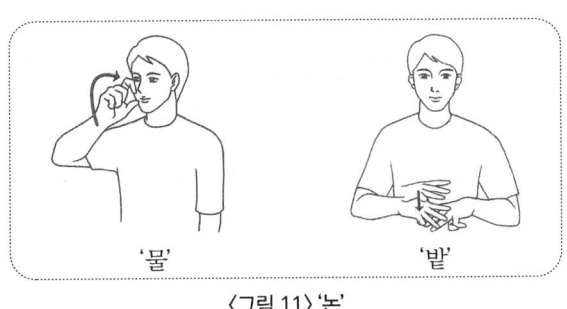

'물'　　'밭'

〈그림 11〉 '논'

둘째, 조음 자질의 변화에 의한 단어의 형성으로서, '아들'은 '태어나다'라는 수어에서 수위와 수동을, '남자'라는 수어에서 '수형'을 가져와 결합한 형태이다. 즉, '아들'은 〈그림 12〉와 같이 '태어나다'의 분절 구조인 '정지-이동-정지(H-M-H)'에서는 변화가 없고 조음 자질인 수형만 '남자'와 같은 형태로 바뀐 것이다.

〈그림 12〉 '아들'

3.3. 수어의 어휘

수어의 어휘는 한국어 음성언어의 어휘에 비추어 다음과 같은 5가지 특성을 갖는다.

첫째, (한국어) 음성언어에는 명사, 동사, 형용사 등의 품사 개념이 뚜렷하지만, 이와는 달리 (한국) 수어에서는 개념 또는 의미 중심으로 나타난다. 예를 들어, 음성언어에서 '교육'은 명사이고, '가르치다'는 동사로 그 기능의 차이가 별개의 품사로 나타나는 데 비해, 수어에서 '교육'과 '가르치다'는 동일한 개념으로 간주하여 같은 동작으로 표현된다.

둘째, 음성언어에는 다의어가 흔한 데 비해, 수어에서는 엄밀한 의미에서 다의어가 존재하지 않는다. 예를 들어, 음성언어에서 '먹다'는 약 50가지의 의미를 갖는 다의어로서 그 가운데는 "욕, 핀잔 따위를 듣거나 당하다."라는 의미도 포함된다. 그러나 수어에서 '먹다'는 '음식물을 섭취하다'의 의미만 갖고 '욕(을) 먹다'는 '먹다'와 무관한 동작으로 표현한다.

셋째, 음성언어에는 동의어가 많은 데 반해, 수어에는 동의어가 없다.

음성언어에서 동의어인 '가게=상점'이나 '걸상=의자'는 수어에서 '동형어'이며, 음성언어에서 유의어인 '토의=토론'은 〈그림 13〉에서 보듯이 동형어이다. 또한, 음성언어에서 '기쁘다'와 '즐겁다'는 유의어인데, 〈그림 14〉에서 보듯이 수어에서 '기쁘다'는 두 주먹의 1·5지를 펴고 손등이 밖으로 향하게 하여 1지 끝을 양쪽 가슴 앞에 대고 상하로 두 번 엇갈리게 움직이며, '즐겁다'는 1·2·5지를 편 두 주먹을 가슴에 대고 서로 엇갈리게 두 번 올렸다 내린다.

〈그림 13〉 '토의=토론'

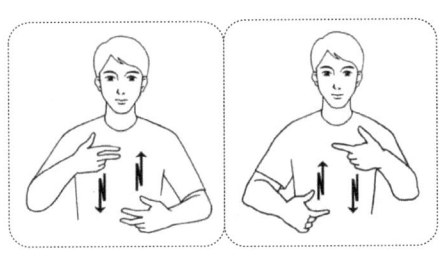

〈그림 14〉 '기쁘다' '즐겁다'

넷째, 수어에는 동형어가 많다. 예를 들어, 〈그림 15〉의 '남(南)'과 '따뜻하다', 〈그림 16〉의 '북(北)'과 '춥다'는 각각 동일한 형태를 사용한다.

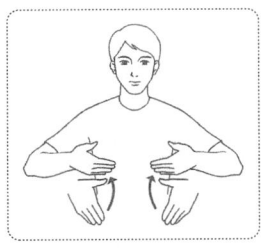

〈그림 15〉 수어 '남(南)'·'따뜻하다'

〈그림 16〉 수어 '북(北)'·'춥다'

다섯째, 음성언어는 동음이의어가 흔한데, 수어에는 동음이의어가 별개의 형태로 나타난다. 〈그림 17〉에서 보듯이 수어의 '(눈) 감다'와 '(머리) 감다'는 형태적으로 아무런 연관성이 없다.

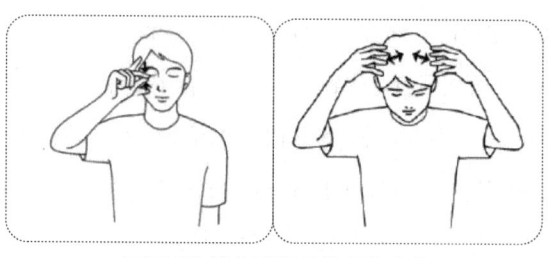

〈그림 17〉 '(눈) 감다'와 '(머리) 감다'

3.4. 지문자

한국어의 어휘는 『표준국어대사전』의 경우 50만 8천여 개, 『우리말샘』의 경우 100만 개 이상이 실려 있다. 그에 비해 『한국수화사전』(2005/2007)에는 6,812개의 어휘가 수록되어 있다.

한편, 『한국수어사전』(https:// sldict.korean.go.kr/)(2016.4.20.)의 표제어 수는 15,542건(2024.11.1. 기준)이며, 그중 '일상생활 수어'는 3,669건이다. 표준 한국어에 비추어 표준화된 수어의 어휘는 그 수효가 매우 적은데, 아직 만들어지지 않은 고유명사나 일반명사를 표현하기 위해, 그리고 익숙하지 않은 일반명사를 표현하기 위해서 '손가락 글자', 즉 '지문자(指文字)'를 활용한다.

『한국수화사전』(2005/2007: 1715-1719)에서 지문자는 〈그림 18〉과 같이, 자음 19개, 모음 21개로 이루어져 있다. 한편, 북한 『손말학습(참고자료)』(2005: 10-15)에서는 손말 지문자를 '손글자음' '손글모음'이라 하여 〈그림 19〉와 같이 제시하고 있다.

〈그림 18〉과 〈그림 19〉에서 보듯이 북한의 손글 자음에서 'ㄱㄴㅇㄲ'은 한국의 지문자와 수형이 비슷하며, 북한의 'ㄹ'은 한국의 'ㅁ'과, 북한의 'ㅂ'은 한국의 'ㅎ'과 수형이 같다. 모음의 'ㅏㅑㅓㅕㅗㅛㅜㅠㅡㅣㅐㅔㅖㅚㅟ'는 수형은 같지만 수향과 수동에서 차이가 난다.

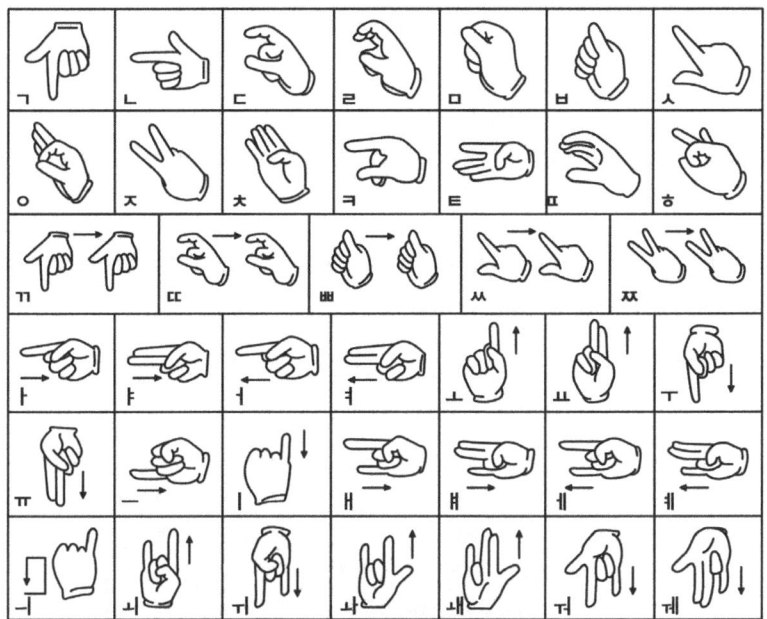

〈그림 18〉『한국수화사전』의 지문자

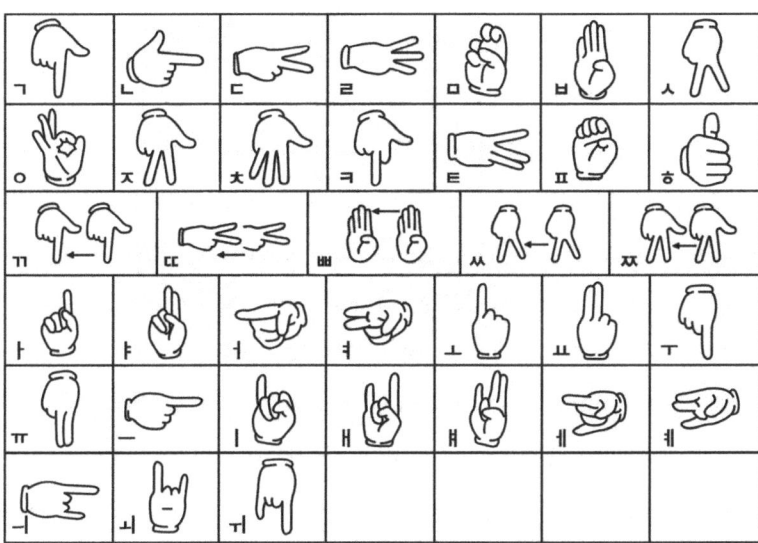

〈그림 19〉 북한 『손말학습』의 손글 자음·모음

3.5. 수어의 문법과 문장

수어의 문법 체계는 음성언어와 다르다. 이것은 수어가 그 자체로 독자적인 문법 체계를 가지고 있음을 뜻한다. 먼저, 수어의 문법적 특징을 살펴보면 다음과 같다.

첫째, 수어에는 음성언어에 대응되는 조사가 적다. 또한, 음성언어에 대응하는 어미가 없는데, 어미는 어순 등으로 그 기능을 대행한다. 이와 관련하여 수어를 제1 언어로 사용하는 농인들은 한국어를 배울 때 조사 및 어미 사용에 어려움을 겪는다. (5)는 농인의 한국어 능력 및 문해력 조사에서 나타난 문법적 오류의 보기이다(국립국어원 2014: 16 참조).

(5) a. 저는 친구**가**(→ **에게**) 이야기해요.
    b. 이제는 다 **낫**어요(→ **나았**어요).
    c. 저는 어제 학교에 가지 **않습니다**(→ **않았습니다**).

둘째, 수어에는 시제 표지가 없다. 실제 수어를 사용하는 상황에서 시간 부사어는 문맥을 통해 과거, 현재, 미래를 나타내며, 비수지신호가 동반되어 과거나 미래를 표현하기도 한다.

셋째, 수어는 의문법을 만들 경우 문장 마지막 성분에 눈썹의 움직임 등을 포함한 표정의 비수지 신호를 동반하여 표현하며, 의문사가 존재하는 경우 문장 끝으로 이동한 뒤, 의문을 나타내는 비수지 신호와 함께 제시된다.

넷째, 수어의 부정법은 '없다', '아직', '못하다', '아니다', '안되다', '말다', '모르다' 등의 어휘에 의해 실현되며, 고개를 흔들어 표현하기도 한다.

다음으로, 문장의 특징을 들기로 한다. 단어로 이루어진 음성언어의 문장에 수어의 단어를 그대로 넣으면 수어 문장이 되는 것이 아니라, 수어는 그 자체의 문법에 따라 문장이 구성된다.

〈그림 20〉에서 보듯이 수어에서는 "옷에서 단추가 떨어졌다."라는 문장을 하나의 동작으로 표현한다. 이것은 수어에서 다량의 정보가 순차적이라기보다 공간 속에서 하나의 기호로 동시에 포장되는 것을 뜻한다. 곧 많은 경우 한 가지 기호가 둘 이상의 음성언어 단어에 대응한다.

〈그림 20〉 수어 "옷에서 단추가 떨어졌다."

서술어를 중심으로 수어 문장의 몇 가지 보기를 들면 다음과 같다.

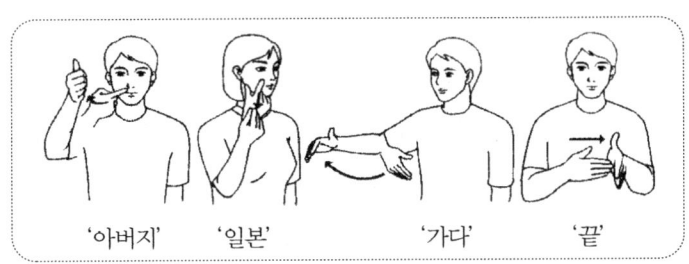

〈그림 21〉 "아버지가 일본으로 가셨다."

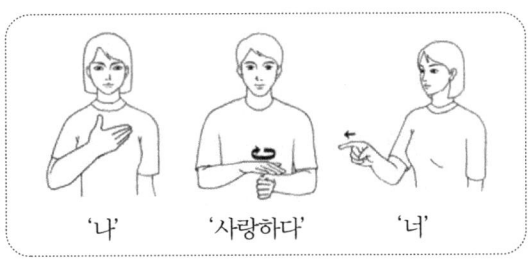

〈그림 22〉 "나는 너를 사랑한다."

제1장 수어의 기본 개념 37

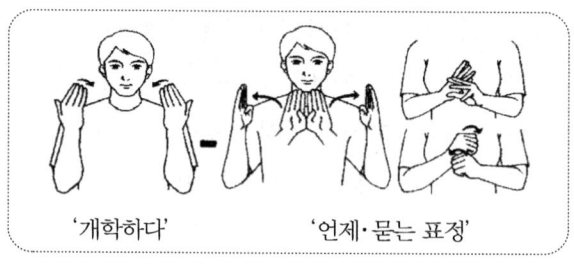

〈그림 23〉 "언제 개학하니?"

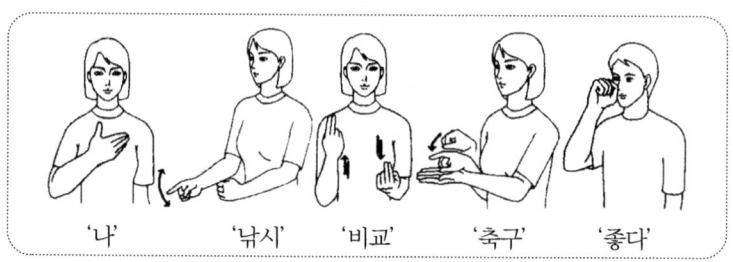

〈그림 24〉 "나는 낚시보다 축구가 더 좋다."

〈그림 21〉은 "아버지가 일본으로 가셨다.", 〈그림 22〉는 "나는 너를 사랑한다.", 〈그림 23〉은 "언제 개학하니?", 〈그림 24〉는 "나는 낚시보다 축구가 더 좋다."이다. 이들 예문에서 나타나는 특징을 보면 다음과 같다.

첫째, 수어 문장은 내용어가 중심이 되며, 조사 및 어미와 같은 기능어는 거의 쓰이지 않거나 〈그림 24〉와 같이 음성언어의 비교격 조사 '보다' 대신에 수어 명사인 '비교'를 사용한다.

둘째, 〈그림 22〉에서 보듯이 "나는 너를 사랑한다."를 영어의 "I love you."의 어순처럼 '나-사랑하다-너'와 같이 표현하며, "나는 학교에 간다."는 '나-가다-학교'의 어순으로 표현된다.

셋째, 〈그림 23〉과 같이 의문사가 서술어 뒤에 온다. 〈그림 25〉와 같이 "무슨 꽃을 좋아합니까?"라는 문장도 '꽃-좋다-무엇'으로 나타낸다. 이 경우 '무슨', '무엇', '어느'를 뜻하는 말은 모두 '오른쪽 검지를 세워 흔드는'

하나의 같은 동작으로 표현된다. 〈그림 25〉에서 '꽃'은 약간 구부린 두 손의 손목을 'X'자로 맞댔다가 손목을 천천히 돌려 두 손바닥이 마주 보게 한다. '좋다'는 오른 주먹을 코에 1·5지 옆면에 닿게 댄다. '무엇'은 오른 주먹의 1지를 펴서 바닥이 밖으로 향하게 세워 좌우로 두 번 흔든다.

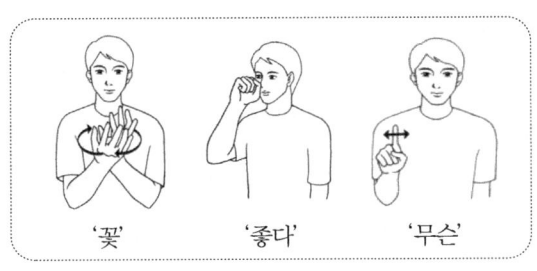

〈그림 25〉 "무슨 꽃을 좋아합니까?"

4. 수어 탐구의 목적

수어를 탐구하는 까닭을 다섯 가지로 정리할 수 있다.
첫째, 수어를 제대로 이해하기 위해서이다. 이것은 수어와 음성언어의 공통성뿐만 아니라 수어 독자적인 특성을 규명하는 일이기도 하다. 수어를 제대로 이해하게 되면 농인뿐만 아니라 건청인들도 수어를 효율적으로 배우고 가르칠 수 있게 된다. 이 경우 효율적이라는 것은 정확하고 쉽고 유연한 것을 이른다.
둘째, 수어의 탐구 및 수어 교육을 통해 농인과 건청인의 의사소통 능력 및 통역 품질의 증진, 그리고 더 나은 수어 사전을 만들기 위해서이다.
셋째, 수어 공학의 기초를 마련하기 위해서이다. 수어 공학은 사전 및 교과서 편찬, 말뭉치 구축,[12] 통역 등 수어 탐구의 블루오션이다.
넷째, 사람의 인지 구조를 해명하기 위해서이다. 수어는 시각적 언어를 통해 인간의 사고 과정을 나타내는 특유한 방식 때문에 인지언어학자들 사이에서 관심이 높아지고 있다(Kaneko & Sutton-Spence 2017: 263 참조).

다섯째, 수어가 자연스러운 인간 언어로 인식되면서 새로운 탐구의 세계가 열리고 있다. 수어는 인간 언어와 언어 처리의 본질, 인지와 언어의 관계, 그리고 언어의 신경 조직의 탐구에서 강력한 도구를 제공한다. 수어의 가치는 그 감각 양식에 있는데, 지각의 경우 고차원적인 시각 및 동작 처리 시스템에 의존하고, 발화의 경우 손과 얼굴을 포함한 운동 시스템의 통합을 요구한다. 이러한 사실은 많은 질문을 제기한다. 예를 들어, 이와 같이 서로 다른 생물학적 기반은 문법 체계에 어떤 영향을 미치는가? 실시간 언어 처리에는 어떤 영향을 미치는가? 언어 습득에는 어떤 영향을 미치는가? 비언어적 인지 구조와 처리에는 어떤 영향을 미치는가? 동일한 신경 체계가 관여하는가?(Emmorey 2002: 1 참조.) 요컨대 수어 탐구는 다른 방법으로는 쉽게 다룰 수 없었던 언어 및 인지 체계의 본질에 대해 다양한 질문을 제기하고 그 해명에 대한 통찰력을 제공하게 된다.

5. 마무리

이 장에서는 '수어의 기본 개념'에 대하여 살펴보았다. 그 주요 내용에 따라 마무리하기로 한다.

첫째, '수어'는 농인들의 의사소통을 위한 손짓 형식의 말로서, '수화언어'

---

12 '한국수어 말뭉치' 구축에 대해서는 윤병천 외(2014), 강창욱 외(2022), 홍성은 외(2024) 참조. '한국어-한국수어 병렬 말뭉치' 구축에 대해서는 정희찬 외(2023), 하윤호 외(2024) 참조.

의 줄임말이다. '한국수어'는 '한국어'와 동일한 자격을 가진 대한민국 농인의 공용어이다. 전통적으로 수어는 언어가 아니며, 수어들은 대체로 동일할 것으로 간주되어 왔으나 수어는 자연언어이며, 독자적인 양상을 띤다. 수어는 '몸짓-시각적 양식'을 통해 의사소통을 하며, 정보의 전달에서 '동시성'과 '중층성'을 특징으로 한다. 또한, 수어는 음성언어와 동일한 두뇌 구조의 작용 양식에 따라 이해되고 산출되며, 그 습득 연령이 음성언어와 동일한 것이 확인되었다.

둘째, 수어는 음운, 형태, 어휘, 문법의 정연한 구조를 가진다. 음성언어의 음소에 해당하는 '수어소'는 의미 차이를 가져오는 수형·수향·수동·수위·표정의 다섯 가지 시각적 변별요소로 분류된다. 수어의 형태에 관한 단어의 분절구조는 단일 구조와 복합 구조로 나뉜다. 수어의 어휘는 음성언어의 품사 구별과 달리 개념 및 의미 중심으로 실현되며, 음성언어의 다의어·동의어·동음이의어가 별개의 형태로 나타나며, 동형어도 존재한다. 지문자는 공용화되지 않은 수어 어휘를 손가락 문자로 표현하는 보완 장치이다. 수어의 문법은 음성언어에 비해 조사가 적고 시제나 존칭 표지 등 어미가 없으며, 서법을 비수지 신호로 나타내며, 부정법이 없는 등 독자적인 문법 체계를 갖는다. 또한, 수어의 문장은 다량의 정보가 하나의 기호로 나타나기도 하며, 내용어가 중심이 되며, 음성언어와 어순이 다르며, 의문사가 서술어 뒤에 온다.

셋째, 수어 탐구의 목적은 수어를 제대로 이해하고, 수어를 통한 의사소통 능력을 기르며, 수어 사전 구축 및 수어 공학의 기초를 마련하고, 나아가 사람의 인지 구조를 해명하는 데 있다.

제2장 수어의 힘

1. 들머리

이 장은 수어의 힘을 살펴보는 데 목적이 있다. 수어는 농인이 사용하는 손짓 형식의 언어이다. 곧 수어는 '보여주고 보는 말'을 통해 사람의 생각과 사고 과정을 주고받는다. 수어의 힘을 이해하기 위해 이 장에서는 구체적으로 다음 세 가지 사항에 대해서 논의한다.

첫째, 말의 갈래와 힘이다. 말의 갈래인 입말·글말·손말·전자말과 그 힘의 성격에 대해서 살펴보기로 한다.

둘째, 수어가 발휘하는 힘이다. 수어는 청각장애인들이 세상과 소통하는 창구이다. 농인은 수어를 통하여 삶을 꾸려나가고 세상과 소통하면서 필요한 정보를 주고받는다. 따라서 수어는 농인들의 생존과 사람다운 삶을 가능하게 해 준다는 측면에서 그 힘에 대해 살펴보기로 한다.

셋째, 농인이 건청인과 아무런 차별 없이 공존한 '마서즈 비니어드 섬사람들'에 대해서 살펴보기로 한다. 이 섬의 모든 농인과 건청인이 수어를 사용함으로써 청각장애를 극복한 감동적 사례를 통해 교훈을 얻을 수 있다.

2. 말의 갈래와 힘

말의 네 가지 갈래와 그 힘에 대해서 살펴보기로 한다.

2.1. 말의 갈래

말이 무엇인가? 우리가 보고 들은 것, 느끼고 생각한 것들이 두뇌의 운용에 따라 목소리를 통해 나오는 것이 말이다. 이러한 말을 '입말', 곧 '음성언어'라고 하는데, 세상에는 7,159개의 음성언어가 있다. 본질적으로 음성언어는 겨레 동아리들의 어제, 오늘, 내일의 삶과 꿈을 나누고 다지는 역할을 한다.

음성언어의 효용에도 불구하고 시간과 공간의 제약 때문에 일찍부터 사람들은 글자를 만들어 그 말을 붙잡으려 애써왔다. 세상에는 400여 가지 글자로 이루어진 '글말', 즉 '문자언어'가 있다. 이 경우 글자의 가치 우열을 따져볼 수 있는데, 그 기준은 음성언어뿐만 아니라 마음속 또는 머릿속에서 드러내고 싶은 것을 제대로, 쉽게 적어 낼 뿐 아니라, 글자로 나타난 다른 사람의 생각을 제대로 쉽게 읽어 내는 정도에 달려 있다.

한편, 손짓을 매개로 이른바 '보여주고 보는 말'을 '손말', 즉 '수어'라고 한다. '수어(手語)'는 '수화(手話) 언어(言語)'의 줄임말로 농인들의 의사소통을 위한 손짓말이다. 2016년 2월 3일 '한국수화언어법(법률 제13978호)'이 제정되면서 농인들이 가장 기본적인 언어권을 확보하게 되었다.

우리가 오랫동안 써 온 음성언어 및 문자언어, 그리고 수어 외에 오늘날에는 각종 정보통신 매체를 통해 '전자말'이 널리 쓰이고 있다. 전자말은 음성언어 및 문자언어, 그리고 수어를 아우르고 사진과 움직이는 그림을 자유자재로 덧붙임으로써 그 형식과 기능이 매우 다채롭고 강력하다.

2.2. 말의 힘

이 세상에 힘을 가진 존재는 수없이 많다. 그 가운데 말을 빼놓을 수 없다. "발 없는 말이 천 리 간다."나 "말 한마디로 천 냥 빚 갚는다."라는 속담에 그 힘의 한 모습이 잘 드러나 있다. 너무나 우리 가까이 있어서 마음 쓰지 않았던 말의 갈래에 따른 힘에 대해 살펴보기로 한다.

먼저, 말의 마루인 음성언어의 힘을 보기로 한다. 말은 정보를 실어 나르고, 감정을 드러내며, 명령을 내리고, 친교를 도탑게 하며, 미적 기능을 수행한다. 또한, 깊이 있는 사고를 가능하게 하고 사람을 성숙시키며 겨레 동아리를 하나 되게 해 준다. 사람을 일컬어 '말하는 동물'이라고 하는데, 영국의 동물학자 데즈먼드 모리스(Desmond Morris, 1967)의 『털 없는 원숭이』에는 다음과 같은 물음이 포함되어 있다. "오늘날 지구상에는 193종의 원숭이와 유인원이 살고 있다. 그중 192종은 온몸이 털로 덮여 있고 단 한 가지 별종이 있으니, '호모 사피엔스'라고 자처하는 '털 없는 원숭이'가 그것이다. 땅 위에 살아 있는 온갖 것들이 진화의 경주를 벌이고 있는데, 털 없는 원숭이가 홀로 멀리 앞장서 달리고 있다. 그 경주에서 털 없는 원숭이, 곧 사람이 홀로 앞장서 내달리는 까닭은 무엇인가?" 두말할 나위 없이, 사람은 말이라는 신비한 도구를 가짐으로써 진화의 경주에서 우뚝 서게 된 것이다.

한편, 글자나 글말을 모르는 사람을 '까막눈이'라고 한다. 까막눈이는 고통스럽고 서럽다. 손이 투박하고 손재주 많은 아버지, 그러나 글말을 몰랐던 한 아버지가 심장병을 앓고 있었다. 증세가 나타나면 알약을 삼켜왔는데, 이날은 새로 처방받아 가져온 약병을 열지 못해 심장마비로 숨을 거두고 말았다. 벽돌로 내리쳐 뚜껑을 열려고 몸부림친 흔적이 뚜렷한, 새로 나온 약병 뚜껑엔 "어린이 손이 안 닿게 되어 있는 안전 뚜껑. 눌러서 돌려야 열립니다."라고 쓰여 있었다. 피눈물을 흘리며 아들은 다음과 같이 쓰고 있다. "나는 어리석은 짓인 줄 알면서도 시내로 나가 제일 좋은 가죽 표지의 사전과 순금 펜 세트를 샀다. 그리고 아버지의 명복을 빌면서, 따뜻하고 충실했던 손, 그러나 글자를 못 썼던 그 손에 그것을 쥐어 드렸다."(오천석(편)(1977) "아버지의 손", 『사랑은 아름다워라』, 샘터 참조.)

김덕례 할머니는 여자애가 글자를 배우면 팔자가 세어진다는 당시 집안 분위기 탓으로 평생 까막눈이로서 한과 설움을 안고 살아왔다. 누가 글씨라도 쓰라고 할까 봐 사람들이 많이 모인 데는 가지 않았고 은행에 가서 돈 한 번 찾아보지 못한 눈뜬장님이었다. 가족들에게 기역니은 정도는 익혔으나 구박에 더불어 자존심에 상처만 입고 배우기를 그만두었다. 그러다가 육십이 넘어 딸의 소개로 '동부 밑거름 학교'에서 열심히 공부해 한글을 깨치게 되었다. 심 봉사가 청이를 만나 눈을 뜨고 새 세상을 만난 것처럼 김 할머니는 그 환희를 이렇게 적고 있다. "지금 세상 사는 게 재미있고 행복합니다. 이제 거리를 다녀도 글자를 아니까 겁날 것이 없고 은행 가서 돈도 척척 찾습니다. 글을 안다는 게 이렇게 좋은 건지 몰랐습니다."("육십에 배운 한글", 『좋은생각』 1998년 7월호 참조.)

'수어' 또는 '손말'은 농인들이 세상과 소통하는 창구이다. '농인'은 수어를 통하여 삶을 꾸려나가고 세상과 소통하면서 필요한 정보를 주고받는다. 따라서 수어는 농인들의 생존과 사람다운 삶을 가능하게 해 준다. 2016년 경주 지진, 2019년 고성-속초 산불이 일어났을 때 재난방송이 송출되었지만, 수어 통역이 제대로 제공되지 않아 장애인단체의 항의가 잇따랐다. 대조적으로, 2020년 코로나19의 중앙방역대책본부 현황 브리핑이 매일 오전 오후에 생중계로 이루어졌는데, 진행 공무원 옆에 나란히 선 수어 통역사가 그 내용을 실시간으로 전해 준 것은 이 역병을 극복하는 데 기여함은 말할 것도 없고 수어 통역의 위상을 크게 높인 것으로 주목된다.

더욱이, 우리 앞에 다가선 전자말의 위력은 가공할 만하다. 우리 국민 대부분이 '똑똑한 손전화'를 들고서 시간 공간을 뛰어넘어 무한한 양의 정보를 주고받는다. 이메일, 페이스북, 트위터, 유튜브 등 이른바 '사회 관계망 서비스(SNS)'에 의한 정보 전달의 속도와 범위는 상상을 초월할 정도이다. 이런 유형의 힘을 빠르고 효율적으로 활용하는 데가 기업체와 언론사이며, 연예계·문화계·정계 종사자들, 그리고 유튜버들이 이 새로운 그림판의 중심에 서 있다. 전자말은 중립적인 도구이지만, 긍정적인 영향만큼 부정적인 영향의 파급력이 매우 크다. 특히 비방, 조롱, 모욕 등의 부정적인 메시지를 쉽게 전파할 수 있기 때문에 수많은 사람들이 부정적인 메시지에 노출되어 있다. 많은 연예인들이 악플에 대한 피해를 호소하고 있으며, 악플에 대한 고통을 견디지 못하고 극단적인 선택을 한 경우도 적지 않다. 한때 비상한 기억력의 소유자였으며, 펜팔 마니아에다 독서가 가장 중요한 인생의 덕목이라고 생각했던 현대인은 모든 것을 똑똑한 손전화에 맡긴 채 개성적인 삶을 잃어가고 있다는 우려의 목소리가 커지고 있다.

우리의 삶과 꿈은 말로 이루어진다. 입말·글말·손말과 더불어 바야흐로 빛의 속도에 버금가는 전자말 시대에 살면서 누구든 '정보', '소통'으로 표상되는 '말의 힘'과 무관할 수 없게 되었다. 그렇지만 이제까지 우리는 말을 탐구하고 교육함에 있어서, 과학이라는 이름 아래 말의 구조 분석에 골몰한 채 그 힘을 체계적으로 살피는 데 소홀하였다. 긍정적, 부정적 측면에서 말의 힘을 보여주는 사례에는 어떤 것들이 있는가? 입말·글말·손말·전자말의 공통점과 차이점, 그리고 상호 보완점은 무엇인가? 말이 어떻게 사람을 성숙하게 하며, 사람들 간의 관계를 맺어 주며, 겨레 동아리의 얼을 형성하는가? 그리고 주시경 선생의 "말을 알지 못하면 사람을 알지 못한다." "말이 오르면 나라도 오르고, 말이 내리면 나라도 내리나니라."가 뜻하는 바가 무엇인가? 요컨대 이러한 물음을 바탕으로 우리의 삶 속에서 말의 힘을 보여주고 부려 쓴 사례에 대해 그 힘을 관찰·분석·설명하고, 그 이치를 깨쳐 제대로 활용하고 교육하는 과제가 남아 있다.

3. 수어가 발휘하는 힘

수어가 발휘하는 힘을 생존과 삶, 문화의 측면에서 살펴보고 그 힘의 새 지평을 열어가기 위해 갖추어야 할 사항을 고려해 보기로 한다.

3.1. 보여주고 보는 언어, 수어의 힘

말은 인간 사회에서 소통의 필수적인 존재일 뿐 아니라 생존의 바탕 위에서 삶을 꾸려가게 해 준다. 그러나 귀로 듣고 입으로 말하는 입말, 즉 음성언어를 갖지 못한 농인들은 눈으로 보고 손으로 말하는 손말, 즉 수어로써 살아간다.[1] 수어 시와 시조를 보기로 한다.

(1) **희망꽃**
세계 여성의날(2023.3.10.) 헌정 특별 영상 -수어시 창작 및 출연/손청
한국어 번역/이미혜

넌 듣고 소리로 말해
난 소리가 없고 수어로 말해
넌 듣고 소리로 말하는 다른 사람에게 관심이 없지만
난 소수인 다른 농인과의 만남이 소중해

너의 삶은 순탄하지

---

[1] 노선영 님의 "나는 듣지 못하는 사람이 아니라 잘 보는 사람입니다."라고 한 『보이는 소리 들리는 마음』(2014), "나는 귀가 들리지 않아요. 그래서……아주 특별한 소리를 들을 수 있습니다."라고 한 『고요 속의 대화』(2018)는 수어와 글쓰기로써 선천성 청각 장애를 극복한 감동 어린 수필집이다.

나의 삶에는 우여곡절이 많아

너와 나는 달라

수어를 통해 너와 나는 친구가 되었어

네가 아기를 갖게 되어 나는 꽃을 선물했지

너의 배가 점점 불러 오고

그만큼 꽃도 자라나

너의 아이가 태어났어

꽃과 행복한 미소

아이의 이름은 희망꽃

너는 아이가 들리지 않는다는 것을 알고

실의에 잠겼지만

나는 기쁨과 희망에 찼어

너는 아기를 안고 여기저기를 다녀

인공와우를 이식하고

말을 가르치며

소리로 말하는 아이가 되기를 바라지

나의 어린 시절을 되돌아보니

우리 어머니도 너와 같았어

그래서 너를 이해하고 지지해

그러나 미안하지만

네 아기는 여전히 농인이야

아이는 너의 눈, 얼굴, 몸은 모두 너와 같아

하지만

아이의 생각, 느낌 영혼은 나와 같아
아이는 너의 딸이지만
아이는 나의 동족이야

너는 아이가 듣고 소리로 말한다고 하고
나는 농인이라고 하지
너는 아이가 소리로 말하기를 원하고
나는 수어를 해야 한다고 하지

너는 아이가 듣기를 원하고
나는 눈으로 살아가기를 원해
너와 나의 다툼은 끝이 보이지 않아
긴 다툼 끝에 화분이 땅에 떨어졌어
너는 깜짝 놀라 아기를 보지만
들리지 않아 곤히 잠자는
평화로운 모습에
꽃을 들고 내 어깨를 두드려 나를 불러

너에게 농인이 없는 세상은
이 꽃이 영혼도 없이 시드는 것과 같이
알고 있어
부모님이 없다면 어떤 생명도 존재할 수 없음을

꽃병에 꽃을 넣고 물을 주어
희망의 꽃을 함께 키우자[2]

---

[2] 수어 시인 손청 님이 창작하고 출연한 동영상 '희망꽃'을 이미혜 님이 한국어로 번역한 자막에 대해, 박용찬 교수님(경북대학교 국어교육과)의 자문을 받아 11연으로 구분하

(1)의 '희망꽃'에는 네 명의 인물이 등장한다. 듣고 소리로 말하는 '너', 소리가 없고 수어로 말하는 '나', '너'가 낳은 들리지 않은 아이 '희망꽃', 나의 어린 시절 소리로 말하는 아이가 되기를 바란 '우리 어머니'.

'너'와 '나'는 수어를 통해 친구가 되었는데, '너'가 아기를 갖게 되자 '나'는 '꽃'을 선물했으며, 태어난 아기 이름이 '희망꽃'이다. '너'는 아이가 들리지 않은 것을 알고 실의에 잠긴 채 아기를 안고 여기저기를 다니며 인공와우[3]를 이식하고 말을 가르치며 소리로 말하는 아이가 되기를 바랐다. 어린 시절 너와 같았던 우리 어머니가 겹쳐져 너를 이해하고 지지한다.

아이는 눈·얼굴·몸은 너와 같은 너의 딸이지만, 아이의 생각·느낌·영혼은 나와 같은 농인이며, 나의 동족이다. 그래서 긴 다툼이 시작된다. 너는 아이가 듣고 소리로 말한다고 하고, 소리로 말하기를 원하고, 듣기를 원하지만, 나는 아이가 농인이라 하고, 수어를 해야 한다고 하고, 눈으로 살아가기를 원한다. 긴 다툼 끝에 화분이 땅에 떨어지는데, 들리지 않아 곤히 잠자는 아기의 평화로운 모습에 너가 꽃을 들고 내 어깨를 두드려 나를 부르며 화해가 시작된다.

농인, 즉 '희망꽃'이 없는 세상은 꽃이 영혼도 없이 시든다는 것, 부모님이 없다면 어떤 생명도 존재할 수 없다는 것의 두 가지 공감이 이루어져, "꽃병에 꽃을 넣고 물을 주어/희망의 꽃을 함께 키우자"라고 다짐한다. 수어로 펼쳐지는 영상 속에서 한 편의 드라마를 보는 듯하다.

고, 의미를 고려하여 6연 1행의 "나의 어린 시절을 되돌아보니(←되돌아봅니다)", 7연 3행의 "아이는 너의 딸이지만(←딸이지)"으로 바꾸었다.
[3] '인공와우' 이식수술은 외이·중이·내이로 구성되는 귀에서 내이 기관인 '와우(달팽이관)'의 손상으로 소리를 들을 수 없는 환자에게 와우이식기를 심어 소리를 들을 수 있도록 해 주는 수술이다.

(2) 수어(手語) 배우기[4]

김이령

손끝에서 부푸는 말
둥글게 빚어진다

듣지 못한 아이들은
손으로 글썽이고

모음은 부스러기가
많아서 따스하다

창밖엔 소리 없이
떠다니는 흰 눈들

손으로 빚어놓은
새들이 눈을 뜨면

첫 눈은 입을 벌린 채
가만히 녹아간다

침묵으로 세상은
환하게 오는 거라

꿈결에 처음 듣는

---

4 '수어(手語) 배우기'는 국제신문 2025년 신춘문예 시조 당선작이다.

자신의 목소리에

말들은 잇몸을 가져
병긋이 태어난다

 (2)의 '수어(手語) 배우기'는 소리 없는 소리를 손(끝)으로 형상화하고 있다. "듣지 못하는 아이들은 손으로 글썽이고"에서 수어의 힘을 보여주며, 소통의 실현을 전제로 하는 '수어 배우기'의 의미가 절실하게 다가온다.
 통계청 자료에 따르면 2024년 기준으로 우리나라의 농인 수는 44만 2천 명이다. 농인의 언어권, 즉 '수어 권리'를 진지하게 생각해 볼 시점이다. (3)은 광주 인화학교 농인들의 성폭력 사건의 공판을 맡았던 임은정 검사가 이 사건의 심경을 담은 글을 검찰 내부 통신망에 올린 것이다.

(3) 2007.3.12. 오늘 특히 민감한 성폭력 사건 재판이 있었다. 6시간에 걸친 증인 신문 시 이례적으로 법정은 고요하다. 법정을 가득 채운 농아자들은 수어로 이 세상을 향해 소리 없이 울부짖는다. 그 분노에, 그 절망에 터럭 하나하나가 올올이 곤두선 느낌. 어렸을 적부터 지속되어 온 짓밟힘에 익숙해져 버린 아이들도 있고, 끓어오르는 분노에 치를 떠는 아이들도 있고… 눈물을 말리며 그 손짓을, 그 몸짓을, 그 아우성을 본다. 변호사들은 그 증인들을 거짓말쟁이로 몰아붙이는데 내가 막을 수가 없다. 그들은 그들의 본분을 다하는 것일 텐데, 어찌 막을 수가 있을까. 피해자들 대신 세상을 향해 울부짖어 주는 것, 이들 대신 싸워 주는 것, 그리하여 이들에게 이 세상은 살아볼 만한 곳이라는 희망을 주는 것. 변호사들이 피고인을 위해 당연히 해야 할 일을 하는 것처럼 나 역시 내가 해야 할 일을 당연히 해야겠지. 해야만 할 일이다.

"법정을 가득 채운 농아자들은 수어로 이 세상을 향해 소리 없이 울부짖는다."라는 대목에서 수어의 힘이 절실하게 드러난다. 가장 절박한 상황에서 '그 손짓을, 그 몸짓을, 그 아우성'을 본 임 검사는 "내가 대신 싸워 주어야 할 사회적 약자들의 절박한 아우성이 밀려든다. 그날 법정에서 피가 나도록 입술을 깨물고, 눈물을 말려가며 한 다짐을 다시 내 가슴에 새긴다. 정의를 바로잡는 것. 저들을 대신해서 세상에 소리쳐 주는 것. 난 대한민국 검사다. (임은정 2009.9.20.)"라고 다짐한다.[5]

영화 '글로브'(감독 강우석)는 청각장애의 충주성심학교 야구부 실화를 바탕으로 한 작품으로 2011년에 개봉되었다. 대한민국 프로야구 최고의 간판 투수가 음주폭행 사건으로 징계위원회에 넘겨지고 우여곡절 끝에 이 학교의 임시 코치직을 맡게 된다. 듣지 못하고 말하지 못하여 공 떨어지는 위치도 예상하지 못하고 10명의 선수들 간에 협동도 안 되는 야구부! 그러나 냉소적이었다가, 글러브만 끼면 치고 달리며 행복해 하는 아이들을 사랑하게 된 야구 코치! 그 코치가 해임될 순간 야구부원들은 학교 위원들 앞에 꿇어앉아 "야구가 너무 하고 싶다."라고, "한 번만 도와 주세요."라고 손으로, 아니 가슴으로 하소연한다. "그라운드에는 숨을 곳이 없다." "장애가 있다고 무시당하거나 동정심을 유발하지 않으려면 실력을 키워야 한다." "야구는 혼자 하는 게 아니다. 팀을 믿어라."라는 코치와 함께 학생들이 맹훈련을 한 뒤에 전국 대회에 출전한다. "가슴으로 느껴라! 전국 대회 1등"을 팀원들끼리 수어로 말하며 뛰어난 활약을 펼친다. 비록 경기에 이기지는 못했지만, 승리보다 더 값진 결실을 맺는다. 경기가 끝난 뒤 서로 부둥켜안고 "미안하다" "아니야, 내가 미안하다", "관중들의 함성을 가슴으로 들었어

---

[5] 영화 '도가니'(감독 황동혁)는 2000년부터 2005년까지 광주인화학교에서 일어난 청각장애 아동들에 대한 비교육적 실화를 기반으로 쓴 공지영의 소설 '도가니'를 영화로 만든 것으로 2011년에 개봉되었다.

요."라는 수어의 자막이 깔린다. 영화 '글로브'에서는 소리로 말하고 귀로만 듣는 것이 아니라, 수어로 아니 온몸으로 말하고 듣는 걸 보여준다.

2022년 제94회 아카데미 시상식에서 전년도 수상자인 배우 윤여정은 영화 '코다'⁶의 남우조연상 수상자로 선정된 농인 배우 트로이 코처(Troy Kotsur)의 수상을 수어로 발표하고 수상을 축하했다. 또한, 코처가 수어로 소감을 전하는 동안 트로피를 들어 주는 모습이 큰 화제를 모았다.

3.2. 수어 통역

삶을 꾸려 가기 위해서는 말을 통한 의사소통이 필수적이다. 건청인 중심의 사회에서 농인들이 겪는 어려움은 한두 가지가 아니다. 한 인터뷰에서 이 점을 보기로 한다.

(4) Q: 농아인에 대한 사회 인식이 개선됐다고 느끼나?
A: '귀머거리'라는 비하적인 말을 일상적으로 쓰던 예전에 비하면 많이 나아지긴 한 것이 사실이지만 아직은 갈 길이 멀다고 생각한다. 특히 지하철, 버스, 대형 마트, 극장 같은 공공시설에서조차 중요한 안내가 음성으로만 진행되다 보니 우리처럼 듣지 못하는 사람이 느끼는 불편함은 겪어보지 않고는 상상하기 힘들 것이다. 시각적 안내 메시지 전달 시스템을 늘려서 농아인들이 불이익을 덜 받도록 했으면 좋겠다. (고양신문 2020.3.16.)

2008년부터 2024년까지 통계청 자료에서 공인 수어 통역사 자격증을 가진 사람 수는 1,479명으로 집계된다. 코로나 방역 브리핑으로 낯익은

---

6 농인 부모에게 태어난 건청인을 '코다(CODA: Children Of Deaf Adults)'라고 하는데, 태어난 뒤로 부모의 수어를 눈으로 자극받은 코다는 수어가 자연언어로 습득된다.

수어 통역사 윤남 님은 대학로 소극장에서 장애인이 주인공인 연극 '수퍼맨처럼!'(연출 김민기)의 수어 통역을 맡았는데, "농인 엄마와 건청인 자녀가 공연장에서 함께 웃기 어렵다. 내 통역으로 장애인과 비장애인이 함께 웃는 모습을 보면서 기쁘고 내가 살아 있다는 느낌을 받는다."라고 하였다.

세상과 소통하는 과정에서 '보여주고 보는 언어'로서 수어의 통역이 이루어지는 몇 가지 경우를 들기로 한다.

첫째, 방송 통역은 건청인을 위한 TV 시청에서 농인을 위한 통역이 이루어지는 경우를 이른다. 뉴스나 오락 등의 프로그램에서 자막이 나오기도 하지만, 더 뚜렷한 전달을 위해 수어 통역사에 의한 수어 통역이 제공된다. 곧 건청인을 위한 방송에서 수어 통역사가 손짓과 표정을 통해서 의사를 전달하는 것이다. '수어' 또는 '손말'이라고 해서 '손'만 사용하는 것이 아니라, 표정·입 모양·손짓의 강도 등이 중요한 역할을 하게 된다. 코로나19의 중앙방역대책본부 현황 브리핑에서 수어 통역사들은 마스크를 끼지 않았는데, 마스크를 쓰면 전달력이 반 정도밖에 안 되기 때문이다.

둘째, 재난 상황의 통역이다. 수어는 재난 상황에 놓인 농인, 즉 수어를 제1 언어로 사용하는 농인들에게 목숨을 구조해 주는 생명선이다. '방송통신발전 기본법' 제40조에 따르면 재난이 예상되거나 발생한 경우 재난 방송을 실시하여 피해를 예방하거나 줄이도록 하고 있다. 2007년 4월 10일 제정된 '장애인 차별금지법'에서는 그 '차별'을 "장애인에 대하여 형식상으로는 제한·배제·분리·거부 등에 의하여 불리하게 대하지 않지만 정당한 사유 없이 장애를 고려하지 아니하는 기준을 적용함으로써 장애인에게 불리한 결과를 초래하는 경우"로 규정하고 있다. 재난 방송의 경우, 그 대상은 주로 비장애인이며, 농인을 포함한 장애인들에게는 소홀하거나 취약한 실정이었다. 코로나19의 중앙방역대책본부 현황 브리핑 이후로 많은 개선이 이루어졌지만, 다양한 재난 상황의 수어 통역 지침서를 확보하고 실제 상황에 적합하게 운영되어야 한다.

셋째, 의료 통역은 농인들의 진료와 치료를 위해 몸의 상태나 증상을 의사와 정확히 소통하도록 수어 통역을 제공하는 일이다. 의료 통역은 장기(臟器), 질환 및 증상, 의료 용어 등에 대한 전문성이 요구된다. 최근에 『남북의료 손말수어 용어집』(통일과 나눔, 2023)이 나왔는데, 남북한 의료 용어뿐만 아니라 그 수어의 차이를 좁혀 주는 뜻깊은 작업이라 하겠다.

넷째, 교통 통역은 교통약자인 농인을 위해 수어 통역을 제공하는 일이다. 농인들은 교통사고로 입원하는 사례가 많다고 하는데, 뒤에서 들리는 경적을 약하게라도 듣기 위해 보청기를 끼기도 한다. 대전교통공사에서는 전국 최초로 22개의 도시철도 역 건물과 21편성의 전동차에 AI 수어 영상 서비스를 도입했다고 한다. 이는 교통약자를 위한 배려와 이동권 보장의 일환으로 매우 중요한 의미를 가진다. 또한, 제주도에서는 '2024년 버스정보시스템 보강구축사업'을 완료했다고 밝혔는데, 농인들의 버스 이용 편의를 높이기 위해 버스 내 승객용 안내기에서 수어방송을 활용한 정류장 정보 제공을 기존 정류장 360개에서 500개로 크게 확대했다. 교통약자로서 농인들은 교통정보를 얻는 일, 보행자 교통안전, 대중교통 이용, 운전면허시험 등이 생존권과 직결된다. 국립국어원·한국농아인협회(2008)에서 편찬된 『교통수화』는 교통용어, 교통법규 등을 표준화한 것이다.

다섯째, 법률 통역은 농인들이 법원에서 법률적 보호를 제대로 받기 위해 수어 통역을 제공하는 일이다. 예민한 법률 문제와 관련해서 농인의 입장을 바르고 제대로 대변하기 위하여 법률 통역이 이루어지게 된다.

여섯째, 종교 통역 수어이다. 농인들은 듣지 못하고 말하지 못해 신앙생활에도 어려움이 많을 수밖에 없다. 국립국어원·한국농아인협회(2010)에서 『불교수화』, 『카톨릭수화』, 『기독교수화』를 편찬하여 농인들에게 종교 의식에서 수어 통역의 표준화를 앞당기게 되었다.

2017년 7월 21일 서울가톨릭농아선교회 기공식 감사 미사가 수어로 진행된 바 있다. 그동안 천주교 농인 신자들은 미사 진행에서 건청인 신도들이 전례(典禮)에 따라 앉았다 일어나는 동작을 반복할 때 앉아서 미사를 드릴 수밖에 없었다. 일어서면 앞사람에 가려 수어가 보이지 않았기 때문이다. 2019년 8월 서울 마장동에 농인 전용 에파타 성당이 완공되었다. 이 성당은 수어가 잘 보이도록 기둥을 최소화하고 계단식으로 설계하여, 농인들도 건청인 신도들과 똑같이 앉았다 일어섰다 하면서 미사를 드릴 수 있게 되었다. 선교회 관계자는 "침묵 속에서 살아가는 농인 신자들은 1주일 내내 일요일을 손꼽아 기다린다. 그분들에게 이 성당은 주일 아침부터 저녁까지 미사도 드리고 친교를 맺고 취미 활동을 하며 정을 나누는 곳이다."라고 한다. 이 선교회를 이끄는 이는 두 살 때 청력을 잃고 아시아 최초의 사제가 된 박민서 신부이다.

박 신부는 2021년 워싱턴대교구의 파견 요청에 따라 이 교구의 성 프란치스코 농인성당사제와 모교인 갤로뎃대학교 교목 사제로 활동했다. 그러던 중 20년 전 석사과정을 지도한 카르멘 낸코-패르난데스 교수의 권유로 2021년 8월부터 박사과정을 시작했다. 코로나로 인해 비대면 화상 강의를 수어 통역사 2명이 20분씩 번갈아 통역해 주고 지도교수와 사회 관계망으로 필담을 주고받은 끝에, 2024년 5월 23일 시카고 가톨릭 연합신학대학원에서 농인 교회에 대한 논문을 쓰고 실천신학 박사학위를 받았다.[7]

2018년 11월 조계사 대웅전에서 농인 불자 단체인 '원심회' 창립 30주년 기념 법회가 열렸다. 법당 양쪽에서 자원봉사자가 수어로 그 내용을 통역하였다. '반야심경' 봉덕(鳳德)이 시작되자 농인 불자들은 '손으로' 반야심경을 외기 시작했다. 김경환 원심회 회장은 농인 1호 포교사로 불교 경전 '백유경'을 수어로 번역한 동영상을 제작했으며, 원심회를 중심으로 불교 수어를

---

[7] 박민서 신부의 학위논문은 "열여라! 시노달리티에 대하여 시노드에 응답하는 농인 교회(Ephphatha! Deaf Church Responds to Synod on Synodality)"이다. 이 논문은 영어로 쓰였는데, 박 신부에게는 한국어, 한국수어, 미국수어에 이은 제4 언어이다.

표준화하고 찬불가와 찬불 동요, 불교 의식 등을 수어로 만들어 동영상 CD을 펴내기도 했다. 그는 "세상 소리는 못 들어도 불법을 배우며 부처님 가르침을 손끝으로 온 세상에 퍼지도록 해야겠다는 원력(願力)을 가지고 있다."라고 하였다.

일곱째, 음악 통역은 가수가 노래 부를 때 그 가사와 곡의 내용을 통역하는 일이다. 영국의 가수 에드 시런(Ed Sheeran)의 곡 "You Need Me, I Don't Need You(너는 내가 필요하지만, 나는 네가 필요하지 않아)"에 대해 가사의 내용을 수어로 통역한 뮤직비디오가 나와(2011.7.) 주목을 받은 바 있다. 이 동영상에서 영국수어(BSL) 통역은 농인 부모로부터 수어를 배운 매튜 모건(Matthew Morgan)이라는 17세 건청인 소년이 맡고 있다. 우리의 경우, 엔젤수화합창단(서울 강북구)의 수어 노래 '잊혀진 계절'(강주수, 조회수 1014회, 2015.12.1.), '애국가'(합창, 조회수 514회, 2016.12.28.), '만남'(3중창, 조회수 199회, 2016.12.28.)이 원음의 배경 속에 손짓, 입 모양, 표정 등의 몸동작으로 깊은 울림을 주고 있다.

3.3. 수어 연극

수어 연극 '사라지는 사람들'은 특별한 의미를 지닌다. 이 연극은 농인예술인단체 '핸드스피크'에서 농인 배우 6명과 건청인 배우 5명이 등장하여 2020년 4월 28일 오후 3시 세종문화회관 무대에서 코로나19로 무관중 인터넷 생중계되었다.

'사라지는 사람들'은 제1장 '주인 없음'과 제2장 '달빛 도망'의 2개의 에피소드로 구성되어 있다. 제1장에서는 인간의 욕심을 다룬다. 어디서든 머리를 묶는 '묶음 머리 나라'와 머리를 푸는 '풀은 머리 나라'를 배경으로 하고 있다. 두 나라는 그 모습만큼 문화도 다른데, 서로를 이해하지 못하고 장벽을 세우게 된다. 그러던 어느 날 '풀은 머리 나라'의 왕자가 새를 쫓다가

'묶음 머리 나라'로 넘어가게 된다. 그곳에서 공주를 보고 한눈에 반해 버린다. 두 사람은 결혼하기 위해 부모님께 이야기하고, 두 나라 왕은 이 일로 만나지만 자신이 서 있는 주인 없는 땅을 자신들의 땅이라고 우기면서 전쟁을 하게 된다. 50년 동안의 전쟁 끝에 두 나라는 모두 망하고 욕심 없는 새가 그 땅의 주인이 된다. 제2장에서는 인간의 이기심을 다룬다. '달빛 도망'은 악당의 침략으로 마을 사람들은 끝없이 도망친다. 그들은 달빛만을 보고 달리지만 악당은 더 가까이 다가온다. 그러던 중 다리를 다친 한 소년 때문에 빠르게 이동하는 것이 어려워진다. 소년이 방해가 된다는 생각에 그를 버리고 가려고 하는데, 한 청년이 이를 막아선다. 마을 사람들과 청년의 갈등은 높아지고 무심한 달빛만 그들을 비추고 있다. 이 연극은 차별과 혐오로 세상에서 소멸하는 존재, 즉 분단시대를 살아온 우리 자신의 이야기를 우화적으로 풀어내고 있다.

무대 위에서 배우들은 수어와 음성언어로 대사를 주고받으면서 화음을 이룬다. 이 연극의 진행은 배우들의 '1인 2역'에 있다. 건청인 배우는 고유 배역 외에 농인 배우의 목소리 역을 하나 더 맡으며, 농인 배우도 건청인 배우의 수어 역까지 두 역할을 연기한다. 모든 대사는 수어와 음성언어로 동시에 구현된다. 즉 음성언어로 연기하는 건청인 배우 옆에서는 농인 배우가 수어로 이를 전하며, 수어로 연기하는 농인 배우 옆에서는 건청인 배우가 대사를 읊는다. 연극을 마친 한 건청인 배우는 "건청인 연극은 '듣는다'가 가장 먼저라고 배웠는데, 여기 농인 친구들과 연극할 때는 먼저 바라본다, 그리고 내가 잘 보여준다, 그걸 정말 깨달았어요."라고 말한다.

무대 위에서 몸짓, 표정, 시선으로 빚어낸 수어 연극 '사라지는 사람들'은 시청자에게 큰 울림을 주었다. 특히 제1장에서 젊은 남녀가 서로를 베어야 하는 상황에 이르면서 "다음 생에 다시 만나면 손잡고 길이나 한번 걷자."라는 수어의 소리 없는 절규에 오래도록 가슴이 아리다.

한편, 2022년 9월 15일부터 18일까지 국립극장 무대에 '무장애(barrier

free)' 공연 '합체'라는 음악극이 올려졌다. 박세리가 쓴 '합체'라는 소설을 원작으로 한 이 공연은 농인을 위한 한글 자막과 수어 통역을 하는데, 배역마다 배우와 수어통역사 2인이 한 조가 되어 연기를 해 나갔다. 곧 수어 전문 통역사들이 배우들을 그림자처럼 따라다니며 표정과 동작을 그대로 전달하는 '그림자 통역'을 수행한 점에서 주목을 받았다.

3.4. 수어 힘의 새 지평

농인들을 중심으로 한 수어는 그 자체로 큰 힘이다. 이 힘이 제대로 발휘되고 활성화되기 위해서는 아직까지 갈 길이 멀고 험하다. 수어 힘의 새 지평을 향해 갖추어야 할 사항을 들기로 한다.

첫째, 법률상으로 규정된 농인의 기본권이 '글자 그대로' 보호받고 실현되어야 한다. '국어기본법'(2005년 1월 27일 법률 제7368호로 공포)의 제4조 2항에 따르면 "국가와 지방자치단체는 정신·신체상의 장애에 의하여 언어사용에 어려움을 겪고 있는 국민이 불편 없이 국어를 사용할 수 있도록 필요한 정책을 수립하여 시행하여야 한다."로 규정되어 있다. 또한, '한국수화언어법(2016년 2월 3일 법률 제13978호로 제정)'에 따르면 "국가와 지방자치단체는 농인의 농정체성 확립과 농문화 육성에 필요한 정책을 수립·시행하여야 한다."로 규정되어 있다. 이들 법률의 정신이 제대로 구현됨으로써 농인들이 언어권, 생존권, 학습권, 정보이용권, 문화권 등 국민으로서 누려 마땅한 기본권을 확보해야 할 것이다.

한편, 'UN장애인권리협약[8]이다. 이 협약은 2006년 12월 13일 유엔에서 채택된 장애인 권리에 대한 전 세계인의 약속이자 규범이다. 50개 조항으로

---

[8] 'UN장애인권이협약(UN CRPD, Convention on the Rights of Persons with Disabilities)'

이루어진 '본문'과 부속문서인 '선택의정서'로 이루어져 있다. 한국은 2008년 이 협약을 비준했으며 2022년 선택의정서를 비준했다. 대한민국 헌법 제6조 1항에 따라 UN장애인권리협약은 국내법과 동일한 효력을 가지므로, 한국 정부는 정책을 수립할 때 이 협약을 반드시 지켜야 한다. 또한, 선택의정서를 비준함에 따라 한국에서 이 협약을 지키지 않은 사실에 대해 개인이나 단체가 유엔장애인권위원회에 조사를 요구할 수 있다.

이 협약의 21조는 '표현과 의사의 자유와 정보 접근성'에 관한 것으로, "당사국은 이 협약의 제2조에서 정의된 모든 유형의 장애인이 선택한 의사소통을 통해 다른 사람들과 동등한 조건으로 정보를 구하고, 얻고 알리는 자유를 포함하여 표현과 의사의 자유권을 행사할 수 있도록 보장하기 위한 모든 적절한 조치를 취한다."[9]라고 하였다. 이러한 것은 "장애인들의 공식적인 교류에 있어 수어, 점자, 확장적이고 대안적인 의사소통 그리고 기타 모든 접근 가능한 수단, 방식, 형식을 사용하도록 수용하고 촉진", "수어 사용의 인정 및 촉진" 등을 포함한다. 이상에서 본 바와 같이 'UN장애인권리협약'에서는 표현과 의사의 자유와 정보 접근성을 확약하고, 수어를 언어로 공인하고 그 사용을 권장하고 있다.

둘째, 수어 교육을 위한 기반 여건이 하루빨리 마련되어야 한다. 청각장애를 가진 어린이, 즉 농아들이 성장 시점에 맞추어 학습권을 보장받기 위해서는 수어 교육이 전제되어야 한다.[10] 수어 교육을 위한 교육과정, 교과

---

9   제2조의 이 협약의 목적을 위해 "'의사소통'은 언어, 텍스트의 표시, 점자, 촉각을 통한 의사소통, 대형 인쇄, 접근 가능한 정보와 의사소통 기술을 포함한 글말, 오디오, 단순 언어, 낭독자, 확장적 및 대안적 방식, 수단 및 형식의 의사소통뿐만 아니라 접근 가능한 멀티미디어를 포함한다." "'언어'는 음성언어와 수어, 기타 유형의 음성언어로 표현되지 않은 다른 형식을 포함한다."로 규정되어 있다.

10   윤석민 외(2013: 11)에 따르면, 271명의 농인들을 대상으로 한 조사에서 취학 전 구화교육을 받은 적이 있는 농인은 36.2%, 수어를 배운 농인은 17.3%로 나타났다. 농아에게 구화교육을 하는 동안, 수어 습득의 결정적 시기를 놓치는 수가 있다.

서, 교육방법, 그리고 교사 양성을 위한 일련의 여건이 갖추어져야 한다. 또한, 농아들과 함께하는 우리 사회의 건청인 구성원들이 기본적인 수어 교육을 받아 농문화의 범위를 넓힐 필요가 있다. 이와 관련하여 수어 통역 교육기관의 확대와 제도화가 무엇보다도 절실한 실정이며, 지구촌 시대에 '국제수어(International Sign, IS)'를 익히고 통역사를 양성하는 일이 필요하다.

셋째, 수어 탐구의 필요성이다. 수어의 본질을 밝히는 일로서, 수형소·문법·어휘·의미 및 담화 등 수어의 언어학적 성격을 규명하는 일이다. 제대로 된 수어 사전을 만드는 일로서, 농인 중심의 어휘·문형·담화 사전이 종이사전뿐만 아니라 실시간 접근 가능한 전자사전을 만들어야 한다. 어휘사전은 내용에 있어서 기초어휘, 확장어휘, 관용어휘, 신조어휘, 전문어휘, 방언어휘, 외래어휘별로 그 확장성을 넓혀야 한다. 전자사전의 경우 완성도가 높은 '앱', 즉 음성을 스마트폰 화면에 문자로 실시간 전환해 주는 소프트웨어뿐만 아니라, 농인을 위한 수어와 글자 변환이, 건청인을 위한 음성 및 글자 전환이 이루어져야 한다.

4. 마서즈 비니어드 섬사람들

농인들이 건청인들과 아무런 차별 없이 살았던 동화 같은 이야기가 실재한다. 17세기에서 20세기 초까지 미국의 보스턴 남부에 있는 섬 '마서즈 비니어드'가 바로 그곳이다. 노라 앨런 그로스(N. E. Groce(1985)/박승희 옮김(2003)『마서즈 비니어드 섬사람들은 수화로 말한다: 장애수용 사회학』을 중심으로 그 섬사람들의 이야기를 해 보기로 한다.

4.1. 개요

노라 그로스는 19세기 후반 알렉산더 그레이엄 벨의 연구, '마서즈 비니어드(Martha's Vineyard)'[11] 섬사람들의 구술과 문헌 자료 등을 바탕으로 비니어드 섬의 역사, 농인의 기원, 청각장애의 유전학, 청각장애에 대한 섬의 적응과 섬에서 성장하는 농인 등에 대해서 기술하고 있다.

〈그림 1〉 1650년의 남동 매사추세츠

11　1602년 영국의 탐험가 바르솔로메우 고스놀든이 오랜 항해 끝에 도착한 이 섬을 딸 '마서(Martha)'와 섬의 풍성한 야생 '포도밭(Vineyard)'를 보고 '마서즈 비니어드(Martha's Vineyard)'라고 이름 붙였다.

17세기에서 20세기 초까지 미국 보스턴 남부에 있는 비니어드 섬에는 유전적 농인이 많았다. 그런데 이 섬의 농인들은 자신을 장애인이나 소외된 사람으로 생각하지 않고 그 사회의 책임 있는 구성원으로 여겼다. 이 섬에서는 농인과 건청인 모두 수어를 사용하면서 성장함으로써 그 사회 구성원 간에 의사소통의 장벽이 없었다.

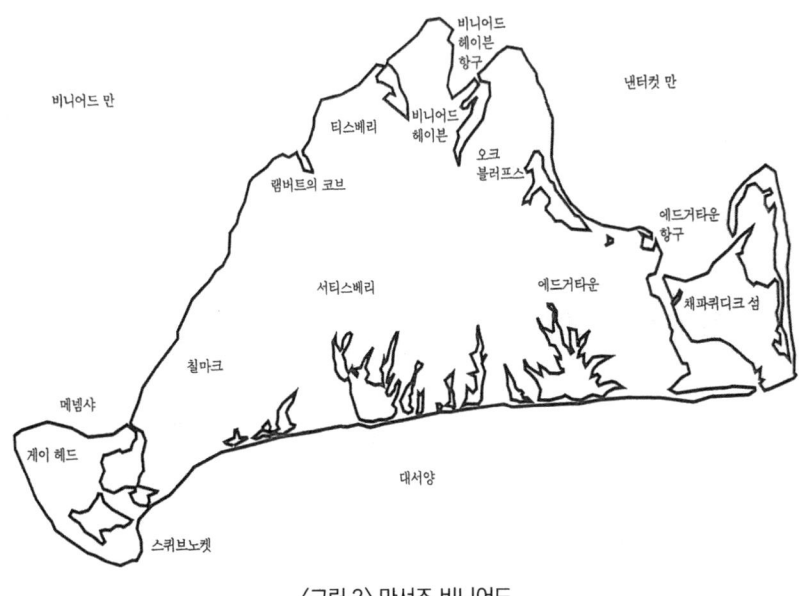

〈그림 2〉 마서즈 비니어드

1640년대 영국의 켄트 지방 사람들이 마서즈 비니어드 섬에 정착하기 시작하였다. 이들은 청각장애의 '열성유전자(recessive gene)'[12]를 보유하고 있었다. 200여 년 동안 이 섬의 고립된 사회 안에서 잦은 근친결혼[13]으로

---

12 '열성(recessive)'은 대립형질 중 잡종 1세대에서 숨어서 나타나지 않는 형질로 '우성(dominant)'에 대응되는 말이다. 청각장애가 직계 조상에서 나타난 경우에는, 그것이 2·3세대를 거른다거나 여섯 번째 세대에서 한 번 나타나는 것으로 일관성을 지닌다.
13 이 섬에서는 사촌끼리의 결혼이 허용되었는데, 1700년대 후반에 이르러 결혼한 사람

청각장애 유전자가 널리 퍼졌는데, 특히 '서쪽 티스베리(West Tisbury)'와 '칠마크(Chilmark)'에 선천적 청각장애 아동이 많이 태어났다.

이 두 곳 사람들의 가계는 그 조상이 이 섬의 첫 번째 정착민으로 거슬러 올라가며, 그 뒤 친척들끼리 가까운 곳에 모여 살았다. 1850년에 칠마크에는 650명이 살았고 출생자의 40%가 다섯 가지 중의 한 성을 따랐다. 근친결혼을 하던 섬 위쪽 지역사회는 새로운 피를 가진 사람들이 들어오는 일이 매우 드물어 유전적으로 고립된 곳이었다. 19세기 중엽 칠마크의 인구는 350명이었으며 농인 수는 25명에 1명꼴이었는데, 2세기에 걸쳐서 선천적 농인은 39명이었다.[14] 20세기 초 섬 밖에서 새로운 이주자들이 많이 들어와서 유전적 농인 발생률이 감소하다가 농인의 발생이 멈추었는데, 섬의 마지막 선천적 농인이 1952년에 사망했다.

4.2. 청각장애의 기원

농인은 부모가 농인뿐만 아니라, 건청인인 경우도 많았다. 이 섬에서 청각장애로 태어난 아동의 85%가 건청인 부모로부터 태어났다. 20세기 초 멘델의 열성유전 개념이 알려지기 전에는 청각장애의 원인이 불가사의에 속했다.

그 기원은 영국의 켄트 지방으로 거슬러 올라간다. 그곳은 비니어드 섬 거주자들의 조상들이 동족결혼을 했던 고립된 지역사회였다. 그 사회의 청각장애 열성유전자 수는 켄트 출신 사람들이 17세기 비니어드 섬에 왔을 당시 아주 잘 발달된 수어를 가져왔다는 점에서 추측해 볼 수 있다. 그들은 비니어드 섬에서도 고립된 지역사회에서 살았고 그곳에서 200여 년 동안

의 96% 이상이 친척 관계였다.
[14] 이 비율은 19세기 미국 전체 인구의 농인과 비교할 때 100배나 높았다.

사용되었던 수어는 삶의 한 부분으로 자리 잡았다.

4.3. 청각장애의 대응

이 섬에서는 청각장애가 아주 평범하여 대부분의 가정에서 발생했다. 여러 세대에 걸친 청각장애의 빈번성과 예측불가능성은 청각장애가 어느 가정에서나 일어날 수 있는 것으로 여겨져 건청인들에게 수어를 자연스럽게 배우게 했다.

200여 년 동안 건청인들은 지역사회 생활에 완전히 통합되었는데, 건청인들이 영어와 수어의 이중언어를 사용했기 때문이다. 건청 아동은 그들 주변의 청각장애 어른과 아동들로부터 수어를 자연스럽게 익혔다. 농인과 건청인이 함께 있는 상황에서는 수어를 사용했고, 교회의 예배 시간이면 주위의 누군가가 농인들에게 예배를 수어로 전달해 주었으며, 농인이 없을 경우에도 건청인들은 수어로 의사소통을 하였다.

이 섬의 농인들은 3세기 가까이 직업과 오락 등 모든 사회적 활동에 완전히 어우러졌고, 이 지역의 생업인 농사와 어업을 수행하여 평균 또는 그 이상의 수입을 벌어 들였으며, 투표에 자유롭게 참여하고, 교회 활동을 활발히 했으며, 건청인이나 농인과 결혼하는 데 자유로웠으며,[15] 법적으로 동등한 책임이 주어졌다. 이 섬의 적어도 서쪽 티스베리와 칠마크에서는 듣지 못하거나 말하지 못하는 것이 장애 조건이 아니며 남에게 주목의 대상도 아니었다. 한 정보제공자의 "나는 농인을 사람마다 목소리가 다르다는 것 이상으로 생각하지 않았어요.", 또 다른 정보제공자의 "그들은 '장애인

---

[15] 이 섬의 농인들은 건청인과 마찬가지로, 결혼할 수 있는 연령까지 살았던 사람들의 80%가량 결혼했다. 이 섬에서 1815년 이전까지 태어난 농인의 73%가 결혼했는데, 이 가운데 35%만 농인 부부였다.

(handicapped)'이 아니었어요. 단지 '듣지 못하는 사람(deaf)'이었지요."라는 증언은 이러한 비니어드 섬 사람들의 인식을 잘 보여 준다.

4.4. 수어 학습

이 섬사람들은 어린 시절에 수어를 배웠다. 자라나는 아동은 영어를 익히듯이 자연스럽게 수어를 익힌 것이다. 청각장애 구성원이 있는 가정에서 성장한 아동들은 "수어를 그냥 알게 되었다."거나 "수어가 자연스럽게 다가왔다."라고 말한다. 심지어는 한쪽 부모가 농인인 건청 아동의 경우, '음성언어'보다 더 일찍 '수어'를 습득한 것으로 기억했다.

유아기에 수어 환경에 놓인 청각장애 아동은 건청 아동이 말을 시작하는 시기에 수어를 시작했다. 수어와 영어의 이중언어 습득에 관한 연구에 따르면 발음하는 능력보다 손을 능숙하게 사용하는 것이 더 빨리 발달한다고 한다. 또한, 청각장애 유아와 부모가 있는 건청 유아는 평균적인 건청 아동이 말을 시작하는 것보다 몇 달 앞서 수어로 의사소통을 시작했다는 것이다. 대체로 청각장애 아동의 수어 어휘습득 비율은 건청 아동과 동일한데, 5세가 되면 양쪽 아동 모두 1,000단어 이상의 어휘를 습득했다. 또한, 청각장애 부모의 건청 자녀에 의한 수어와 영어 습득의 경우 두 언어가 동시에 그리고 쉽게 습득된 것으로 밝혀졌다(Prinz & Prinz 1979, 1981 참조).[16]

이 섬에서 친척 청각장애 가족 구성원이 없는 건청 아동은 부모가 집안일로 이웃이나 가게로 데려갔는데, 청각장애 어른뿐 아니라 친구들과 의사소통을 위해 수어를 배울 필요가 있었다. 건청인 가정에서뿐 아니라 청각장애 구성원이 있는 가정에서 부모들은 아동에게 수어를 소개했다. 수어의 유창

---

16 대조적으로, '구화 교수(oral instruction)'만 하고 수어 환경에 자라지 않은 청각장애 아동은 5세 경에 수십 개의 기능적 어휘만을 가진 것으로 나타났다.

성은 계속 사용함으로써 세련되어 갔다. 이 섬의 농인들은 대부분 영어를 읽고 쓸 수 있었지만, 대부분의 정보제공자들은 어떤 농인도 의사소통을 위하여 문어체 영어를 사용하는 것을 본 적이 없다고 했다.

4.5. '마서즈 비니어드'의 교훈

청각장애의 가장 큰 문제는 들을 수 없다는 것이 아니라, 그것이 사회적 소외로 이어지는 데 있다. 또한, 건청 세계에 널리 퍼진 청각장애의 이해 부족과 잘못된 정보가 합해져 농인의 교육, 고용, 지역사회 참여, 시민의 권리 등 생활 모든 측면에서 어려움이 발생한다. 이런 상황에서, 장애인은 비장애인의 생활방식에 적응하도록 길들여 왔다.

그러나 비니어드의 건청인들은 음성언어인 영어와 이 섬에서 쓰는 수어를 사용할 수 있었다. 이러한 적응은 언어적 중요성 그 이상이었는데, 왜냐하면 대부분의 농인들로 하여금 사회와 분리시키는 장벽을 없애는 것이기 때문이었다. 이러한 분위기는 1690년대 티스베리에 농인 남자가 정착했을 때부터 확고했다.

'보스턴 선데이 헤럴드(Boston Sunday Herald)'의 한 기자는 다음과 같이 썼다. "이웃을 방문하면 그들에게 애프터눈 티[17] 같은 것은 없다. 대화 속에서는 음성언어와 수어가 뒤섞여, 거의 무의식적으로 한쪽에서 다른 쪽으로 옮겨 가거나 두 가지를 동시에 사용하게 된다. 가족의 절반은 아마 음성언어를 하고, 절반은 하지 못한다. 그러나 음성언어를 하지 못하는 사람들은 그 결핍 때문에 불편해하지 않는다. 지역사회가 그 상황에 너무도

---

17 '애프터눈 티(afternoon tea)'는 1840년대 영국 상류층에서 점심과 늦은 저녁 사이의 틈을 메우기 위해 시작된 풍습으로, 오후 3시 30분에서 5시 사이에 차와 다과를 곁들인 가벼운 식사를 말한다.

완벽하게 적응했기 때문이다(1895: 2)."

　노라 그로스가 한 농인에게 "당신이 듣지 못하고 말하지 못한다는 것 때문에 삶에서 무언가 중요한 것을 상실했다고 느낀 적이 있습니까?"라고 물었는데, 그는 "아니요, 나는 이제까지 유쾌하지 않은 어떤 것도 (수어를 통해) 들어야 했던 적이 없었어요."라고 자신의 청각장애에 대해 긍정적으로 대답했다.

　지난날 서구뿐만 아니라 우리 사회에서도 건청인 중심의 세상에서 들을 수 없고 말할 수 없는 이들은 이른바 '병신'으로 불도장이 찍혔다.[18] 전통적으로 '장애(disability)'는 주로 의학용어로, 사회과학자들은 '일탈(deviance)'의 관점에서 분석해 왔다. 사회과학에서 '일탈'은 '정상(normal)'이라고 생각되는 인구의 대부분과 분리되는 개인으로 정의된다. 더욱이 청각장애를 가장 심각하고 널리 퍼져 있는 주요 장애 가운데 하나로 여겨왔다.

　1890년에 질레트(P. G. Gillett)는 "농인들이 짐승같이 여겨지고 천치로 분류되었고, 그런 것에 따라 취급되었던 시대가 있었다. 그런 시간이 지나간 것을 모두는 감사히 생각한다."라고 한 바 있다. 그런데 최근의 미국 사회에서 청각장애 집단의 연구에 따르면 건청인들과 농인들 사이의 권리와 기회의 차이는 아직도 현격하다고 한다(Schein & Delk 1974, Higgins & Nash 1982).

　이 점에 비추어 볼 때, 마서즈 비니어드 섬에서 듣지 못하고 말하지 못하는 것은 '장애'로 인식되지 않았고 그들이 최대의 능력과 최선의 모습으로 지역사회의 모든 생활에 참여할 것을 기대했다. 그러한 기대는 청각장애를 장애나 낙인(烙印)으로 여기지 않는 사회를 선물로 되돌려 주었다. 그곳의 사람들은 건청인과 농인들이 함께 사용한 수어를 효율적으로 수용하고 발

---

[18] 우리의 경우 나도향의 단편소설 '벙어리 삼룡이(1927년)', 계용묵의 단편소설 '백치 아다다(1935년)'에서 이 점이 생생하게 묘사되고 있다.

전시킴으로써 유전적 청각장애를 극복한 것이다. 요컨대 들을 수 없고 말할 수 없는 것을 불행으로 받아들이지 않은 것은 이 섬에서 평범하게 수용되던 '수어'가 매우 중요한 힘을 발휘했기 때문이다.

5. 마무리

이 장에서는 '수어의 힘'에 대하여 살펴보았다. 그 주요 내용에 따라 마무리하기로 한다.

첫째, 말은 우리의 생각이나 느낌을 음성이나, 글자, 손, 그리고 전자 매체를 통해 전달하는 것으로, 그 갈래에는 입말·글말·손말·전자말이 있다. '손말'을 공식적인 용어로 '수어'라 한다. 사람의 의사소통 수단인 '말'은 힘을 지니며 발휘한다. 곧 '말'은 사람이 생존하고 공동체를 이루어 문화를 일으키며, 사람이 사람답게 살아가는 데 필수적이며 가장 소중한 존재 가운데 하나이다.

둘째, 농인들은 눈으로 보고 손으로 말하는 '보고 보여주는 언어', 즉 '수어'로 살아간다. 수어가 발휘하는 힘은 농인들의 일상적인 삶은 물론, 위험에 놓인 상황에서 생존을 좌우한다. 수어 통역이 미치는 범위는 생존 및 일상생활뿐만 아니라 문학·음악·영화·연극의 예술 영역에 두루 걸쳐 있다. 수어의 힘에 대한 새 지평을 열어가기 위해서는 법률상 규정된 기본권의 보장, 수어 교육 및 탐구 등이 체계적이고 적극적으로 활성화될 필요가 있다.

셋째, 농인들이 건청인들과 차별 없이 살았던 동화 같은 이야기가 실제로 존재한다. 17세기에서 20세기 초까지 미국의 보스턴 남부에 있는 섬 '마서즈 비니어드'가 바로 그곳이다. 이 섬사람들은 농인과 건청인이 함께 사용한 수어를 효율적으로 수용하고 발전시킴으로써 유전적 청각장애를 극복한 것으로, '수어의 힘'을 보여주는 감동적인 사례이다.

제3장 : 수어 탐구의 방법론

1. 들머리

 이 장은 수어 탐구의 방법론을 살펴보는 데 목적이 있다. 이론은 현상을 바라보고 포착하는 창구이다. 현상은 다양한 모습으로 존재하는데 어떤 창구로 그 현상을 보고 해석하느냐에 따라 매우 다른 양상을 띠게 된다. '수어'의 경우도 마찬가지이다.

 먼저, 수어 탐구의 역사적인 관점을 개관하며, '구조언어학' '인지심리학' '인지언어학'에서 수어 탐구의 양상과 특징을 살펴보기로 한다. 언어학계에서 수어 탐구는 1950년대에 접어들어 미국과 유럽에서 시작되었다. 일반언어학계에서 수어 탐구는 크게 두 가지 단계로 나뉜다.

 제1단계는 수어가 언어가 아니라거나 음성언어보다 열등하다는 데 대한 반증으로서, 수어가 음성언어와 같이 언어라는 것을 증명하는 데 초점이 모였다.[1] 자연히 수어는 음성언어로 만들어진 틀에 맞추어 연구되었다.

---

[1] 현대 언어학계에서 중요한 인물 가운데 한 사람인 Sapir(1921: 21)는 말하고 듣는 언어라는 전형적인 상징체계를 제외한 모든 자발적 의사소통은 그 체계로부터 직간접적으로 전이된 것으로 결론지을 수밖에 없다고 하여, 수어를 음성언어에서 전이된 것으로 보았다. Myklebust(1957: 241-242)는 손으로 하는 수어가 음성언어보다 열

제2단계는 수어 독자적인 특성을 규명하고 수어와 음성언어의 상호이해에 초점을 모으고 있다. 그러기 위해서는 언어로서 공통된 특성의 기반 위에 수어가 지닌 개별적인 특성을 밝히며, 나아가 언어의 본질에 한 걸음 더 가까이 다가가는 일이다. 수어 언어학자들은 '인지언어학'의 기제로써 이 목표에 다가갈 수 있을 것으로 본다.

2. 역사적 관점

수어에 대한 최초의 언급, 밀라노 회의를 통해 수어 탐구의 역사적 관점을 개관하기로 한다.

2.1. 수어에 대한 언급

'농인'과 '수어'에 대한 최초의 언급은 이집트 제19대 왕조(람세스 2세의 기원전 1350~1200년)의 "'당신은 듣지 못하는 사람이 아니라, 농인, 즉 손으로써 말하는 사람이다.'(Erman 1971 참조)를 들 수 있다.
로마의 수사학자·교육자·웅변가인 퀸틸리아누스(M. F. Quintilian, 35~95년)는 *Institutes of Oratory*(『웅변의 원리』)에서 수어를 농인에 의한 제스처의 사용이라고 하였다. 이로부터 수어에 대한 수많은 신화와 오해가 수어 인식에 널리 퍼지게 되었다.
수어가 발생하고 사용되는 역사적, 사회적 상황은 매우 복합적이다. 예를 들어, 농아의 90% 이상이 건청인 부모로부터 태어나므로,[2] 농아들은 가정

등한 것으로 간주되어야 한다고 했다.
2   Sandler(2003: 404)에서는 일반적으로 농인의 10% 미만이 모국어 수어 사용자라고

이 아닌 다른 장소에서 수어를 획득해야 한다. 실제로 농인들은 수어가 사용되는 다양한 규모의 언어적 공동체를 형성하는 경우가 흔하다고 한다. '수어 공동체(signed language community)'에 대한 언급은 데로즈(P. Desloges, 1747~1799)의 기술을 들 수 있다. 그는 7세 때 천연두로 듣지 못하게 되었는데, 1779년에 농인으로서 쓴 최초의 저서 *Observations d'un sourd et muèt, sur un cours elémentaire d'education des sourds et muèts*(『귀먹고 말 못 하는 사람의 귀먹고 말 못 하는 이들에 대한 기초 교육과정의 고찰』)을 출간하였다. 이 책에서 그는 농인 교육에서 수어 사용을 옹호한 파리의 농인 공동체에 대해 (1)과 같이 기술하였다(Lane & Grosjean 1980: 123-124 참조).

(1) 파리에, 프랑스에, 세계의 구석구석에 우리 대화의 '화제(topic)'가 아닌 사건은 없다. 우리가 말과 듣기의 능력을 누리는 것처럼 우리는 질서정연하고, 정확하고, 빠르게 모든 화제에 대해 우리 자신을 표현한다.

(1)에서는 정규 농교육이 이루어지기 전의 농인 공동체가 기술되어 있다. 이 기술을 통해서 모국어 수어를 사용하는 농인 공동체가 여러 세기 전으로 거슬러 올라가 세계 대부분의 대도시 지역에 존재했을 것으로 볼 수 있다. 일반적으로 농인들은 시골에서 대도시로 옮겨가 다른 농인을 만나서 교제하고 의사소통할 수 있는 집단 모임을 가졌다. 그렇게 하면서 농인들은 수어를 양식화하고 전수하였다.

하였다.

2.2. 밀라노 총회

'밀라노 총회(the Milan Conference)'로 알려진 1880년 이탈리아 밀라노에서 개최된 '제2차 국제 농인 교육 회의'에서 농아를 교육할 때 수어 사용을 지지하는 교육자와 '스피치(speech)', 즉 '구화 방식(oral method)'을 지지하는 교육자 간에 치열한 논쟁이 벌어졌다. 이때 후자에 속한 제네바 구어 학교장인 마그나(M. Magnat)는 수어에는 언어 자질이 결핍되어 있으므로 농아의 지적 능력을 발전시키는 데 적합하지 않다고 주장하였다(S. Wilcox & Occhino 2017: 101 참조).[3]

수어가 단순히 팬터마임의 제스처라는 견해는 1880년 밀라노 총회에서 농아들의 교육에 대한 '스피치(speech)' 대 '수어(sign language)' 사용의 논쟁에서 절정을 이루었다. '스피치' 옹호자들은 수어에 언어의 주요 특징이 결핍되어 있으므로 농아들의 정신을 개발하는 데 적당하지 않다고 주장했다. 수어는 수(number)·성(gender)·인칭·시간·명사·동사·부사·형용사를 나타내지 못하는 등 이러한 결점 때문에 추론, 심사숙고, 일반화, 추상화를 이끌어 낼 수 없다고 하였다.

이러한 견해들은 수어의 언어학적 지위를 부정해 온 심리학자, 교육자, 언어학자에 의해서 수어가 지적, 교육적, 그리고 언어 발달에 해롭다고 주장하면서 20세기까지 지속되었다.

---

[3] "손으로 교육받은 어린이는 반항적이고 타락하기 쉽다. 이것은 수어의 단점에서 비롯된다. 수어가 '사고(thought)'를 발생시킨다는 것은 의심스럽다. 수어는 구체적이다. 수어는 진정으로 느낌과 사고와 연결되지 않으며, 정확성이 결핍되어 있다(Lane: 1984: 377-378)."

3. 구조언어학적 탐구

수어 연구를 언어학적 관점에서 시도한 것은 후기 블룸필드를 대표하는 트래거 & 스미스(Trager & Smith 1951), 하킷(Hockett 1959, 1960, 1978) 및 하킷 & 하킷(Hockett & Hockett 1960)의 '미국의 구조주의(American Structuralism)' 흐름과 맥을 같이 한다. 농인의 수어에 대한 현대 언어학적 탐구, 즉 1960년에 시작된 수어의 구조언어학적 탐구에 대해서 살펴보기로 한다(Stokoe 1960, McBurney 2012: 909-948, S. Wilcox & Occhino 2017: 99-102 참조).

3.1. 윌리엄 스토키

갤로뎃대학(Gallaudet University)[4]의 영어과 교수인 윌리엄 스토키(William C. Stokoe)는 수어의 현대언어학적 분석을 통해 최초로 수어가 음성언어와 마찬가지로 독자적인 언어라는 것을 증명하였다. 곧 수어도 '조형의 이중성(duality of patterning)'[5]을 가지며, 그 자체의 음운·형태·통사론적 특징을 가지며, 관습화된 어휘 체계를 가진다는 것이다.

갤로뎃대학에 오기 전 스토키는 뉴욕주에 있는 웰스 칼리지(Wells

---

4 미국의 워싱턴 D.C.에 있는 갤로뎃대학은 1864년 농인과 맹인을 위해 설립된 최초의 '그래머스쿨(grammar school)'이었다. 특히 이 학교는 농인과 농인에 준하는 최초의 선진 교육기관이었으며, 오늘날까지 농인을 위한 세계 유일의 고등교육기관이다. 농인 교육 향상에 탁월한 인물 토마스 홉킨스 갤로뎃(Thomas Hopkind Gallaudet, 1787~1951)의 이름을 딴 이 대학은 '미국수어(ASL)'와 '글말 영어(written English)'의 이중언어를 공식적으로 사용한다.

5 음소는 개별적으로 무의미하며, 다른 음소와 결합될 때 비로소 유의미하게 된다. 이처럼 보다 더 작은 요소들이 모여 더 큰 단위로 결합되는 것을 이중 조음, 즉 '조형의 이중성'이라고 하는데, 조형의 이중성을 가진 사람의 말은 유연하여 수많은 '전언(message)'을 형성할 수 있게 된다.

College)의 영어과에서 고대 및 중세 영어의 다양한 문제들에 관한 연구를 수행해 왔으며, 트래거 & 스미스(Trager & Smith 1951)의 *An Outline of English Structure*(『영어 구조의 개요』)를 우연히 만나게 되었다. 스토키는 이들이 주창한 언어 분석의 절차적 방법론에 깊은 인상을 받았다. 갤로뎃대학에서 수어의 기초를 공부하고 농인 학생을 만나 수어로 의사소통하면서, 스토키는 자신이 배우고 있는 수어가 '최소 쌍들(minimal pairs)'에 따라서 분석하는 데 적합하다는 것을 발견했다(Stoke 1979 참조).

이 초기의 관찰은 스토키로 하여금 수어가 손과 함께 허공에서 그려진 단순한 도상적 그림이 아니라, '구별되는 부분들(discrete parts)'로 구성된 조직적 기호의 가능성을 탐구하도록 이끌었다. 스토키는 1957년 여름에 언어연구소가 지원하는 미국언어학회에서 트래거 & 스미스의 지도를 받은 뒤 갤로뎃대학으로 돌아와 미국수어(ASL)의 구조언어학적 분석 작업을 시작하였다.

1960년 4월에 *Sign Language Structure*(『수어의 구조』)[6]가 출간되었다. 스토키(Stoke 1960)의 출간이 가져온 두 가지 큰 공헌은 다음과 같다(Pfau *et al.*(eds.) 2012: 921-922 참조).

첫째, 개별적인 수어의 내적 구조, 즉 음운론의 분석을 제시하였다. 스토키에 의해서 밝혀진 3가지 주요 내적 구성소는 수어의 위치인 'tabula(수위)', 손의 형상인 'designato(수형)', 형상에서 동작 및 변화인 'signation(수동)'이다.[7] 수어에서 이러한 구성소는 최소한의 대조 요소였으며, 그 자

---

6 Stokoe(1960). *Sign Language Structure: An Outline of the Visual Communication Systems of the American Deaf.* In *Studies in Linguistics Occasional Papers* 8. Buffalo: University of Buffalo Press. [Re-issued 2005, *Journal of Deaf Studies and Deaf Education* 10(1), 3-37).] 78쪽으로 된 Stokoe(1960)의 서평은 H. Landar(1961)에 의해서 *Language* 37(2), 269-271쪽에 수록되었으며, 2005년 35쪽으로 *Journal of Deaf Studies and Deaf Education* 10(1)에 재수록되었다.

체로는 의미가 없었지만, 결합하여 의미 있는 형태를 만들어 내었다. 수어의 추상적인 하위어휘적 구조의 이러한 분석은 수어가 본질적으로 언어적 구성 요소들로 이루어진 것임을 입증한 것이다.

이른바 수어에 언어적 구조가 결핍되어 있다는 견해는 수어에 '조형의 이중성' 결핍, 즉 수어에서 유의미한 요소들은 무의미한 요소들의 한정된 집합으로부터 형성되지 않는다는 주장에서 가장 강력하게 표명되었다. 이것은 곧 수어에는 음운론이 결핍되어 있다는 것이다. 스토키(1960)는 미국수어(ASL)의 음운론에 대한 선구적인 기술로 이 견해를 말끔히 정리해 버렸다. 구체적으로 그는 수어가 '하위어휘적 구조(sublexical structure)'의 분석 가능한 단위로 구성되어 있다는 것을 증명해낸 것이다. 그는 이런 단위를 '수어소(chereme)'라 하였는데, 이것은 음성언어에서 '음소(phoneme)'의 구조적 등가물이다.

둘째, '스토키 표기법(Stokoe Notation)'인 수어의 '전사 체계(transcription system)'를 제시하였다. 그 당시에는 미국 농인 공동체의 구성원들이 사용하는 언어를 글이나 그림으로 옮겨서 베낄 수단이 존재하지 않았다. 그 대신 개별적인 수어는 사진이나 드로잉, 종종 제스처의 글말 영어로 사전에서 목록화되었다. 스토키 표기법은 전사 기호의 수단을 제공했으며, 그렇게 함으로써 수어의 내적 구조를 명확히 하는 데 기여하였다. 이 표기법은 "수위(T)x수형(D)x수동(S)"의 형식으로 이루어진다. 이는 수어가 이루어지는 위치, 손 모양, 수어를 만드는 과정에서의 움직임이다.

예를 들어, 〈그림 1〉은 'mother(어머니)'의 미국수어로서, 이에 대한 스

---

7   스토키가 밝힌 수어소는 수어를 산출할 때 머리 위나 수어자 몸 앞의 중립적 공간과 같이 수어가 만들어지는 장소인 '수위(location)', 손 모양인 '수형(handshape)', 수어자의 몸 위나 앞과 같이 수어를 만들 때 수어자가 하는 동작인 '수동(movement)'의 3가지이며, Battison(1978)은 수어를 만들 때 손의 방향인 '수향(orientation)'이라는 네 번째 부류를 추가하였다. 한편, Stokoe(1960)는 '수형'을 19개, '수위'를 12개, '수동'을 24개의 부호로 나타낼 수 있다고 하였다(전정례 2002: 306 참조).

토키 표기법은 (3)과 같다.

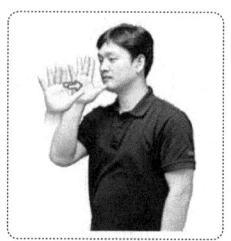

〈그림 1〉 'mother' (『한국어-미국수화사전』 2008: 883)

(3) $\smile 5^x$

(3)에서 '⌣'는 턱을 가리키는 수어이며, '5'는 손을 펴는 것이며, 'x'는 엄지손가락을 턱에 대는 것을 가리킨다. 이러한 방식으로 스토키는 농인 동료인 크로너버그(C. Croneberg)와 캐서린(D. Casterline)의 도움으로 스토키 외(Stokoe et al. 1965)의 *A Dictionary of American Sign Languages on Linguistic Principles*(『언어학적 원리에 따른 미국수어 사전』)을 간행하였다. 이 사전은 최초의 미국수어 사전으로서 2,000개 이상의 어휘 항목을 목록화하고 수어의 언어학적 원리에 따라 그 어휘 항목을 제시했다는 점에서 수어 탐구의 기념비적 작업이었다. 스토키(Stokoe 1960) 및 스토키 외(Stokoe et al. 1965)는 새로운 연구 분야로서 '수어 언어학'의 튼튼한 기초를 형성하였다.

그러나 스토키의 미국수어 구조에 대한 초기의 작업은 대부분 일반 언어학 공동체 안에서 제대로 인식되지 않았다. "수어는 진정한 언어다."라는 주장은 그 시대에 언어학 분야 안에서 설 자리를 찾지 못하였다. 스토키(Stokoe 1960)의 출판 이전 몇 년 동안, 언어는 '스피치'와 동일시되었으며, 언어학은 스피치 행위 범주에서 음성언어의 연구에 국한되었다. 언어학 및 언어 구성 요소에 대한 이 견해는 쉽사리 바뀌지 않았다. 더욱이, 스토키의 미국수어 분석은 황혼기를 맞은 구조언어학적 틀에 기초해 있었다. 1957년 촘스키(N. Chomsky)가 펴낸 *Syntactic Structure*(『통사 구조』)는 언어학 이론이 언어의 '분류적 기술(taxonomic description)'에서 새 시대의 시작을 알리는 인지적 표상의 설명으로 초점이 전환되는 신호였다. 촘스키의 인지 능력으로서 문법에 대한 강조는 스토키의 작업에서 발견될 수 있는 자리가 거의 없었기 때문에, 스토키의 논저는 그 시대의 언어학자로부터 거의 주목을 받지 못했다.

스토키의 초기 작업이 언어학자들에 의해서 제대로 주목을 받지 못한 것과 마찬가지로, 미국수어의 언어학적 분석도 농인 교육자들 및 관련된 전문가들에 의해서 제대로 수용되지 못했다. 미국수어가 교실 밖에서 농인 학생들에 의해서 사용되었고, 농인 공동체 및 미국 전역의 농인 단체에서 지속적으로 번창했지만, '구화법(oralism)'이 오랫동안 대부분의 미국 학교에서 표준으로 실행되었다. 이러한 경향의 변화는 1960년대 말에서 1970년대 초인데, 이때 구화법의 실패에 좌절한 미국의 교육자들이 교실에서 수어 사용을 적극적으로 고려하고 탐구하기 시작하였다. 그 결과는 수어와 스피치가 함께 사용되는 '통합적 접근'으로의 전환이었다. 이 접근법은 그전부터 농인과 건청인 상호 간에 의사소통이 필요한 상황에서 사용되어 온 것이었다.

미국에서 1960년대는 '인권(civil rights)', '평등(equality)', '접근(access)'이 중요한 화두였다. 이와 함께 농인에 대한 인식의 전환으로, 농인 공동체의 언어에 대하여 새로운 이해와 수용을 가져왔다. 1970년대와 1980년대를 통해, 미국수어에 대한 교육자들의 인식 변화로, 통합 방법의 버전이 쓰이게 되었다. 즉 동시 의사소통의 이 체계는 영어 어순에서 미국수어 기호를 사용하는 것으로 말하기와 수어하기가 동시에 구성되었다. 수어와 음성언어 단어의 이 조화는 대부분의 미국 학교와 농인 어린이들을 위한 프로그램에서 사용되었는데, 엄격한 구화 교육에서부터의 현저한 변화를 나타내었다.

최근에, 이중언어 접근법에 대한 미국수어 견해가 개발되었다. 이것은 미국수어가 농인 어린이의 제1 언어로 간주되고 일차적으로 읽기와 쓰기를 통해 영어가 제2 언어로서 학습되는 것으로, 미국의 몇몇 학교뿐만 아니라, 더 많은 다른 나라에서 채택되었다.

3.2. 의의와 한계

구조언어학은 말의 연속적 흐름을 '단위(unit)'로 쪼개고, 이런 단위를 '자질(feature)'로 쪼개기 위한 일련의 분석적 도구를 언어학자에게 제공하였다. 구조주의 견해에서 분절음, 자질, 음운론, 형태론, 통사론, 의미론의 변별적 범주인 이들 단위는 사실상 선험적이며, 구조의 층위는 구분된다. 언어는 이런 언어 구조의 '건축용 벽돌(building block)'로 구성된다.

이러한 언어관은 언어학자에게 수어의 구조를 증명하기 위한 생산적인 초기의 체제를 제공하였다. 그 결과 수어가 음성언어와 마찬가지로 자체의 구조를 가진 자연언어라는 인식을 확보하게 되었다. 곧 수어가 음성언어와 동등한 언어 연구의 대상으로 인식되기 시작한 것은 구조언어학의 체제를 활용한 1960년대 이후 스토키에 의해서였다.

그러나 수어 탐구에서 구조주의는 결함과 한계를 드러내게 되었다. 즉 구조주의 체제에서 주장해온 '무의미한 단위'는 의미를 지니는 것으로 밝혀졌으며, 모든 층위에서 도상성은 널리 퍼져 있었으며, 어떤 수어와 수어 구문은 언어와 제스처의 엄격한 분리에 제동을 걸었다(S. Wilcox & Occhino 2017: 105 참조).

4. 인지심리학적 탐구

1970년대 접어들어 변형생성이론이 언어학의 강력한 버전으로 등장하였다. 이 이론은 언어가 인간에게 천부적이며, 그러한 능력을 가진 채 타고난 아이는 언어 환경 속에서 자연스레 언어를 습득한다는 것이다. 촘스키(N. Chomsky 1965, 1972, 1975)에 의한 생득설의 언어능력과 축복은 음성언어에 국한된 이야기일 뿐이었다. 이러한 흐름과 달리, 1970년대 이래로 인지심리학계에서는 수어의 사례 분석 및 실험을 통해 이론언어학이 닿지 못하는 세계를 탐구해 왔는데, 그 주목되는 세 가지 사항을 들기로 한다.

4.1. 수어와 음성언어의 소요 시간

수어가 음성언어와 동등한 언어라는 것을 입증하는 데는 정보를 전달하는 데 걸리는 시간이 또 다른 변수가 된다. 수어에 대한 일반적인 생각은 음성언어보다 전달 내용에 대해 시간이 더 오래 걸리며, 정보의 전달 정도가 불충분할 것이라는 점이다.

벨루기 & 피셔(Bellugi & Fisher 1972: 173-200)는 하나의 명제에 대해 '미국수어'와 '음성영어'로 나타내는 데 거의 같은 시간이 걸린다는 것을 밝혔다.[8] 통상 미국수어가 음성영어보다 산출하는 데 시간이 더 오래 걸리지만, 일부 수어자들에게 이 두 언어 또는 양식에서 명제를 산출하는 데 거의 동일한 시간이 걸린다는 것을 시사하는 증거가 제시된 것이다.

---

[8] Emmorey(2002: 8)에서는 부모가 수어를 사용하는 가정에서 태어난 농아는 수어가 건청 아동이 음성언어를 습득하는 것과 같은 양상의 언어 발달 과정을 따른다는 것을 밝혔다.

그들은 기저의 기초 문장을 중심으로 199개의 명제를 두고, 공간 속에서 손의 움직임으로 표출되는 수어와 단어의 조음 속도에 의한 음성영어의 산출 속도 차이를 실험하였다. 피험자와 녹화 방식은 (4)와 같으며, 실험자료 가운데 하나인 '각색한 스토리' (5)에 대한 영어 및 미국수어 버전은 (6) 및 (7)이다.

(4) a. 피험자: '미국수어'와 '음성영어'를 완벽히 구사하며 수어를 모국어로 배운 '코다(CODA)'[9]로서 일상생활에서 농아들과 수어를 상용해 온 3명.
 b. 녹화: 각자로부터 한 스토리의 음성영어 버전, 미국수어 버전, 동시에 산출되는 두 언어(음성영어와 미국수어) 버전을 녹화함.

(5) 각색한 스토리: John was standing by Mary in the house when Bill hit him. Falling to the floor, he saw her slender ankle. Instantly, Bill grabbed her arm, and dragged her outside of the house. The two of them looked up. The night sky of winter was clear and innumerable stars were coldly shining. (빌이 존을 쳤을 때, 존은 집 안에서 메리 옆에 서 있었다. 바닥에 쓰러진 존은 메리의 날씬한 발목을 보았다. 곧바로, 빌은 메리의 팔을 붙잡고 집 밖으로 끌고 나갔다. 두 사람은 하늘을 올려다보았다. 겨울 밤하늘은 맑았고 수많은 별들이 차갑게 빛나고 있었다.)

(6) English(영어)
 ① JOHN WAS STANDING NEAR THE GIRL IN THE HOUSE.

---

[9] '코다(CODA: Children Of Deaf Adults)'는 농인 부모에게 태어난 건청인으로, 부모의 수어를 눈으로 자극받아 수어를 자연언어로 습득한다.

② WHEN BILL HIT PAST JOHN.

③ JOHN FALL-DOWN PAST TO THE FLOOR.

④ JOHN SEE PAST THE GIRL'S PRETTY L-E-G-S.

⑤ FAST BILL GRAB PAST THE GIRL AND DRAG PAST HER OUTSIDE THE HOUSE.

⑥ BOTH LOOK-UP PAST AT THE SKY.

⑦ IT WAS REALLY CLEAR AND MANY+ +STAR+ +WERE SHINEING.

(7) American Sign Language(미국수어)

	수어	초분절소 및 신체 변환
①	BOY GIRL STAND-TOGETHER, BOY-ARM-AROUND-GIRL IN HOUSE	Left hand for first boy Right hand All signed on left side of the body
②	WHEN BOY HIT-HIM	From right, right hand for second boy To previous location of first boy on left
③	FALL-DOWN	Left hand
④	TURN-TO-LOOK-UP [from prone position] 'PRETTY L-E-G-S'	Body and eye shift slowly through out to gaze and orient right Body at an angle, right hand signing
⑤	BOY GRAB GIRL OUTSIDE HOUSE.	Grabbing from previously established location of girl Action gradually devolving to extreme right side of body
⑥	BOTH LOOK-UP	Eyes directed upward, back to established location of house
⑦	BEAUTIFUL SKY, CLEAR, WITH MANY+ +STAR+ +TWINKLE.	Signs higher than normal, eyes remain directed upward.

(6), (7)에서 스토리의 주저함을 나타내는 쉼을 생략한 채 음성영어와

수어의 조음 속도를 계산한 결과는 다음과 같다.

두 언어가 별도로 산출될 때, 음성영어의 조음 속도는 수어 조음 속도의 거의 두 배였다. 그런데 수어와 음성영어 199개의 명제에서, 한 명제에 대한 평균 시간 길이를 계산한 결과 명제 산출 속도는 조음 속도의 큰 차이에도 불구하고 수어와 음성언어의 속도는 비슷했다. 피험자들은 두 언어에서 동등한 속도로 기저 문장들을 산출하고 있었지만, 음성언어는 거의 두 배의 수어 단어로 문장을 채우고 있었다.

이에 대한 두 언어의 발화 수단을 보면, 수어에는 음성언어의 일부 표면적 복잡성을 사용하는 경향이 없으며, 관사·어형변화·계사·전치사가 존재하지 않는다. 또한, 수어에는 메시지를 응축하는 경향이 강한데, 이는 표현의 효율적 사용에 관한 이점으로 작용한다. 영어 문장을 수어로 번역할 때, 비필수적 요소들은 거의 항상 제거된다. 이 응축은 수어의 조음 속도가 음성언어와 매우 다를 때의 압력에 대한 반응으로 보인다.

4.2. 수어 습득의 임계기

레너버그(Lenneberg, 1967)가 *Biological Foundations of Language* (『언어의 생물학적 기초』)에서 제1 언어 습득의 최적 기간 또는 결정적 시기인 '임계기 가설'[10]을 제시한 이후 반세기가 지났다. 그 당시 수어는 언어로 여겨지지 않았고 신경 영상 기술은 건강한 두뇌에 대한 이해에 상당히 제한적이었다. 1980년대 이후 수어의 임계기에 대한 관심이 확대되었

---

10 음성언어를 대상으로 한 '임계기(臨界期) 가설(critical period hypothesis)'에서 그 기간에 대해 많은 논의가 있어 왔다. Lenneberg(1967)는 '임계기'가 사춘기가 끝날 무렵인 '대뇌의 좌우 기능 분화', 즉 '편측화(lateralization)'가 완성되는 시기와 일치한다고 하였지만, Krashen(1973)은 이 분화의 진행은 어린이가 5세가 될 무렵에 대체로 끝난다고 하여 5세까지가 언어습득이 최적 기간으로 보았으며, Paradis(1999)는 2-13세로 추정했다.

다. 수어의 습득 시기가 최종 수어 능력에 미치는 영향을 조사한 사례들을 살펴보기로 한다.

뉴포트(Newport 1988)는 수어 습득 시기가 수어 사용 능력에 미치는 영향을 조사하였다. 미국수어(ASL)를 사용하는 농인을 ⓐ태어난 뒤부터 농인 부모에게 ASL에 노출된 '모국어 학습자(native learner)', ⓑ4-6세에 농인 기숙학교에 다니면서 농인 또래의 ASL에 노출된 '조기 학습자(early learner)', ⓒ12세 이후 농인 기숙학교에 다니거나 농인 수어 사회 집단에 참여하면서 농인 또래의 ASL에 노출된 '후기 학습자(late learner)'의 세 집단에게 형태적 어형변화가 있는 수어 문장의 산출 및 이해의 도달 수준을 측정하였다. 그 결과 모든 학습자가 40년 이상 ASL을 모국어로 사용해 왔음에도 불구하고 '모국어 학습자'는 '조기 학습자'보다, '조기 학습자'는 '후기 학습자'보다 높은 점수를 받았다. 이 결과는 수어 학습자가 수어를 사용하는 기간이 문제가 아니라, 수어 습득 시기가 수어 사용의 유창성에 상당한 영향을 미친다는 것을 의미한다.

메이베리(Mayberry 1993: 1259-1260)는 "유아기 이후의 모국어 습득은 제2 언어 습득과 다르다: 미국수어의 경우"에서 메이베리 & 피셔(Mayberry & Fischer 1989: 741-750) 및 메이베리 & 아이헨(Mayberry & Eichen 1991: 504)의 '모국어 집단'과 '후기 학습 집단'의 농인들에게 '미국수어 문장의 따라 하기 과제' 기법과 결과를 바탕으로, 영어로 옮긴 (8)의 두 문장에 관한 의미적·음운적 대치의 오류를 분석하였다.

(8) a. As a child I always played with my *younger* brother. (어렸을 때 나는 늘 남자 *동생*과 놀았다.)
   b. I ate too much turkey *and* potato at Thanksgiving dinner. (나는 추수감사절 만찬에 칠면조*와* 감자를 너무 많이 먹었다.)

그 결과, '모국어 학습자 집단' 농인들의 오류는 〈그림 2〉에서 보듯이, 'young(어린)'을 'old(나이 든)'로 반응하였는데, 손의 형태나 움직임이 전혀 다르지만 의미적으로 유사한 단어로 대치하는 경향을 보였다. 그 반면, '후기 학습자 집단' 농인들은 〈그림 3〉에서 보듯이 'and(그리고)'를 'sleep(자다)'로 반응하였는데, 의미적으로는 전혀 유사하지 않지만, 손의 형태나 움직임이 유사한 단어로 치환되는 경우가 많았다(Mayberry 1993: 1260 참조). 즉, '모국어 학습자 집단'의 오류는 의미적 유사 단어 치환이 많이 발생하고, '후기 학습자 집단'은 손의 형태나 움직임에서 겉모습이 유사한 음운적 유사 단어 치환이 많이 나타났다.

'young'(목표어)   'old'(반응어)

〈그림 2〉 의미적 대치

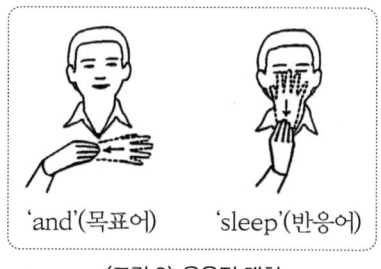

'and'(목표어)   'sleep'(반응어)

〈그림 3〉 음운적 대치

이러한 오류 경향의 차이는 자극문을 완전히 이해하지 못함을 의미하며, '후기 학습 집단'이 '모국어 집단'에 비해 수어 수행에 뒤지는 것을 시사한다.

토마솁스키 외(Tomaszewski et al. 2022)는 "폴란드수어(Polish Sign Language/Polski Język Migowy, PJM) 유창성에 대한 습득 연령의 영향: 임계기 가설에 대한 통찰력"에서 폴란드 농인 60명을 대상으로 수어 습득 연령과 음운·형태·통사 층위의 수용 언어 기능을 조사하였다.

참가자들을 세 집단으로 모집했는데, ⓐ농인 부모로부터 태어날 때부터 PJM에 노출된 집단, ⓑ4-8세 사이에 PJM을 배웠다고 보고한 PJM의 유아기 학습자 집단, ⓒ9-13세 사이에 PJM을 배웠다고 보고한 PJM의 청소년

학습자 집단의 각 20명으로 이루어졌다.

참가자들에게 일련의 수어와 문장이 PJM에서 수용될 수 있는지 여부를 결정하도록 요청하였다. 그 결과 습득 연령이 이 과제의 수행에 상당한 영향을 미치는 것으로 나타났다. 농인이 PJM을 더 일찍 습득할수록, ⓐ집단이 PJM에서 허용 가능한 것과 그렇지 않은 것으로 간주하는 수어와 문장을 구분할 가능성이 더 높았다. 구체적으로, ⓐ집단은 ⓑ집단이나 ⓒ집단보다 음운론적·형태론적·구문론적 항목에서 유의미하게 더 높은 정확도를 보였으며, ⓑ집단은 세 층위 모두에서 ⓒ집단보다 유의미하게 더 높은 정확도를 보였다. 시험의 각 부분에서 목표로 삼은 특정 구조에 대한 수행을 비교한 결과, 다채널 수어와 부정 접미사가 ⓐ집단에 비해 ⓒ집단에서 가장 큰 난제로 나타났다.

위 결과는 수어에서 제1 언어를 습득하기 시작하는 연령이 모든 층위의 문법 구조에서 언어 습득의 궁극적인 결과에 영향을 미친다는 증거를 제공한다. 또한, 이 연구 결과는 임계기가 언어 양식과 무관하다는 것을 보여 주는 기존 연구를 확증해 주며, 수어에 일찍 노출되면 언어의 음운론적·형태론적·구문론적 패턴에 대한 감수성이 향상된다는 것을 보여 준다.

연구자들은 이 연구 결과를 통해 다음 사항을 언급하고 있다.

첫째, '언어 박탈(language deprivation)'[11] 위험에 놓인 개인의 환경을 개선하여 언어에 대한 자유로운 접근을 보장해야 한다는 것인데, 초기 발달 단계에서 언어에 대한 충분한 노출 부족은 돌이킬 수 없는 결과를 낳기 때문이다. 둘째, 언어 박탈은 언어 발달에만 영향을 미치는 것이 아니라, 제1 언어 습득에 기반한 인지 기능 및 정신 건강에 영향을 미칠 수 있다.

---

11 '언어 박탈 증후군(Language Deprivation Syndrome, LDS)'은 언어 습득의 임계기 동안 자연언어에 대한 충분한 접근이 만성적으로 부족한 결과를 뜻한다 (Tomaszewski *et al.* 2022: 14 참조).

아동기의 부정적 의사소통 경험은 당뇨병, 고혈압, 심폐 질환, 우울증 등의 합병증 발생률 증가와 관련이 있다. 요컨대 유아기의 언어 박탈의 영향은 언어적 결과를 훨씬 넘어섬으로써 농아동의 조기 언어 발달을 막는 장벽 해결의 사회적 인식 제고가 필요하다는 것이다.

4.3. 수어의 언어적 처리 기관

전통적인 뇌과학 연구에서 음성언어는 두뇌의 좌반구에서 처리되는 반면, 수어는 시각적인 언어로서 제스처나 그림과 같이 공간인식에 관여하는 두뇌의 우반구에서 처리되는 것으로 여겨졌다. 이에 대한 대안이 나타났다.

포이즈너 외(Poizner et al. 1987)의 소크연구소 그룹은 *What the Hands Reveal about the Brain*(『손은 두뇌에 대해서 무엇을 드러내는가』)에서 수어 실어의 신경 기제를 통해 기존의 생각이 잘못되었음을 밝히고 있다. 이 연구에서는 6세 이전부터 수어를 유창하게 사용하다가 두뇌의 왼쪽과 오른쪽 '뇌졸중(stroke)'으로 '실어증(aphasia)'을 보이는 6명을 피험자로 선정하였다. 그중 3명은 좌반구, 3명은 우반구 손상이었다. 이 사례 연구에서 두뇌의 좌반구 손상을 입은 피험자들이 음운이나 문법 처리가 불가능한 것으로 나타나 수어도 음성언어와 마찬가지로 언어를 처리하는 기관이 좌반구로 공유되고 있음이 드러났다. 수어도 음성언어와 동일한 두뇌 구조와 작용 양식에 따라 이해되고 산출됨이 드러남으로써, 수어를 포함한 언어를 담당하는 두뇌의 공통된 영역이 확인된 것이다(Poizner et al. 1987: 61-109 참조).

멕스위니 외(MacSweeney et al. 2008: 432-440)의 "수어의 뇌: 수어의 신경생물학"에서 '병변(病變) 및 뇌신경 영상 연구(lesion and neuroimaging studies)'는 수어와 음성언어를 담당하는 신경계가 매우 유사함을 보여 주며, 두 언어 모두 주로 '좌측 편측화 페리실비안 영역의 신경망(left-lateralised perisylvian network)'을 포함한다고 하였다. 즉 수어의 신경생물학적 연구는 언어 양식과 관계없이 언어 처리가 '좌측 페리실비안 영역(perisylvian regions)'을 활성화한다는 것을 보여주었는데, 이는 음운에서 담화 수준까지 입증되었다.

초기 뇌과학 연구에서는 뇌졸중이나 외상에 의해 특정 두뇌 부위가 기능하지 않는다는 것을 미리 알고 있던 실어증 환자를 대상으로 연구하는 수밖에 없었다. '기능적 자기공명영상(Functional Magnetic Resonance Imaging, fMRI)'을 비롯하여 두뇌계측기기의 해상도가 높아진 오늘날은 두뇌의 어떤 부위가 어떤 기제를 맡고 있는지에 대해 비장애인 대상의 실험도 가능해졌다. 수어를 연구함으로써 농인과 건청인 모두에게 영향을 미치는 임상적 상태에 대한 이해를 높이고 언어의 신경생물학에 대한 새로운 통찰력을 제공할 수 있게 된 것이다. 요컨대 수어의 실어증 환자의 언어적 구조 처리가 수어와 음성언어의 감각 양식에 의존하지 않고 동일하다는 것은 유의미한 발견이 아닐 수 없다.

5. 인지언어학적 탐구

1980년대 후반에 '인지언어학(Cognitive Linguistics)'의 출현으로 수어 탐구의 새 지평이 열리기 시작했다. 무엇보다도 수어는 몸짓-시각적 양식을 통해서 의사소통하므로 언어 환경의 측면에서 신체화 및 도상성과 같은 기제가 최적화되어 있다. 이러한 양상을 가장 잘 포착해서 해석할 수 있는 언어 이론이 인지언어학이라 할 수 있다. 수어의 인지언어학적 탐구와 그 기제에 대해서 살펴보기로 한다.

5.1. 인지언어학과 수어

최근 들어 인지언어학에서 수어에 대한 관심이 높아지고 있다. 언어는 인간의 사고 과정과 밀접한 관련을 맺고 있는데, 언어가 사고를 드러낼 뿐 아니라, 사고 과정을 형성하기도 한다. 음성언어의 청각-음성적 양식이 아닌 공간-시각적 양식의 수어가 사고 과정과 어떻게 관련되어 있는지에 대하여 인지언어학자들이 주목하기 시작한 것이다. 이 과정에서 인지언어학은 자연스럽게 수어의 본질을 밝히는 데 중대한 공헌을 해 왔다. 인지언어학이 수어의 탐구와 이해에 기여한 바는 다음 네 가지라 할 수 있다.

첫째, '신체화(embodiment)'를 통한 수어의 본질 규명의 물꼬를 트게 되었다. 신체화는 인지언어학의 중심 원리 가운데 하나로서, 개념이나 인지가 인간 특유의 신체 구조 및 환경과 작용하는 경험에 기초하여 인지와 언어(의 의미)가 신체화된다는 것이다. 입과 귀를 매체로 '말하고 듣는 언어'인 '음성언어'에 비해 손과 표정 및 눈을 매체로 '보여주고 보는 언어'로서 '수어'는 신체화의 작용 및 제약과 한층 더 직접적이며 가시적이다.

둘째, 수어 탐구에 '용법 기반 모형(usage-based model)'을 적용함으로써 수어 문법의 새로운 이해를 확보하였다. 곧 이 모형은 수어 자료를 '아래에서 위로(bottom-up)'의 경험적 방식으로 수집하며, 수어 문법은 수어 사용의 지식으로부터 나온다는 것을 확인하게 되었다.

셋째, 종래 구조주의와 형식주의 접근법에서는 '도상성(iconicity)'이 수어 문법에 유의미한 역할을 하지 않는다는 증거를 확보하려 하였다. 대조적으로 인지언어학에서는 기존의 탐구에서 다루지 않았던 도상성, 환유, 은유와 같은 개념들을 통해 수어 탐구의 지평을 심화 확충함으로써 수어 이해의 본질에 다가가는 계기를 마련하였다(S. Wilcox & Martínez 2021: 508 참조). 또한, '정신공간' 및 '혼성공간', 그리고 '문법화'의 기제를 통해 수어 공간과 그 확장에 다가갈 수 있게 되었다.

넷째, 구조주의의 경우 수어가 언어라는 점, 즉 음성언어와 같은 언어라는 점을 입증하기 위해 음성언어의 기준에서 수어를 바라보려 하였다. 이러한 과정을 통해 수어가 자연언어라는 점이 밝혀지면서, 인지언어학에서는 수어와 음성언어의 공통점과 차이점을 견주면서 수어 독자적인 특성을 밝힘으로써 수어의 본질에 다가서게 되었다.

5.2. 환유

'환유(metonymy)'는 동일한 영역 또는 틀 안에서 '매체(vehicle)', 또는 '근원(source)'이라는 한 개념적 실체가 '목표(target)'라는 다른 개념적 실체에 정신적 접근을 제공하는 인지 과정을 가리킨다. 환유는 수어에 널리 퍼져 있다. 수어에 나타나는 환유의 주요 양상을 보기로 한다.

첫째, "원형적인 특징은 전체 실체를 대표한다." 〈그림 4〉, 〈그림 5〉의 미국수어에서 보듯이, '부리'는 '새'를, '수염'은 '고양이'를 나타낸다.

〈그림 4〉 '새'

〈그림 5〉 '고양이'

둘째, "원형적인 행동은 도구를 대표한다." 〈그림 6〉의 미국수어에서 손과 손가락으로 타자기를 치는 행동은 '타자기'를 나타낸다.

〈그림 6〉 '타자기'

셋째, "원형적 행동은 활동을 대표한다." 손과 손동작은 사물을 잡는 원형적 행동을 나타내며, 이것은 다시 환유적으로 일반적인 활동을 표현하게 된다. 〈그림 7〉의 미국수어 '운전하다'는 손이 자동차의 핸들을 잡는 원형적인 행동을 나타내며, 〈그림 8〉의 '먹다'는 손이 무엇을 잡고 입으로 넣는 행동을 나타내며, 〈그림 9〉의 '목욕하다'는 손이 가슴을 문지르는 원형적 행동을 나타낸다.

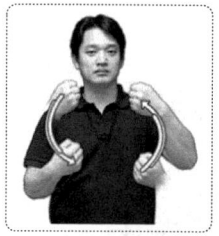  

〈그림 7〉 '운전하다'   〈그림 8〉 '먹다'   〈그림 9〉 '목욕하다'

넷째, "사람의 신체적 특징은 사람을 대표한다." 카탈루냐수어[12]에서 '찰

---

12 '카탈루냐수어(Catalan Sign Language, LSC)'는 스페인 '카탈루냐(Catalunya)'에 사는 농인들의 주요 언어로서, 사용자가 최소 1만 8천 명이며, 농인 원어민 사용자가 6천 명이다(S. Wilcox et al. 2003: 141 참조). '카탈루냐'는 이베리아반도 북동부에 있는 스페인의 광역자치주로서, 전체 면적은 32,108㎢이며, 2012년 기준 약 757만 명 정도가 거주하고 있으며, 주도는 바르셀로나이다.

리 채플린(Charlie-Chaplin)'은 채플린의 '콧수염'과 채플린처럼 '지팡이를 쥐고 원으로 돌리는 동작'을 도상적으로 묘사하는 합성어로서, 이 수어는 '빠르게 움직이는 사람'으로 확장된다. 또한, '히틀러의 특징적인 콧수염'은 '히틀러(Hitler)'를 도상적으로 묘사한 수어로서 '나쁨'이나 '악함'을 나타내며, '달리의 특징적인 콧수염'은 '달리(Dali)'를 도상적으로 묘사한 수어로서 '미친' 것을 나타낸다(S. Wilcox *et al.* 2003: 145-146, S. Wilcox 2015: 673-674 참조).

5.3. 은유

'은유(metaphor)'는 우리에게 익숙한 '근원 영역'을 통하여 낯선 '목표 영역'을 개념화하는 인지 전략이다. 윌버(Wilbur 1987)는 미국수어의 많은 부분이 공간화 은유를 보여 준다고 하였으며, 윌버(Wilbur 2000)는 존재론적 은유와 구조적 은유를 조사하여 미국수어에서 은유의 양상과 특성을 밝혔다. 미국수어에 나타나는 은유의 주요 양상과 특성을 보기로 한다.

첫째, 방향적 은유로서, 이는 방향을 은유의 근원 영역으로 사용한다. '위-아래' 방향은 은유적 '사상(寫像, mapping)'을 동기화한다. 방향적 은유에서 '위-아래'의 공간화는 '좋음-나쁨', '감정적임-차분함'에서 활성화되어 있다.

먼저, "좋은 것은 위이다."이며, '나쁜 것은 아래이다."이다. 이 경우 손바닥의 방향도 중요한 역할을 하는데, 〈그림 10〉에서 보듯이 '좋은 것(GOOD)'은 손바닥이 위로 향하며, '나쁜 것(BAD)'은 아래로 향한다.

〈그림 10〉 '좋은 것' '나쁜 것'

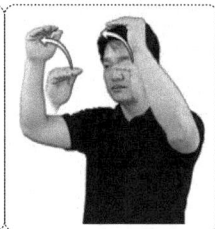

〈그림 11〉 '행복하다' '부유하다' '향상하다'

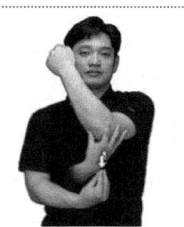

〈그림 12〉 '슬프다' '가난하다' '죽이다'

　〈그림 11〉의 '행복하다' '부유하다' '향상하다'와 같이 '좋은 것'은 '위'이며, 〈그림 12〉의 '슬프다' '가난하다' '죽이다'와 같이 '나쁜 것'은 '아래'이다 (Wilbur 2000: 98 참조).[13]

13　이 밖에도 SUCCEED(성공하다), CHEERFUL(유쾌하다), LAUGH(웃다)와 같이 좋은 것은 '위'이며, LOSER(패배자), IGNORE(무시하다), FAIL(실패하다)과 같이 나쁜 것은 '아래'이다.

다음으로, "감정적인 것은 위이다."이며, '차분한 것은 아래이다."이다. 〈그림 13〉의 '격분하다'는 '위'이며, '진정하다'는 '아래'이다.[14]

〈그림 13〉 '격분하다' '진정하다'

한편, 미국수어에서 '앞-뒤'의 공간화는 공간에서 시간으로 이루어지는 은유적 사상에서 두드러진다(S. Wilcox & Occhino 2017: 106 참조).
〈그림 14〉에서 보듯이 '미래'의 '내일', '다음 주', '내년'은 수어 공간에서 '앞'으로 움직이는 반면, 〈그림 15〉에서 보듯이 '과거'의 '어제', '지난주', '작년'은 '뒤'로 움직인다.

〈그림 14〉 '내일', '다음 주', '내년'

---

14 영어의 'get worked *up*(흥분하다)' 'tense *up*(긴장하다)'에는 'up(위로)'이 사용되며, 'calm *down*(진정하다)' 'tone *down*(진정하다)'에는 'down(아래로)'이 사용되는데, '위'와 '아래'의 방향 표지가 직접적으로 드러난다.

〈그림 15〉 '어제', '지난주', '작년'

    둘째, 존재론적 은유로서, 이는 추상적인 생각·사건·상태를 조작할 수 있는 유형의 사물로 다룬다. "생각은 사물이다."로 표현되는데, 〈그림 16〉에서 보듯이 분류사 'S-손 모양'[15]을 사용하여 "생각은 쥐어야 할 사물이다.(IDEAS OBJECTS TO BE GRASPED)"(P. P. Wilcox 2000: 117 참조)를 나타내고 있다.

---

15 '분류사(classifier)'는 사물의 크기나 형상을 나타내는 손 모양으로서, 수어의 풍부한 어형 변화에서 중요한 구실을 한다. Frishberg(1975: 715)는 미국수어(ASL) 연구에서 특정 명사의 의미적 자질을 대체하는 손 모양과 방향을 '분류사(classifiers)'라고 하였다. 이후 Liddell(2003: 262-268)은 이 용어의 혼란과 모호성을 최소화하고 그 기능적 특성을 명확히 드러내기 위해 '묘사용 동사(depicting verbs)'라는 개념을 제시하고 세 가지 유형으로 분류하였다. 첫째, '개체 묘사용 동사(entity depicting verbs)'는 특정 '손 모양(handshape)'이 '개체(entity)' 자체를 직접 지시하는데, 예를 들어, 1-handshape는 사람을, 3-handshape는 차량을 나타낸다. 둘째, '조작 묘사용 동사(handling depicting verbs)'는 화자의 손이 사람의 손 역할을 대신하여 대상과 상호작용하는 방식을 묘사하는데, 예를 들어, 'S-handshape(주먹 모양)'는 컵·막대기·손잡이와 같이 단단히 쥐는 행위를 나타내며, O-handshape 또는 flat-O-handshape은 작은 물체나 얇은 물체(동전·단추·종이 한 장 등)를 집는 동작을 표현한다. 셋째, '표면/범위 묘사용 동사(surface/extent depicting verbs)'는 개체가 지닌 넓이, 표면, 경계, 배열, 확장성 등을 표현하는 데 사용된다. 'B-handshape(평평한 손)'나 '5-handshape(손가락을 모두 펼친 모양)'과 같은 손 모양이 주로 사용되며, 이는 공간 속에서 사물의 크기·표면적·분포나 특정 영역의 확장을 나타낸다. 각 유형은 단순히 손 모양의 상징성을 넘어 공간 속에서 개체나 행위가 어떻게 배치되고 상호작용하는지를 시각적으로 묘사하는 데 그 특징이 있다.

〈그림 16〉 "생각은 쥐어야 할 사물이다"

셋째, 구조적 은유로서, 이는 한 개념적 영역을 체계적으로 사용해서 또 다른 개념적 영역을 나타낸다. 이러한 은유를 '구조적'이라고 하는 것은 두 영역 간의 사상(寫像)이 일대일 대응이 아니라, 여러 요소들과 구조들이 체계적으로 사상되기 때문이다.

〈그림 17〉은 '이해하다(UNDERSTAND)'와 그것을 '주먹 쥐기'와 '검지를 똑바로 폄'으로 상세화한 것이다. '이해하다'는 "생각은 쥔 주먹의 검지를 똑바로 펴기이다(IDEAS OBJECTS ARE STRAIGHT)."

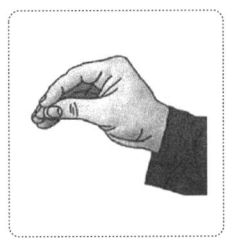

〈그림 17〉 '이해하다' "생각은 쥔 주먹의 검지를 똑바로 펴기이다."

5.4. 도상성

미국수어를 중심으로 1970년대 후반에서 1980년대 초반에 도상성에 관한 논의가 시작되었다. 프리쉬버그(Frishberg 1975), 클리마 외(Klima *et al.* 1979)를 비롯하여 이 시기의 수어 연구가들은 대부분의 인지된 도상성을 언어 외적인 것으로 간주하면서 도상성이 수어의 중요한 양상이라는 개념을 거부했다. 프리쉬버그(Frishberg 1975)는 도상성이 원래 수어에서 다량으로 존재하지만, 시간이 지남에 따라 자연스러운 문법 과정을 거치면서 약화된다고 결론지었다. 뉴포트 & 마이어(Newport & Meier 1985)는 도상성이 미국수어 습득에 아무런 영향을 미치지 않는 것으로 보인다고 하였다.

이러한 경향은 수어가 자연스러운 인간 언어라는 것을 입증하려는 수어 언어학 선구자들의 두 가지 암묵적 목표와 무관하지 않다. 곧 도상성과 관련하여 수어가 단순한 몸짓이나 손으로 하는 팬터마임이 아니라는 점을 증명해 내려고 하였다. 또한, 수어가 언어라는 점을 증명하는 가장 효과적인 방법은 소쉬르(F. de Saussure)의 '기표(signifiant)'와 '기의(signifié)'의 관계가 무관하다는 '자의성(arbitrariness)'의 원칙이 수어에도 적용된다는 점을 확인하는 일이다.[16]

대조적으로, 심리학자 브라운(Brown 1978: 25-44)은 "왜 수어는 음성 언어보다 배우기에 더 쉬운가?"라는 논문에서 최초로 미국수어의 특성이 학습과 기억에 있어서 명확한 이점을 제공한다고 주장하였다. 2000년대 이후로 인지언어학자들을 포함한 수어언어학자들은 도상성이 수어에 널리 퍼져 있음에 주목하고, 도상성을 수어의 중요한 특성으로 간주하면서 그

---

16 S. Wilcox(2004: 121)에서는 당시의 상황을 다음과 같이 기술하고 있다. "언어학자들은 수어의 도상성 존재를 인정하는 것은 수어가 '진짜' 언어가 아니며, 특히 형태가 자의적이라고 여겨지는 음성언어만큼 진짜가 아니라는 것을 인정하는 것이라고 생각했는데(Valli & Lucas 1992: 6), 그 해결책은 수어에서 매우 뚜렷하게 나타나는 도상성을 무시하는 것이었다. 언어학자들이 수어의 언어적 지위를 적극적으로 옹호했던 1970년대와 1980년대에, 도상성은 시간이 지남에 따라 약화되고(Frishberg 1975), 아동의 언어 발달에 아무런 역할을 하지 않으며(Meier 1980), 수어 문법이 도상성을 무시하고 매몰시킨다고 결론지었다(Klima & Bellugi 1979)." 또한, Demey et al. (2008: 189)에서는 초기 수어 연구에서 수어와 음성언어의 구조적 유사성을 강조하기 위하여 도상성의 역할이 경시되었다고 하였다.

본질을 규명해 오고 있다. 대표적인 학자들의 견해를 들면 다음과 같다.

타웁(Taub 2001, 2012)과 메이어(Meir 2010)는 도상성과 은유 간의 복합적 관계를 입증하였다. 타웁(Taub 2012: 388)에서는 도상성에 관해 다음 세 가지 사항을 언급하고 있다. 도상성은 형태-의미의 닮음으로서 도상성과 은유 및 환유의 조합은 추상적 개념의 도상적 표상을 형성한다. 음성언어는 청각 영상만 제시해 주는 반면, 수어의 자원은 시각적·공간적·운동감각 영상을 제시하기 때문에 수어가 음성언어보다 도상적 항목을 한층 더 많이 가진다. 도상성은 도상적 기호의 형태를 결정하는 것이 아니라 동기화한다.

도상성이 수어 습득에 부정적인 효과와 긍정적인 효과의 상반되는 연구가 공존하고 있다. 바우스 외(Baus et al. 2013)에서는 미국수어를 대상으로 15명의 건청 비수어자와 15명의 능숙한 'ASL-영어' 이중언어 학습자에게 '번역 인식 과제'와 '번역 생성 과제'를 수행하게 하였다. 비수어 학습자에게는 과제 수행에 앞서 28개의 ASL 동사(도상적 및 비도상적 동사 각각 14개)를 교육했다. 그 결과 신규 학습자들만이 수어 도상성이 도움이 되었는데, 도상적 번역을 빠르고 더 정확하게 인식했으며 도상적 수어의 순방향(영어-ASL) 및 역방향(ASL-영어) 번역 시간이 더 빨랐다. 대조적으로, 능숙한 ASL-영어 이중언어 학습자는 도상적 수어의 인식 및 번역 시간이 더 느렸다. 연구자들은 도상성이 성인 수어 학습 초기 단계에서는 암기를 돕지만, 유창한 제2 언어 수어 학습자의 경우 번역 속도를 늦추는 다른 변수들과 상호작용한다고 보았다. 즉 도상성은 도상적 기호에 대한 개념적 중재를 강제함으로써 번역 수행을 늦추게 할 수 있는데, 이것은 직접적인 어휘 연결을 통해 번역하는 것보다 느리다는 것이다.

수어의 도상성에 대한 인지언어학자들의 주요 관점을 보기로 한다. 메이어 & 트카흐만(Meir & Tkachman 2018: 1)에서는 수어가 시각-제스처 양식을 통해 전달되기 때문에 도상적 장치가 음성언어보다 훨씬 풍부하며,

따라서 도상성 및 도상성과 언어 구조 간의 상호작용을 탐구하는 데 있어 풍부한 주제와 관점을 제공한다고 하였다. 뵈르스텔 & 레픽(Börstell & Lepic 2020: 113)에 따르면 '도상성(iconicity)'[17]은 의미와 언어적 형태 간의 '동기화된 사상(motivated mapping)'의 지각으로서, 음성언어뿐만 아니라 수어의 구조와 사용에서 중심적 지위를 차지한다는 것이다. 윌콕스 & 마르티네(S. Wilcox & Martínez 2021: 501-504)는 도상성과 관련하여 세 가지 사항을 언급하고 있다. 첫째, 도상성은 기호의 형태와 대상물 간의 직접적 관계나 해석된 실재라기보다, 특별한 문화·공동체·사회의 구성원으로서 우리 경험뿐만 아니라 모든 인간의 공통된 신체적 경험에 의해 동기화되는 관계이다. 둘째, 오늘날 수어의 도상성은 많은 연구자들의 관심을 받고 있는데, 언어학자와 심리언어학자들은 언어 습득, 언어 처리, 언어 발달, 수어와 음성언어 양식의 언어 진화에서 도상성의 역할에 주목하고 있다. 셋째, 개념적 은유, 개념적 환유, 그리고 인지적 도상성은 구별되는 현상이지만, 많은 수어 표현은 이 인지적 과정을 아주 복합적인 방식으로 융합한다.

오늘날 수어의 관점에서 도상성의 정의, 분포 또는 비율, 양상, 습득의 효과, 특성 등에 관해 다양한 논의가 진행 중이다. 초기 수어 연구에서 도상성을 무시하던 흐름을 전환하여 도상성이 주변적인 현상이 아니라, 수어 탐구의 핵심적인 화두가 된 데에는 인지언어학이 기여한 바가 크다.

---

17 Bross(2024)는 "도상성이란 무엇인가?: 수어에서 본 관점"에서 수어 문헌의 도상성에 관한 세 가지 주요 정의, 즉 ①'signifier(기호 표현)'과 그 'referent(지시대상)', ② 'signifier(기호 표현)'과 그 'meaning(의미)', ③'signifier(기호 표현)'과 어떤 다른 'mental representation(정신적 표상)' 간의 '닮음 사상(similarity mapping)'을 소개하면서, ③의 정의가 가장 효과적이라고 하였다.

5.5. 정신공간과 개념적 혼성

'정신공간 이론(mental space theory)'과 '개념적 혼성 이론(blended mental space theory)'은 '정신공간' 또는 '혼성공간'을 통해 의미 창조와 새로운 개념의 출현 방식에 대한 일반적인 인지적 모형을 제공하는 것을 목표로 한다.[18] 이 모형은 언어(은유, 광고, 농담)뿐만 아니라, 수어 및 제스처의 사용에 이르기까지 의사소통에서 의미 창조의 모든 영역에 퍼져 있다(Littlemore & Taylor(eds.) 2014: 72 참조).

리델(Liddell 1998, 2000, 2003)은 정신공간과 혼성 이론을 최초로 수어에 적용하여 수어 탐구의 시계를 넓혔다. 리델(Liddell 1998)은 미국수어에서 한 정신공간의 요소와 수어자의 물리적 환경의 요소를 혼성함으로써 유발되는 혼성공간을 기술하였다.

〈그림 18〉의 "가필드(Garfield)[19]로서 수어자의 혼성"은 '토대화된 혼성공간(grounded blend)'을 보여주는 전형적인 보기이다. 〈그림 18〉에서는 미국의 원어민 수어자가 수신자에게 만화 캐릭터 가필드와 그 주인 간의 상호작용을 설명하는데, '공간 a'는 가필드가 그의 주인을 올려다보는 모습을 기술하고 있다. 수어자는 '공간 a'를 설명하기 위해, 두 개의 수어 절인 CAT, LOOK-AT을 생성해야 한다. '공간 b'는 수어자가 LOOK-AT을 설명하고 있는데, 고양이가 위를 쳐다보고 (주인을 향해) 오른쪽을 보고 있다는 것을 의미한다. 수어자는 LOOK-AT의 방향, 고개 돌리기, 시선의 방향이 동시적으로 나타나는데, 이것은 더 이상 수어자가 아니라 가필드가 주인을

---

18 개념적 혼성과 한국수어의 양태에 대해서는 정해권(2024) 참조.
19 '가필드(Garfield)'는 미국에서 가장 널리 알려진 고양이 만화 캐릭터로, 1978년부터 연재된 '가필드 만화' 시리즈의 주인공이다. 이 만화는 뚱뚱하고 게으르며, 먹는 것과 잠자기를 좋아하는 고양이 '가필드'와 그의 주인 '존', 강아지 '오디'의 일상을 그린 것이다.

올려다보는 것으로 개념화된다. 이 개념화는 〈그림 18〉에서 a, b가 c로 혼성되는 과정이다.

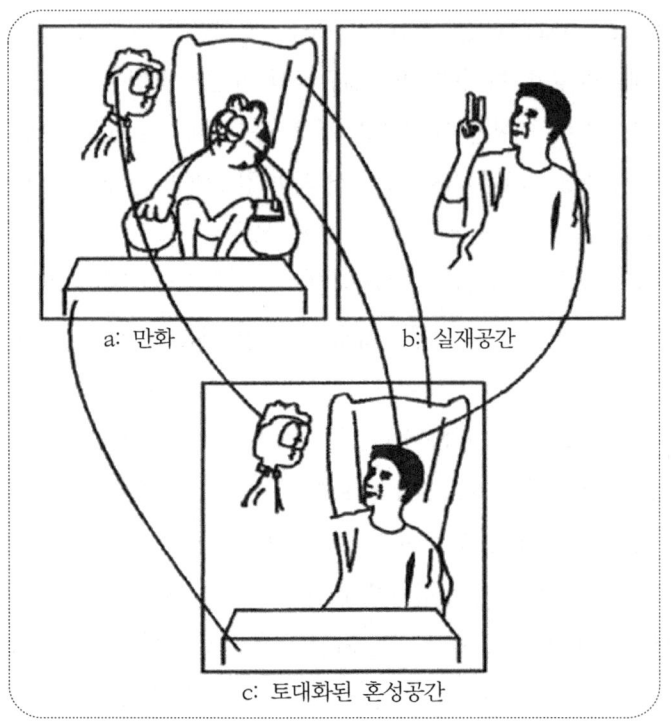

〈그림 18〉 가필드로서 수어자의 혼성(Liddell 1998: 293)

혼성(공간 c)에서 가필드의 주인은 가필드로서의 수어자 오른쪽에 서 있고, 수어자는 주인과 눈을 마주치고 있음을 보여 주기 위해 오른쪽 위를 응시한다. 마찬가지로 수어자의 머리 위치와 시선은 부분적으로 가필드의 머리 위치와 시선으로 해석된다. 〈그림 18〉에서 실선으로 이어진 선은 a의 가필드와 b의 수어자를 혼성된 c의 가필드에 연결한다. 여기에서 혼성된 요소를 "｜" 기호로 묶어서 사용한다. '가필드'는 정신공간 a의 요소를 식별하는 반면 |가필드|는 c에서 가필드로 된 혼성 수어자를 식별하는 데

사용된다.

혼성공간에서는 그 장면을 직접 볼 수 있기 때문에, |가필드|의 머리와 눈이 무엇을 하고 있는지 안다. 그러나 수어자의 팔이 가필드의 팔로 개념화되지 않았으므로, |가필드|의 팔 또는 앞발이 무엇을 하고 있는지 모른다. 그리고 혼성공간에서는 TV와 의자에 |가필드|가 앉아 있는 것과 |가필드| 주인이 오른쪽의 TV 앞 의자에 앉아 있다.

'수신자(addressee)'는 혼성공간 c에서 무슨 일이 일어나고 있는지 이해해야 하는데, c의 일부는 눈에 보이기 때문에 직접 관찰할 수 있다. 수어자는 LOOK-AT 표시를 |소유자| 쪽으로 향하게 하는데, 이것은 |가필드|가 마치 보이는 것으로 식별된다. 가필드가 소유자의 이전 진술에 응답하고 있다고 가정하면, |가필드|는 |소유자|를 혼성공간에서 오른쪽 위로 찾고 있다. c의 가시적 부분을 직접 관찰함으로써, 수신자는 |소유자|가 |가필드|와 그 오른쪽보다 높은 위치에 있다고 본다. 이것을 간추리면 〈표 1〉과 같다.

〈표 1〉 두 수어 문장에서 의미의 근원

정보 근원	의미
문법 단위	1. 이 고양이는 (어떤 방향이나 어떤 것을 향해) 본다.
수어의 범위	2. 수어의 위치는 보고 있는 사람을 나타낸다. 3. 수어의 방향은 바라보는 방향이 위쪽과 오른쪽임을 나타낸다.
추론	4. |가필드|가 소유자의 이전 명령문에 응답하고 있으므로 그를 보고 있다.
토대화된 혼성	5. |가필드|의 표정이 직접 표시된다. 6. |주인|의 위치는 수어의 가리키는 방향과 |가필드|의 머리 방향과 시선으로 추론된다. 7. |가필드| 그리고 |주인| 사이에 관련된 키의 차이점은 |가필드|의 수어와 동작으로 직접 보여진다.
정신공간 A	8. 혼성의 요소가 a의 요소에 해당하기 때문에, 수신자가 혼성에 대해 이해하게 되는 모든 것은 a에 적용된다. 따라서 수신자는 만화에서 무슨 일이 일어났는지 알고 있다.

리델(Liddell 2000: 342)은 '직접적인 물리적 환경 속에 있는 물리적 요소의 정신적 표상'을 '실재공간(real space)'이라고 부른다. 이 직접적인 물리적 환경을 혼성공간에서 한 입력공간으로 사용하게 되면 '토대화된 혼성공간(grounded blend)'이 유발된다. 리델은 이 토대화된 혼성공간이 어떻게 발생하는지 보여 주기 위해 (9)의 예를 제시하였다.

(9) Frank was looking for his keys.(프랭크는 열쇠를 찾고 있었다.)(손바닥을 셔츠 호주머니에 이어서 바지 호주머니에 대면서 발화함). (Liddell 1998: 296)

이런 제스처는 누군가가 물리적으로 열쇠를 찾는 그림 표상을 만들기 위해 구체적인 행동을 한다는 점에서, 맥닐(McNeill 1992)은 이전에 이를 '도상적 제스처'라고 불렀다. 실재공간에서 손은 그저 신체 부위로서의 손이지만, 혼성공간에서는 다양한 호주머니에 대면서 잃어버린 무언가를 찾는 사람으로 해석된다.

5.6. 문법화

'문법화(grammaticalization)'는 한 언어에서 문법 형태들이 발전하는 것으로, '의미 탈색(semantic bleaching)' 또는 '화용론적 강화(pragmatic strengthening)', 그리고 '범주 변화(category change)'의 과정이다 (Riemer 2010: 384 참조). 구체적으로, 어휘적 기능을 하던 언어 요소가 어떤 문맥에서 문법적 기능을 하게 되는 것뿐 아니라, 문법적 기능을 하던 언어 요소가 새로운 문법적 기능으로 추상화되어 가는 현상을 말한다. 문법화는 수어에서도 작용하는데, 윌콕스(S. Wilcox 2007: 1128-1130)에 의한 수어의 제스처와 문법화를 살펴보기로 한다.

첫째, 미국수어에서 '행위자 접미사(agentive suffix)'의 어원은 '몸'을 의미하는 어휘 형태에서 비롯되었는데, 이때 수어는 양손을 펴고 가슴에서 배까지 몸통을 만지는 것이었다.

20세기에 이르러 'teacher(교사)'의 수어는 'TEACH(가르치다)+ BODY (몸)'의 합성어였던 것으로 보인다. 그 형태는 축소되어 현대 수어에서 손가락을 편 O모양의 양손을 머리에서 바깥쪽으로 움직이는 수어 'TEACH(은유적으로 '나에게서 너에게로 생각을 전하다')와 손을 약간 펴고 아래로 내리는 행위자 접미사로 구성된다. 〈그림 19〉에서 보듯이, 축소되지 않은 채 오래된 형태 'BODY'는 미국수어 어휘에 그대로 남아 있다.

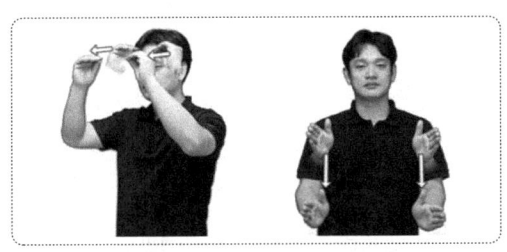

〈그림 19〉 미국수어 'TEACHER'

둘째, 수어의 문법화는 손과 얼굴을 이용한 어휘적, 문법적 요소가 제스처 근원으로부터 발달한다. 예를 들어, '가능성'과 '능력'을 표시하는 'CAN (…일 수 있다, 할 수 있다)'은 그 어원이 어휘적 형태소 'STRONG(강한)'에서 비롯된다. 증거적 형태 'SEEM(…처럼 보이다)' 'FEEL(…라고 생각하다)' 'OBVIOUS(분명한)'는 각각 어휘적 형태소 'MIRROR(거울)' '(물리적 의미로 사용되는) FEEL(…을 만져보다)', 그리고 'BRIGHT(밝은)'에서 문법화되었다. 이 각각의 어휘적 형태소는 다시 제스처의 근원으로 거슬러 올라간다. 이들 형태의 발달 경로는 (10)과 같다.

(10) a. [상체의 힘을 행하는 제스처] → STRONG → CAN
 b. [거울 보기를 행하는 제스처] → MIRROR → SEEM
 c. [손가락으로 물리적 느낌을 행하는 제스처] → FEEL(물리적) → FEEL(증거적)
 d. [빛의 광선을 표시하는 은유적 제스처] → BRIGHT → OBVIOUS

셋째, 미국수어에서 '의무'를 나타내는 'MUST'는 〈그림 20〉과 같은데, 〈그림 21〉의 프랑스수어 "IL FAUT(…해야 한다)"와 관련이 있다.

〈그림 20〉 미국수어 'MUST'

〈그림 21〉 프랑스수어 IL FAUT

〈그림 22〉는 "IL FAUT"의 19세기 중반 프랑스수어로서, 로마 시대의 '의무'를 나타내는 제스처에서 도출된 것으로 보이는데, "명령은 곧게 편 검지가 땅으로 향한다."

〈그림 22〉 1885년 프랑스수어 IL FAUT

〈그림 23〉 '주장'을 뜻하는 로마 시대 제스처

이와 관련하여 〈그림 23〉은 로마 시대의 퀸틸리아누스에 의해서 기술된 것으로 "땅으로 향하게 될 때, 이 손가락은 주장한다."(Dodwell 2000: 36 참조)를 의미하였다.

6. 마무리

이 장에서는 수어 탐구에 대한 여러 가지 관점에 대해서 살펴보았다. 그 주요 내용에 따라 마무리하기로 한다.

첫째, 역사적 관점은 이집트 제19대 왕조(B.C. 1350~1200년)의 "당신은 듣지 못하는 사람이 아니라, 손으로써 말하는 사람이다.", 그리고 데로즈(Desloges, 1779)가 언급한 '수어 공동체'를 시작으로, 1880년 '밀라노 총회'에서 20세기까지 수어의 언어적 지위가 부정되었다.

둘째, 구조언어학적 탐구는 스토키(Stokoe 1960)에 의해 수어가 조형의 이중성, 음운·형태·통사론적 특징 및 관습화된 어휘 체계를 가진 독자적이고 자연언어임을 입증하였다. 미국의 구조언어학은 수어 연구에 적용되어 수어가 독자적인 언어라는 것을 입증하는 데 크게 기여했다. 이러한 의의와 함께 수어 탐구에서 구조언어학이 지닌 한계를 벗어날 수 없었다.

셋째, 인지심리학적 탐구는 1970년대 이래로 수어의 사례 분석 및 실험을 통해 수어와 음성언어의 명제 산출 시간이 동일하며, 모국어 농인의 수어 습득 연령이 음성언어의 경우와 동일하며, 수어 습득의 임계기가 언어 양식과 무관하며, 수어의 언어적 처리 기관이 음성언어와 같이 좌반구라는 점 등 이론언어학의 한계를 보완해 주었다.

넷째, 인지언어학적 탐구는 신체화, 용법 기반 모형을 바탕으로 하여 환유, 은유, 도상성, 정신공간과 개념적 혼성, 문법화와 같은 기제로써 수어 탐구의 새 지평을 열게 되었다. 아울러, 음성언어를 대상으로 한 인지언어학적 탐구를 수어 분석에 적용함으로써 언어로서 수어와 음성언어의 이해에 상승효과를 가져오게 되었다.

제4장 『한국수화사전』의 성격과 해석

1. 들머리

이 장은 (국립국어원) 한국표준수화규범 제정 추진위원회(2005/2007)의 『한국수화사전』을 대상으로 이 사전 및 수록된 '수어 어휘'의 성격을 검토하고, 그 됨됨이를 해석하는 데 목적이 있다. 『한국수화사전』(2005/2007)은 '(국립국어원) 한국표준수화규범 제정 추진위원회'에서 펴낸 '표준 수어사전'으로, 농인과 건청인 및 농인 상호 간의 의사소통 촉진, 농학생들의 한국어 능력 향상뿐만 아니라,[1] 수어 교육과 탐구에 유용하게 활용되고 있다.

이 사전과 관련하여 권재일(2004)에서 표준 수화사전 제정의 바람직한 방향이 제시된 바 있으며, 이준우(2016: 20-27)에서 이 사전의 편찬 배경, 지면 구성과 검색 방법, 등재 어휘 선정 원칙, 언어적 정보, 그리고 이준우 외(2018: 146-147)에서 이 사전의 표제어를 위한 자료 출처가 간략히 소개

---

[1] 이준우(2016: 27)에 따르면 '한국수어사전 농인 그룹 인터뷰'에서 농인 참가자들은 이 사전을 비롯한 현행 주요 수어사전에 대해 농인들의 활용도가 낮고 건청인들의 활용도가 높다는 평가를 받았다고 한다.

된 바 있다. 서도원(2007)은 이 사전과 충남 아산(온양) 지역의 수어 '15개 영역의 114개'를 비교 분석하였으며, 김태수(2008)는 이 사전과 북한 수어의 어휘를 비교하였다. 남기현(2012b)은 이 사전의 단일어 2,674개의 기호학적 특성으로, '도상' '지표' '상징' '지표-상징' '도상-상징' 기호로 나누어 그 비율을 검토한 바 있다. 또한, 이 사전의 수어 자료를 바탕으로 석수영(2015)은 비유, 임지룡·석수영(2015)은 대립어, 임지룡·송현주(2015)는 동기화, 석수영(2016)은 신체어, 최영주(2017)는 은유와 환유, 리우징나(2018)는 시간어, 정한데로(2018)는 음식 명사, 임지룡(2018b)은 도상성, 임지룡(2021a)은 의미 관계를 논의한 바 있다.

그러나 이제까지 이 사전의 성격 또는 됨됨이에 대해 종합적인 검토가 이루어진 바 없다.[2] 이에 이 장에서는 『한국수화사전』을 대상으로 다음 세 가지 사항을 논의하기로 한다. 첫째, 이 사전의 기본 정보를 밝히기로 한다. 이 사전의 두 판본, 구성, 표제어의 항목을 중심으로 그 개수를 비롯하여 고유어·한자어·(서구)외래어의 어종과 명사·동사·형용사 등의 어법을 검토한다. 둘째, 수어 어휘의 구성 및 의미 관계를 검토한다. 셋째, '수어 어휘'와 '한국어 학습용 어휘(조남호 2002, 2003a: 16-34, 2003b 참조)'의 대조를 통해 그 상관성을 검토한다.

이러한 논의가 갖는 의의는 다음 세 가지이다. 첫째, 이 사전의 됨됨이를 제대로 이해하기 위해서이다. 둘째, 이 사전을 제대로 활용하기 위해서이다. 셋째, 이 사전의 좋은 점은 살리고 부족한 점은 깁고 고쳐 더 나은 사전을 만들기 위해서이다. 이러한 논의는 『한국수화사전』을 제대로 읽고 해석하는 데 그 의의가 있다고 하겠다.

---

2 대조적으로 『표준국어대사전』(1999)의 경우 『새국어생활』 10(1)(2000)에서 편찬 경과, 특징, 반영된 어문규범의 원리와 실제, 수록 정보의 통계적 분석, 사전에서의 정의(뜻풀이) 등을 특집으로 다룬 바 있다.

2. 『한국수화사전』의 기본 정보

『한국수화사전』의 판본, 구성, 표제어 항목의 개수·어종·어법에 대해서 살펴보기로 한다.

2.1. 『한국수화사전』의 초판과 개정판

『한국수화사전』(2007년 6월 20일)은 『한국수화사전』(2005년 12월 31일)의 개정판으로 알려져 있다. '개정판'은 글자 그대로 '전에 출판한 책의 내용을 개정하거나 보완하여 다시 출판한 책'이다. 두 사전은 어떤 점에서 그러한가? 우선 수록 단어 수를 2007년 판에는 '머리말'에서 6,800개로 명시하고 있는 반면, 정희원(2016: 146, 159)에서는 2005판의 수록 단어 수를 6,885개로 명기하고 있다. 이것을 보면 수록 단어 수에서도 개정이 이루어졌음을 짐작할 수 있다.

실제로 두 사전을 대조해 보기로 한다. (1)은 두 사전의 구성이다.

(1) a. **2005년 판**: 발간사(문광부장관), 머리말(한국표준수화규범 제정 추진위원회 위원장), 한국수화사전 편찬에 참여한 사람들, 일러두기, 본문(수어 ㄱ-ㅌ)
b. **2007년 판**: 발간사(국립국어원장), 인사말(한국농아인협회 회장), 머리말(한국표준수화규범 제정 추진위원회 위원장), 한국수화사전 편찬에 참여한 사람들, 일러두기, 본문(수어 ㄱ-ㅌ)

(1)에서 보듯이 두 판은 발간사의 주체가 다르고, 2007년 판에 '인사말'이 추가되었을 뿐[3] '머리말', '한국수화사전 편찬에 참여한 사람들', '일러두기', '본문(수어 ㄱ-ㅌ)'이 전혀 다를 바 없다. 두 판의 수어 단어는 동일한 추진

위원장이 쓴 '머리말'에서 표제어가 6,800개로 명시되어 있다.

요컨대『한국수화사전』의 두 판은 간행 주체가 '문화관광부·한국농아인협회'에서 '문화관광부 국립국어원·한국농아인협회'로 바뀌었을 뿐 동일한 내용으로, 사전의 출간은 2005년이며 2007년 판을 개정판으로 부르기에는 한계가 있다고 하겠다.

2.2. 『한국수화사전』의 구성

『한국수화사전』은 가로 19.1×세로 26.5cm, 1,723쪽, 견장정이다.

〈그림 1〉『한국수화사전』(2005/2007)

---

3   2005년 판은 pp. x + 1,723, 2007년 판은 pp. xii + 1,723으로 본문의 쪽수가 같다.

2007년 판에는 '2005년 3월 31일 초판 1쇄 발행', '2007년 6월 20일 초판 2쇄 발행(개정판)'으로 되어 있는데, 2005년 판에는 '2005.12.31.' 발행으로 되어 있다.

『한국수화사전』의 주요 구성은 '머리말', '일러두기', '본문'으로 이루어져 있다. '머리말'은 이 사전의 간행 경과를 기술한 것이다. '일러두기'는 '본문'의 수어 어휘를 규정하고 활용하는 주요 지침이다. 그 내용은 이 사전의 거시 및 미시 정보에 해당하는 표제어, 원어 정보, 한글 자모의 이름, 어법의 표시, 뜻풀이, 용례, 어원 정보, 동형어와 반형어, 관용구, 수화·지문자·지숫자의 그림과 설명, 수화사전에 쓰인 기호 및 약호, 수화·지문자·지숫자의 설명에 사용한 손가락의 번호에 관한 기술로 되어 있다. '일러두기'의 주요 사항을 세 가지 측면에서 살펴보기로 한다.

첫째, '표제어'의 선정 기준을 간추리면 (2)와 같으며, 가나다순으로 배열한 표제어 자모의 순서는 (3)과 같다.

(2) a. 많은 수화 책에서 동일하게 표시하고 있는 수화 단어를 우선 선정
    b. 단어의 의미나 어원을 쉽게 연상·유추할 수 있는 수화 단어
    c. 표시 방법이 단순하고 손동작이 편한 수화 단어
    d. 반형어는 상반되게 표시된 것
    e. 국명은 인지도가 높은 113개의 해당 국가에서 사용하는 수화
    f. 지역명은 특별시, 광역시, 도 및 소재지, 고도, 큰 섬, 이북 5도 및 주요 도시, 널리 알려진 외국 도시, 국내 지명은 시·도 농아인 협회 및 지회에서 사용하는 것
    g. 정부 부처명은 장관급 이상이 임명되는 부처, 군경용어는 보편적으로 사용되는 용어
    h. 종교 용어는 보편적으로 사용되며 각 종교 단체에서 사용하는 것
    i. 스포츠 용어는 일반적으로 사용되는 용어

j. 조사와 어미는 특별히 필요하다고 판단되는 소수
k. 지문자와 지숫자는 별표로 넣어 표제어로 올림

(3) 초성: ㄱ ㄲ ㄴ ㄷ ㄸ ㄹ ㅁ ㅂ ㅃ ㅅ ㅆ ㅇ ㅈ ㅉ ㅊ ㅋ ㅌ ㅍ ㅎ
    중성: ㅏ ㅐ ㅑ ㅒ ㅓ ㅔ ㅕ ㅖ ㅗ ㅘ ㅙ ㅚ ㅛ ㅜ ㅝ ㅞ ㅟ ㅠ ㅡ ㅢ ㅣ
    종성: ㄱ ㄲ ㄴ ㄳ ㄷ ㄹ ㄺ ㄻ ㄼ ㄽ ㄾ ㄿ ㅀ ㅁ ㅂ ㅄ ㅅ ㅆ ㅇ ㅈ ㅉ ㅊ ㅋ ㅌ ㅍ ㅎ

둘째, '뜻풀이'의 주요 사항은 (4)와 같다.

(4) a. 표제어의 뜻풀이는 그림과 그 설명문으로 제시한 한국수화의 뜻풀이인데, 한국어의 뜻풀이와 일치하거나 뜻풀이의 일부와 일치한다.
    b. 뜻풀이에서는 가능한 한 고유어와 원말을 사용하였다.
    c. 다의어의 뜻풀이는 의미별로 ①, ②와 같이 나누었다.

셋째, '어원 정보'의 주요 사항은 (5)와 같다.

(5) a. 표제어의 어원, 구조 분석과 어원적 의미는 〖 〗 안에 제시
    b. 구성 성분이 연이어 결합한 복합어는 '+'로 결합 표시
       〈예〉 고향: 〖낳다+곳〗
    c. 구성 성분이 하나로 합성한 복합어는 '/'로 합성 표시
       〈예〉 납부: 〖돈/주다〗

그러면 『한국수화사전』에서 올림말의 모습을 보기로 한다. 〈그림 2〉에서 보는 바와 같이 올림말은 '가르마'를 중심으로 품사 정보의 '어법', '뜻풀

이', '용례', '어원 정보', '수어 그림', '수어 설명'의 6가지 정보가 제시되어 있다. 구체적으로, '어법: 명', '뜻풀이: 머리카락을 양쪽으로 갈랐을 때 생기는 금', '용례: 가르마를 탄다.', '어원 정보: 가르마를 타는 동작', '수어 그림', '수어 설명: 오른 주먹의 1지를 펴서 머리 왼쪽이나 오른쪽을 그어 올린다.'와 같다.

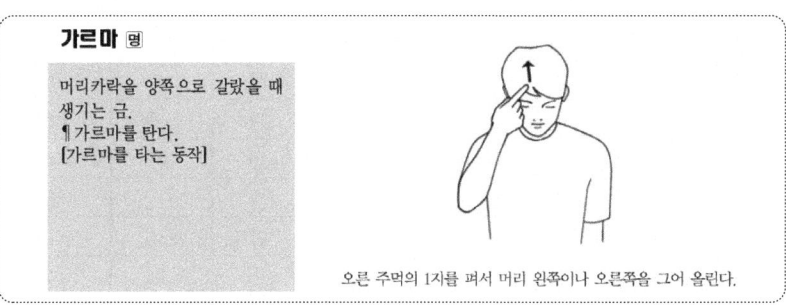

〈그림 2〉 올림말 '가르마'

2.3. 『한국수화사전』의 표제어 항목

『한국수화사전』의 표제어 항목을 세 가지 측면에서 살펴보기로 한다.

첫째, 표제어 항목은 몇 개인가? 이 사전의 '머리말(2005: iii, 2007: v)에서는 "…한국표준수화사전 원고에 대한 추진위원 전원의 재검토를 받았으며, 검토 결과를 반영하여 표제어 6,800개의 원고를 수정하고, 또 수정하였다."라고 하여 표제어를 6,800개로 명시하고 있다. 한편, 서도원(2007: 26)에서는 『한국수화사전』(2005)의 총 수어 어휘 수를 6,824개로, 정희원 (2016: 146, 159)에서는 『한국수화사전』(2005)의 수록 단어 수를 6,885개로 기술하고 있다.

실제로 『한국수화사전』(2005/2007)의 표제어는 〈표 1, 2, 3〉에서 보듯이 6,812개이다.[4]

〈표 1〉『한국수화사전』의 표제어

자모 차례 어종	고유어	한자어	(서구)외래어		전체
			지명	일반	
ㄱ(ㄱ[기역]~끝장)	383	634	4	12	1,033
ㄴ(ㄴ[니은]~-님)	158	110	8	10	286
ㄷ(ㄷ[디귿]~~띠)	230	188	3	10	431
ㄹ(ㄹ[리을]~릴레이)	2	2	9	16	29
ㅁ(ㅁ[미음]~밑천)	243	270	8	23	544
ㅂ(ㅂ[비읍]~삐다)	222	295	10	25	552
ㅅ(ㅅ[시옷]~씻다²)	215	609	12	29	865
ㅇ(ㅇ[이응]~잎)	273	525	27	39	864
ㅈ(ㅈ[지읒]~찧다)	224	533	3	5	765
ㅊ(ㅊ[치읓]~칭호)	49	326	2	3	380
ㅋ(ㅋ[키읔]~킬로미터)	24	4	11	36	75
ㅌ(ㅌ[티읕]~팁)	33	98	3	14	148
ㅍ(ㅍ[피읖]~핑계)	38	141	11	34	224
ㅎ(ㅎ[히읗]~힘없다)	126	470	3	17	616
전체	2,220	4,205	114	273	6,812
			386		

〈표 1〉은 『한국수화사전』의 표제어를 'ㄱㄴㄷ…' 차례로 정리하고, 어종에 따라 고유어·한자어·(서구)외래어(지명·일반)로 집계한 것이다. 여기서 '가감(加減)'뿐만 아니라 '가짜(假-)', '간장(-醬)'과 같이 한자어가 포함된 경우를 한자어로, '가솔린(gasoline)'뿐만 아니라 '금메달(金medal)', '로또복권(Lotto 福券)'과 같이 외래어가 포함된 경우를 (서구)외래어로 처리하였다. 표제어 6,812개는 고유어 2,220개(32.59%), 한자어 4,205개(61.73%), (서구)외래어 386개(5.67%)로 이루어져 있다.[5]

---

4 이하 이 사전의 통계치에 대해서는 경북대학교 대학원 강좌 '국어의미교육론연구'에 참여한 한금자·한주연·웨이한이·신보경, '언어교육학특강'에 참여한 김진주·박소희·이선민·진성현·김소영 님이 도와주었다.

둘째, 이 사전에서 '어법'이라고 한 품사 정보는 〈표 2〉와 같다.

〈표 2〉『한국수화사전』의 품사 정보(☞ ①:품사, ②:표제어 자모)

② \ ①	명사	동사	형용사	대명사	부사	수사	관형사	감탄사	조사	어미	관용구	접미사	전체
ㄱ	818	95	68	1	39	2	3	1	2		4		1,033
ㄴ	189	59	25	4	6						2	1	286
ㄷ	268	101	31	1	21	1			3	2	2	1	431
ㄹ	29												29
ㅁ	397	68	39	1	22	3	2			1	11		544
ㅂ	423	79	30		9	2	1		3	2	3		552
ㅅ	729	64	48		5	15		1			2	1	865
ㅇ	672	70	63	7	29	8	3	6	3		3		864
ㅈ	609	79	40	5	19	1				2	6	4	765
ㅊ	333	14	19		6	5		1	1		1		380
ㅋ	61	6	4		1				1		2		75
ㅌ	127	15	5		1								148
ㅍ	195	17	7		2	2					1		224
ㅎ	532	37	24		17		1		1		4		616
전체	5,382	704	403	19	177	39	10	9	14	7	41	7	6,812
비율(%)	79.01	10.33	5.92	0.28	2.60	0.57	0.15	0.13	0.21	0.10	0.60	0.10	100

이 사전의 '일러두기'에서 기호 및 약호의 '어법'에 따르면, 『한국수화사전』의 어법의 분류는 13개 범주이다. '약호'에 따른 어법의 상세 내역은 (6)과 같다.[6]

---

5   이 사전에서 '민주, 민주주의', '옛날, 옛적', '우스꽝스럽다, 우습다' 등은 동형어인데 별개의 표제항으로 잇달아 배치하고 있다. 그 반면, '기어이(期於-), 기어코(期於-)🆎', '두리번거리다, 두리번대다 🆎', '목매다, 목매달다🆎', '비틀거리다, 비틀대다 🆎', '플래시(flash), 플래시 라이트(flash light) 🆎', '허둥거리다, 허둥대다 🆎', '휘청거리다, 휘청대다 🆎'는 표제어 2개를 병렬하고 1개의 수어 그림을 제시하였는데, 각각을 2개의 표제어로 계산하였다. 이들 사례는 표제어 배치에 대해 일관성을 어긴 것이다.

6   '어법'의 '약호'는 본문의 전개에서 2가지 오류가 나타나는데, 실제로 '약호'의 '🆎 관용

(6) ①명/의명→명사 ②자/하자·타/하타·보동→동사 ③형/하형/스형/보형→형용사 ④인대/지시→대명사 ⑤부/히부→부사 ⑥수→수사 ⑦관→관형사 ⑧감→감탄사 ⑨조→조사 ⑩어미→어미 ⑪관용→관용구 ⑫접→접두사 ⑬마→접미사

〈표 2〉의 표제어에 대한 품사 개수는 표제어 옆에 적힌 약호를 합산한 것이다. 약호가 둘 이상인 경우는 맨 먼저 나타난 약호를 기준으로 삼았다.[7] (6)의 어법 개수와 비율은 명사 5,382개(79.01%), 동사 704개(10.33%), 형용사 403개(5.92%), 대명사 19개(0.28%), 부사 177개(2.60%), 수사 39개(0.57%), 관형사 10개(0.15%), 감탄사 9개(0.13%), 조사 14개(0.21%), 어미 7개(0.10%), 관용구 41개(0.60%), 접미사 7개(0.10%)의 분포를 보인다.

한편, 〈표 2〉에 대한 병렬 품사의 정보를 보기로 한다. 이것은 (7)의 용례에서 보듯이, 하나의 표제어에 둘 이상의 품사가 병렬하거나, 명사나 부사의 어근에 '-하, -히, -스'가 붙어 자동사, 타동사, 자·타동사의 '동사', '형용사', '부사'로 병렬한 것을 이른다.

(7) a. 가로: 명·부
    b. 감격: 명·하자, 간증: 명·하타, 간섭: 명·하자타, 건조(乾燥):

구'는 본문의 어법 정보에 '구'로 표시되어 있으며, '접 접두사'는 해당하는 표제어가 없다.

[7] 이 사전의 어법 정보에서 일관성을 어기거나 오류인 사례는 수정하여 합산하였다. 일관성을 어긴 사례로, '관·명'으로 기술된 '구체적, 규칙적, 긍정적, 소극적, 자발적'을 '명·관'으로, '감·명'으로 기술된 '차려'를 '명·감'으로 수정 합산하였다. 오류의 사례로, '명'으로 기술된 '무렵'을 '의명'으로, '명'으로 기술된 '약소하다'를 '형'으로, '하자'로 기술된 '별말씀'을 '명'으로, '하형'으로 기술된 '양순하다'를 '형'으로 수정 합산하였다. 또한, '위급'을 '형·하형'으로 병렬하였는데, '명·하형'으로 수정 합산하였다. 그 밖에도 476쪽의 '②코가 꺽임(→ 꺾임)을 나타내는 동작' 1,140쪽의 '인근=근망(→ 근방)', 1599쪽의 '해답=답년(→ 답변)'은 맞춤법 오류이며, '보잘 것 없다(→ 보잘것없다)'는 띄어쓰기 오류이다.

명·하자타형, 광명(光明): 명·하형, 간절: 명·하형·희부, 근면: 명·하자형·희부, 거만: 명·하형·희부·스형, 공경: 명·하타·희부

c. 깜박: 부·하자타

〈표 3〉『한국수화사전』의 병렬 품사 정보(①:품사, ②:표제어 자모)

② \ ①	명사		동사		형용사		대명사	부사		관형사	감탄사
	명	의명	자타	보동	하자 하타 하자타 하자형 하타형 하자타형	형	보형	하형 스형 하자형 하타형 하자타형	인대· 지대	부	희부	관	감
ㄱ	817(3)	1	95		218	68		26	1	39(2)	15	3(1)	1
ㄴ	188	1	59		37	25		2	4	6(1)			
ㄷ	267	1(1)	101		71	31(5)		7	1	21(1)	4		
ㄹ	28	1											
ㅁ	394	3	68		67	39(30)		28	1	22(8)	12	2(3)	
ㅂ	423		79		104	30(17)		16		9(1)	4	1(2)	
ㅅ	728	1	64		206	47	1	12		5(2)	3	(16)	1
ㅇ	672		69	1	140	63(1)	(1)	31	7(1)	29(6)	13	3(8)	6
ㅈ	607	2	79		197	40		14	5	19(5)	10	(2)	
ㅊ	332	1	14		124	19		12		6	5	(5)	1(1)
ㅋ	59	2	6		2	4		1		1			
ㅌ	126	1	15		54	5		4		1	2		
ㅍ	194		17		52	7		10		2	2	(2)	
ㅎ	532	1	37		166	24		19		17(1)	2	1	
전체	5367(3)	15(1)	703	1	1,438	402(53)	1(1)	163	19(1)	177(27)	72	10(39)	9(1)
	5,386		2,142		520				20	276		49	10

〈표 3〉의 병렬 품사 정보를 보면, 명사 5,386개, 동사 2,142개, 형용사 520개, 대명사 20개, 부사 276개, 관형사 49개, 감탄사 10개이다. 이는

〈표 2〉의 맨 먼저 나타난 품사의 개수를 합산한 것보다 그 수가 많은데, 특히 동사, 형용사, 부사, 관형사에서 그러하다. 물론 이 경우 병렬 품사의 수어 형태는 동일하다.

셋째, 이 사전의 표제어 항 가운데 특이한 사항으로 (8)과 (9)를 들 수 있다. (8)은 청유형인 '보자'와 과거형인 '보았다' 및 '틀렸다'를 표제어로 수록한 것이다. 또한, '관용구'로 기술된 '주세요'가 표제어로 수록되어 있는데, 이는 '{주-} + {-시-} + {-어} + {요}'의 구조를 지닌 것으로 동사어간 '주-'에 존칭의 선어말어미 '-시-', 청유형 어말어미 '-어'에 존칭보조사 '요'가 붙은 것이다.

(8) a. 보자(타): '보다'의 청유형
 b. 보았다(타): '보다의 과거형
  틀렸다(자): 상대가 틀렸다고 할 때 쓰는 말
 c. 주세요(구): 다른 사람의 것을 자신이 가질 수 있게 해 달라고 청하다.

(9)는 표제어로 수록된 관용구 41개인데, 그 성격이 다르고 수록의 기준도 찾기 어렵다.

(9) 골치 아프다, 귀신같이 사라지다, 껍질을 벗기다, 꾸중(을) 듣다, 뇌물을 받다, 뇌물을 주다, 도움을 받다, 딱 맞다, 마음에 들다, 마주 보다, 말을 바꾸다, 맞지 않다, 매를 맞다, 맨 먼저, 며칠 전, 며칠 후, 몇 개월, 목이 타다, 무릎을 꿇다, 본 적 없다, 비위 맞추다, 빌려주다, 생각 없다, 썩 잘하다, 안녕하십니까, 앞으로, 이해가 안 되다, 적 없다, 적 있다, 적합하지 않다, 주세요, 줄지어 서다, 질문을 받다, 충고를 받다, 코를 풀다, 키가 크다, 필요 없다, 한 층, 할 수 없다, 할 수 있다, 허락을 받다

3. 『한국수화사전』 수어 어휘의 구성 및 의미 관계

『한국수화사전』에 수록된 수어 어휘의 구성, 의미 관계에 대해서 살펴보기로 한다.

3.1. 수어 어휘의 구성

수어 어휘의 구성은 음성언어와 마찬가지로 단일어와 복합어로 대별되지만, 수어 독자적인 특성을 지닌다. 먼저, '단일어'와 복합어는 『한국수화사전』의 표제어에 대한 어원적 의미에서 변별적이다. 예를 들어,

(10) a. 얼굴: 〖얼굴의 윤곽을 그리는 동작〗
 b. 납부: 〖돈/주다〗
 c. 고향: 〖낳다+곳〗

(10)에서 '얼굴'은 전형적인 '단일어'이다. 『한국수화사전』 '일러두기' (5)의 '어원 정보'에 따르면 '납부: 〖돈/주다〗'처럼 구성 성분이 하나로 합성한 수어('/'로 합성 표시) 및 '고향: 〖낳다 + 곳〗'처럼 구성 성분이 연이어 결합한 수어('+'로 결합 표시)를 '복합어'로 규정하고 있다. 그런데 '납부'처럼 구성 성분이 연이어 결합한 수어는 '얼굴'과 같이 전형적인 단일어와 마찬가지로 1가지 수어 그림으로 실현된다. 따라서 단일어와 이 경우의 복합어는 그 구분이 모호하다. 또한, 음성언어에서 복합어를 합성어와 파생어로 구분하는 기준이 수어에서 뚜렷이 나타난다고 보기도 어렵다.

이에 여기서는 수어 그림의 가짓수를 기준으로 그 구성을 유형화해 보기로 한다. 『한국수화사전』의 수어 그림을 중심으로 그 구성은 〈표 4〉와 같이 7가지 유형으로 나뉜다. 그중 '1종류의 수어 그림'의 가짓수를 가리키는

'형태'는 '1형태·2형태·3형태·4형태'의 4유형이며, '2종류의 수어 그림'의 가짓수를 가리키는 '형태'는 '①② 각 1형태·①② 각 1 또는 2형태·①② 각 2형태'의 3유형이다.

〈표 4〉『한국수화사전』의 수어 어휘 구성(①:형태, ②:표제어 자모)

② \ ①	1종류의 그림				2종류의 그림			전체
	1형태	2형태	3형태	4형태	①② 각 1형태	①② 각 1 또는 2형태	①② 각 2형태	
ㄱ	497	486	36	2	6	3	3	1,033
ㄴ	164	103	10		8		1	286
ㄷ	290	123	8		7	2	1	431
ㄹ	21	7			1			29
ㅁ	286	226	17		7	8		544
ㅂ	322	207	9		13	1		552
ㅅ	431	399	21		13	1		865
ㅇ	490	336	15		12	7	4	864
ㅈ	388	354	7		10	6		765
ㅊ	179	192	5		1	1	2	380
ㅋ	42	30			1		2	75
ㅌ	76	66	2		1		2	148
ㅍ	115	99	6		4			224
ㅎ	242	337	29		6	2		616
전체	3,543	2,965	165	2	90	32	15	6,812
비율(%)	52.01	43.53	2.42	0.03	1.32	0.47	0.22	100.00

〈표 4〉를 중심으로 각 유형을 보다 더 자세히 살펴보기로 한다. 먼저, '1종류의 수어 그림'의 1-4형태이다.

첫째, 1형태는 〈그림 3〉의 '가격(價格)'을 비롯하여 3,543개(52.01%)로 그 개수가 가장 많다. 둘째, 2형태는 〈그림 4〉의 '가감(加減)'을 비롯하여 2,965개(43.53%)이다.

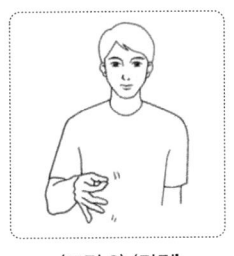 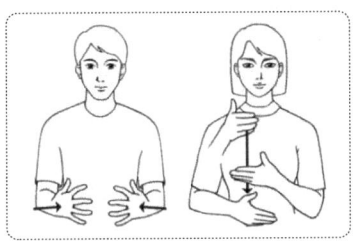

〈그림 3〉 '가격'   〈그림 4〉 '가감'

셋째, 3형태는 〈그림 5〉의 '가매장(假埋葬)'을 비롯하여 165개(2.42%) 이다.

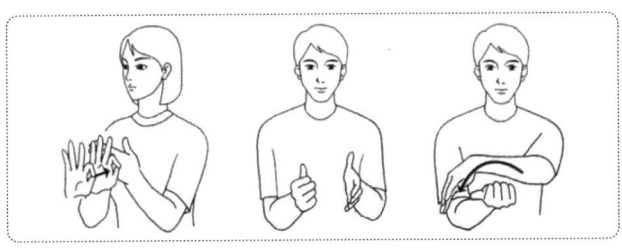

〈그림 5〉 '가매장'

넷째, 4형태는 〈그림 6〉의 '교포(僑胞)', 그리고 '국정홍보처(國政弘報處)'의 2개(0.03%)이다.

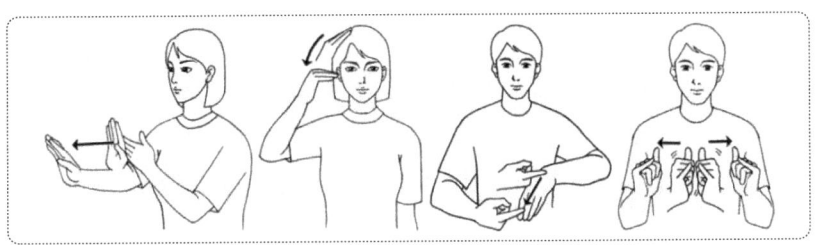

〈그림 6〉 '교포'

다음으로, '2종류의 수어 그림'의 경우인데, 다음 3가지 유형이 있다.[8]

첫째, ①② 각 1형태는 '가득하다'를 비롯하여 90개(1.32%)이다. '가득하다'는 어원적 의미가 '①차오름을 나타내는 동작〈만수위〉', '②모여 차는 것을 나타내는 동작〈만원〉'이며, 〈그림 7〉과 같다.

〈그림 7〉 '가득하다①'   '가득하다②'

둘째, ①② 각 1 또는 2형태는 〈그림 8〉의 '망하다(亡-)' 및 〈그림 9〉의 '고무신'을 비롯하여 32(0.47%)개이다. '고무신'은 어원적 의미가 '①지우다(고무+신)', '②코가 말려 오른 여성의 고무신 모양을 나타내는 동작'이며, '망하다(亡-)'는 어원적 의미가 '①집이 허물어지는 것을 나타내는 동작', '②코를 잡아 비트는 동작'이다.

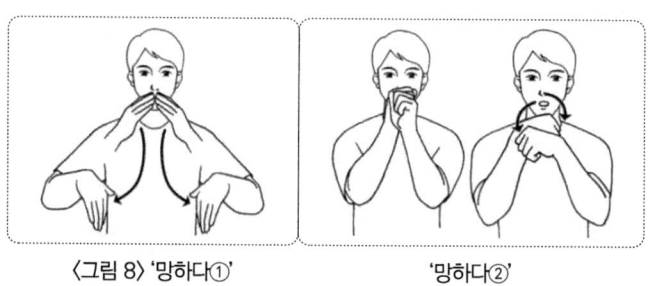

〈그림 8〉 '망하다①'   '망하다②'

---

8 『한국수화사전』에는 '감투'와 같이 '뜻풀이' 2개, '가난'과 같이 '어원 정보' 2개이면서 수어 그림이 1개인 경우도 있는데, 여기서는 '거지'와 같이 뜻풀이 2개, 수어 그림 2개를 중심으로 집계하였다.

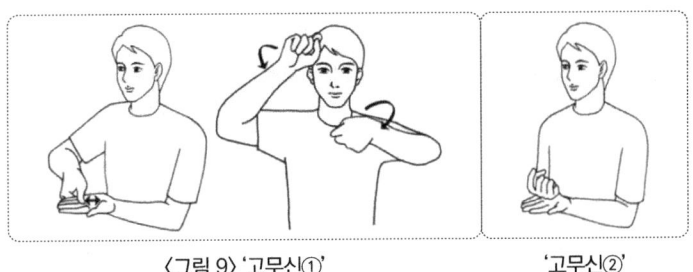

〈그림 9〉 '고무신①'   '고무신②'

셋째, ①② 각 2형태는 '극복(克服)'를 비롯하여 15개(0.22%)이다. '극복'은 어원적 의미가 '①추진+이기다', '②참다+이기다'이며, 〈그림 10〉과 같다.

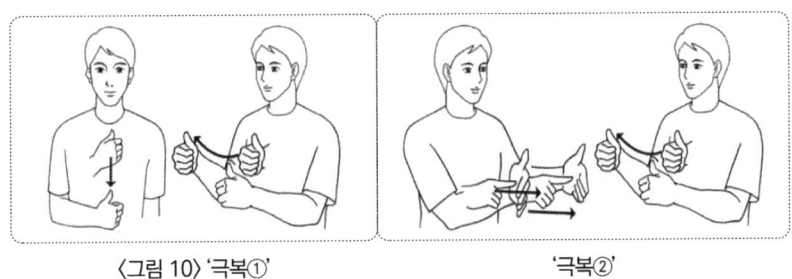

〈그림 10〉 '극복①'   '극복②'

3.2. 수어 어휘의 의미 관계

수어 어휘의 주요 의미 관계인 '다의어', '동형어', '반형어', '상하위어'에 대해서 살펴보기로 한다.

3.2.1. 다의어

『한국수화사전』(2005/2007: x) '일러두기'의 '뜻풀이'에는 "다의어의 뜻풀이는 의미별로 ①, ②와 같이 나누었다."라고 기술하였다. 이 사전의 다의어 기술 방식 3가지에 대한 사례를 들기로 한다.

첫째, (11), (12)와 같이 의미를 2-3개로 나누고 〈그림 11〉 및 〈그림 12〉와 같이 한 유형의 형태, 즉 그림을 갖는 경우이다.

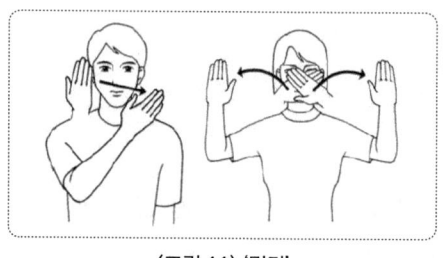
〈그림 11〉 '맑다'

〈그림 12〉 '아깝다'

(11) 맑다 형 ①구름이나 안개가 끼지 않아 날씨가 깨끗하다. "하늘이 맑다." ②(정신이) 또렷하다. 〚깨끗하다+밝다〛

(12) 아깝다 형 ①소중하고 값진 것을 잃어 섭섭한 느낌이 있다. ②소중하여 버리거나 내놓기가 싫다. ③소중하여 함부로 쓰기가 어렵다. 〚아까워함을 나타내는 상징적 동작〛

둘째, 의미를 2개로 나누고 두 유형의 형태를 갖는 경우이다. 〈표 4〉의 한 단어에 '2종류의 그림'을 갖는 수어에는 〈그림 7〉의 '가득하다'와 같이 ①② 각 1형태, 〈그림 8〉의 '망하다' 및 〈그림 9〉의 '고무신'과 같이 ①② 각 1 또는 2형태, 〈그림 10〉의 '극복'과 같이 ①② 각 2형태의 3종류가 있는데, 이들은 음성언어로서 단어의 뜻풀이 방식은 다의어이지만, 수어로서 표현 방식은 동의어, 즉 둘 이상의 형태가 동일한 개념을 공유하는 단어이다. 곧 수어 어휘의 구성에 관한 〈표 4〉의 '두 종류의 그림'으로 된 137개 수어는 동의어에 해당한다.

셋째, 음성언어의 다의어를 별개의 표제어로 기술하는 경우이다. '튼튼하다'의 경우 『표준국어대사전』에서는 '밧줄·몸·경제·사상'으로서 '튼튼하다'를 다의어로 묶고 하나의 표제어 기술하고 있는 데 비해, (13) 및 〈그림 13〉에서 보듯이 이 사전에서는 '몸'과 '집'으로서 '튼튼하다'를 별개의 표제어로 다루고 있다.

(13) a. 튼튼하다¹ 〖형〗 몸이 건강하다. "몸이 튼튼하다." 〖힘을 과시하는 동작〗
b. 튼튼하다² 〖형〗 무르거나 느슨하지 아니하고 몹시 야무지고 굳세다. "집이 튼튼하다." 〖힘+강하다〗

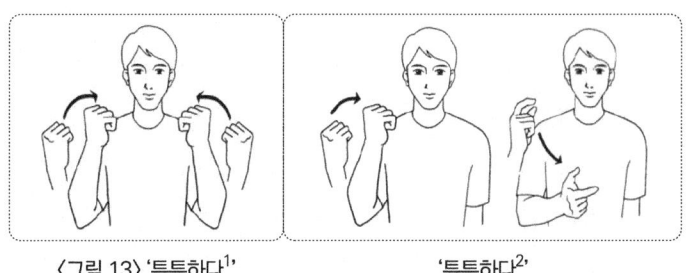

〈그림 13〉 '튼튼하다¹'   '튼튼하다²'

이 밖에도 '오르다'는 '물가·산·불꽃·월급·단계'에 대해 5가지 표제어로 구분하고 있다.

3.2.2. 동형어

『한국수화사전』(2005/2007: xi) '일러두기'에서는 "표현이 같은 수화를 동형어라 하였다. 동형어에는 동의어도 있고 동의어가 아닌 것도 있다. 동형어는 '=' 기호를 앞세워 모두 보여주었다."라고 기술하였다. 이 경우 '동형어'는 수어 그림이 동일한 형태로 나타나는 것을 이른다.

예를 들어, '가격(價格)'='금전·돈·화폐'는 〈그림 14〉에서 보듯이 동일한 수어 그림의 동형어이다. 곧 이 사전의 '가격, 금전, 돈, 화폐' 4개 표제어 각각에는 다른 3개가 동형어로 표시된다.

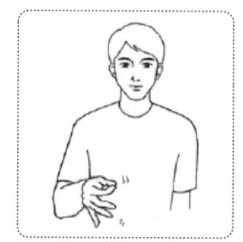

〈그림 14〉 '가격·금전·돈·화폐'

동형어의 세 가지 양상을 보기로 한다. 첫째, 동형어 '가격·금전·돈·화폐'는 동의어이다. '동의어'는 동일한 의미, 즉 같거나 비슷한 의미를 가진 단어들 간의 의미 관계에 속하는 것으로, 같은 의미를 지닌 것을 '절대적 동의어'라 하고 비슷한 의미를 지닌 것을 '상대적 동의어' 또는 '유의어'라고 한다(임지룡 2024a: 160-163 참조). 그중 '절대적 동의어' 또는 '완전 동의어'는 의미 차이 없이 모든 문맥에서 교체될 수 있는 것인데, 실제로 그러한 예는 매우 드물다. '가격·금전·돈·화폐'의 사전적 의미를 보면 (14)와 같다(『표준국어대사전』 참조).

(14) a. 가격: 물건이 지니고 있는 가치를 돈으로 나타낸 것(예: 가격 인상, 부품 가격)
    b. 금전: 상품 교환 가치의 척도가 되며 그것의 교환을 매개하는 일반화된 수단(예: 금전 거래, 금전의 가치가 많이 떨어졌다.)
    c. 돈: 사물의 가치를 나타내며, 상품의 교환을 매개하고, 재산 축적의 대상으로도 사용하는 물건(예: 돈을 모으다.)
    d. 화폐: 상품 교환 가치의 척도가 되며 그것의 교환을 매개하는 일반화된 수단(예: 화폐를 개혁했다.)

『한국수화사전』에서 '가격'의 용례인 "판매 가격을 협정하였다."에 동형어를 넣어보면 "판매 {가격·?금전·?돈·?화폐}을/를 협정하였다."와 같이 교체가 어렵다.[9] 따라서 수어 '가격'과 '금전·돈·화폐' 상호 간에는 개념적 의미를 공유하면서 부분적인 교체가 이루어지는 상대적 동의어, 즉 유의어라 하겠다.

　둘째, 동형어의 특징은 개념적 의미를 공유하면서 음성언어 차원의 품사나 단어 형식이 전혀 다른 경우에도 성립된다는 점이다. 예를 들어, 〈그림 15〉의 '교체(交替)(명·하자타)=바꾸다(타)'는 '교체'가 '교체하다'의 품사뿐만 아니라 형태가 다른 '바꾸다'와 동형어이며,[10] 〈그림 16〉의 '늘다¹(자)=늘리다¹(타)'는 자동사와 타동사인 경우이며, 〈그림 17〉의 '가시(명)=날카롭다·뾰족하다·예민하다'나 '맞다(자)=사실(事實)(명)'은 단어 형식이 전혀 다른 경우이다. 또한, '껍질(명)=껍질을 벗기다(구)'는 단어와 관용구인 경우이다.

〈그림 15〉
'교체·바꾸다'

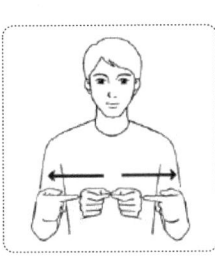
〈그림 16〉
'늘다¹·늘리다¹'

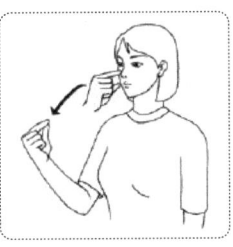
〈그림 17〉
'가시·날카롭다'

9　'돈'은 "돈을 벌다.", "책을 사고 돈을 지불하다.", "돈이 많은 집안.", "돈이 있으면 여행을 가고 싶다."의 용례에서 다의적 의미를 지니는데, 수어 동형어 '가격·금전·화폐'와 교체 가능성은 제한적이다.

10　'꾸지람(명)=꾸짖다(동)', '가뭄(명)=가물다(동사)', '검정(명)=검다(형)', '가만히(부)=고요하다(형)'는 품사가 다른 경우의 동형어이다.

셋째, 〈그림 18〉의 '시원하다·평화·화평'은 동형어이다. 그중 '평화·화평'은 동의어이지만, '시원하다'와 '평화·화평'은 '동형이의어'이다. '동형이의어'는 음성언어의 '동음이의어'에 해당하는 것으로, 둘 이상의 수어가 동일한 수어 그림으로 표현될 뿐 그 의미는 전혀 무관한 것을 이른다.

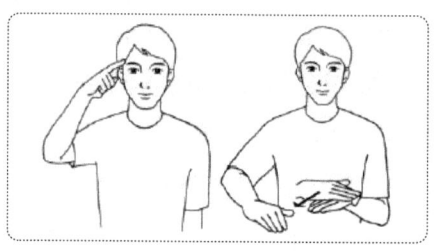 

〈그림 18〉 '시원하다·평화·화평'　　〈그림 19〉 '광화문·우물'

〈그림 19〉의 '광화문(光化門)·우물'은 동형어인데, 이 둘의 어원 정보는 〖네거리를 구성하는 동작〗·〖글자 '井'(정)을 구성하는 동작〗으로 동기화되어 있지만 어원 정보가 잊힌 상태에서는 동형이의어이다.

3.2.3. 반형어

『한국수화사전』(2005/2007: xi) '일러두기'에서는 "표현이 반대가 되는 수화를 반형어라 하였다. 반형어에는 반의어도 있고 반의어가 아닌 것도 있다. 반대가 되는 정도가 유사한 경우에도 반형어로 처리하였다. 반형어는 '↔' 기호를 앞세워 모두 보여주었다."라고 기술하였다.[11] 이 경우 '반형어'는

11　'곡선'과 '직선'은 수어 그림에서 글자 그대로 '곡선'과 '직선'을 그리는 동작, '향상'과 '퇴보'는 손의 방향이 '위'와 '아래'를 지향하는 대립을 이루지만 '↔' 기호가 없어 일관성에 어긋난다. '빠르다'와 '느리다', '깊다'와 '얕다'는 음성언어에서 대립을 이루지만, 수어에서는 반형어가 아니다.

수어 그림이 대립적 형태로 나타나는 것을 이르는데, 대립의 정도에 따라 원형적인 보기에서부터 주변적인 보기에 이르기까지 정도성을 지닌다. 반형어의 세 가지 양상을 보기로 한다.

첫째, 수어 간에 공통성을 많이 지니면서 수형, 수동, 수위, 수향 가운데 하나의 차원에서 형태가 대립을 이루는 경우이다. 이것은 원형적인 반의어이다. 예를 들어, 〈그림 20〉의 '가져오다 ↔ 가져가다', 〈그림 21〉의 '향상 ↔ 퇴보'를 비롯하여, (눈을)감다¹ ↔ (눈을)뜨다², 개회 ↔ 폐회, 붙잡다 ↔ 놓치다, 견디다 ↔ 화내다 등이다.¹²

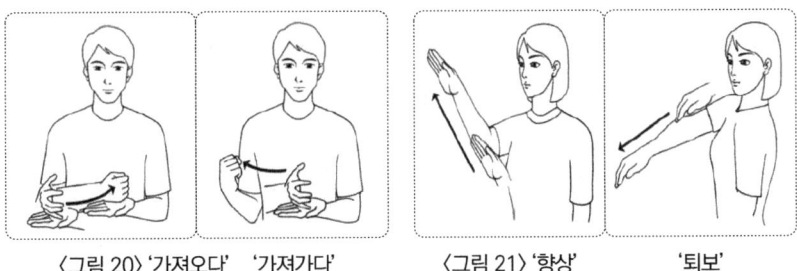

〈그림 20〉 '가져오다'   '가져가다'   〈그림 21〉 '향상'   '퇴보'

둘째, 수어 간에 공통성을 지니지만, 수형, 수동, 수위, 수향의 차원에서 완전한 대립이 성립되지는 않는 경우이다. 이것은 원형적인 반의어에 비해 덜 좋은 반의어라 할 수 있다. 예를 들어, 〈그림 22〉의 '가볍다 ↔ 무겁다', 〈그림 23〉의 '거만 ↔ 겸손'을 비롯하여, '배고프다 ↔ 배부르다', '꺼내다 ↔ 넣다' 등이다.

---

12 반형어는 전형적으로 '상하, 좌우, 안팎, 원근, 개폐' 등 방향의 대립으로 이루어지는데, 이것은 방향적 은유와 깊은 상관성을 맺는다.

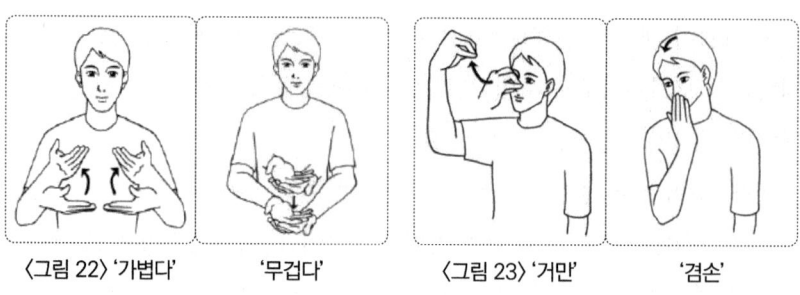

〈그림 22〉 '가볍다'   '무겁다'   〈그림 23〉 '거만'   '겸손'

셋째, 수어 간에 대립성을 인정하기 어려운 데도 반형어 '↔' 기호를 부여한 경우이다. 예를 들어, 〈그림 24〉의 '내년' ↔ '작년' 및 〈그림 25〉의 '내부' ↔ '외부'를 반형어로 기술하였는데, 수어 그림에 대립성이 없다. 이처럼 『한국수화사전』에서 수어 간에 대립성을 인정하기 어려운 경우에 반형어 '↔' 기호를 부여한 것은 잘못이다.

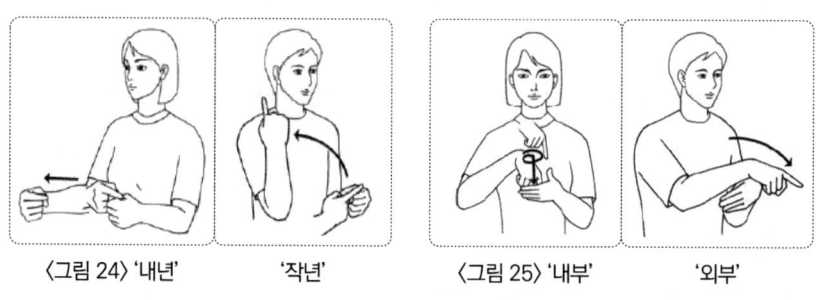

〈그림 24〉 '내년'   '작년'   〈그림 25〉 '내부'   '외부'

3.2.4. 상하위어

상하위어의 하의관계는 의미적 계층구조에서 한쪽이 의미상 다른 쪽을 포함하거나 다른 쪽에 포함되는 비대칭적 관계로서, 보다 더 일반적 의미를 지닌 것을 '상위어'라 하고, 더 구체적 의미를 지닌 것을 '하위어'라고 하며, 동위 관계에 있는 하위어의 무리를 '공(共) 하위어'라고 한다(임지룡 2018a: 202 참조).

『한국수화사전』에서 상위어는 하위어의 합성으로 나타내는 경향이 있는데,[13] (15a)의 상위어 '가구' '곡식' '건물' '악기' '음식'은 하위어의 원형적인 대상이나 동작에 '여러 가지'를 합성한 것이며, b의 상위어 '길이' '무게' '높낮이'는 하위어의 합성으로 이루어진다.

(15) a. 가구〖장롱 문을 여는 동작+여러 가지〗, 곡식〖쌀+여러 가지〗, 건물〖집+여러 가지〗, 악기〖작은 북을 두드리는 동작+여러 가지〗, 음식〖먹다+여러 가지〗
b. 길이〖길다+짧다〗, 무게〖무겁다+가볍다〗, 높낮이〖높다+낮다〗

〈그림 26〉의 상위어 '곡식'은 '쌀, 보리, 밀 콩 따위의 먹을거리'의 원형인 하위어 '쌀'과 '여러 가지'의 합성이며, 〈그림 27〉의 상위어 '길이'는 하위어 '길다' '짧다'의 합성이다.

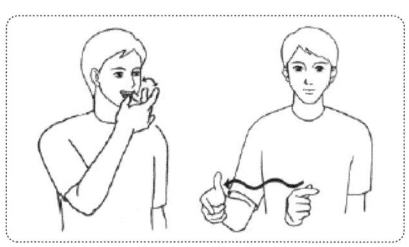

〈그림 26〉 '곡식'

---

[13] '미국수어(ASL)'에서 상위어 '교통수단(vehicle)'은 하위어이자 기본층위인 '자동차(car)·비행기(airplane)·기차(train)'의 합성으로 이루어진다(Newport & Bellgui 1979: 230-233, Murphy 2003: 214, 임지룡 2017a: 246-247 참조).

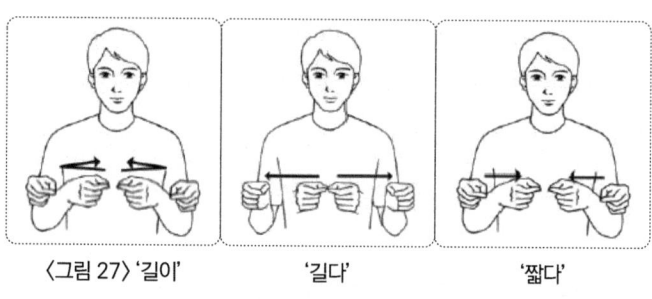

〈그림 27〉 '길이'   '길다'   '짧다'

4. 『한국수화사전』 수어 어휘와 '한국어 학습용 어휘'의 상관성

『한국수화사전』의 수어 어휘 6,812개는 어떻게 선정되었으며, '한국수화언어법'의 기본이념 (16)을 어느 정도로 구현하는가?

(16) 농인과 한국수어사용자는 한국수어 사용을 이유로 정치·경제·사회·문화의 모든 생활영역에서 차별을 받지 아니하며, 모든 생활영역에서 한국수어를 통하여 삶을 영위하고 필요한 정보를 제공받을 권리가 있다. ('한국수화언어법' 제2조 ③)

『한국수화사전』(2005/2007)의 편찬 기준 또는 표제어 선정의 내역은 '머리말'과 '일러두기'에서 기술되어 있다. 이 사전의 '머리말'에 따르면, 한국 수화의 표준화를 위하여 수화 전문가 22명의 '한국어표준수화규범 제정 추진위원회'에서는 국내에서 출판된 109종의 수화 책 가운데 22권을 선정하고 그 속의 수화 단어 35,893개, 농인들이 직업 생활을 하면서 사용하는 수화 단어 1,646개 및 스포츠 활동의 스포츠 용어 172개를 조사하여 37,711개를 확보하였다. 이에 대해 '실무추진위원회'에서는 사전에 수록할 1차 단어를 선정하여 '검토위원'의 수정, 추가, 삭제 의견을 받아들이고,

공청회를 거친 뒤 최종적으로 '추진위원회'의 검토 결과를 반영하여 표제어 6,800개의 원고를 만들고, 수정 단계를 거쳐 사전을 간행하였다는 것이다. 또한, 이 사전의 '일러두기'에서는 '표제어 선정 기준'으로 "많은 수화 책에서 동일하게 표시하고 있는 수화 단어를 우선 선정한다." "단어의 의미나 어원을 쉽게 연상·유추할 수 있는 수화 단어를 선정한다." "표시 방법이 단순하고 손동작이 편한 수화 단어를 선정한다." 등을 제시한 바 있다.

어휘는 개념 및 사고 표현의 도구이므로 의사소통에서 가장 중심적 요소로서, 어휘의 개체인 단어는 음성 형식, 문장 속에서의 역할, 의미의 정보가 포함되어 있다. 한국어의 어휘를 보면, 『표준국어대사전』은 표제어 44만여 개, 부표제어 6만 8천여 개를 합해 전체 50만 8천여 항목에 이르며(정호성 2000: 57-58 참조), 개방형 국어사전 『우리말샘』에는 100만 개 이상의 어휘가 수록되어 있다. 이처럼 수많은 어휘 가운데 기본적이며 필수적인 어휘를 '기본어휘' 및 '기초어휘'라고 한다(임지룡 1991: 88-89 참조). 이와 관련하여 『한국수화사전』이 농인들의 생존을 확보하고 일상적인 삶을 이루어가는 데 기본적이며 기초적인 사전인가를 가늠하기 위해 "한국어 학습용 어휘"와 대조해 보기로 한다.

"한국어 학습용 어휘"(2003)는 국립국어연구원에서 58,437개 단어를 대상으로 빈도 합 1,484,463회의 대규모 빈도 조사인 조남호(2002)를 바탕으로 자문회의의 논의를 거쳐, 6명의 선정위원이 선정·조정·검토를 통해 선정한 5,965개의 기본어휘이다. 이 기본어휘는 1단계(A 등급) 982개, 2단계(B 등급) 2,111개, 3단계(C 등급) 2,872개로 등급화되는데, 그 목록의 품사별 분포는 〈표 5〉와 같다(조남호 2003a: 11 참조).

이상의 과정을 거쳐 선정된 '한국어 학습용 어휘' 5,965개는 『한국수화사전』 6,812개 수어의 됨됨이를 살피는 데 적절한 대조군이라 할 수 있다. '『한국수화사전』의 수어 어휘'와 '한국어 학습용 어휘'를 대조하여 공통 어휘의 정도를 추출하면 〈표 6〉과 같다.

〈표 5〉 한국어 학습용 어휘 목록의 품사별 분포

품사 \ 등급	A	B	C	계
명사	497	1,199	1,708	3,404
고유 명사	21	27	15	63
의존 명사	33	44	53	130
대명사	32	5	10	47
수사	45	2	-	47
동사	155	501	689	1,345
형용사	75	132	169	376
보조 용언	18	5	10	33
관형사	27	19	23	69
부사	65	146	182	393
감탄사	12	22	10	44
분석 불능	2	9	3	14
계	982	2,111	2,872	5,965

〈표 6〉 "한국어 학습용 어휘" 대비 『한국수화사전』의 공통성 정도

	공통 어휘 수	비공통 어휘 수	전체
ㄱ	436	597	1,033
ㄴ	135	151	286
ㄷ	197	234	431
ㄹ	6	23	29
ㅁ	180	364	544
ㅂ	242	310	552
ㅅ	368	497	865
ㅇ	389	475	864
ㅈ	349	416	765
ㅊ	145	235	380
ㅋ	34	41	75
ㅌ	54	94	148
ㅍ	64	160	224
ㅎ	210	406	616
전체	2,809	4,003	6,812

〈표 6〉에서 보듯이 『한국수화사전』의 6,812개의 수어를 '한국어 학습용 어휘' 5,965개와 대비해 본 결과 '공통 어휘'는 2,809개(41.24%)이며, 『한국수화사전』에만 있는 '개별 어휘'는 4,003개(58.76%)이다. 이 관계를 도식화하면 〈그림 28〉과 같다.

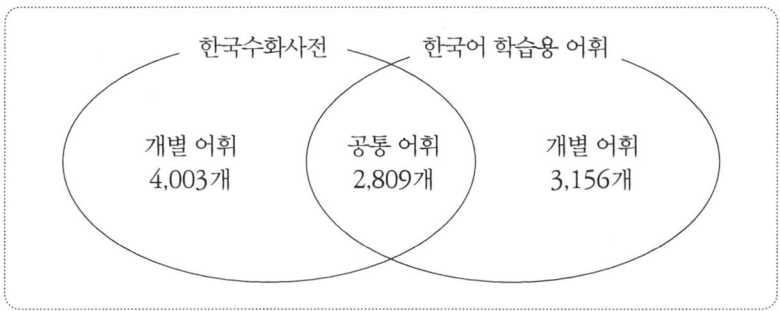

〈그림 28〉 『한국수화사전』과 '한국어 학습용 어휘'의 상관성

『한국수화사전』의 '개별 어휘'를 살펴보면 낯설고 일상적으로 쓰이지 않은 수어가 많이 포함되어 있다. 그중 몇 가지 사례를 들면, (17)은 어려운 (일본식) 한자말이며, (18)은 지난 시대의 문물이나 제도와 관련된 것으로 오늘날 자주 쓰지 않는 어휘들이다.

(17) 가매장(假埋葬), 가불(假拂), 가사(假死), 가산(加算), 간음(奸淫), 강매(强賣), 경외(敬畏), 광견(狂犬), 광인(狂人), 광풍(狂風), 귀의(歸依), 궁휼(矜恤), 금력(金力), 기로(岐路), 나선(螺旋), 남빙양(南氷洋), 내각(內閣), 만류(挽留), 매국(賣國), 백주(白晝), 무위도식(無爲徒食), 물색(物色), 미수(未遂), 북빙양(北氷洋), 빙해(氷海), 수납(收納), 야경(夜警), 완구(玩具), 전폐(全廢), 제재(制裁), 제(制)하다, 진노(震怒), 차압(差押), 착란(錯亂), 착복(着服), 참호(塹濠), 청일점(靑一點), 초소(哨所), 취사(炊事), 취학(就學), 탕진(蕩盡),

필경(畢竟), 피혁(皮革), 화관(花冠), 후조(候鳥), 휴게(休憩)

(18) 가마, 가마니, 가마솥, 감투, 곰보, 곳간(庫間), 과실(=과일), 광주리, 교모(校帽), 구공탄(九孔炭), 구두닦이, 기생(妓生), 까부르다, 꼽추, 나막신, 나무꾼, 나병(癩病)=문둥병, 난쟁이, 농림부(農林部), 동무, 메, 모표(帽標), 문둥병, 백묵(白墨), 병신(病身), 봉제(縫製), 봉화(烽火), 빈대떡, 사감(舍監), 삿갓, 색시, 서무(庶務), 서자(庶子), 양재(洋裁), 왕대비(王大妃), 외양간(間), 장작(長斫), 정구(庭球), 지게, 첩(妾), 칠판, 타작(打作), 탈곡(脫穀), 탈곡기(脫穀機), 편물(編物), 폐병, 포마드(pomade), 행주치마, 호각(互角), 화로(火爐), 환등기(幻燈器), 회충(蛔蟲)

이 밖에도 표제어로 올린 (9)의 관용구뿐만 아니라 지명, 외래어로 된 국명에도 사용 빈도가 낮거나 선정 기준의 일관성과 형평성을 찾기 어려우며, 낯선 종교 용어 등이 다수 수록되어 있다.

5. 마무리

이상에서 『한국수화사전』(2005/2007)을 대상으로 그 성격과 됨됨이를 살펴보았다. 이제까지 논의한 바를 간추리면서 이 사전의 의의와 한계, 그리고 남은 과제를 기술하기로 한다.

먼저, 『한국수화사전』의 기본 정보, 수어의 구성, 의미 관계, 수어 어휘의 적합성은 다음과 같다.

첫째, 『한국수화사전』의 초판(2005년)과 개정판(2007년)은 간행 주체만 바뀌었을 뿐 동일한 내용으로, 표제어 개수는 6,812개이며, 어종은 고유어

2,220개(32.59%), 한자어 4,205개(61.73%), (서구)외래어 386개(5.67%)이며, 어법 정보는 13개 범주로 1차 및 병렬 품사의 통계치는 〈표 2〉, 〈표 3〉과 같다.

둘째, 이 사전의 수어 어휘 구성은 수어의 그림 형태를 중심으로 '1종류 그림'의 1-4형태, '2종류 그림'의 ①② 각 1형태·각 1 또는 2형태·각 2형태의 7가지로 나뉘며, 유형별 통계치는 〈표 4〉와 같다.

셋째, 수어 어휘의 주요 의미 관계는 다의어를 비롯하여, 동형어·반형어·상하위어가 있다. 그중 음성언어의 '다의어'는 세 가지 양상으로 실현된다. (가) 의미를 2-3개 국면으로 나누고 한 유형의 수어 형태를 갖는 경우 (나) 의미를 2개의 국면으로 나누고 두 유형의 수어 형태를 갖는 경우인데, 수어의 관점에서는 동의어가 된다. (다) 음성언어의 다의어를 별개의 수어로 표현하는 경우. '동형어'는 표현이 같은 수어로서, '가격=금전=돈=화폐'와 같은 '동의어', 개념적 의미를 공유하면서 단어 형식이 다른 '교체=바꾸다', 그리고 '시원하다=평화'와 같은 동형이의어의 세 유형이 있다. '반형어'는 표현이 반대가 되는 수어로서, 대립성의 정도가 '가져오다 ↔ 가져가다'와 같은 원형적 보기, '가볍다 ↔ 무겁다'와 같은 보통의 보기, '내년 ↔ 작년'과 같은 대립성이 없는 보기의 세 유형이 있다. '상하위어'는 포함 관계의 수어로서, 상위어 '곡식'은 원형적 보기인 하위어 '쌀'과 '여러 가지(곡식)'의 합성과 같이 '하위어'가 합성되어 '상위어'로 나타나는 경향을 보인다.

넷째, 이 사전의 수어 어휘(6,812개)와 그 됨됨이를 살피는 데 적절한 대조군이라 할 수 있는 '한국어 학습용 어휘(5,965개)'의 상관성이다. 이 둘의 공통 어휘는 2,809개(41.24%)이며, 이 사전에만 있는 개별 어휘는 4,003개(58.76%)이다. 그중 개별 어휘의 많은 부분은 어려운 (일본식) 한자 및 지난 시대의 문물과 제도에 관련된 것으로 현실성이 떨어진다.

다음으로, 『한국수화사전』의 의의와 한계이다.

첫째, 이 사전은 문화관광부(국립국어원)·한국농아인협회에서 주관하고 한국표준수화규범 제정 위원회에서 엮은 최초의 표준 수어 사전이라는 점에서 농인들, 수어 통역을 비롯하여 농인과 건청인 간의 의사소통, 그리고 수어 교육과 연구를 위해 매우 소중한 텍스트이다.

둘째, 이 사전은 어법 규정 및 동형어와 반형어 규정의 일관성을 어기거나 오류를 포함하고 있는 점, 그리고 의미 관계에서 대립성이 없는 경우까지 '반형어'로 규정한 점은 개선되어야 한다. 무엇보다도 이 사전의 수어는 기본어휘 및 기초어휘의 기준에서 크게 벗어나고, 어려운 (일본식) 한자말 및 현실성 없는 어휘가 많아서 표준 수어 사전으로서 한계를 지니며, "농인들의 생존을 확보하고 일상적인 삶을 이루어가는 데 부족함이 없는가?"라는 물음을 충족하지 못한 것이라 하겠다.

끝으로, 『한국수화사전』의 성격 규명을 위해 남은 과제이다.

첫째, 수어의 구성에서 수어 그림의 형태별 차이에 따른 표현 및 이해의 차이나 상관성을 밝히는 일이다.

둘째, 수어 어휘의 자의성과 도상성의 양상을 기술하고, 의사소통 및 학습의 상관성을 밝히는 일이다.

셋째, "농인들의 생존을 확보하고 일상적인 삶을 이루는 데 부족함이 없도록" 하기 위하여, 기초어휘와 기본어휘의 관점에서 6,000여 개의 수어 어휘 목록과 수어 그림을 확보하는 일이다.

제5장 북한 『손말사전』의 성격과 특성

1. 들머리

이 장은 북한의 주요 손말사전을 대상으로 그 성격을 검토하고 특성을 살펴보는 데 목적이 있다. 논의의 대상은 안태성 외(2005) 『손말사전(롱아학교용)』, 김은희(2005) 『손말학습(참고자료)』, 주수양 외(2009) 『조선손말(카드)』, 로경수 외(2019) 『손말사전(부문별손말)』, 그리고 박금순(2021) 『한국수어 & 조선손말』이다.

북한의 손말은 텍스트 자체에 대한 접근이 쉽지 않기 때문에, 원천적으로 그 내용에 대한 이해가 어려운 형편인 점을 고려해 볼 때 다음 논의들은 주목할 만하다. 김태수(2008)는 『한국수화사전』(2005)과 『손말사전(롱아학교용)』(2005)을 중심으로 두 사전에서 같은 표제어 1,660개의 어휘를 대상으로 수형·수동·수위·수향을 비교 분석한 결과 일치하는 어휘가 231개(13%)임을 밝혔다. 윤병천 외(2016)는 조선손말 2,463개의 형태론적 분석을 하였는데, 그 분야는 21가지이며 정치 분야의 올림말이 가장 많고, 9개 품사 중 명사가 가장 많았으며, 손말의 형태소는 4가지이며, 하나의 형태소로 된 표제어가 78%였다. 또한, 양손 수어가 한 손 수어보다 2배 이상이며, 조선손말 단일어의 조어 유형은 5가지이고 복합어는 특정한 규칙 없이 자유롭게 결합되어 조어되었음을 밝히고 있다. 이난희 외(2017)는 북한수어 2,391개의 수형을 분석하였는데, 수형은 70개이고 변이형 21개가 발견되었으며 그중 남북한 공통 수형은 58개, 북한에서만 출현하는 수형은 12개로 나타났다. 우세손과 비우세손의 고저 빈도를 밝혔으며, 의미가 일치하거나 유사한 단어의 수형 일치도는 양손 모두 일치 15%, 우세손 일치 21%, 비우세손 일치 23%, 불일치 71%로 나타났다. 최상배 외(2019)는 음운과 단어 수준에서 남북한 수어의 대조 분석을 시도하였는데, 남북한 수어에서 같은 의미를 같은 수어로 표현한 경우는 29%, 수어소가 부분 일치하는 경우는 37%, 수어소를 다르게 표현하는 경우는 34%로 나타났으며, 남북한 수어의 수어소 출현 빈도에서 수형에는 다소 차이가 있었으나 수위·수동·수향의 출현 순위는 상당히 유사하였으며, 남북한 수어의 합성어 구성은 북한 수어가 한국수어보다 동시적 결합 구조가 많았으며 동형동의 수어가 33%, 동형이의 수어가 13%로 나타났다. 최상배 외(2022)는 한국·북한·일본 수어 401개를 대상으로 대조언어학적 관점에서 이들을 분석하였는데, 한국·북한 수어의 일치도는 완전 일치 122개(30%), 부분 일치 144개(36%), 완전 불일치 135개(34%)로 기술한 바 있다.

　북한의 손말사전에 대한 이해는 다음과 같은 측면에서 큰 의의를 갖는다. 첫째, 독자적인 언어로서 북한손말의 성격과 특성을 밝히는 기초가 되며, 한국의 수어사전을 돌아보는 계기가 된다. 둘째, 80여 년이라는 남북 분단의 긴 세월 동안 남북한 수어와 손말 간에 동질성뿐만 아니라 이질성을 파악함으로써 상호 이해를 높이고 그 틈을 좁히는 계기가 된다. 셋째, 남북한 농인 및 건청인들의 수어-손말 대조 교육을 통해 원활한 의사소통의 계기가 마련된다. 넷째, 음성언어의 경우 『겨레말큰사전』을 통해 남북한 언어의 하나 됨을 지향하려 하듯이, 『겨레수어·손말큰사전』 편찬의 계기가 된다.

　요컨대 이러한 논의는 일차적으로 북한의 손말사전을 제대로 이해하고 해석하며, 나아가 남북한 수어와 손말의 실상을 파악하는 데 그 의의가 있다고 하겠다. 이 점에 초점을 맞추어 이제까지 한자리에서 검토된 바 없는 북한 손말사전들의 성격과 특성을 논의하기로 한다.

2. 북한 『손말사전』의 성격

북한 『손말사전』 4종을 대상으로 구성과 내용을 살펴보기로 한다.

2.1. 『손말사전(롱아학교용)』(2005)

2.1.1. 구성

〈그림 1〉 『손말사전(롱아학교용)』(2005)

『손말사전(롱아학교용)』(2005)¹은 안태성 외 8명이 집필하고 2005년 6월 20일 교육도서출판사에서 펴낸 것으로, 가로 19×세로 26cm, 822쪽, 견장정이다. 올림말 2,395개를 그림과 함께 해설을 단 것으로, 주요 구성은 '『손말사전』을 내면서(1쪽)', '일러두기(2쪽)', '차례(3-37쪽)', '손의 구조·위치·동작 설명(38-52쪽)', '자모순 손말과 해설(53-802쪽)', '손말이 같은 단어들(803-821쪽)'로 이루어져 있다.

'『손말사전』을 내면서'에서는 "새롭게 발전 풍부화된 손말 어휘들을 사전에 올림으로써 손말을 정리하고 롱아들의 언어생활에서 필수적인 성격을 띠는 어휘들을 통일적으로 교육할 수 있게 하였다."라는 '사전 편찬의 목적'을 밝히고 있다. 또한, 3,000여 개의 손말과 언어생활에서 기초가 되는 10여 개의 토를 '올림말²로 설정함을 밝히고 있다.

'일러두기'에서는 다음 사항을 명시하고 있다. 첫째, '올림말의 뜻풀이'는 기술하지 않는 것이 원칙이지만, 한 단어가 여러 가지 뜻으로 쓰이는 경우와 맞춤법이 같은 단어들에서 혼동하는 일이 없도록 하기 위하여 해당한 뜻을 밝히고 있다. 둘째, 손동작의 해설 4가지를 밝히고 있다. 셋째, 『손말사전』 사용에서 지켜야 할 사항 6가지를 밝히고 있다. 넷째, 올림말의 배열은 글자의 자모순에 따르고 있다.

'자모순 손말과 해설'에서 올림말 2,395개의 자모별 수치는 [표 1]과 같다. 그중 형식 형태소로 본 '토'는 '-는, -도록, -들, -로(으로), -를, -보다, -부터, -까지, -께서, -께서는, -은, -을, -에, -에게, -에서, -의'의 16개이며,³ 접사는 '-성, -적²'의 2개이다.

---

1 『손말사전(롱아학교용)』(2005)을 비롯하여 북한 손말사전에 대해서 도움(말)을 주신 영롱 농문화도서관과 세계밀알연합회 관계자님들께 감사드린다.
2 실제로 이 사전의 올림말은 2,395개이며, 그중 '토'는 16개이다.
3 북한 손말에서는 토 '-는/-은', '-를/-을'이 『한국수화사전』(2005/2007)과 달리 별개의 올림말로서 손말의 형태가 다르다.

〈표 1〉 '자모' 별 올림말의 수치

ㄱ	ㄴ	ㄷ	ㄹ	ㅁ	ㅂ	ㅅ	ㅈ	ㅊ	ㅋ	ㅌ	ㅍ	ㅎ	ㄲ	ㄸ	ㅃ	ㅆ	ㅉ	ㅏ
392	103	162	67	173	221	253	258	105	15	43	52	134	38	35	19	18	10	43

ㅑ	ㅓ	ㅕ	ㅗ	ㅛ	ㅜ	ㅠ	ㅡ	ㅣ	ㅐ	ㅒ	ㅔ	ㅚ	ㅟ	ㅢ	ㅘ	ㅝ	ㅙ	ㅞ
15	23	38	23	10	19	12	6	46	7	5	6	10	13	6	3	8	2	2

〈그림 2〉와 같이 올림말에 대해 왼쪽에는 손동작을 그림으로 보이고, 오른쪽에는 '가야금[명]'처럼 '올림말'과 '품사', [해설]로 손동작의 그림에 따르는 설명을 구체적으로 기술하고 있다.

가야금 [명]
[해설] 량손을 손바닥이 아래로 향하게 왼쪽으로 비껴서 손가락들을 벌린 다음 왼손을 약간 내리운다. 그리고 오른손을 약간씩 올리면서 첫번째 손가락과 둘째 손가락끝을 맞붙여 가야금타는 모양을 나타낸다.[4]

〈그림 2〉 '가야금'

'일러두기'의 '올림말의 뜻풀이'에서 보았듯이, 다음 두 가지 경우에 혼돈을 막기 위하여 해당 뜻을 밝히고 있다. 첫째, "한 단어가 여러 가지 뜻으로 쓰이는 경우"로서 (1)과 같이 다의어이다. 둘째, "맞춤법이 같은 단어들"로서 (2)와 같이 동음이의어이다.[5]

---

[4] 이하 '북한 손말사전'의 인용은 북한의 정서법을 따르기로 한다.
[5] 이 기준은 일관성을 지니지 못하는데, '만고' '못' '설복하다' '신소' '신심' '전호' '정령' '정전' '제기' '함영' '화신' '화점' 등은 동음이의어로서 손말 의미에 혼동을 일으키지만 '뜻풀이'가 없으며, '모레'는 다의어나 동음이의어도 아닌데 '뜻풀이'를 하고 있다.

(1) a. 나무¹ [명] 줄기와 가지가 단단한 바탕으로 된 여러해 사는 식물.
    b. 나무² [명] 재목이나 목재 혹은 땔나무.

(2) a. 갈다¹ [동] 날이나 끝을 (날카롭게 하기 위하여) 단단한 물체에 문지른다.
    b. 갈다² [동] (농기구나 기계로) 땅을 파서 뒤집다.

또한, (3)과 같이 '준말'의 본딧말을 밝히고 있다. 한편, [해설] 밑 (※) 안에 같은 동작이면서 손 모양의 변화만 다른 경우를 밝히고 있다. 즉, 〈그림 3〉과 같이 올림말 '시금치'에 '근대'를 첨가하고 있는데, 같은 동작의 '시금치'와 '근대'에서 '근대'의 손동작 변화를 밝히고 있으며, '로씨야'와 '주일', '장애'와 '방지', '시험'과 '경기'도 그러한 보기이다.

(3) 농근맹[명] 《조선농업근로자동맹》의 준말.

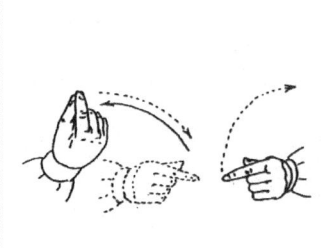

시금치 [명]
[해설] 량손을 주먹바닥이 마주 향하게 앞으로 쥔 다음 첫째 손가락과 둘째 손가락들을 약간씩 벌린다. 량손을 그 자리에서 한손씩 엇바꾸어 주먹바닥이 우로 향하게 좌우로 돌리면서 첫째 손가락과 둘째 손가락끝바닥들을 제각기 맞붙이는 동작을 한두번 반복한다.
(※ 〈근대〉의 경우에는 량손을 각각 좌우로 올리면서 같은 동작을 한다.)

〈그림 3〉 '시금치'

2.1.2. 내용

『손말사전』의 내용을 '올림말'의 성격과 의미를 중심으로 살펴보기로 한다.

먼저, 올림말에서 주목되는 네 가지 사항을 들기로 한다. 첫째, (4a)의 두음법칙이 다르거나 (4b)의 표기법이 다른 보기이다.

(4) a. 가렬하다, 녀동생, 대렬, 록화, 롱구, 롱담, 륙군, 리유, 래일
    b. 거부기, 건느다, 고쁘, 기여들다, 도리여, 도마도, 도이췰란드, 드레박, 마치, 목란꽃, 무우, 미시가루, 바줄, 벌가리아, 불도젤, 숨박곡질, 스케트, 시내물, 세멘트, 저가락, 쳐부시다, 페, 홰불, 꾸바, 뜨락또르, 뻘스까, 뽐프, 아빠트

둘째, (5)의 문화어와 표준말이 별개의 형태로 나타난 경우이다.

(5) a. 가마치/누른밥, 난날/생일, 높은산지대/고산지대, 내굴/내, 닭알/달걀, 당콩/강남콩, 두리/둘레, 데림분수/대분수, 순경/경찰, 참분수/진분수, 땅생김/지형, 안해/아내, 우등불/모닥불
    b. 로므니아/인디아, 로씨야/러시아, 마쟈르/헝가리, 체스코/체코, 캄보쟈/캄보디아, 웰남/베트남

셋째, (6)의 북한에서 생겨난 어휘로 표준말에 없는 경우이다.

(6) 가루기계, 결사용위, 구호나무, 게사니, 다박살초소, '당의 유일사상', '당의 유일적령도체계', 데트론, 량권, 맥나다, 봉화리, 비날론, 소랭이, 손글, 손말, 수리화, 쇠돌, 정일봉, 조건타발, 청산리방법, 청산리정신, 초상휘장, 총비서, 채취공업, 체신소, 포로하다, 학생소년궁전, 혁명렬사, 혁명전통, 현지교시, 화학화, 아동단, 어로공, 어떡거다, 연필갑, 영생탑, 영양단지, 영예군인, 용해공, 인민군대, 인민위원회, 일색화

넷째, 북한 손말사전에 나타난 개성적인 경우이다. (7)은 (1960년대의) 농경사회에서 사용하던 어휘이며, (8)은 북한 특유의 정치와 군사에 관한 어휘이다. 한편, (9)는 다듬은 말을 지향하는 문화어의 경향과 다른 구호용 한자어이다. 이 사전의 올림말 2,395개가 33만 개 어휘를 싣고 있는『조선말대사전』(1992)의 빈도와 중요도를 고려한 것인지에 대해서는 가늠하기 어렵지만, '『손말사전』을 내면서'에서 보았듯이, 이러한 어휘들은 "롱아들의 언어생활에서 필수적인 성격을 띠는 어휘들을 통일적으로 교육할 수 있게 하였다."라는 관점에서 선정된 것이라 하겠다.

(7) 낟가리, 남포, 낫, 달구지, 돌피, 드레박, 등사기, 망나니, 머슴, 박우물, 분도기, 백묵, 사카린, 사탕가루, 삼태기, 성냥, 소작살이, 순경, 쇠스랑, 절구, 조, 주산, 지게, 짚, 짚신, 재봉, 쥐, 철필대, 철필촉, 칡, 포단, 팽이, 함, 호미, 꿩, 떼목, 뽕나무, 아주까리, 앉은뱅이, 여우, 엿, 오막살이, 울타리, 이랑, 앵두

(8) 결사옹위, 구호나무, 다박살초소, '당의 유일사상', '당의 유일적령도체계', 대고조, 로농적위대, 밀영, 반동, 보루, 보천보, 백전백승, 사령부, 사상혁명, 3대장군, 숙영지, 전취물, 정일봉, 종파주의, 주석단, 주체사상, 천리마작업반, 청년동맹청산리방법, 청산리정신, 초상휘장, 초소, 총비서, 친위대, 포로하다, 프로레타리아, 학생소년궁전, 혁명렬사, 혁명전통, 현지교시, 후비대, 핵무기, 아동단, 어로공, 영생탑, 영예군인, 요새화, 유격대, 유훈, 육탄

(9) 이민위천, 이신작칙

다음으로, 올림말의 의미에서 주목되는 다섯 가지 사항이다. 첫째, 다의어이다. 이 사전에서 다의어는 (10)의 10쌍이 올려져 있는데, (10a)의 9쌍

은 〈그림 4〉의 '락제¹' '락제²'와 같이 손말에서 아무런 연관성을 지니지 않는다. 특이하게 (10b)의 '약하다¹' '약하다²'는 〈그림 5〉에서 보듯이 다소 상관성을 갖지만, 일반적으로 음성언어의 다의어는 손말에서 존재하지 않는다고 하겠다.

(10) a. 가을¹ 가을², 나무¹ 나무², 락제¹ 락제², 무장¹ 무장², 반대¹ 반대², 보고¹ 보고², 베다¹ 베다², 끊다¹ 끊다², 아저씨¹ 아저씨²
 b. 약하다¹ 약하다²

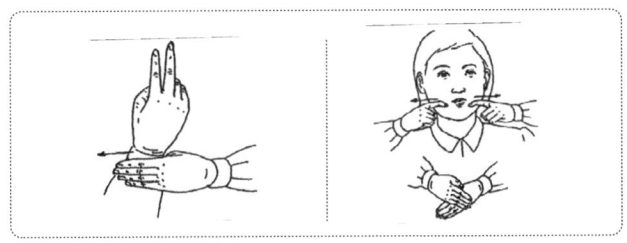

〈그림 4〉 '락제¹' '락제²'

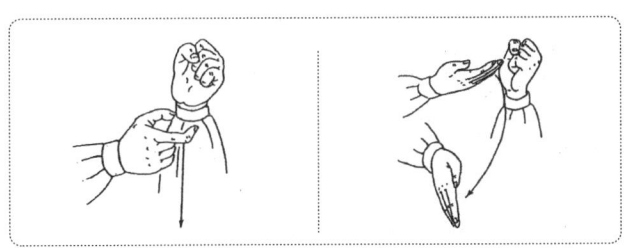

〈그림 5〉 '약하다¹' '약하다²'

둘째, 동음이의어는 (11)의 21쌍이 올려져 있는데, 〈그림 6〉의 '(가마니를)짜다¹' '(물기를)짜다²' '(맛이)짜다³'에서 보듯이 음성언어와 달리 손말 간에 아무런 연관성을 지니지 않는다.

(11) 갈다¹ 갈다², 말¹ 말², 밤¹ 밤², 벌¹ 벌², 북¹ 북², 분¹ 분², 분수¹ 분수², 비¹ 비² 비³, 배¹ 배², 수도¹ 수도², 자주¹ 자주², -적¹ -적², 전사¹ 전사², 전차¹ 전차², 지도¹ 지도², 천¹ 천², 초¹ 초², 침¹ 침², 풀¹ 풀², 때¹ 때², 짜다¹ 짜다² 짜다³

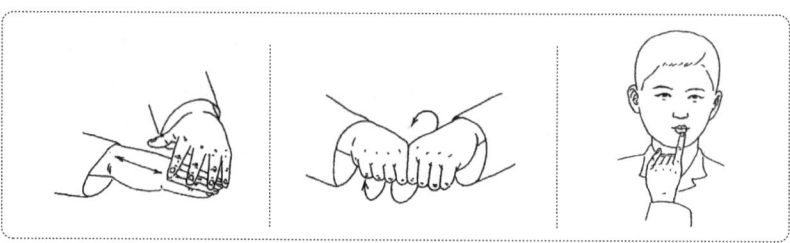

〈그림 6〉 '짜다¹' '짜다²' '짜다³'

셋째, 동의어인데, 이 사전에서는 끄트머리에 '손말이 같은 단어들' 1,369쌍을 덧붙이고 있다. 이것은 형태가 다른 음성언어의 동의어가 형태가 같은 하나의 손말로 사용됨을 뜻한다. 음성언어의 측면에서 보면 (12a)의 '같이=함께'처럼 좋은 동의어, (12b)의 '극복하다[결함이나 약점따위를 바로잡아 없애 버림]'과 같이 기존 형태의 의미가 바뀌어 '시정하다'와 동의어가 된 경우, (12c)의 '가정=가족'과 같이 의미의 외연이 다른 경우, (12d)의 '마사지다=고장나다'와 같이 문화어의 새말과 기존의 단어가 동의어가 된 경우로 나뉜다.

(12) a. 같이=함께, 공차기=축구, 낯=얼굴, 해=태양
　　 b. 극복하다=시정하다, 몰살되다=녹아나다, 메케하다=멍청하다, 속보=벽보, 출장=여행
　　 c. 가정=가족, 출석=출근, 체조=체육, 파도=물결, 합숙=기숙사, 효성=정성, 휴식터=놀이터=공원
　　 d. 마사지다=고장나다, 말째다=불편하다, 자레우다=키우다, 조기다=때리다, 때식=밥, 따로외다=기억하다

넷째, 반의어이다. 손말의 경우 음성언어와 그 개념이 같지 않은데, 손말에서 (13a)의 '가볍다/무겁다'는 〈그림 7〉과 같이 아무 연관성이 없어 대립이 성립되지 않는 반면, (13b)의 '오른쪽/왼쪽'은 〈그림 8〉과 같이 좋은 대립을 이룬 사례가 공존한다.

(13) a. 가볍다/무겁다
　　 b. 곱다/밉다, 오른쪽/왼쪽, 과거/미래, 동생/형
　　 c. 가깝다/(멀다), 긍정/(부정), 승리하다/(패배하다)

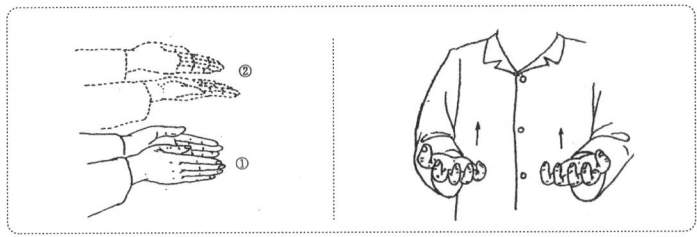

〈그림 7〉 '가볍다/무겁다'

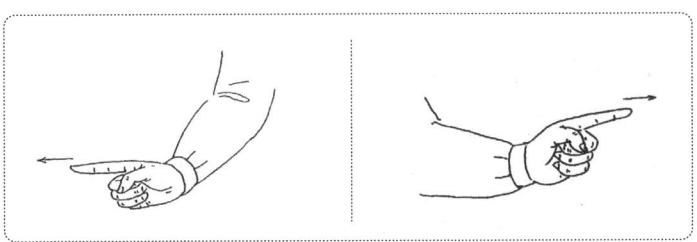

〈그림 8〉 '오른쪽/왼쪽'

실제로 이 사전에서 손말의 대립 여부를 온전히 규명하기 어려운데, (13c)의 '가깝다/(멀다)'의 '(멀다)'와 같이 손말의 짝이 수록되지 않은 경우가 많기 때문이다.

다섯째, 도상성, 환유, 은유이다. '도상성(iconicity)'은 손말의 형태가 그 지시물과 직접적인 상관성을 갖는 것인데, 손말의 형태가 (14a)는 〈그림 9〉의 '가로수'와 같이 '모양'을, (14b)는 〈그림 10〉의 '다리미'와 같이 '(다림질하는) 동작'을 닮았다.

(14) a. 가로수, 가위, 강, 골짜기, 굴착기, 굵다, 건달, 고양이, 길, 나무, 나팔, 낟가리, 닭, 숨박곡질, 자물쇠, 잠자다, 장갑, 철봉, 우산
 b. 갈다, 감다, 굽이굽이, 다리미, 모내기, 비, 시내물, 싣다, 세수, 자르다, 장기, 주산, 제비, 청소, 치솔, 호미, 톱, 쌓다, 썰다, 쓰다, 씻다, 짜르다

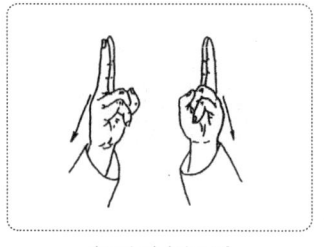
〈그림 9〉 '가로수'

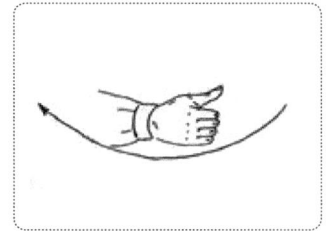
〈그림 10〉 '다리미'

'방향'을 기준으로 좋은 대립을 이루는 반의어는 도상적인데, '우/아래'와 '앞/뒤'는 '직설적 도상성(literal iconicity)'이며, 이에 바탕을 둔 '비싸다/눅다', '이기다/지다', '발전/퇴보', '전진하다/후퇴하다'를 비롯한 (15)의 용례들은 '은유적 도상성(metaphorical iconicity)'이다. (15)의 '우/아래' 방향 대립은 "좋은 것은 위/나쁜 것은 아래"의 은유에 해당한다. 〈그림 11〉은 '우/아래', 〈그림 12〉는 '비싸다/눅다'의 도상적 손말이다.

(15) a. 우: 고귀하다, 기세, 대표, 따뜻하다, 똑똑하다, 박사, 받들다, 배려, 부자, 분¹, 비싸다, 선조, 성공, 솟다, 수령, 숭고하다, 승리하다, 신성하다, 신조, 우두머리, 우뚝, 우러러보다, 위원장, 유명하

다, 자라나다, 자유, 존경, 참되다, 창건, 총비서, 최고, 축하, 키우다, 통일, 튼튼하다, 패기, 풍년, 피다, 홰불, 희망, 힘

b. 아래: 꾸짖다, 눅다, 맥나다, 바보, 버리다, 벌², 벌금, 복종, 불합격, 불행, 서거하다, 섭섭하다, 쉬다, 슬프다, 신경질, 압박, 약하다¹, 약하다², 유치하다, 죽다, 지다, 진압, 처단, 학살, 항복, 허물다

c. 앞: 미래, 전진하다

d. 뒤: 어제, 후반, 후퇴하다, 뒤떨어지다, 휴가

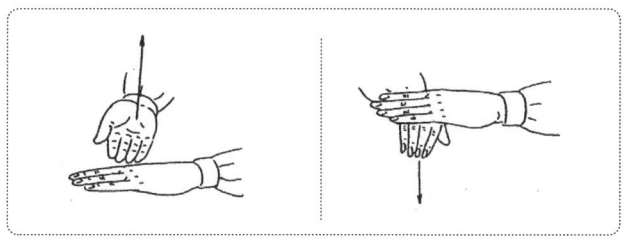

〈그림 11〉 '우/아래'

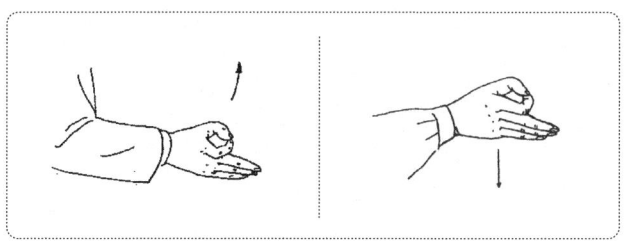

〈그림 12〉 '비싸다/눅다'

'기억하다, 관점, 명심, 박사, 사상, 신경질, 생각, 세계관, 연구, 의견' 등의 손말이 '머리'와, '관찰'이 '눈'과, '부담, 책임(〈그림 13〉)'이 '어깨'와 관련되는 것도 '은유적 손말'의 사례이다.

한편, 부분에 해당하는 '지붕'과 '벼슬' 모양의 손말이 전체의 '집(〈그림 14〉)'과 '닭'을 지칭하는 것은 '환유적 손말'의 사례이다.

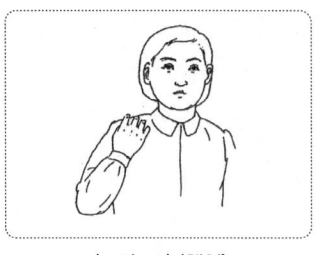
〈그림 13〉'책임'

〈그림 14〉'집'

2.2. 『손말학습(참고자료)』(2005)

2.2.1. 구성

『손말학습(참고자료)』(2005)은 김은희가 집필하고 2005년 8월 10일 조선장애자지원협회에서 펴낸 것으로 가로 14.6×세로 21cm, 310쪽, 연장정이다.

〈그림 15〉『손말학습(참고자료)』(2005)

올림말 535개를 사진과 함께 해설을 단 것으로, 그 주요 구성은 '머리글(1쪽)', '차례(2-3쪽)', '손말할 때 주의사항 등 6가지(4-6쪽)', '손의 부위별명칭(7-9쪽)', '손글자음(10-12쪽)', '손글모음(13-15쪽)', '왼손의 위치 설명(16-22쪽)', '오른손의 동작 설명(23-28쪽)', '부문별 손말과 해설(29-276쪽)', '찾아보기(277-286쪽)', '손말이 같은 단어들(287-309쪽)'로 이루어져 있다.

'머리글(1쪽)'에서는 "청각장애자들과 그들과 교제하는 사람들, 손말을 배우기를 희망하는 사람들의 손말학습에 도움을 주기 위하여 일상생활에서 가장 많이 리용하는 단어 533개를 사진과 함께 설명을 달아 쉽게 리해 할 수 있게 만들었다."라고 하여 '편찬의 목적'을 밝히고 있다.

'부문별 손말과 해설'에서 18(+1)개 부문의 올림말 535개를 보이고 있는데, 부문별 항목 수는 〈표 2〉와 같다.

〈표 2〉 부문별 올림말의 수치

인사	가족	집	음식	시간과요일	수자	학교	정치와군사	날씨와자연	동물	몸	직업	체육	경제	지명	색	동사	토	조선장애자지원협회
9	27	27	35	20	26	45	83	37	38	5	11	8	26	36	6	83	12	1

『손말학습(참고자료)』(2005)의 올림말은 18개 부문별로 이루어져 있으며, 각 부문은 '머리글'에서 명시하였듯이 "가장 많이 리용하는" 순으로 구성되어 있다고 하겠다.

〈그림 16〉과 같이 올림말에 대해 왼쪽에는 손동작을 그림으로 보이고, 오른쪽에는 '안녕[명]'처럼 '올림말'과 '품사', 그리고 손동작의 그림에 따르

---

6 〈표 2〉에서 보듯이 실제로 이 사전의 올림말은 535개이다.

는 [해설]을 하고 있는데, 오른쪽의 '올림말'과 '품사' [해설]은 『손말사전(롱아학교용)』(2005)과 동일하다.

안녕 [명]
[해설] 량손을 주먹바닥이 마주 향하게 앞으로 쥔 다음 동시에 아래로 약간 내리운다.

〈그림 16〉 '안녕'

올림말의 [해설]에 덧붙인 기술방식 두 가지가 주목된다. 첫째, (16)의 5개 단어의 경우 뜻풀이를 단 뒤 [해설]을 하고 있다. 곧 '아저씨' '나무¹' '나무²'는 음성언어의 다의어이며 '상' '전사'는 동음이의어로서 중의성을 피히기 위하여 뜻풀이를 부가한 것이다.

(16) a. 아저씨 [명] 《언니》의 남편을 이르는 말.
  b. 상 [명] 《밥상, 원탁따위》를 통털어 이르는 말.
  c. 전사 [명] 군사호칭의 맨 아래 직위 또는 혁명과 건설에 참가한 전투적인 성원.
  d. 나무¹ [명] 줄기와 가지가 단단한 바탕으로 된 여러해 사는 식물.
  e. 나무² [명] 재목이나 목재 혹은 땔나무.

둘째, 〈그림 17, 18, 19, 20〉에 해당하는 4개 단어의 경우 [해석] 밑 (※) 란에 '떡-목적', '남포-허탕', '만-2만·3만', '충돌하다-가렬하다' 간에 앞말의 일부를 고치거나 추가하여 뒷말로 사용함을 밝히고 있다.

(17) a. 떡 [명] [해설] 왼손을 주먹바닥이 안으로 향하게 오른쪽을 비껴

쥔다. 오른손을 주먹바닥이 아래로 향하게 둘째 손가락을 왼쪽으로 비껴펴서 구부린 다음 오른손을 왼손주먹 우에 약간 쳐들었다가 둘째손가락끝마디를 왼주먹 홈타기에 댔다뗐다 하는 동작을 한두번 반복한다. (※《목적》의 경우에는 오른손 둘째 손가락끝마디를 왼주먹 홈타기에 한번만 내려댄다.)

〈그림 17〉 '떡'

b. 남포 [명] [해설] 왼손을 주먹바닥이 안으로 향하게 오른쪽으로 비껴쥔다. 오른손을 손바닥이 안으로 향하게 왼쪽으로 비껴펴서 손끝들을 맞붙인다. 그리고 오른손을 왼팔굽우에 올렸다가 팔목바닥으로 왼팔굽을 두드리며 손끝을 튀기는 동작을 한두번 반복한다. (※《허탕》의 경우에는 같은 모양의 오른손가락들을 한번만 튀긴다.)

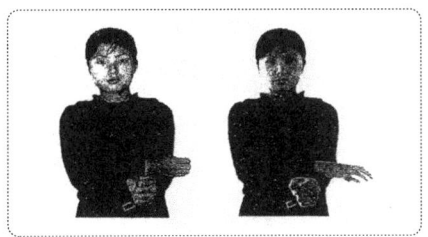

〈그림 18〉 '남포'

c. 만 [수] [해설] 오른손을 손바닥이 왼쪽으로 향하게 세워펴서 손

가락들을 벌려 구부린 다음 손끝을 오른쪽 귀둘레에 가져다댄다. (※ 2만의 경우에는 수자 2를 표시하고 3만의 경우에는 수자 3을 표시한 다음 만동작을 각각 첨가한다.)

〈그림 19〉 '만'

d. 충돌하다 [동 [해설] 량손을 주먹바닥이 안으로 향하게 첫째 손가락들을 우로 편 다음 량손의 손가락아래마디잔등을 한두번 부딪친다. (※《가렬하다》의 경우에는 량손의 첫째 손가락들을 우로 펴지 않고 같은 동작을 한다.)

〈그림 20〉 '충돌하다'

2.2.2. 내용

『손말학습(참고자료)』의 주목되는 양상 세 가지를 들면 다음과 같다. 첫째, '머리글'에서 밝혀놓았듯이 "손말학습에 도움을 주기 위하여 일상생활에서 가장 많이 리용하는 단어"를 18개 부문별로 선별한 것이다. 〈표 2〉에서 보듯이 18개 부문을 갈래지은 것이나 각 부문의 올림말 차례 역시 빈도나 중요성을 고려한 것이라 하겠다. 올림말 3개를 포함한 18개 부문은 (18)과 같다.

(18) ①인사: 인사, 안녕, 만나다 ②가족: 아버지, 어머니, 할아버지 ③집: 초상화, 집, 방 ④음식: 밥, 국, 떡 ⑤시간과 요일: 요일, 일요일, 월요일 ⑥수자: 하나, 첫째, 둘 ⑦학교: 학교, 학생, 유치원 ⑧정치와 군사: 주석, 수령, 령도자 ⑨날씨와 자연: 날씨, 봄, 여름 ⑩동물: 동물, 동물원, 돼지 ⑪몸: 심장, 밸, 위 ⑫직업: 직업, 로동자, 농민 ⑬체육: 체육, 축구, 롱구 ⑭경제: 경제, 경공업, 공업 ⑮지명: 평양, 만경대, 백두산 ⑯색: 색, 붉다, 노랗다 ⑰동사: 살다, 죽다, 알다 ⑱토: -는, -에, -에게

올림말 가운데, ③의 '집'에서 '초상화', ⑧의 '정치와 군사'에서 '주석, 수령, 령도자', ⑩의 '동물'에서 '돼지', ⑬의 '체육'에서 '축구, 롱구', ⑮의 '지명'에서 '평양, 만경대, 백두산'의 올림말 및 차례는 북한 사회에서 가장 많이 이용하고 중요한 단어라는 점에서 주목된다. 또한, 〈표 2〉의 올림말 수치에서 '동사'와 '토'를 제외하면 부문별 올림말의 크기는 '군사와 정치〉학교〉동물〉날씨와 자연〉지명〉음식·집〉수자〉경제〉시간과 요일〉직업〉인사〉체육〉색〉몸' 순인데, '정치와 군사(83개)'가 "일상생활에서 가장 많이 리용하는 단어"이다. ⑫의 '직업'에 수록된 '로동자·농민·사무원·기술자·의사·리발·용해공·목수·재봉·작가'는 북한의 주요 직업 세계 10개를 보여준다.

둘째, 18개 부문의 올림말에서 일관성과 선정 기준의 문제점이다. 상위어가 11개 부문에서는 올림말로 제시된 반면, '가족' '음식' '수자' '정치와

군사' '몸' '지명' '동사'는 올림말로 올려지지 않았으며, '시간과 요일'에서 올림말의 배열은 '요일과 시간'으로 이루어져 있다. '날씨와 자연'에는 '달, 별'이 올려져 있으나 '해'가 없으며, '동물'에는 '돼지, 닭, 오리, 개'가 올려져 있으나 '소'가 없으며, '몸'에는 '심장, 밸, 위, 폐, 피'의 내장 기관만 올려져 있다. '경제'에서 '교육, 문화'는 상위어에 포괄되기 어려운 올림말이다. '동사'에는 '살대[동], 나쁘대[형]'를 비롯하여, '좋대[명], 말[명], 진찰[명]' 등이 포괄되어 있는데, 손말에서 '말-말하다' '진찰-진찰하다'는 동일하지만, '좋대[명]'는 오류이다.

셋째, 이 사전의 끄트머리에는 '손말이 같은 단어들'의 목록 1,369쌍을 싣고 있다. 이 목록은 『손말사전(롱아학교용)』(2005)의 내용과 동일하다.

2.3. 『조선손말(카드)』(2009)

2.3.1. 구성

『조선손말(카드)』(2009)[7]은 주수양 외 2명이 디자인하고 독일에 본부를 둔 대북 구호단체 '투게더-함흥'이 세계농아인연맹(WFD)과 조선장애자보호연맹과 공동으로 주최하여 평양에서 열린 '제8회 국제 농아모임 (2009.8.6.-8.12.)'을 위해 발행한 것으로, 가로 5.6×세로 8.6cm, 54장의 트럼프 카드이다. 손말은 106개인데, JOKER 두 장은 각각 1개의 손말로 되어 있고 104개의 손말은 각각 한 장의 카드 안에 2개의 단어 쌍이 맞선 그림으로 올려져 있다.

---

[7] 『조선손말(카드)』(2009)을 제공해 주신 전 나사렛대학교 윤병천 교수님께 감사드린다.

〈그림 21〉『조선손말(카드)』(2009)

『조선손말(카드)』의 케이스 한쪽에는 "Welcome to the International Deaf Meeting in Pyongyang, 평양국제 롱인 모임에 참가하는 것을 환영합니다, **GOOD FELLOWSHIP**, **친선련환모임**, Every year in summer since 2009, 2009년 여름부터 해마다 진행"이 표기되어 있다. 이 모임에는 독일, 중국, 몽골, 일본 등 8개국에서 20여 명의 농인들이 참석하였다.

올림말의 모습을 보면 〈그림 22〉와 같은데, 하나의 카드 안에 (관련된) 단어 쌍이 맞선 손말 그림으로 이루어져 있다.

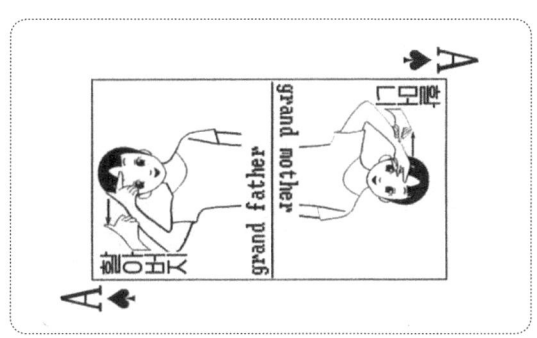

〈그림 22〉 '할아버지' '할머니'

카드 안에는 '손말 그림'을 중심으로 위아래에 '조선말 표제어'와 '영어'가 병기되어 있다.

2.3.2. 내용

『조선손말(카드)』(2009)의 트럼프 카드 목록은 (19)와 같다.

(19) JOKER: 조선(Korea), 평양(Pyongyang)
    A. 할아버지-할머니, 아버지-어머니, 아들-딸, 손자-손녀
    2. 맏형-남동생, 맏언니-녀동생, 삼촌-고모, 남자-녀자
    3. 선생님-학생, 총각-처녀, 결혼-리혼, 남편-안해
    4. 가족-집, 1살-생일, 60살-100살, 이름-나이
    5. 간부-지배인, 혼자-인민, 하늘-해, 달-별
    6. 겨울-눈, 봄-비, 여름-번개, 가을-무지개
    7. 어서-감사하다, 있다-없다, 미안하다-일없다, 좋다-나쁘다
    8. 기쁘다-슬프다, 노래부르다-춤추다, 힘들다-휴식하다, 주다-가지다
    9. 마시다-귀, 배부르다-배고프다, 축배를 들자-맛있게 드십시오, 곱다-밉다
    10. 아침밥-점심밥, 식당-저녁밥, 맛있다-맛없다, 재미있다-재미없다
    J. 밥-김치, 과일-남새, 고기-물고기, 빵-사과
    Q. 건강하다-앓다, 친구-동무, 젊다-늙다, 크다-작다
    K. 세계-동물, 보고싶다-다시 만납시다, 화산-공기, 물-불

(19)에서 JOKER는 '조선(Korea)', '평양(Pyongyang)' 각각이 단독으로 되어 있으며, 나머지 13벌은 맞선 손말 그림이 네 가지 문양(♠♥♣♦)

순서로 이루어져 있다. 'JOKER 조선(Korea)'은 청색의 한반도 지도와 붉은색 글자, 'JOKER 평양(Pyongyang)'은 검은색의 소녀 그림과 글자, 그리고 카드 13벌에서 두 문양(♠♥), 예를 들어 "A ♠ 할아버지 grand father ⇌ A ♠ 할머니 grand mother"는 검은색, "A ♥ 아버지 father ⇌ A ♥ 어머니 mother"는 붉은색으로 인쇄되어 있다.

(20)의 손말 카드 54장의 손말 106개에 나타난 맞선말의 관계는 7종류이다. 그중 (20a)의 대립어 34쌍, (20b)의 유의어 2쌍, (20c)의 부분-전체어 1쌍은 좋은 관계를 이룬다. 그 반면, (20d)의 관련어 3쌍, (20e)의 인사어 4쌍, (20f)의 수식관계어 8쌍은 의미장을 이루며, (20g)의 '마시다-귀'는 의미적 관련성이 전혀 없다.

(20) a. 대립어(반의어)(34쌍): 할아버지-할머니, 아버지-어머니, 아들-딸, 손자-손녀, 맏형-남동생, 맏언니-녀동생, 삼촌-고모, 남자-녀자, 선생님-학생, 총각-처녀, 결혼-리혼, 남편-안해, 60살-100살, 혼자-인민, 달-별, 있다-없다, 좋다-나쁘다, 기쁘다-슬프다, 노래부르다-춤추다, 주다-가지다, 배부르다-배고프다, 곱다-밉다, 힘들다-휴식하다, 아침밥-점심밥, 맛있다-맛없다, 재미있다-재미없다, 밥-김치, 과일-남새, 고기-물고기, 빵-사과, 건강하다-앓다, 젊다-늙다, 크다-작다, 물-불

b. 유의어(2쌍): 간부-지배인, 친구-동무

c. 부분전체어(1쌍): 평양-조선

d. 관련어(3쌍): 가족-집, 이름-나이, 저녁밥-식당

e. 인사어(4쌍): 어서-감사하다, 미안하다-일없다, 보고싶다-다시 만납시다, 축배를 들자-맛있게 드십시오

f. 수식관계(8쌍): 1살-생일, 하늘-해, 겨울-눈, 봄-비, 여름-번개, 가을-무지개, 동물-세계, 화산-공기

g. 무관계어(1): 마시다-귀

2.4. 『손말사전(부문별손말)』(2019)

2.4.1. 구성

『손말사전(부문별손말)』(2019)[8]은 로경수 외 2명이 집필하고 2019년 7월 30일 조선롱맹경제문화교류사에서 펴낸 것으로, 가로 18.5×세로 26.5cm, 1,066쪽(앞부분 20쪽, 본문 1,013쪽, 뒷부분 33쪽), 견장정이다. 올림말 4,018개를 사진과 함께 뜻풀이를 단 것으로, 그 주요 구성은 '손말사전을 내면서', '손말동작표식기호', '조선손말자모편', '조선손말수자편', '차례', '김일성동지에 대한 손말', '부문별 손말', '동의어', '반의어', '찾아보기'로 이루어져 있다.

〈그림 23〉『손말사전(부문별손말)』(2019)

---

8 『손말사전(부문별손말)』(2019)과 『한국수어 & 조선손말』(2021)을 제공해 주신 윤이근 전 남도국립국악 원장님과 여위숙 전 국립어린이청소년 도서관장님께 감사드린다.

'손말사전을 내면서'에서는 "이전에 출판한 손말사전과 손말참고서의 일련의 부족점을 극복하고 독자들에게 보다 편리하고 풍부한 손말을 소유하도록 하기 위하여 용어 4,000개를 손말로 표기하고 13개의 부문으로 묶어 롱인들이…… 주인으로서의 책임과 역할을 하도록 하며 롱인들과 함께 생활하는 일반사람들이 롱인들과의 언어적 교제를 원만히 진행하는 데 도움이 되도록 하였다."라고 하여 '사전 편찬의 목적'을 밝히고 있다.

이에 덧붙여 다음 세 가지 사항을 언급하고 있다. 첫째, "매 손말동작들에 대한 표기법을 새롭게 밝혀주어 롱인들과 일반사람들이 손말동작을 정확히 리해하도록 하였으며 단어에 해당한 뜻풀이를 넣어줌으로써 롱인들이 손말과 함께 그에 대한 뜻을 함께 파악하고 널리 리용할 수 있게 하였다." 둘째, "독자들이 손동작의 정확성을 쉽게 구분하도록 웃부분에 매 손동작에 해당한 손모양을 넣어주었으며 앞부분에 손말자모와 수자를 넣어주어 손말을 처음으로 배우는 롱인들과 일반사람들이 손말학습의 기초가 되는 자음과 모음, 수자를 자체로 배울 수 있게 하였다." 셋째, "앞부분에는 부문별로 손말을 찾아볼 수 있도록 '차례'를 주고 뒷부분에는 자모순서로 된 '찾아보기'를 줌으로써 독자들이 사전을 편리하게 이용하도록 하였으며 장애자와 관련한 여러 상식들을 넣어줌으로써 독자들이 장애자분야에 대한 보다 폭넓은 이해를 가지도록 하였다."

13개 부문별 실제 올림말 4,018개의 수치는 〈표 3〉과 같다.

〈표 3〉 부문별 올림말의 수치

경제	교육	정보	국방	건설	농업	환경	문학	예술	체육	보건	상업	법률	계
510	632	140	447	342	240	270	240	188	278	230	284	217	4,018

『손말사전(부문별손말)』(2019)의 올림말은 13개의 부문별, 각 부문은 자모순으로 되어 있다.[9] 〈그림 24〉에서 보는 바와 같이 올림말에 대해 왼쪽

에는 손모양과 손동작의 손말을 사진으로 보이고, 오른쪽에는 '가격[명]' "《경제》 돈으로 표현된 상품의 가치 곧 상품의 가치가 화폐라고 하는 일반적 등가물을 통하여 표현된 것."과 같이 기술하고 있다.

〈그림 24〉에서 보듯이 "웃부분에 매 손동작에 해당한 손모양을 넣어주었으며 앞부분에 손말자모와 수자를 넣어준" 것이 이 사진의 특색이라 할 만하다.

가격 [명]
《경제》 돈으로 표현된 상품의 가치 곧 상품의 가치가 화폐라고 하는 일반적 등가물을 통하여 표현된 것.

〈그림 24〉 '가격'

『(부문별손말)』(2019)에는 '교육' '농업' 부문을 제외한 11개 부문 끄트머리에 '상식'란을 마련하여 '롱인'과 '손말'에 대한 이해를 돕고 있는데, 그 주제를 보면 (21)과 같다.

(21) ①장애자에 대한 개념과 분류 ②롱인에 대한 개념과 롱인이 되는 원인 ③롱인들이 왜 민족어를 힘들어하는가 ④일반사람과 롱인의 언어적환경 ⑤롱인들과 교제를 할 때 명심할 것은 무엇인가 ⑥롱인 고등교육에 리용되는 보조형태 ⑦우리 나라에서의 특수교육실시와 롱인들의 직업 및 문화활동[10] ⑧세계롱인연맹은 어떤 조직인가

---

9 '건설' 부문의 올림말 상당수가 이 원칙을 지키지 않고 있는데, '영화'는 '대동문', '유희장'은 '대성산', '인민' '유원지'는 '룡라' 다음에 올라 있다.
10 이에 따르면 북한에 다음의 8개 롱아학교가 있다고 한다. 강원도 원산롱아학교, 황해북도 봉산롱아학교, 황해남도 봉천롱아학교, 평안북도 운전롱아학교, 평안남도 성천

⑨국제롱인체육위원회 소개 ⑩롱인올림픽소개 ⑪세계손말통역위원회소개

이 가운데서 (21)의 ③에 대한 내용은 다음과 같다. "첫째로, 언어가 완전히 결핍된 상태에서 학교교육을 시작하기 때문이다." "둘째로, 대부분의 나라들이 손말과 민족어의 문법이 전혀 다르기 때문이다. 손말과 민족어의 차이, 례: 민족어의 구성-고뿌+있다+책상 우에, 손말의 구성-책상+우+고뿌+있다."이다.

2.4.2. 내용

『손말사전(부문별손말)』의 주요 내용을 5가지 측면에서 기술하기로 한다.

첫째, 4,018개의 어휘를 13개 부문별로 펴낸 북한 최신의 대표적 손말사전이다. 〈표 3〉에서 부문별 차례와 함께 올림말의 크기는 우선 순위 및 그 분야의 활성화 정도를 가리키는 지표라는 점에서 주목된다. 부문별 차례는 '경제〉교육〉정보〉국방〉건설〉농업〉환경〉문학〉예술〉체육〉보건〉상업〉법률' 순이며, 부문별 올림말의 크기는 '교육〉경제〉국방〉건설〉상업〉체육〉환경〉농업·문학〉보건〉법률〉예술〉정보' 순인데, 두 지표가 상관성을 띠지는 않는다.

둘째, 부문별 손말사전으로서 상위어, 즉 부문의 명칭이 하위어, 즉 부분의 구성원을 망라하지 못하는 경우가 있는데, 그 주요 사례는 (22)의 '경제' '교육' '문학'에서 나타난다. (22a, b)에서 보듯이 '요일'은 '경제'와 '교육'에 들어 있으며, (22c)의 '문학' 부문 용례들은 '예술' 부문이 적합하다.

롱아학교, 자강도 시중롱아학교, 함경남도 함흥롱아학교, 함경북도 삼봉롱아학교

(22) a. 경제: '밤색' 등 색, 고열, '금요일' 등 요일, 기자, 대통령, 초상화, 타락, 탐구, 해명, 야심, 일편단심
　　 b. 교육: 가늘다, 가다, 가만히, 경사, 경솔하다, 그늘, 그대로, 그리고, 그제, 과부, 광복, 권(등수에 들어가는 범위), 달다(맛), 맵다, -만, 만병초, 목침, 상가집, 현관문, '화요일' 등 요일
　　 c. 문학: 경희극, 단막극, 련곡, 륜무, 배우, 석고상, 수예, 작곡, 조각, 희극, 연극, 연출, 예능

셋째, 이 사전에는 남북한 수어 또는 손말의 이질화 현상으로 (23)의 사례에서 보듯이 표준어와 형태가 다른 손말이 적지 않다.

(23) a. 경제: 보이라, 불도젤, 블로크, 비날론
　　 b. 교육: 걸그림, 규률, 도리여, 량심, 소학교, 수업종, 참분수, 탁아소, 테제, 뻐스
　　 c. 정보: 그라프, 계렬, 비루스, 프로그람, 화일, 인터네트
　　 d. 국방: 경땅크, 기발, 려단, 령활하다, 뢰격, 원쑤
　　 e. 건설: 리베트, 몰탈, 스레트, 탕크
　　 f. 농업: 닭알, 도마도, 뚝, 뜨락또르
　　 g. 환경: 거부기, 바다가, 에네르기
　　 h. 문학: 가악, 격토, 머리글
　　 i. 예술: 쟈즈, 트럼베트, 안삼불
　　 j. 체육: 너비뛰기, 바줄당기기, 휴계실, 휘거, 쌈보
　　 k. 보건: 비루스, 취장, 어금이
　　 l. 상업: 고뿌, 샴팡, 스케트, 빠다, 쨤
　　 m. 법률: 기률, 주대, 테로

넷째, 이 사전에는 표준말에서 찾아볼 수 없는 문화어가 적지 않은데,

그 주요 사례는 (24)의 286개이다. 이 가운데는 '자(1)' '후비' '약전' '원사' '기동' '기정(의)' '배경' '수신' '지령' '병실' '본때' '붉다' '사관' '문집' '강우기' '로작' '대기' '경질' '부루'처럼 동일한 형태에 단어의 의미가 다른 경우도 있다. 이것은 남북한 수어 또는 손말의 이질화가 심화된 증거로서, 이질화가 큰 분야는 '건설(70)' '체육(47)' '교육·정보·국방(27)' 분야이다.

(24) a. 경제(16): 경로동, 돈자리, 대진군, 력일수, 만가동, 볼반, 비날론, 비단천, 벨트콘베아, 성(내각앞에 책임을 지는 국가주권의 부문별중앙집행기관), 쇠밥, 자력자강, 주색금, 콕스, 행표
  b. 교육(27): 가창대, 거꿀명제, 교양론, 글뒤주, 녀맹, 단위원장, 도화공작, 독보, 데림분수, 류다른, 분단위원장, 상학, 소년회관, 소조, 자(1),[11] 직맹, 참분수, 총화, 학생물림, 학직, 현실체험, 후비, 약전, 열성자, 애육원, 원사
  c. 정보(27): 경사체, 기동, 기정(의), 기자, 기억기, 과제띠, 날자(거래나 사건이 일어나는 시점), 능력(컴퓨터가 실행하는 속도 및 여러 가지 기능의 가동 능률), 내보(공개되지 않은 내적인 통보), 단추(자기에게 할당된 일정한 기능이나 동작을 조정하는 장치의 물리적 혹은 론리적부분품이다), 등록부, 대화칸, 말단, 봉사기, 배경, 수산기, 수신(국부망이나 전화선로와 같은 외부통신체계로부터 자료를 접수하여 서류로서 자료를 보관하는 것), 자원공유, 지령, 지름길, 재기동, 탈퇴, 호출, 흘림띠, 따내다, 오유, 임풀스
  d. 국방(27): 경량견인포, 경무, 경무원, 경땅크, 군무생활, 군민일치, 군종, 군의소, 대포밥, 련공, 령장, 로농적위군, 무장장비, 반땅크수류탄, 병실(군인들이 생활하는 방), 본때, 붉다, 사관, 상급병사,상좌, 상위, 수직리착륙비행기, 자동보총, 자행포, 전호, 직

---

11 일정한 지역에 살며 어떤 사회를 이루는 구성성원.

승기, 원쑈

e. 건설(70): 4.25문화회관, H/T/V/ㄱ/ㄴ/ㄷ형강, 김일성광장, 경피문, 고려호텔, 골탄, 국제친선관람관, 굴토기, 개선청년공원, 괴면, 과학기술전당, 동평양대극장, 대동문영화관, 대동문, 대성산유희장, 대성산, 려명거리, 롱두기와, 리베트, 만경대물놀이장, 만경대유희장, 만수대예술극장, 만수대, 만수대의사당, 말뚝마치, 망홀, 모란봉극장, 못사슬걸개, 문집, 물뿌림차, 미림승마구락부, 미래과학자거리, 메아리사격관, 발포수지, 빙상관, 사판, 삭목, 삼지연, 숨은못, 신축식문, 쇠동발, 자름면도, 자리쇠, 주체사상탑, 창가림, 창전거리, 청류관, 콘베아, 탑식건물, 토수기와, 트라스, 평토기, 평양대극장, 평양국제문화회관, 향만루, 현수문, 형성안, 환기와, 뚜짐기계, 빨대, 옥류관, 옥외가구, 유기건재, 유람도, 은하과학자거리, 인민극장, 인민대학습당, (인민)문화궁전, 위성과학자지구

f. 농업(13): 가두배추, 강우기(밭에 물을 뿌려주는 기계), 개꼬리(강냉이의 수꽃이 피는 꽃이삭), 게사니(집에서 기르는 날짐승의 한가지), 다락밭, 만풍년, 모살이, 부침땅(농장물을 심어 가꾸는 땅), 분조, 주체농법, 쥐무우(붉은 봄무우를 달리 이르는 말), 양벗, 옥파

g. 환경(14): 등속운동, 락랑구역, 력포구역, 룡, 사동구역, 삼석구역, 서성구역, 석수, 선교구역, 순안구역, 중구역, 평천구역, 형제산, 형제산구역

h. 문학(10): 노죽(남의 마음에 들기 위하여 말, 표정, 몸짓, 행동 등을 일부러 지어내여 하는 것), 로작, 명가, 문의(글의 뜻), 맺음토, 바꿈토, 복수토, 속대사, 조선화, 에두름

i. 예술(7): 교예, 개시악, 늘크기, 대기, 통소리, 팔쓰기, 흔들기

j. 체육(47): 가슴멈추기, 감아잡기, 거꾸로서기, 걸어치기, 교치성, 금장갑상, 금축구화상, 금뿔상, 기상체조, 기전, 개인방어, 계시

원, 귀환점, 나비헤염, 날치기사격, 날파람, 누운헤염, 네번치기, 도립회전, 도전경기, 등헤염, 락하산경기, 륜운동, 머리받기, 모터찌클, 문선, 물크키, 미끄러져빼앗기, 밀기, 밀어치기, 발배구, 살짝공, 손다치기, 셈세기, 쉴링, 조마, 쥐가일다, 처넣기, 철추, 추켜올리기, 탄력망, 판공넣기, 호케이, 끌어올리기, 끼워잡기, **빼몰기, 뺄헤염**

k. 보건(5): 간종, 점적, 피형, 이삭, 이삭기
l. 상업(19): 가시장, 건발, 경질, 극동기, 농마, 달린옷, 당과류, 데트론, 레드등, 부루, 백합과자, 살결물, 소랭이, 신젖, 즉석국수, 콤팍등, 호집개, 옥당, 옥쌀
m. 법률(4): 량정, 량해문, 법단, 융화묵과

다섯째, 이 사전에는 뒷부분에 '동의어' 577개를 싣고 있다. '동의어'는 (25)와 같이 그 양상이 다양한데, (25a)의 동의성이 인정되는 경우, (25b)의 내포나 외연이 다른 경우, (25c)의 의미가 다른 경우를 망라하고 있다. 더욱이, 이러한 '동의어'는 음성언어의 기준에 따른 것으로, 손말의 동의어가 아니다. 엄격히 말해서 '손말'에는 동의어가 존재하지 않고, 닮음이 다소 인정되는 유의어가 존재한다. 예를 들어, (26)의 '전진'의 반의어로 기재되어 있는 '퇴각-후퇴', '(개인)'의 반의어로 기재되어 있는 '단체-집단'은 '손말'이 동일한 것이 아니라 닮음이 어느 정도 인정된다는 점에서 유의어라 할 수 있다.

(25) a. 기초=초석, 토대, 바탕, 터
b. 결석=결근, 구름다리=공중다리, 굴다리, 고가교, 육교
c. 미신=신앙

(26) 전진/퇴각(국방부문)-후퇴(국방부문), (개인)/단체(체육부문)-집단

(경제부문)

여섯째, 이 사전의 끄트머리에는 '반의어' 266개를 싣고 있다.[12] '반의어'는 손말의 대립 정도를 살펴볼 수 있는 유의미한 지표인데, 그 실상은 (27)과 같다.

그중 『손말사전』에서 대립이 성립되는 사례는 (27a, b)의 51쌍인데, (27a)는 〈그림 25〉의 '가다/오다'처럼 원형적인 손말 반의어 22쌍이며, (27b)는 비원형적인 손말 반의어 29쌍이다.

(27c)는 〈그림 26〉의 '가깝다/멀다'와 같이 음성언어의 반의어가 이 사전에 올라 있지만 손말 대립이 성립되지 않는 사례 47쌍이다. (27d)는 '가입/탈퇴'처럼 '가입'은 조직체의 성원으로 기술한 반면, '탈퇴'는 정보의 프로그램 실행으로서 반의어가 되지 않을 뿐만 아니라 손말에서도 반의어가 성립되지 않는 사례 4쌍이다. (27e)는 '가늘다/(굵다)'에서 '(굵다)'처럼 ( )의 단어가 올림말에 빠져 있는 사례 147쌍이며, (27f)는 '(거짓/진실 참)'처럼 올림말 자체가 이 사전에 없는 사례 17쌍이다. 요컨대 (28)은 음성언어의 관점에서 반의어일 뿐, 손말의 반의어는 (27a, b)의 사례에 국한된다.

(27) a. 가다/오다, 고혈압/저혈압, 고음/저음, 급상승/급강하, 나가다/나오다, 눅다/비싸다, 단식/복식, 득점/실점, 들어가다/들어오다, 머리글/맺는글, 미래/과거, 밀물/썰물, 상류/하류, 설다/익다, 수신/송신 발신, 전진/퇴각 후퇴, 직접/간접, 퇴각/전진 (진격 진공), 편안/불편 불안, 헤여지다/만나다 (모이다), 열다/닫다

---

[12] '반의어'의 목록 가운데 '죄-공'은 '벌금-상금' 다음에, '복수-단수' 앞에 실려서 자모순의 일관성에 어긋난다.

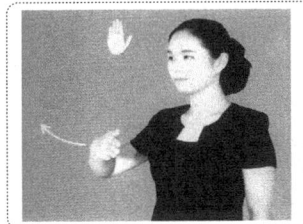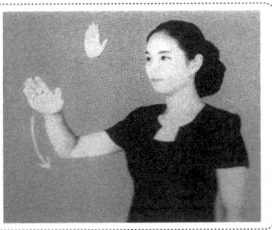

〈그림 25〉 '가다/오다'

b. 가볍다/무겁다, 가지다/(내주다) 버리다 없다, 걱정/안심, 곱다/밉다 나쁘다 (거칠다), 개막식/폐막식, 도착/떠나다 (출발하다), 리득/손해 손실, 만나다/헤어지다, 멸시/숭배 존경, 분자/분모, 분해/결합, 상수도/하수도, 서장/종장, 선배/후배, 전반전/후반전, 전방/후방, 주심/부심, 증가/(감소) 축감, 지상/지하, 지옥/락원 천당, 축소/확대, 틀리다/맞다 (옳다), 파괴/건설 (개건 재건), 혁신/보수, 후방/전방 전선 전초, 확대/축소, 짝수/홀수, 인수/인계, 입원/퇴원

c. 가깝다/멀다, 간단하다/복잡하다, 거짓말/정말 참말, 건강/허약 쇠약, 결과/원인, 결석/출석, 경공업/중공업, 공격/방어, 공급/수요, 교전/정전 휴전, 구매/판매, 남자/녀자, 다무적/쌍무(적), 리론/실천, 맞다/틀리다, 무효/유효, 바깥/안, 발동/제동, 부유하다/가난하다 구차하다 못살다 빈곤하다, 분배/몰수, 배우다/가르치다, 살다/죽다, 수출/수입, 자연/인공, 작다/크다, 적군/아군, 접수/거절, 중독/해독, 제외/망라 포함, 죄/공, 참가/탈퇴 회피, 초식/육식, 출혈/지혈, 친구/원쑤 적 적수, 채권/채무, 크다/작다, 타살/자살, 특수/보통 보편 공통 일반, 퇴장/입장 참석 등장, 할 수 있다/할 수 없다, 현실/리상, 흡수/배출, 흥분/진정 제지 억제, 안심/걱정 근심, 유효/무효, 예속/자주(성) 자유 해방 독립, 위험/안전

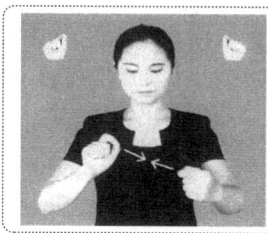 

〈그림 26〉 '가깝다/멀다'

d. 가입/탈퇴, 고전/현대, 나쁘다/좋다, 집중/분산

e. 가늘다/(굵다), (가담)/불가담, 가루/(덩어리), 가지런하다/(들쑥날쑥하다), 강하다/(약하다), 같이/(달리), 거만/겸손, 거절/(수락 승낙 허락 응낙), 건조/(습하다 누긋하다), 걸작/(졸작), 견실하다/(불견실하다), 결단/(우유부단), 경로동/(중로동), 고급/(저급), 고랑/(이랑), 고속/(저속), 고생/(호강), 고집/(양보), 공세/(수세), 구부리다/(펴다), 군수/(민수), 군용/(민용), 굽히기/(펴기), 그늘/(양지), 근거리/(원거리), 근면/(태만), 근시/(원시), 긍정/(부정), 긍지/(수치), 기억/(잊다 까맣다 망각하다), 긴장/(해이 안일), 개학/(방학), 계속/(중단 중지), 과산/(저산), 관심/(등한), 광명/(암흑), 낡다/(새롭다), 남극주/(북극주), 낮/(밤), 낯설다/(낯익다), 내성적/(개방적), 다르다/(같다 그리하다), 다층/(단층), 단결/(분렬), 단체 집단/(개인), 답답하다/(후련하다), 더/(덜), 도매/(소매), 락제/(급제), 련공/(반공), 령리하다/(미욱하다 미련하다), 롱담/(진담), 마지막/(처음), 만성/(급성), 먼저/(나중), 명랑하다/(침울하다 우울하다), 모르다/(알다), 무료/(유료), 미안하다/(당당하다 떳떳하다), 민물/(짠물), 메우다/(파다 뚫다), 바쁘다/(한가하다), 반대/(찬성), 발간/(폐간), 벌금/(상금), 복종/(불복), 부족(하다)/(충족하다 풍족하다) (유족하다), 부끄럽다/(떳떳하다 자랑스럽다), 불가능/(가능), 불경기/(호경기), 불만/(만족), 불편/(편리), 비법/(합법), 배경/(전경), 사랑/(증오),

삭제/(첨가), 상/(벌), 선불/(후불), 선진/(후진 락후), 설치/(해체), 성공/(실패), 소나기/(보슬비), 소비/(축적), 수공업/(기계공업), 수재/(둔재), 슬픔/(기쁨), 승인/(부인), 시작/(끝내다 마치다 결속하다), 실업/(취직), 싱겁다/(짜다), 새끼/(엄지), 자랑/(수치), 자필/(대필), 잘/(잘못), 장탄/(퇴탄), 전반/(부분), 전승/(전패), 전쟁/(평화), 전/(후), 정의/(부정의), 조업/(폐업), 주역/(단역), 중시/(경시), 증강/(감쇠 감축), 지름길/(돌음길 두름길), 진급/(류급), 진보/(보수 락후 퇴보), 창조/(모방 모작 본따기 교조), 천천히/(빨리 급히), 침략/(불침략 불가침), 칭찬/(비난 질책 나무람 꾸중), 최고/(최저), 최종/(최초), 통하다/(막히다), 통일/(분렬), 편견/(공평), 편심/(정심), 풍년/(흉년), 풍작/(흉작), 피해/(가해), 패배/(승리 타승), 하부/(상부), 허위/(진실), 형식/(내용), 후대/(선대), 해임/(임명), 화목/(반목), 뻗치다/(수그러들다), 쌍방/(일방), 암담하다/(광휘롭다 창창하다), 압축/(팽창), 야간/(주간), 약속/(파약), 연장/(단축), 열기/(랭기 찬김), 영예/(수치 치욕), 용맹/(비겁), 운동/(정지), 응답/(질문 물음 질의 침묵), 이동/(고정), 일반/(개별 특별), 일용품/(기호품), 입력/(출력), 입학/(출학 퇴학), 애국/(매국), 위하다/(숙보다 깔보다 얕보다 해치다 해하다), 원가/(정가 실비)

f. (가물/장마), (가파롭다/탄탄하다 평평하다), (거짓/진실 참), (려명/황혼), (리륙/착륙), (례의/무례), (만기/조기), (명예/수치), (복수/단수), (부식물/주식물), (중심/주변), (척박/비옥), (쓰다/달다), (이상/정상), (있다/없다), (애호/혐오), (원쑤/벗)

일곱째, 도상성, 환유, 은유이다. '도상성(iconicity)'은 손말과 손말이 가리키는 지시물의 형태가 닮은 것으로, 이 사전에서 이러한 손말들이 매우 많은데, (28)의 '모양'과 '동작' 사례에서 보는 바와 같다.

(28) a. 모양: 절단기, 넥타이, 삼각형, 거울, 계단, 낫, 번개, 벼락, 비, 가로수, 버섯, 하마, 악어, 책, 나팔, 권투, 가위
   b. 동작: 나르다, 구부리다, 기와, 도장, 가래질, 갈다, 김매기, 모내기, 파종, 번개, 벼락, 비, 가야금, 장고, 피아노, 자전거, 기침, 체포

(27a)의 원형적인 손말 대립어 22쌍은 '도상성'을 잘 드러낸다. 구체적으로 (29)에서 보듯이 '방향의 변인을 중심으로 한 고저 7쌍, 전후 5쌍, 개폐 2쌍, 그리고 손모양의 최소대립 3쌍, 가감에 따른 3쌍으로 나뉜다. 그 가운데서 원형적인 대립은 동일한 부문 17쌍에서 실현되며, '수신(정보부문)/송신(국방부문)'의 경우도 유관한 부분이라 할 수 있다.

(29) a. 고저(7): 고혈압/저혈압(보건부문), 고음/저음(예술부문), 급상승/급강하(국방부문), 밀물/썰물(환경부문), 상류/하류(환경부문), 눅다/비싸다(상업부문), 편안/불편(교육부문)
   b. 전후(5): 가다/오다(교육부문), 나가다/나오다(교육부문), 들어가다/들어오다(교육부문), 전진/퇴각(경제-국방부문)·후퇴(국방부문), 미래/과거(건설-교육부문)
   c. 개폐(2): 열다/닫다(교육부문), 헤여지다/만나다(교육부문)
   d. 최소대립(3): 단식/복식(체육부문), 득점/실점(체육부문), 머리글/맺는글(문학부문)
   e. 가감(3): 익다/설다(농업부문), 수신/송신 발신(정보-국방부문), 직접/간접(경제-국방부문)

대상의 특징적인 한 부분으로 대상을 나타내는 '환유'의 보기인데, (30)의 '벼슬→닭〈그림 27〉', '코→돼지', '지붕→집〈그림 28〉', '뿔→양', '수염→염소'에서 보는 바와 같다.

(30) 닭, 돼지, 집, 양, 염소

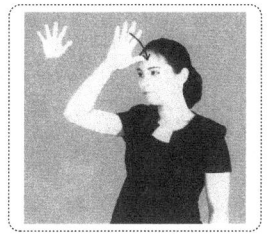
〈그림 27〉 '닭'

〈그림 28〉 '집'

한편, 방향의 대립은 은유 또는 은유적 도상성의 좋은 보기이다. (31a) "위는 좋은 것이며, 아래는 나쁜 것이다."(〈그림 29〉의 '존경/멸시' 참조), (31b) "앞은 미래이며, 뒤는 과거이다."는 손말 은유이다. 한편, (31c)의 사례는 신체어 '머리와 관련된 손말로서 "머리는 두뇌이다."의 손말 은유이다.

(31) a. 위: 기백, 최고, 풍작, 숭배, 존경, 건설, 진학, 아침, 발달
　　　아래: 복종, 슬픔, 흉년, 패배, 멸시, 파괴, 자퇴, 쇼크
　　b. 앞: 미래, 전망, 활로
　　　뒤: 과거, 어제
　　c. 관찰, 령리하다, 지능, 깨닫다, 원리, 과학, 천재, 느낌, 심리, 전술, 건망, 기억, 뇌수, 불면, 빈혈, 신경, 정신병, 혼수, 악몽

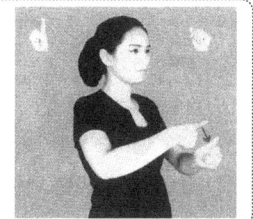
〈그림 29〉 '존경/멸시'

3. 북한 『손말사전』의 특성

북한 손말사전과 한국 수어사전 올림말의 배열 방식, 손말 동작의 기술 방식, 표제어 수, 손말 동작, 의미와 의미관계, 손말과 수어의 일치도를 통해 그 특성을 살펴보기로 한다.

3.1. 올림말의 배열 방식

북한 손말사전 4종의 올림말 배열 방식은 '자모순' '부문별' '트럼프 카드'의 세 가지로 이루어져 있다. '자모순'의 방식으로 이루어진 『손말사전(롱아학교용)』(2005)의 배열은 〈표 4〉의 『조선말대사전』(1992) 자모 순서와 같다.

〈표 4〉 『손말사전(롱아학교용)』의 배열 순서

자음 순서	ㄱ ㄴ ㄷ ㄹ ㅁ ㅂ ㅅ ㅈ ㅊ ㅋ ㅌ ㅍ ㅎ ㄲ ㄸ ㅃ ㅆ ㅉ
모음 순서	ㅏ ㅑ ㅓ ㅕ ㅗ ㅛ ㅜ ㅠ ㅡ ㅣ ㅐ ㅒ ㅔ ㅖ ㅚ ㅟ ㅢ ㅝ ㅙ ㅞ

한편, 『한국수화사전』(2005/2007)[13]의 배열은 〈표 5〉의 『표준국어대사전』(1999) 자모 순서와 같다.

〈표 5〉 『한국수화사전』의 배열 순서

자음 순서	ㄱ ㄲ ㄴ ㄷ ㄸ ㄹ ㅁ ㅂ ㅃ ㅅ ㅆ ㅇ ㅈ ㅉ ㅊ ㅋ ㅌ ㅍ ㅎ
모음 순서	ㅏ ㅐ ㅑ ㅒ ㅓ ㅔ ㅕ ㅖ ㅗ ㅘ ㅙ ㅚ ㅛ ㅜ ㅝ ㅞ ㅟ ㅠ ㅡ ㅢ ㅣ

---

[13] 『한국수화사전』(2005/2007)은 한국표준수화규범 제정 추진위원회에서 엮고 2005년 3월 31일 도서출판 사단법인 한국농아인협회에서 펴낸 것이다. 이 사전의 올림말은 6,812개이며, 동일한 내용으로 간행 주체가 '문화관광부·한국농아인협회'에서 '문화관광부 국립국어원·한국농아인협회'로 바뀌어 2007년 6월 20일 개정판이 나왔다.

〈표 4, 5〉에서 보듯이 『손말사전(롱아학교용)』(2005)과 『한국수화사전』(2005/2007)은 자모 순서가 다르고, 손말사전의 경우 'ㅇ'이 빠져 있으며 두음법칙을 적용하지 않음으로써 두 사전에서 올림말의 순서가 다르다.

'부문별'로 구성된 『손말학습(참고자료)』(2005)은 18개 부문으로 이루어져 있으며, 각 부문은 일상생활에서 사용 빈도 및 중요도 순으로 이루어져 있다. 『손말사전(부문별손말)』(2009)은 13개 부문으로 구성되며 각 부문은 자모순으로 이루어져 있다. 〈표 2〉의 18개 부문과 〈표 3〉의 13개 부문에 대한 설정과 배열 순서는 상관성을 찾아볼 수 없다.

『조선손말(카드)』(2009)은 트럼프 카드에서 관련된 수어가 맞선 모양으로 이루어져 있다. JOKER와 14벌의 카드 배열은 중요도를 반영한 것으로 보이나 그 기준이 뚜렷하지는 않다.

한편, 『한국수화사전』(2005/2007)은 위에서 보았듯이 자모순으로 이루어져 있으며, 웹 기반 『한국수어사전』(2016)[14]은 '일상생활', '전문용어', '문화정보' 수어로 대별된다. 그중 '일상생활 수어'는 16개 부문의 의미범주별로 제시되어 있고 범주 간에 배열 기준은 없으며, 각 의미범주 안에서는 조회 순, 정확도 순, 수형 순으로 배열되어 있다. 한국농아인협회의 『한국수어』(2021)는 일상생활에서 사용 빈도가 높은 단어 1,350개를 선정하여 (32)의 20과로 구성하였다.

(32) 인사, 가족, 요일·시제, 자연, 학교(1), 학교(2), 교통 및 통신, 인체, 병원, 운동, 종교, 나라, 동물, 식물·성씨·색상, 음식, 직업, 사회일반, 경제, 흔히 쓰는 단어들, 혼동되기 쉬운 단어들

---

[14] 『한국수어사전(https://sldict.korean.go.kr)』과 북한 손말사전에 대해 도움말을 주신 국립국어원 정혜선 연구사님께 감사드린다.

요컨대 북한 손말사전의 올림말 배열 방식은 '자모순' '부문별' '트럼프 카드'의 세 가지로 이루어져 있으며, '부문별'의 경우 각 부문이 사용빈도 및 중요도 순, 그리고 자모순으로 되어 있다. '자모순'은 이른바 '가나다 사전'과 같이 이해에 효율적이며 '부문별'은 갈래사전 또는 분류사전과 같이 표현에 효율적이다. 기초적인 손말을 한글과 영어로 병기한 휴대용 '트럼프 카드'는 국제 농아 모임과 같이 다국적 모임에서 기초적이고 필수적인 어휘로서 의사소통에 기여한다는 점에서 특이한 발상이라 하겠다.

3.2. 손말 동작의 기술 방식

손말 동작의 기술 방식을 보기로 한다. 『손말사전(롱아학교용)』(2005)은 손의 구조를 그림으로 주고 올림말의 [품새와 [해설]란에 손동작 그림의 설명을 달았다. 그림에서 '화살표(→)'는 다음 동작의 방향을, '점선(…)'은 다음 동작을 표시하였다. 『손말학습(참고자료)』(2005)은 손동작을 사진으로 담고 올림말의 [품새와 [해설]란에 손동작 사진의 설명을 달았다. 사진에서 '화살표(→)'는 다음 동작의 방향을 표시하였다. 『조선손말(카드)』(2009)은 하나의 카드 안에 손의 구조를 그림으로 주고 올림말을 한글과 영어로 병기하였다. JOKER의 '조선(Korea)', '평양(Pyongyang)'은 단독 카드로 소녀의 그림을, 나머지 13벌은 소년을 그린 맞선 모양의 손말 그림을 배치하고 있는데, 한 벌의 카드 글씨를 한 장은 검은색으로 다른 한 장은 붉은색으로 인쇄하였다. 『손말사전(부문별손말)』(2019)은 오른쪽에 '올림말'을 싣고 [품새와 뜻풀이를 제시하였으며, 왼쪽에 손동작의 사진과 윗부분에 손동작의 손 모양을 넣어 주고 있다. 실제로 이 '손 모양'은 '감, 소, 짝수, 개, 교잡, 색맹, 장애, 왁찐, TV, 송편, 신선로, 저울, 잉크, 도박, 억울하다' 등 손말 사진의 불투명한 상태를 보완해 준다.

한편, 한국수어의 경우 『한국수화사전』(2005/2007)은 〈그림 30〉의 '나라'에서 보듯이 왼쪽에 올림말을 중심으로 품사 정보의 '어법', '뜻풀이', '용례', '어원 정보'를 제시하고 오른쪽에 '수어 그림', '수어 설명'의 6가지 정보를 제시하고 있다.

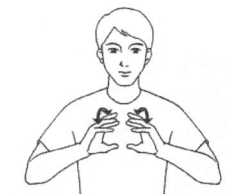

나라

한 국토에서 하나의 주권 아래 있는 사람들의 조직.
¶ 나라를 지킨다.
[지구의를 돌리는 동작]
=국가.

두 손의 손가락을 약간 구부려 마주 보게 세워 전후로 약간 흔든다.

〈그림 30〉 '나라'

웹 기반 『한국수어사전』(2016)은 왼쪽에 동영상을 제시하고 오른쪽에 '수형 사진'과 '수형 설명'을 제시하고 있다. '일상생활 수어〉인간〉못생기다'의 올림말 '못생기다'를 보면 〈그림 31〉과 같으며, '한국어 대응표현'으로 '못생기다, 못나다, 추하다, 밉다'를 덧붙이고 있다.

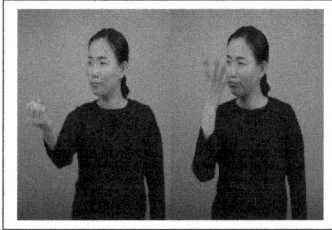 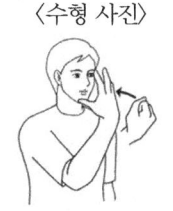

〈수형 사진〉

〈수형 설명〉
얼굴 앞에서 오므렸던 오른손을 얼굴 쪽으로 끌어들이며 편다.

〈그림 31〉 '못생기다'

한국농아인협회의 『한국수어』(2018)는 올림말에 대해 '인사(人事, greeting)'처럼 '한글(한자, 영어)'를 병기하고 손동작을 설명하며, 왼쪽에

천연색의 손동작 사진을 싣고 있다.

　요컨대 북한 손말사전의 손말 동작 기술은 그림과 사진, 손동작 해설과 단어 뜻풀이 방식으로 이루어져 있다. 손말사전의 흑백사진은 해상도가 문제시되며, 『손말사전(부문별손말)』(2019)의 경우 단어의 뜻풀이보다는 손말 동작의 설명이 적절한 것으로 보인다.

3.3. 표제어 수

　북한 손말사전의 올림말을 보면 『손말사전(롱아학교용)』(2005)은 2,395개, 『손말학습(참고자료)』(2005)은 535개, 『조선손말(카드)』(2009)는 106개, 『손말사전(부문별손말)』(2019)은 4,018개가 실려 있다.

　한편, 한국 수어사전의 올림말을 보면 『한국수화사전』(2005/2007)은 6,812개의 표제어를 싣고 있다. 2016년 4월 20일 국립국어원에서 개통한 『한국수어사전』(https://sldict.korean.go.kr/)은 기존의 한국수어 웹사전과 모바일 앱 사전 등을 통합하여 새롭게 정비한 사전으로, 〈표 6〉과 같이 표제어 수는 15,542건(2024.11.1. 기준)이며, 그중 '일상생활 수어'는 3,669건이다. 한국농아인협회의 『한국수어』(2018)는 일상생활에서 빈도가 높은 1,350개의 수어를 수록하고 있다.[15]

15　올림말의 다른 사례로서, 한국표준수화규범 제정 추진위원회(2004)의 『일본어-수화사전』은 8,320개, (2004)의 『한국어-스페인 수화사전』은 3,500여 개, (2008)의 『한국어-미국수화사전』은 7,138개이다.

<표 6> 『한국수어사전』 표제어 수(2024.11.1. 기준)

일상생활 수어(3,669건)		전문용어 수어(10,281건)		문화정보 수어(1,592건)	
인간	328	법률	508	국립 중앙 박물관	548
삶	252	교통	519	국립 민속 박물관	67
식생활	137	의학	1,054	국립 경주 박물관	100
의생활	44	정보통신	575	국립 공주 박물관	40
주생활	61	불교	1,117	국립 부여 박물관	62
사회생활	316	천주교	1,005	국립 진주 박물관	50
경제생활	104	기독교	1,297	대한민국 역사 박물관	90
교육	70	국어 교과 용어	1,322	국립 과천 과학관	60
나라명 및 지명	200	경제	1,343	국립 광주 박물관	80
종교	70	정치	1,541	국립 김해 박물관	60
문화	93			국립 대구 박물관	50
정치와 행정	66			국립 전주 박물관	61
자연	45			국립 제주 박물관	60
동식물	62			국립 청주 박물관	60
개념	330			부산 시립 박물관	80
기타	1,545			국립 나주 박물관	64
				국립 춘천 박물관	60

3.4. 손말 동작의 대비

북한 손말사전의 올림말에 대한 손말 동작을 살펴보기로 한다. 올림말을 그림이나 사진으로 제시하고 손동작을 해설하거나 올림말의 뜻풀이를 넣는 등 사전마다 그 양상이 개성적이다.

올림말 '아버지'에 대한 손말을 대비하면 <그림 32>와 같다. '아버지'의 『손말사전(롱아학교용)』(2005)과 『손말학습(참고자료)』(2005)의 손동작 해설은 "①오른손을 주먹바닥이 왼쪽으로 향하게 둘째 손가락을 우로 펴서 손가락끝바닥을 오른뺨에 대고 뒤로 약간 스쳐내리운다. ②오른손을 손바닥이 안으로 향하게 뉘워펴서 손바닥을 이마 웃부분에 가볍게 댄 다음 머리카락을 약간 스치면서 머리 뒤부분까지 옮겨 남자의 머리모양을 나타낸다."

이다. 그런데 『조선손말(카드)』(2009)은 위 ①과 같으며, 『손말사전(부문별손말)』(2019)은 ①은 같으나 ②의 손동작이 다르다.

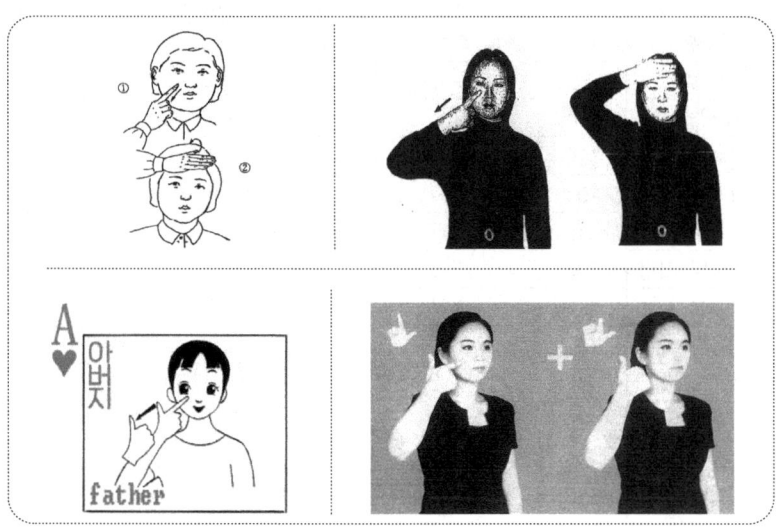

〈그림 32〉 '아버지'(『손말사전』(2005), 『손말학습』(2005), 『조선손말』(2009), 『손말사전』(2019))

손말사전에서 손동작이 다른 또 다른 사례이다. 『조선손말(카드)』(2009)의 '친구(friend)-동무(comrade)'는 〈그림 33〉에서 보듯이 별개의 손말이다.

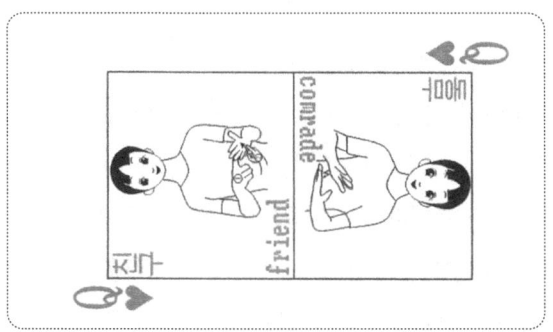

〈그림 33〉 '친구' '동무'(『조선손말』(2009))

그 반면 〈그림 34〉의 '동무'는 『손말사전(롱아학교용)』(2005)과 『손말사전(부문별손말)』(2019)의 손말인데, 이 두 사전에는 '친구'가 올림말로 등재되지 않았다.

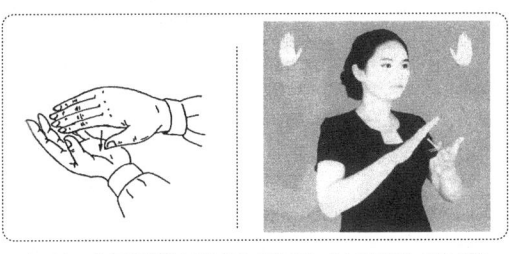

〈그림 34〉 '동무'(『손말사전』(2005), 『손말사전』(2019))

『손말사전(롱아학교용)』(2005)의 '손말이 같은 단어들'에 따르면 '동지[명]=동무', '친구[명]=동무', '친우[명]=동무'로 기술되어 있어서 '동지=동무=친구=친우'는 손말이 같다. 이와 관련하여, 『조선말대사전』(1992)에서는 '친구'와 '동무' 간에 의미 차이가 존재하므로,[16] 손말을 달리한 『조선손말(카드)』(2009)이 주목된다.

'큰물'은 〈그림 35〉의 『손말사전(롱아학교용)』(2005)과 『손말사전(부문별손말)』(2019)에서 손동작에 차이가 있는데, 전자에서는 1형태인 반면 후자에서는 2형태로 되어 있다. 이것은 『손말사전(부문별손말)』(2019)의 '손말사전을 내면서'에서 "이전에 출판한 손말사전과 손말참고서의 일련의 부족점을 극복하고…"의 보기가 될 만하다.

---

[16] '동무' ①《로동계급의 혁명위업을 이룩하기 위하여 혁명대오에서 함께 싸우는 사람》을 친근하게 이르는 말. ②같이 어울리여 사귀는 사람. ③일반적으로 남을 무간하게 부를 때에 쓰는 말. '친구' ①친하게 사귀는 벗 ②상대편을 스스럼없이 여기며 무간하게 부를 때 이르는 말.

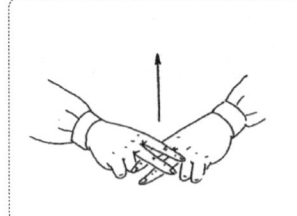 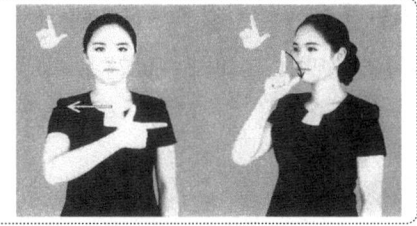

〈그림 35〉 '큰물'(『손말사전』(2005), 『손말사전』(2019))

3.5. 의미와 의미 관계

손말사전의 의미와 의미 관계를 보기로 한다.

『손말사전(롱아학교용)』(2005)의 경우 (10)의 '가을^1' '가을^2'와 같이 다의어 10쌍, 그리고 (11)의 '갈다^1' '갈다^2'와 같이 동음이의어 21쌍이 실려 있지만, 손말에는 다의어나 동음이의어가 존재하지 않는다. 또한, 이 사전에는 끄트머리에 '손말이 같은 단어들' 1,369쌍을 덧붙이고 있는데, '가정=가족', '간사하다=깜찍하다', '기념관=박물관' 등에서 보듯이 그 외연과 내포의 동의성 여부에 논의의 여지가 있을 뿐 아니라, 실제로 손말에서는 동의어가 존재하지 않는다. 반의어 또는 대립어 역시 손말에서는 음성언어와 다른 방식으로 실현되는데, (13)에서 보듯이 '가볍다/무겁다'와 같이 대립이 성립되지 않는 경우, '곱다/밉다'와 같이 좋은 대립이 성립되는 경우, '가깝다/(멀다)'와 같이 손말의 짝이 수록되지 않아 대립 여부를 규명할 수 없는 경우로 나뉜다. 이 사전에는 손말의 형태와 의미 간에 상관성을 갖는 도상성, 환유, 은유의 사례가 풍부한데, 이것은 손말의 올림말이 2,395개나 될 뿐 아니라 손동작의 그림이 뚜렷하여 그 상관성을 검증하기에 적합하기 때문이다.

『손말학습(참고자료)』(2005)의 경우 두 가지 특징을 들 수 있다. 이 사전의 올림말은 일상생활에서 가장 많이 이용하는 535개의 단어를 18개 부문에서 선별한 것으로, '동사'와 '토'를 제외하면 부문별 올림말의 크기는 '군사와 정치〉학교〉동물〉날씨와 자연〉지명〉음식〉가족·집〉수자·경제〉시간과 요일〉직업〉인사〉체육〉색〉몸' 순이다. 그중 '정치와 군사(83)'는 "일상생활에서 가장 많이 리용하는 단어"이며, '직업'에 수록된 '로동자·농민·사무원·기술자·의사·리발·용해공·목수·재봉·작가'는 북한의 주요 직업 유형이다. '집'에서 '초상화', '정치와 군사'에서 '주석, 수령, 령도자', '동물'에서 '돼지', '지명'에서 '평양, 만경대, 백두산'의 올림말 차례는 북한 사회에서 가장 중요하고 많이 이용하는 단어로서 주목된다. 이 사전의 끄트머리에는 '손말이 같은 단어들'의 목록을 싣고 있다. 올림말의 수치가 535개로서 올림말이 2,395개인『손말사전(롱아학교용)』(2005)의 목록을 그대로 싣고 있는 것은 적절하지 않다고 하겠다.

『조선손말(카드)』(2009)은 손말 카드 54장에 손말 106개를 싣고 있다. 한 장의 카드 안에 맞선말을 대칭적으로 싣고 있는데, 대립어 34쌍, 수식관계어 8쌍, 인사어 4쌍, 관련어 3쌍, 유의어 2쌍, 부분-전체어·무관계어 1쌍 순이다.

『손말사전(부문별손말)』(2019)의 경우이다. 이 사전에는 끄트머리에 '동의어' 577개를 싣고 있는데, '동의어'라는 용어는『손말사전(롱아학교용)』(2005)이나『손말학습(참고자료)』(2005)의 '손말이 같은 단어들'이라는 용어가 더 적절하다고 하겠다. 그 까닭은 '결석=결근', '미신=신앙' 등이 동의어가 아니라 손말이 같은 단어로 사용되기 때문이다. 이 사전의 끄트머리에는 '반의어' 266개가 실려 있는데, 이는 음성언어의 관점에서 반의어일 뿐 손말의 반의어는 '가다/오다'처럼 원형적인 손말 반의어 22쌍과 '가볍다/무겁다'처럼 비원형적 손말 반의어 29쌍, 모두 51쌍에 지나지 않는다. 이 사전에서 손말의 형태와 의미 간의 닮음에 관한 '도상성'은 '절단기, 넥타이, 삼각형'과 같이 사물의 모양, '나르다, 구부리다, 도장, 가래질'과 같이 사물의 동작을 본뜬 사례들이 풍부하다. 닮음에 바탕을 둔 추상적 방향의 대립은 '은유'의 보기가 되는데, '기백, 최고, 풍작, 숭배' 등의 '위', 그리고 '복종, 슬픔, 흉년, 패배'의 '아래'는 "좋은 것은 위, 나쁜 것은 아래"이며, '미래, 전망, 활로'의 '앞', '과거, 어제'의 '뒤'는 "앞은 미래, 뒤는 과거"의 손말 은유이다. 대상의 특징적인 한 부분으로 대상을 나타내는 '닭, 돼지, 집, 양' 등은 손말 '환유'이다.

한편, 『한국수화사전』(2005/2007)에서 '가구' '악기' '건물' '채소' 등 상위어는 하위어의 원형적인 동작 및 기본층위 구성원과 '여러 가지'를 결합하거나 '명암' '가감' 등 이항 대립의 두 하위어를 합성하며, '봄' '송아지' '참새' 등의 하위어는 상위어에다가 개체의 특징적인 성질을 결합한 것으로 나타나는데(임지룡 2021a: 829-834 참조), 북한의 손말사전에서는 이러한 사례가 나타나지 않는다.

3.6. 손말과 수어의 일치도

남북한 언어의 이질화 정보는 많이 알려져 있는 반면, 한국의 수어와 북한의 손말의 같고 다름은 거의 논의 되지 않은 실정이다. 그런 점을 고려할 때 김태수(2008), 박금순(2021)이 주목된다.

김태수(2008)는 한국의 『한국수화사전』(2005)과 북한의 『손말사전(롱아학교용)』(2005)에서 표제어가 일치하는 1,660개를 추출하여 '수형·수동·수위·수향'의 음운 단위에서 일치도를 검증하였다. 그중 일치하는 어휘는 (33)의 213개(13%)이며, 음운 단위 중 하나 이상 일치하는 경우는 776개(47%), 완전 불일치하는 경우는 671개(40%)로 집계되었다.

(33) 가난(하다), 가다, 가렵다, 가운데, 가위, 감자, 같다, 거북(거부기)[17],

---

17 '거북(거부기)'과 같이 쌍형의 경우 괄호 안에 제시된 것은 『손말사전』(2005)의 용어이다.

걱정, 걷다, 걸레, 검다, 경기, 고구마, 고기, 고래, 고양이, 고장(나다), 곤란(곤난), 골짜기, 곱(곱하기), 곳, 공산주의, 구별(하다), 그네, 그러나, 기계, 기차, 길다, 깊다, 깎다, 꺼내다, 꽃, 꽃봉오리, 나비, 나쁘다, 낮, 낮다, 내일(래일), 넘어지다, 노래, 놀다, 높다, 누나, 느리다, 다니다, 다행, 단체, 단추, 닫다, 달아나다, 닭, 담배, 더하기², 던지다, 도장, 독일(도이췰란드), 돈다, 동물, 동물원, 동안, 두다, 듣다, 따뜻하다, 따르다, 떡, 뜨겁다, 라이터(라이타), 막다, 만나다, 만들다, 만세, 맛, 멱, 멸망(하다), 명령, 명태, 모기, 모래, 모르다, 모습, 목욕, 목적, 몸, 못하다, 무너지다, 문어, 물다, 바쁘다, 바지, 발표, 배우다, 백, 버릇, 버리다, 범, 보다², 보도, 복숭아, 부럽다, 부산, 부족(하다), 부지런하다(부지런히), 부채, 북, 붉다, 비누, 비밀, 비슷하다, 빨래, 빵, 뼈, 사닥다리(사다리), 산, 생각, 서다, 서울, 석탄, 선거, 선물, 선조, 성냥, 세수, 소화, 수고(하다), 수첩, 승용차, 시작, 쓰레받기, 씨름, 아직, 알다, 압박, 앞, 얇다, 어린이, 어제, 언니, 얼굴, 역사(력사), 연기(내굴), 영화, 옆, 오늘, 오빠, 온도, 옷, 욕심, 울다, 웃다, 원숭이, 유리, 유치원, 유치하다, 의, 이사, 이야기, 일본, 일어나다, 자기, 자동차, 자립, 자연, 잘, 잠시, 잠자리, 전기, 전화, 절반, 젊다, 젓가락(저가락), 조각, 조금, 조심(하다), 좋다, 주다, 주사, 준비(하다), 쥐, 지다³, 지붕, 지우다, 진찰, 집, 짜다², 짜다³, 찢다, 책, 책임, 천¹, 천막, 체육, 축하, 친척, 칠판, 칼, 컴퍼스(콤파스), 키, 털, 토끼, 토마토(도마도), 통, 편지, 평행봉, 피다, 하다, 학교, 행복, 형, 훔치다², 희망, 힘

박금순의 『한국수어 & 조선손말: 남북한 기초생활 수어어휘』(2021)이다. 이 사전은 가로 18.2×세로 25.5cm, 385쪽, 연장정 칼러판으로, 『한국수어』(한국농아인협회, 2018)[18]와 『손말학습(참고자료)』(2005)을 대상으로[19] 남북한이 일상에서 사용하고 있는 기초생활 수어어휘 497개를 선정 수록한

것이다.[20]

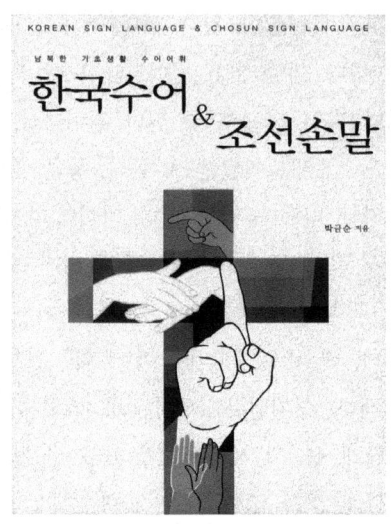

〈그림 36〉 『한국수어 & 조선손말』(2021)

이 사전의 내용은 '인사' '가족' '집' '지명·색상' '음식' '학교' '자연·날씨' '요일·시제' '동물' '인체·체육' '직업·경제' '사회일반' '동사·형용사(1)' '동사·형용사(2)' '동사·형용사(3)·조사'의 15과로 이루어져 있다.

사전의 끄트머리에 '찾아보기'와 『손말학습(참고자료)』(2005)의 '손말이 같은 단어들'을 싣고 있다. 『한국수어 & 조선손말』(2021)은 〈그림 37, 38〉에서 보듯이 '올림말(한국어, 한자어, 영어)' '남북한 수어와 손말 사진', '손

---

18 『한국수어(한국농아인협회)』(2018)는 가로 18.8×세로 25.9cm, 387쪽, 연장정 컬러판이다.
19 이 책의 '일러두기'에서는 『손말학습』(2005)의 설명이 불분명하고 애매한 경우에 정확도를 높이기 위해 『손말사전』(2019)을 참고하여 수록하였음을 밝히고 있다.
20 두 사전은 분야별 기초생활 수어 또는 손말이라는 점에서 공통점을 가지고 있으며, 어휘 수에서 『손말학습(참고자료)』(2005)이 533개이며, 『한국수어』(한국농아인협회, 2018)가 1,350개인 점에서 『손말학습(참고자료)』(2005)이 기준이 되었음을 알 수 있다.

말의 해설'로 이루어져 있으며, 이 사전의 김연주 한국수어 모델과 심정순 조선손말 모델의 컬러 사진은 선명도가 매우 높다.

검정(黑色, black)

한국수어	조선손말
오른 손바닥으로 옆머리를 스쳐 내린다.	오른 손바닥으로 옆머리를 스쳐 내린다.

〈그림 37〉 '검정'의 수어-손말

하양(白色, white)

한국수어	조선손말
주먹 쥔 오른손의 바닥이 안으로 향하게 하여 ①지를 세워 구부린 끝으로 치아를 가리킨다.	주먹 쥔 왼손의 바닥이 오른쪽으로 향하게 하여 ⑤지를 세워 ①지에 붙이고, 주먹 쥔 오른손의 ①지를 펴서 끝으로 왼손의 ⑤지 손톱을 가리킨다.

〈그림 38〉 '하양'의 수어-손말

이 사전의 수어 어휘 497개 가운데 한국수어와 북한손말이 완전 일치하는 사례는 (34)의 90개(18.11%)이다.

(34) 만나다, 헤어지다, 괜찮다, 가족, (남자의)형, (남자의)남동생, 오빠, (여자의)남동생, 누나, (남자의) 여동생, 언니, (여자의)여동생, 아들, 딸, 집, 옷, 칼, 세수, 비누, 검정, 빨강, 회색, 떡, 빵, 빈대떡=녹두전, 복숭아, 고기, 감자, 학교, 컴퍼스, 가위, 자연, 산, 밭, 밤(夜), 낮, 언제=연월일, 돼지, 닭, 토끼, 쥐, 개구리, 원숭이, 여우, 호랑이, 잠자리, 나비, 모기, 벌, 새우, 거북, 체육, 기계, 전기, 공군, 국방, 만세, 명령, 선거, 죽다, 알다, 모르다, 좋다=좋아하다, 나쁘다, 젊다, 가르치다, 배우다, 말하다, 읽다, 쓰다, 그리다, 비싸다, 싸다, 느리다=늦다, 높다, 낮다, 깊다, 뜨겁다, 서다, 걷다, 던지다, 달다(甘), 만들다, 준비하다, 키우다, 진찰하다, 조심하다, 약하다, 이기다, -께=-에게

또한, 한국수어와 북한손말이 부분 일치하는 사례는 (35)의 59개(11.87%)이다. 물론, 부분 일치하는 사례들은 일치도의 정도성을 띤다.

(35) 인사, 안녕, 기쁘다, 고맙다, 미안하다, 아기, 청년, 문, 컵, 베개, 숟가락, 젓가락, 평양, 색, 초록, 술, 과자, 간장, 배, 포도, 딸기, 감, 파, 호박, 고추, 생선, 유치원, 중학교, 교장, 교사(敎師), 연필, 칠판, 물, 불, 우물, 동물, 동물원, 개, 양, 말, 사슴, 노루, 물고기, 고래, 배구, 기술자, 합작, 알다, 크다, 듣다, 보다, 올라가다, 내려가다, 예쁘다, 아니다, 낳다, 도착하다, 놀다, 구원하다

위에서 제시한 바와 같이 남북한의 기초생활 수어 또는 손말 497개에서 완전 일치하는 사례는 90개(18.11%)이며, 완전·부분 일치하는 사례는 149개(29.98%)이다. 〈그림 37〉의 '검정'은 일치하는 보기이다. 한편, 불일치하는 사례는 위의 (34) (35)를 제외한 348개(70.02%)이다. 〈그림 38〉의 '하양'은 불일치하는 보기이다.

4. 마무리

이상에서 북한의 손말사전을 대상으로 그 성격과 특성을 살펴보았다. 이제까지 논의한 바를 간추리면서 이들 사전의 장점과 문제점, 남은 과제를 기술하기로 한다.

첫째, 이 장에서는 북한의 손말사전인 ㉮『손말사전(롱아학교용)』(2005), ㉯『손말학습(참고자료)』(2005), ㉰『조선손말(카드)』(2009), ㉱『손말사전(부문별손말)』(2019), 그리고 ㉲『한국수어 & 조선손말』(2021)을 논의하였다.

둘째, 각 사전의 성격은 다음과 같다. ㉮는 올림말 2,395개를 그림과 함께 해설을 달았으며 자모순으로 이루어져 있으며, 농경사회에서 사용하던 어휘와 특유의 정치와 군사용어가 상당수 수록되어 있다. ㉯는 일상생활에서 가장 많이 이용하는 올림말 535개를 사진과 함께 해설을 달았으며, 18개 부문으로 짜여있고 각 부문은 빈도순으로 이루어져 있으며, '정치와 군사(83개)'가 가장 많이 이용하는 부문이며, '직업' 부문의 '로동자·농민·사무원·기술자·의사·리발·용해공·목수·재봉·작가'가 주목된다. ㉰는 54장의 트럼프 카드에 손말 106개가 맞선 그림으로 이루어져 있으며, 한글 올림말에 영어를 병기하였다. 올림말의 맞선 그림에서 대립어 34쌍, 유의어 2쌍, 부분-전체어 1쌍은 좋은 관계를 이루며, 관련어 3쌍, 인사어 4쌍, 수식 관계어 8쌍은 의미장을 이루는 반면, '마시다-귀'는 의미적 관련성을 띠지 않는다. ㉱는 북한 최신의 대표적 손말사전으로서 올림말 4,018개를 사진과 함께 뜻풀이 달았으며, 13개의 부문으로 짜여있고 각 부문은 자모순으로 되어 있으며, 남북한 손말 이질화의 사례로서 문화어에만 존재하는 단어 286개로 '건설(70)' '체육(47)' '교육·정보·국방(27)' 분야가 현저하다. ㉲는 『한국수어(한국농아인협회)』(2018)와 ㉯를 대상으로 남북한이 일상에서 사용하고 있는 기초생활 수어어휘 497개를 선정 수록한 것으로, '남북한 수어와 손말 사진', '손말의 해설'로 이루어져 있다.

셋째, 북한 손말사전의 특성은 다음과 같다. ㉮㉯㉰㉱의 북한 손말사전에서 올림말은 두음법칙과 표기법이 다를 뿐 아니라, 표준말과 별개의 형태를 가졌거나 북한에서 생겨난 어휘들이 상당수 포함되어 있다. 또한, 이들 사전의 다의어나 동음이의어는 손말의 관점에서 관련성을 지니지 않으며, ㉮㉯㉱의 '손말이 같은 단어들' 또는 '동의어' 목록은 의미의 외연과 내포가 균등하지 않으며, ㉱의 반의어 목록은 한쪽 또는 한 쌍이 올림말로 수록되지 않은 경우가 많을 뿐 아니라 손말의 반의어는 그 수가 제한적이다.

넷째, 북한 손말사전의 장점은 다음과 같다. '연계성'으로서, ㉯는 ㉮의 올림말 '[해설]'과 끄트머리의 '손말이 같은 단어들' 목록 1,369쌍을 공유하고 있으며, ㉱는 '손말사전을 내면서'에서 이전에 출판한 손말사전과 손말참고서의 일련의 부족점을 극복하고 독자들에게 보다 편리하고 풍부한 손말을 보유하도록 하기 위함을 명시하고 있다. '다양한 시도'로서, 올림말의 동작·설명·배치를 ㉮는 그림·해설·자모순, ㉯는 사진·해설·부문별·빈도수, ㉰는 그림·트럼프 카드·맞선 배열, ㉱는 사진·뜻풀이·부문별·자모순으로 구성하고 있는데, 자모순은 이해를 위한 검색용이며 부문별은 표현용이다. '독자 친화성'으로서, ㉮의 '손말사전을 내면서' '일러두기' '차례의 올림말 목록' '손말이 같은 단어들', ㉯의 '머리글' '차례' '찾아보기의 올림말 목록' '손말이 같은 단어들', ㉰의 휴대용 트럼프 카드의 맞선 그림, ㉱의 '손말사전을 내면서' '손말동작표시기호' '조선손말자모편' '조선손말수자편' '차례의 부문별 올림말 목록' '장애자와 관련한 여러 상식들', '손동작에 대한 손모양 제시', '동의어' '반의어' '자모순 찾아보기' 등을 통해 사전편찬의 의도와 목적을 밝히고 독자를 배려하는 기회를 넓히며 피드백을 요청하고 있다. 한편, ㉰는 남북한 기초생활 수어의 현황을 파악하기 좋은 텍스트이다.

다섯째, 북한 손말사전의 문제점은 다음과 같다. '손말사전을 내면서' 및 '일러두기'의 지침과 본문 간의 일관성을 유지하지 못한 경우로서, 올림말의 수치가 ㉮3,000여 개→2,395개, ㉯533개→535개, ㉰4,000개→4,018개이다. ㉮의 '올림말의 뜻풀이'에서 혼돈을 막기 위해 다의어와 동음이의어의 경우 해당 뜻을 밝힌다고 하였으나 '설복하다'와 같이 동음이의어인데 뜻풀이가 없으며 '모레'는 두 경우가 아닌데 뜻풀이를 하고 있다. ㉯의 18개 부문의 상위어 수록에 일관성이 없으며, '날씨와 자연'에 '해', '동물'에 '소'가 없으며, '몸'에 내장기관만 올려져 있으며, '동사'에 '좋대[명]'의 오류이다. ㉰의 부문별 올림말은 자모순으로 되어 있지만 '건설' 부문에서 이 원칙이 지켜지지 않으며, '반의어' 목록에서 '죄-공'이 자모순 원칙에 어긋난다. 사전의 가독성으로서, 손동작이 흑백사진으로 실린 ㉯, 특히 ㉰의 가독성이 떨어진다. 올림말의 설명으로서, [해설]을 단 ㉮㉯와 달리 '뜻풀이'를 단 ㉰는 손동작의 측면에서 정보력이 약하다. 부문별 사전의 부문 명칭이 그 구성원을 망라하지 못하는 경우로서, ㉰의 '경제' '교육' '문학'에서 나타난다. 음성언어의 관점으로서, ㉰의 '동의어' 및 '반의어'라는 용어와 그 목록은 손말의 관점에서 한계를 지니는데, 손말에서는 동의어가 존재하지 않으며 '반의어' 266개 중 손말의 반의어는 51쌍에 지나지 않으며, 반의어의 짝이 올림말로 결손된 경우가 많다. 또한, ㉮의 '손말이 같은 단어들'이 올림말의 크기와 내용이 다른 ㉯㉰에 재수록된 것도 적절하지 않다.

여섯째, 남북한 수어와 손말의 일치도이다. 『한국수화사전』(2005/2007)과 ㉮의 표제어가 같은 1,660개의 완전 일치도는 213개(13%)이며, ㉰는 『한국수어(한국농아인협회)』(2021)와 ㉯를 대상으로 남북한이 일상에서 사용하고 있는 기초생활 수어어휘 497개를 수록한 것으로, 완전 일치하는 사례는 90개(18.11%), 부분 일치하는 사례는 59개(11.87%), 불일치하는 사례는 348개(70.02%)로서 남북한 수어 또는 손말의 이질화가 심각한 상태이다.

일곱째, 남은 과제이다. 음성언어의 『겨레말큰사전』처럼, 『겨레수어·손말큰사전』 편찬이 절실하다. 이 사전뿐만 아니라, 새로운 수어 또는 손말사전의 편찬은 '농인'과 '손말'의 관점에서 이루어질 필요가 있다.

끝으로, 북한 손말사전들을 통해서 북한 손말뿐만 아니라 한국의 수어를 되새기고 새로운 사전편찬을 기대하면서, 다음 두 가지 언급을 상기하고자 한다. 18세기 사전편찬학자 사무엘 존슨(Samuel Johnson)의 *Dictionary of the English Language*(1755)(『영어사전』) 서문에서는 "살아 있는 언어의 어떤 사전도 완벽할 수 없는데, 그 사전의 출판을 서두르는 동안 몇몇 단어가 싹트고, 몇몇 단어가 사라지기 때문이다(임지룡 1997/2017: 252 참조)."라고 하였다. 『손말학습(부문별손말)』(2019)의 '손말사전을 내면서'에서는 "≪손말사전≫ 편집부는 독자들속에서 이번에 편찬한 ≪손말사전≫(부문별손말)을 리용하면서 제기되는 불편한 점들과 부족점들에 대하여 편집부로 알려주시기를 바랍니다."라고 하였다.

제6장 수어 의미 관계의 양상과 특성

1. 들머리

이 장은 인지언어학적 관점에서 수어 어휘의 의미 관계를 규명하는 데 목적이 있다. 의미 관계는 어떤 단어가 의미나 개념상으로 다른 단어와 관련을 맺으면서 그 위상과 기능을 확보하게 된다는 점에서 일찍부터 의미 탐구와 교육의 주요 관심 분야로 자리매김해 왔다. 이것은 주로 음성언어를 대상으로 한 의미 관계로서, 이에 대한 수많은 논의가 이루어지면서 다양한 방법론의 개발과 함께 그 성과도 높은 수준에 이르게 되었다(Murphy 2003, Cann 2011, Storjohann 2016, 임지룡 2017b, 김억조 2019, 차준경 2019, 이광호 2019, 이민우 2019 참조).

수어에서 의미 관계의 비중 역시 그 중요성이 음성언어와 다를 바 없다. 그렇지만 우리 학계에서 수어의 의미 관계에 대한 논의는 해당 분야의 지평이 좁고 그 수효도 많지 않다. 곧 수어 어휘 관계의 개요를 다룬 이준우·남기현(2014: 281-296), 다의어의 경우 동사 '보다'의 수어 표현 실태를 조사한 장진석(2009), 대립어 또는 반의어의 경우 '공간성' 성분에 대한 한중 수어의 대립어 양상을 비교한 임지룡·석수영(2015), 한국수어 반의어 589쌍을 분석한 고인경 외(2016), 한국어 초급단계 교육용 반의어 쌍을 대상으로 한국수어 반의 관계 양상을 논의한 이한나·최상배(2016) 등이 있다.

이에 이 장에서는 『한국수화사전』(2005/2007)을 대상으로 다의 관계 및 동음이의 관계, 동의 관계, 대립 관계, 상하 관계의 양상과 특성을 밝혀 수어 의미 관계의 지형도를 그리기로 한다. 6,812개의 수어를 수록한 이 사전은 우리나라에서 간행된 최초의 표준 수어 사전으로 수어의 의미 관계를 규명하는 데 유용한 텍스트라 할 수 있다. 특히 이 사전의 '일러두기'와 '본문'에 '다의어', '동형어', '반형어'를 명시함으로써 의미 관계의 성격을 규명하는 데 도움이 될 뿐 아니라, 의미 관계에 대한 사전 편찬자의 의도를 가늠할 수 있다.

이 사전을 대상으로 수어의 의미 관계를 살피는 기준과 의의는 다음과 같다. 먼저, 의미 관계를 파악하는 데 있어 음성언어와 수어의 관점을 상호 보완하기로 한다. 이것은 수어의 의미 관계가 음성언어와 공통점뿐만 아니라 차이점 또는 독자성도 함께 지니므로, 의미 관계에 대한 건청인 중심의 음성언어와 농인 중심의 수어에 대한 쌍방향 접근이 유용하기 때문이다.

다음으로, 수어의 의미 관계를 파악하는 것은 수어뿐만 아니라 음성언어의 의미 관계를 이해하는 데 도움이 된다. 이를 바탕으로 수어의 탐구를 비롯하여 농인과 건청인의 수어 교육을 통한 의사소통 및 통역의 증진, 그리고 더 나은 수어 사전을 만드는 터전을 마련하게 될 것이다.

아울러 이제까지 음성언어를 중심으로 진행되어 온 의미 관계의 맥락에 새로운 시각을 제시함으로써 의미 관계 탐구의 활성화와 인간의 개념체계 및 사고 과정을 해명하는 실마리를 찾게 될 것이다.[1]

---

1   이와 관련하여 수어는 시각적 언어를 통해 인간의 사고 과정을 나타내는 특유한 방식 때문에 인지언어학자들 사이에서 관심이 높아지고 있다(Kaneko & Sutton-Spence 2017: 263 참조).

2. 다의 및 동음이의 관계

여기서는 음성언어의 다의 및 동음이의 관계에 기초하여 수어의 '다의어'와 '동음이의어'를 살피기로 한다.

2.1. 다의 관계의 양상

음성언어의 '다의 관계'는 하나의 단어가 둘 이상의 관련된 '의미'를 지닌 것으로서, 한 단어의 '형태'에 대응되는 '의미^1, 의미^2, … 의미^n'의 관계이다. 예를 들어, '깊다'는 "{계곡·밤·인연}이 깊다."와 같이 '공간'의 깊이를 바탕으로 '시간' 및 '추상'의 분야로 의미가 확장되어 다의 관계를 이루며, 사전에서 하나의 표제로 등재된다. 『한국수화사전』(2005/2007: x) '일러두기'의 '뜻풀이'에는 "다의어의 뜻풀이는 의미별로 ①, ②와 같이 나누었다."라고 기술되어 있다. 음성언어의 다의 관계에 해당하는 의미 무리는 수어에서 네 가지 양상을 띤다.

첫째, 한 단어의 '뜻풀이'가 2-3개이거나 '어원 정보'[2]가 1-2개이면서 수어 형태인 그림이 하나인 경우이다. (1)의 '당기다' 및 (2)의 '아깝다'의 뜻풀이와 수어 그림은 다음과 같다.

(1) 당기다: ①물건 따위를 힘을 주어 자기 쪽이나 일정한 방향으로 가까이 오게 하다. "줄을 당긴다." ②정한 시간이나 기일을 앞으로 옮기거나 줄이다. "결혼 날짜를 당긴다."

---

[2] 『한국수화사전』(2005/2007: x) '일러두기'에서는 '어원 정보'에 대해 "(1) 표제어의 어원, 구조 분석과 어원적 의미는 【 】 안에 제시하였다. (2) 구성 성분이 연이어 결합한 복합어는 '+'로 결합을 표시하였다. (예: 고향【낳다+곳】) (3) 구성 성분이 하나로 합성한 복합어는 '/'로 합성을 표시하였다. (예: 납부【돈/주다】)"로 명시하였다.

(2) 아깝다: ①소중하고 값진 것을 잃어 섭섭한 느낌이 있다. ②소중하여 버리거나 내놓기가 싫다. ③소중하여 함부로 쓰기가 어렵다. 〖아까워함을 나타내는 상징적 동작〗

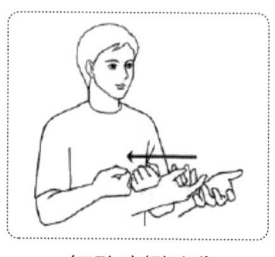
〈그림 1〉'당기다'

〈그림 2〉'아깝다'

둘째, 한 단어의 '뜻풀이'가 2개이면서 '연이어 결합한 복합어'로 수어 그림이 2-3개 연속된 경우, 그리고 '뜻풀이'가 3개이면서 '연이어 결합한 복합어'로 수어 그림이 2개 연속된 경우이다. 예를 들어, (3)의 '맑다'와 (4)의 '어리다', 그리고 (5)의 '구세주'에 대한 뜻풀이와 수어 그림은 다음과 같다.

(3) 맑다: ① 구름이나 안개가 끼지 않아 날씨가 깨끗하다. ②(정신이) 또렷하다. 〖깨끗하다+밝다〗

(4) 어리다: ① 나이가 적다. ②생각이 모자라거나 경험이 적거나 수준이 낮다. ③난지 오래지 아니하다. 〖유치하다+어리다〗

(5) 구세주: ①인류를 죄악에서 구원하는 예수. ②어려움이나 고통에서 구해주는 사람의 비유. 〖세상+구하다+주인〗

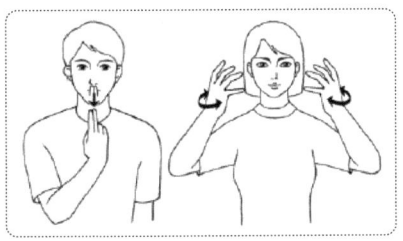

〈그림 3〉 '맑다'   〈그림 4〉 '어리다'

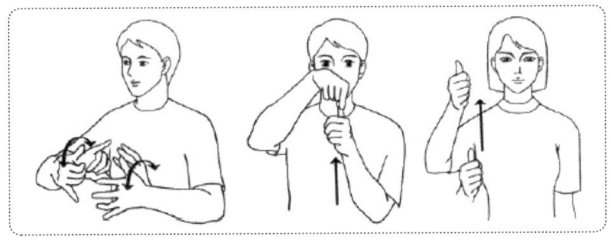

〈그림 5〉 '구세주'

셋째, 한 단어의 '뜻풀이'가 1개이고 '어원 정보'가 ①②의 2개이면서 수어 그림이 3가지 형식으로 나타나는 경우이다. 이 사전의 표제항 가운데 ①과 ②가 (6)의 '가득하다' 및 〈그림 6〉과 같이 각 1개의 그림으로 표현된 경우는 90개, (7)의 '보호' 및 '고무신' 및 〈그림 7〉〈그림 8〉과 같이 1개 그림과 복합 그림으로 표현된 경우는 33개, (8)의 '콩나물'과 같이 ①과 ② 둘 다가 〈그림 9〉와 같이 복합 그림으로 표현된 경우는 15개이다.

(6) 가득하다: 분량이나 수효가 어떤 범위나 한도에 꽉 차다. 〖①차오름을 나타내는 동작〈만수위〉. ②모여 차는 것을 나타내는 동작〈만원〉〗

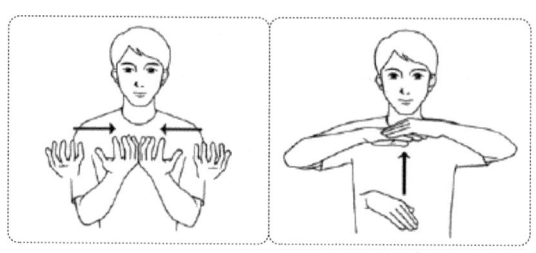

〈그림 6〉 '가득하다' ①·②

(7) a. 보호: 위험이나 곤란 따위가 미치지 아니하도록 잘 보살펴 돌봄.
〖①덮어 감싸고 도는 동작 ②살피다+돕다〗
b. 고무신: 고무로 만든 신. 〖①지우다(고무)+신) ②코가 말려 오른 여성의 고무신 모양을 나타내는 동작〗

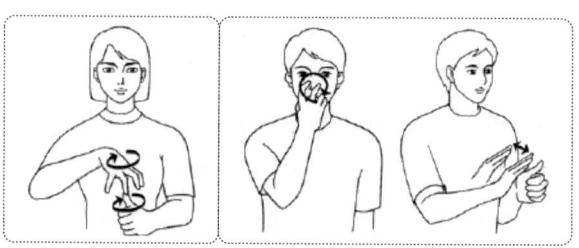

〈그림 7〉 '보호' ①·②

〈그림 8〉 '고무신' ①·②

(8) 콩나물: 콩을 시루 따위의 그릇에 담아 그늘에 두고 물을 주어 자라게 한 것. 〖①노랑+콩나물의 모양을 나타내는 동작 ②콩+콩나물의

모양을 나타내는 동작]

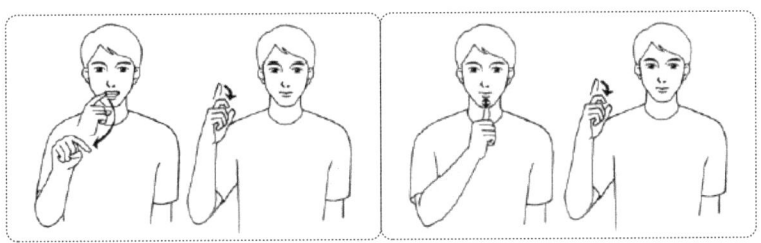

〈그림 9〉 '콩나물' ①·②

넷째, 음성언어의 다의어에 대해 2-6개의 어깨번호를 붙여서 별개의 표제어로 등재하고 수어 그림을 제시한 경우이다. (9)의 '가깝다' 및 〈그림 10〉, (10)의 '풀다' 및 〈그림 11〉과 같이 구체적·추상적 의미로 다의 관계를 이룬 경우 음성언어와 달리 수어에서 별개의 형태로 나타난다. 수어 형태인 그림을 기준으로 보면 이 경우의 수어 단어는 음성언어의 동음이의어에 가깝다.

(9) 가깝다¹: 어느 한 곳에서 다른 곳까지의 거리가 짧다. "학교에 가까운 곳에 산다."

가깝다²: 서로의 사이가 친밀하다. "나는 그와 가깝다."

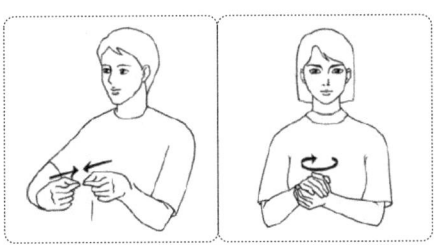

〈그림 10〉 '가깝다¹/가깝다²'

(10) 풀다¹: 묶이거나 감기거나 얽히거나 합쳐진 것 따위를 그렇지 아니한 상태로 되게 하다. "짐을 풀자."

풀다²: 모르거나 복잡한 문제 따위를 알아내거나 해결하다. "문제를 같이 풀자."

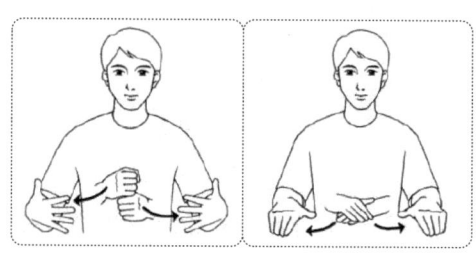

〈그림 11〉 '풀다¹/풀다²'

2.2 동음이의 관계의 양상

음성언어의 '동음이의 관계'[3]는 둘 이상의 서로 다른 의미를 지닌 단어가 하나의 형태를 공유한 것이다. 예를 들어, "못¹이 못²에 빠졌다."에서 '못¹'은 '목재 따위의 접합이나 고정에 쓰는 물건'이며 '못²'는 '연못'으로 '동음이의 관계'인데, 이들은 사전에서 별개의 표제어로 등재된다. 음성언어의 동음이의 관계는 이 사전의 수어에서 다음과 같이 두 가지 양상을 띤다.

첫째, 음성언어의 동음이의어를 일반 사전에서와 마찬가지로 2개 이상의 어깨번호를 붙여서 별개의 표제어로 등재하고 수어 그림을 제시하는 경우이다. (11)의 '감다¹/감다²/감다³'는 〈그림 12〉에서 보듯이 형태상 관련이 없다.

---

3 엄격한 기준에서 보면 '동음이의어(同音異義語)'는 음성언어에서 소리 차원의 문제이며, '동형이의어(同形異義語)'는 문자언어에서 글자 차원의 문제이다. 예를 들어, '눈(眼)-눈(雪)'은 소리 차원에서는 변별되어 동음이의어가 아니지만, 글자 차원에서는 변별되지 않는 동형이의어이다.

(11) 감다¹: "눈을 감는다."
감다²: "머리를 매일 감는다."
감다³: "실을 실패에 감는다."

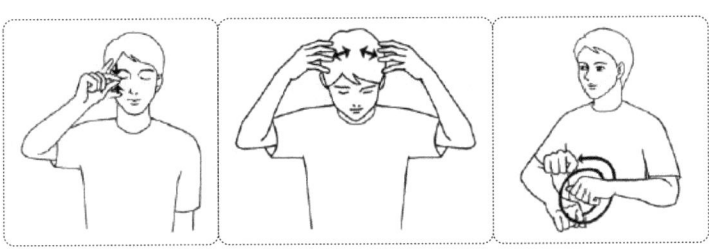

〈그림 12〉 '감다¹/감다²/감다³'

둘째, 음성언어의 동음이의어에 대해 어깨번호를 붙이지 않아 일관성에 어긋난 경우이다. (12a)의 '미련/미련(未練)'은 어깨번호가 없으며, (12b)의 '배' 중에서 3개 항목은 음성언어에서처럼 어깨번호를 붙인 반면, 1개 항목은 별도로 처리하였다.

(12) a. 미련: "미련한 행동."
  미련(未練): "미련을 버리자."
 b. 배¹: "배를 깎는다."
  배²: "배를 타고 제주도에 갔다."
  배³: "배가 아프다."
  배(倍): "물가가 두 배로 올랐다."

2.3. 특성

음성언어의 다의 관계 및 동음이의 관계는 수어에서 특징적인 모습으로 실현된다.

첫째, (1)의 '당기다' 및 (2)의 '아깝다'처럼 뜻풀이가 2-3개이거나 어원 정보가 1-2개이면서 하나의 수어 그림으로 실현되는 유형, 그리고 (3)의 '맑다'와 (5)의 '구세주'처럼 '뜻풀이'가 2개이면서 '연이어 결합한 복합어'로 수어 그림이 2-3개 연결된 경우와 (4)의 '어리다'처럼 '뜻풀이'가 3개이면서 '연이어 결합한 복합어'로 수어 그림이 2개 연결된 경우이다. 이들 유형은 음성언어의 다의어에 해당하지만, 음성언어의 다의어는 의미 변이가 개방적인 데 비해, 수어의 경우 의미 변이가 2-3개 국면으로 제한된다.

둘째, (6)의 '가득하다', (7)의 '보호' 및 '고무신', (8)의 '콩나물'처럼 한 단어의 '뜻풀이'가 1개이고 '어원 정보가 2개이면서 수어 그림이 2가지인 경우이다. 이 유형은 음성언어의 측면에서는 다의어이지만, 보는 언어인 수어의 측면에서는 동일한 의미 또는 개념에 2개의 형태가 공존하는 동의어가 된다.[4]

셋째, (9)의 '가깝다^1/가깝다^2', (10)의 '풀다^1/풀다^2'처럼 음성언어의 다의어에 어깨번호를 붙여 별개의 표제어로 등재한 경우, 그리고 (11) '감다^1/감다^2/감다^3', (12)의 '미련/미련(未練)', '배^1/배^2/배^3/배(倍)'와 같이 음성언어의 동음이의어인 경우이다. 이들 유형은 수어에서 별개의 형태로 실현된다.

3. 동의 관계

여기서는 음성언어의 동의 관계에 기초하여 수어의 '동형어(同形語)'를 살피기로 한다.

---

[4] 이 유형에서 2개의 '어원 정보' 가운데 1개를 공유한 경우 수어 그림 간에 닮은 점이 있지만, 다른 1개의 어원 정보에 의해 별개의 형태로 취급된다.

3.1. 양상

음성언어의 '동의 관계'는 둘 이상의 단어가 의미상으로 같은 동의어 및 비슷한 유의어로 대별된다. 『한국수화사전』(2005/2007: xi)에서는 "표현이 같은 수화를 동형어라 하였다. 동형어에는 동의어도 있고 동의어가 아닌 것도 있다.[5] 동형어는 '=' 기호를 앞세워 모두 보여주었다."[6]라고 명시하였다. 곧 이 사전에서는 음성언어의 동의어 또는 유의어를 폭넓게 해석하여 동형어 '=' 기호를 부여하고 동일한 수어 그림으로 기술하고 있다.[7] 음성언어의 동의어를 비롯하여 의미의 연관성을 지닌 수어의 동형어는 다음과 같이 6가지 양상을 띤다.

첫째, 음성언어에서 (13)과 같이 의미상으로 동일한 단어가 수어에서 동형어를 이룬 경우이다.

   (13) 가게=상점, 가면=탈, 가톨릭=천주교, 갈림길=기로, 걸상=의자, 겨레
      =동포, 국가=나라

둘째, 음성언어에서 (14)와 같이 의미상으로 비슷하지만, 내포 의미가

---

5 "동형어에는 동의어도 있고 동의어가 아닌 것도 있다."라는 표현은 중의적으로 읽힐 여지가 있으므로, "동형어에는 음성언어의 동의어도 있고 동의어가 아닌 것도 있다."로 보완해야 한다. 실제로 수어의 동형어에는 〈그림 21〉의 '광화문=우물', 〈그림 22〉의 '염소=성적·점수', 〈그림 23〉의 '파리=압수'와 같이 동의어가 아닌 보기도 있다.
6 이 사전에서 "동형어는 '=' 기호를 앞세워 모두 보여주었다."라는 기술은 예외를 드러낸다. 예를 들어, '광물'과 '금속'은 어원 정보가 〖쇠+여러 가지〗로 동형어이며, '식량=양식·음식'과 '먹을거리'는 어원 정보가 〖먹다+여러 가지〗로 동형어인데, '동형어(=)' 표시가 없다.
7 "동형어(=)는 동일한 수어 그림으로 실현된다."라는 집필 지침도 모두 지켜지지는 않는데, '계(契)〖돈을 거두는 것을 나타내는 동작〗=내기〖돈을 동시에 거는 것을 나타내는 동작〗'는 수어 그림이 다르다.

다르거나 문맥적 교체에 제약이 있는 단어가 수어에서 동형어를 이룬 경우이다. 예를 들어, 〈그림 13〉은 동형어 '토론=토의'이며, 〈그림 14〉는 동형어 '견디다=참다·인내·자제'이다.

(14) a. 교사=교원·스승, 상업=영업, 수료=졸업, 수집=채집, 수표=영수증, 잔=컵, 재판=심판, 전쟁=전투, 정리=정비, 진의=진리, 친가=친정, 토론=토의, 투구=철모
   b. 우리=저희
   c. 견디다=참다·인내·자제, 벗기다=까다, 가꾸다^2=꾸미다, 꾸다=빌리다, 얻다=받다
   d. 느리다=늦다, 유쾌하다=반갑다
   e. 그러니까=그래서·그러므로, 그런데=그러나·뒤엎다

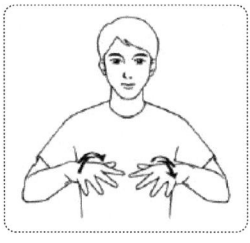 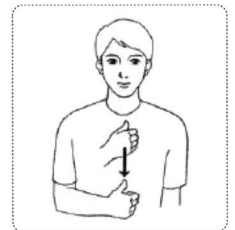

〈그림 13〉 '토론=토의'   〈그림 14〉 '견디다=참다·인내·자제'

셋째, 음성언어에서 (15)와 같이 개념을 공유한 둘 이상의 능동-피동, 주동-사동 관계의 단어가 수어에서 동형어를 이룬 경우이다.[8]

---

8   한편, 이 사전에서 '능동-피동' 관계의 '모으다-모이다', '보다-보이다' 등과 '주동-사동' 관계의 '맡다-맡기다', '먹다-먹이다', '알다-알리다', '숨다-숨기다' 등의 어례들은 동형어가 아니다.

(15) a. 떨다=떨리다
    b. 끓다=끓이다, 늘다=늘리다

넷째, 음성언어에서 동작이나 형용의 특징을 공유한 (16a)와 같이 '동사-명사', (16b)와 같이 '형용사-명사', (17c)와 같이 '형용사-동사', (17d)와 같이 '형용사-부사', (17e)와 같이 '부사-동사'가 수어에서 동형어를 이룬 경우이다. 예를 들어, 〈그림 15〉는 동형어 '닦다²=칫솔', 〈그림 16〉은 동형어 '둥글다=동그라미·원', 〈그림 17〉은 동형어 '그런데=그러나·뒤엎다'이다.

(16) a. 가르치다=교육, 가리키다=지적, 가물다=가뭄, 기대다=의자, 그리다²=미술·회화(繪畫), 꾸짖다=꾸지람, 남다=나머지, 넘다=건너, 닦다²=칫솔, 돋다²=아침, 던지다=투수, 듣다=소리·소식·청각, 뜨다¹=해돋이, 말하다=말·언어, 막다=수비·방어·방지, 먹다=식사, 묻다=질문·문의, 미끄럽다·순조롭다·능숙하다=기름², 밟다=발자국, 본(本)받다=모범, 부풀다=빵, 빨다²=빨래·세탁, 빼다=빼기, 쉬다=휴가·휴게·휴식·휴양, 쓰다³=모자, 쓸다=비¹, 씻다=비누, 앓다=병·질병·질환, 열다=문, 입다=복장, 지키다¹=경비(警備)·보초·수위, 짓다²=글짓기·작문, 쥐다=줌, 타다¹=불, 펴다=책·서적·도서(圖書), 훔치다=도둑·절도
    b. 검다=검정, 날카롭다·뾰족하다·예민하다=가시, 노랗다·누렇다=노랑, 덥다=더위, 독하다=독(毒), 둥글다=동그라미·원, 무성하다=숲·삼림, 따뜻하다·포근하다=남(南), 밝다·환하다=낮, 서늘하다·선선하다=바람, 시원하다=평화·화평, 젊다=청춘, 어둡다=밤², 저물다·지다¹=서(西), 차다⁴·춥다=추위·북(北), 짜다³=소금, 파랗다·푸르다=파랑·청색, 꼼꼼하다=깨·상세하다·세밀하다·자세하다·정밀·치밀하다, 희다=하양
    c. 밉다=미워하다

d. 길다=오래
e. 그런데=그러나·뒤엎다

〈그림 15〉
'닦다²=칫솔'

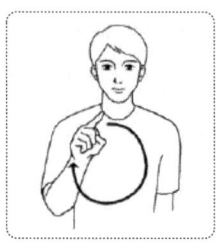
〈그림 16〉
'둥글다=동그라미·원'

〈그림 17〉
'그런데=그러나·뒤엎다'

다섯째, 음성언어에서 (17a)와 같이 '부분-전체', (17b)와 같이 인접성에 의한 속성의 '의미 연쇄', (17c)와 같이 '원인-결과'의 환유 관계를 형성한 단어들이 수어에서 동형어를 이룬 경우이다. 예를 들어, 〈그림 18〉은 '손목시계=시계', 〈그림 19〉는 '아편=중독·탐닉', 〈그림 20〉은 '가렵다=긁다'이다.

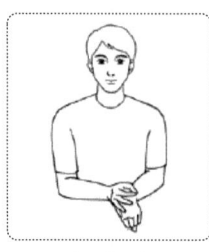
〈그림 18〉
'손목시계=시계'

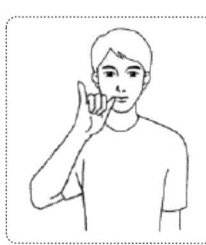
〈그림 19〉
'아편=중독·탐닉'

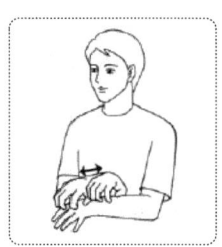
〈그림 20〉
'가렵다=긁다'

(17) a. 곤충=벌레, 기침·콧물=감기, 달걀·계란=알, 노래=음악, 말고삐=고삐, 제주도=섬, 손목시계=시계, 안색=혈색, 육상경주=경주, 잔디=풀², 짐승=동물, 차표=표(票), 책꽂이=책장·문고, 핸들=운전, 타자=야구, 프린터(printer)[1]=프린트(print)[1]

b. 가죽=살·고기, 꼬집다=강제(強制), 교문=개학, 거리=통행, 고객 =내빈·손님·초대, 공기=냄새·숨·호흡·생명, 단정하다=곧다· 똑바르다²·바르다·올바르다·점잖다, 동(東)=해·날·일(日), 보 수(報酬)=수납(收納), 분석=해석, 아마추어=올림픽, 아편=중독· 탐닉, 여우=교활

c. 가렵다=긁다, 꺾다=부러지다②, 때다=끓다·데우다·삶다

여섯째, 음성언어에서 (18)과 같이 의미상으로 관련성이 전혀 없는 단어가 수어에서 동형어를 이룬 경우이다. 수어에서 이들이 동형어인 것은 '어원 정보'와 관련되는데, 〈그림 21〉의 '광화문(光化門)·우물'의 어원 정보는 〖네거리를 구성하는 동작〗·〖글자 '井'(정)을 구성하는 동작〗의 닮음으로, 〈그림 22〉의 '염소·성적·점수'의 어원 정보는 〖염소의 수염을 나타내는 동작〗·〖성적 '갑(甲)'을 나타내는 동작〗의 닮음으로, 〈그림 23〉의 '파리·압수'의 어원 정보는 〖파리를 몰아 잡는 동작〗·〖압수함을 나타내는 동작〗의 닮음으로 동기화되어 있다. 그러나 이러한 어원 정보는 수어 공동체 간에 공유되기 어렵기 때문에, 적절한 맥락이 뒷받침되지 않으면 의사소통에 혼란을 가져올 수 있다.

(18) 광화문=우물, 염소=성적·점수, 파리=압수(押收)

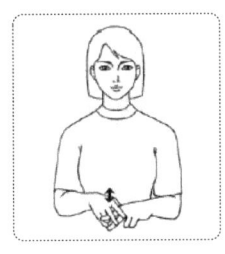
〈그림 21〉
'광화문·우물'

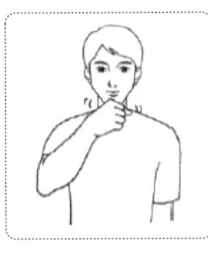
〈그림 22〉
'염소·성적'

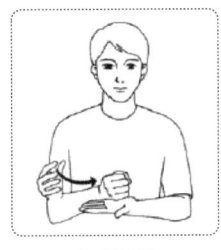
〈그림 23〉
'파리·압수'

3.2. 특성

음성언어의 동의 관계를 비롯하여 의미상 관련성을 가진 어례들이 수어의 동형어로 실현되면서 특이한 양상을 드러낸다.

첫째, 음성언어에서 (13)의 '가게·상점'처럼 동의어의 좋은 보기뿐만 아니라, (14)의 '견디다·참다'처럼 내포 의미가 다르거나 문맥적 교체에 제약을 갖는 유의어들이 수어에서 동일한 형태의 동형어를 이룬다.

둘째, 음성언어에서 의미 또는 개념을 공유하지만 (15)의 '능동-피동', '주동-사동'처럼 동사의 유형이 다르거나, (16)의 '동사-명사', '형용사-명사', '형용사-동사', '형용사-부사', '부사-동사'처럼 품사가 다른 어례들도 수어에서 동일한 형태의 동형어를 이룬다.

셋째, 음성언어에서 (17)의 '부분-전체', '의미 연쇄', '원인-결과'의 환유적 어례들이 수어에서 동형어를 이룬다.

넷째, 음성언어에서 의미상 관련이 없는 (18)의 어례들이 어원 정보가 닮음으로써 수어에서 동형어를 이룬다.

이상에서 음성언어의 다양한 어례들이 수어에서 동일한 형태의 동형어를 이루고 있다. 이러한 수어의 동형어는 동의어가 아닌데, 그 까닭은 동의어란 둘 이상의 형태가 다르면서 의미가 같은 단어이기 때문이다. 그러면 수어의 동의어는 구체적으로 무엇을 말하는가? 다음 세 가지 사례를 들기로 한다.

첫째, 표준 수어와 지역 방언의 수어 간에 수어의 동의어가 존재한다. 서도원(2007)에서는 『한국수화사전』(2005)과 충남 아산(온양) 지역의 수어 '15개 영역의 114개'를 비교 분석하였는데, 60.5%가 공통화된 어휘를 구성소로 포함하여 지역 변이의 특성을 나타내었다. 그 반면, 이 사전의 수어는 표현하고자 하는 대상을 부분적 및 특징적으로 나타내었으나 이 지역의 수어는 도상성이 두드러졌다고 하는데, 이러한 차이점은 두 집단의 어휘가 동의어가 됨을 뜻한다. 예를 들어, 〈그림 24〉에서 보듯이 '개'의 경우 이 사전에서는 〖두 귀의 동작〗인 반면, 아산(온양) 지역에서는 지역수어①〖'개'를 부르는 동작+팔뚝의 크기를 나타내는 동작〗·②비수지 신호〖혀로 아랫입술의 안쪽을 반복적으로 차고 내밈(약간 미소를 짓는 표정)〗이다(서도원 2007: 39, 105 참조).

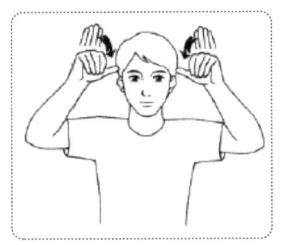 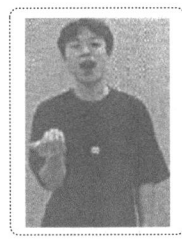 

〈그림 24〉 사전의 '개' 및 아산(온양) 지역의 '개'①·②

둘째, 남북한 수어는 방언 차이 이상의 다른 모습으로 실현되는데,[9] 이들의 대응은 동의어를 이룬다. '나무'에 대한 한국수어·북한손말은 〈그림 25〉와 같다. '나무'의 북한손말은 '나무^1'·'나무^2'로 나뉘는데, 왼쪽은 '줄기와 가지가 단단한 바탕으로 된 여러 해 사는 식물'이며, 오른쪽은 '재목이나 목재 혹은 땔나무'이다(『손말사전: 롱아학교용』 2005: 174)

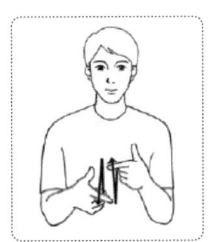 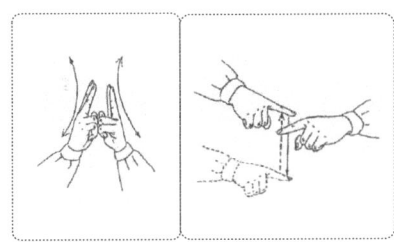

〈그림 25〉 '나무'의 한국수어·북한손말

---

9 영국영어(British English)와 미국영어(American English)는 음성언어를 공유하지만, 영국수어(BSL)와 미국수어(ASL)는 별개의 수어이다.

셋째, 앞에서 본 (6)-(8) 및 〈그림 6〉-〈그림 9〉의 '가득하다' '보호' '고무신' '콩나물'과 같이 하나의 단어에 2가지 다른 방식의 어원 정보에 바탕을 둔 별개의 수어 그림은 동의어를 이룬다.

요컨대 수어의 기준에서 볼 때 의미 또는 개념의 연관성에 의해 동형어가 폭넓게 성립되는데, 이것은 수어의 전형적이며 독자적인 특성이라 하겠다.

4. 대립 관계

여기서는 음성언어의 대립 관계에 기초하여 수어의 '반형어(反形語)'를 살피기로 한다.

4.1. 양상

음성언어의 '대립 관계'는 의미상으로 공통적인 속성을 많이 가지면서 한(두) 가지 현저한 속성이 다를 때 성립되는 의미 관계이다. 대립어는 '길다-짧다'와 같은 반의대립어, '남성-여성'과 같은 상보대립어, '위-아래'와 같은 방향대립어, '(제안-맛)기막히다'의 자기대립어로 대별된다(임지룡 2024a: 176-182 참조). 『한국수화사전』(2005/2007: xi)에서는 "표현이 반대가 되는 수화를 반형어라 하였다. 반형어에는 반의어도 있고 반의어가 아닌 것도 있다.[10] 반대가 되는 정도가 유사한 경우에도 반형어로 처리하였다. 반형어는 '↔'기호를 앞세워 모두 보여주었다."라고 명시하였다. 음성언

---

10 "반형어에는 반의어도 있고 반의어가 아닌 것도 있다."라는 표현은 중의적으로 읽힐 여지가 있으므로, "반형어에는 음성언어의 반의어도 있고 반의어가 아닌 것도 있다."로 보완해야 한다. 실제로 수어의 반형어에는 〈그림 31〉과 같이 '떠나다=헤어지다·이별·송별·작별↔가득하다②'와 같이 대립어 또는 반의어가 아닌 보기도 있다.

어의 대립 관계에 해당하는 반형어는 수어 그림이 대립적 형태로 나타나는 것으로, 다음의 5가지 양상을 띤다.

첫째, 수어 간에 공통성을 많이 지니면서 수형, 수동, 수위, 수향 가운데 하나의 차원에서 형태가 대립을 이루는 경우이다. (19a)의 상하, (19b)의 좌우, (19c)의 전후, (19d)의 내외, (19e)의 장단 대립은 원형적인 반형어로 방향적 은유를 지향한다(S. Wilcox & Occhino 2017: 106 참조). 예를 들어, 〈그림 26〉의 '밀물↔썰물'은 '바다'를 공유하면서 '수위의 높낮이'로 원형적 대립 관계를 이룬 반형어이다.

(19) a. 밀물↔썰물, 북(北)↔남(南), 비싸다↔싸다, 세우다↔헐다, 이기다↔지다[6], 이륙↔착륙, 타다[3]↔내리다[1]
　　 b. 왼쪽↔오른쪽, 오전↔오후
　　 c. 글피↔그끄저께
　　 d. 넣다↔꺼내다, 받다↔주다, 수입↔수출, 입다↔벗다
　　 e. 길다↔짧다

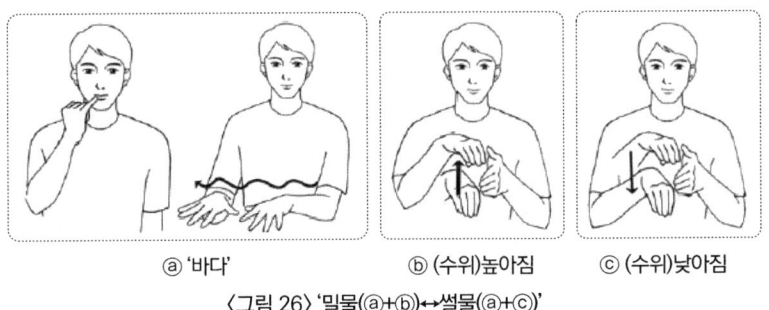

ⓐ '바다'　　ⓑ (수위)높아짐　　ⓒ (수위)낮아짐
〈그림 26〉 '밀물(ⓐ+ⓑ)↔썰물(ⓐ+ⓒ)'

둘째, 수어 간에 공통성을 지니지만, 수형, 수동, 수위, 수향의 차원에서 완전한 대립이 성립되지 않는 경우이다. (20)의 어례들은 원형적인 반형어에 비해 덜 좋은 보기에 해당하는데, 〈그림 27〉의 '가볍다↔무겁다', 〈그림

28〉의 '짝수↔홀수'에서 보는 바와 같다.

(20) 가볍다↔무겁다, 과거↔미래, 높다↔낮다, 알다↔모르다, 열다↔닫다, 입원↔퇴원, 전반↔후반, 짝수↔홀수

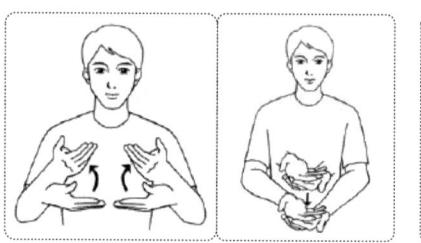
〈그림 27〉 '가볍다↔무겁다'

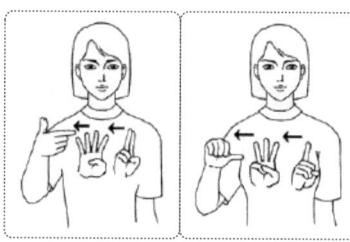
〈그림 28〉 '짝수↔홀수'

셋째, 수어 어휘들 간에 반형어('↔') 표시가 있지만 대립성이 약하거나 모호한 경우이다. 〈그림 29〉에서 보듯이 '매다↔풀다'를 비롯하여 (21a)는 대립성이 약한 주변적인 보기의 반형어이며, 〈그림 30〉에서 보듯이 '삼키다↔뱉다'를 비롯하여 (21b)의 반형어는 수어 그림 간에 대립성이 모호하다.

(21) a. 가깝다¹↔길다, 매다↔풀다, 속↔외부
    b. 내년=명년·이듬해↔작년, 내부=안·이내↔외부, 삼키다↔뱉다

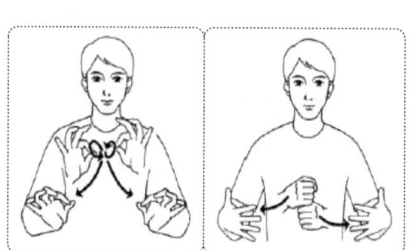
〈그림 29〉 '매다↔풀다'

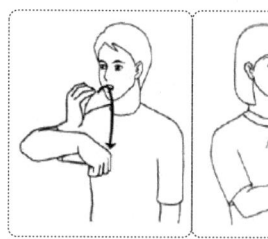
〈그림 30〉 '삼키다↔뱉다'

넷째, 음성언어에서 대립 관계가 아닌데, 수어 그림에서 반형어인 경우이다.[11] (22) 및 〈그림 31〉의 '떠나다'는 〖등지고 떠나는 동작〗이며, '가득하다 ②'는 〖모여 차는 것을 나타내는 동작〗인데, 이 사전에는 반형어('↔')로 기술하였다.

(22) 떠나다=헤어지다·이별·송별·작별↔가득하다②

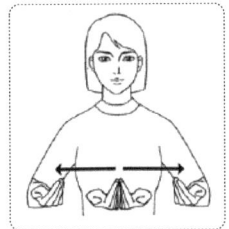 

〈그림 31〉 '떠나다=헤어지다·이별·송별·작별'↔'가득하다②'

다섯째, 음성언어에서 대립 관계이면서 수어의 형태가 반형어인데도 반형어('↔') 표시가 없는 경우이다. 〈그림 32〉에서 보듯이 '가로/세로'를 비롯하여 (23a)는 원형적인 반형어이며, 〈그림 33〉에서 보듯이 '얼다/녹다'를 비롯하여 (23b)는 덜 좋거나 주변적인 보기의 반형어이다.

(23) a. 가로↔세로, 곡선↔직선, 동생↔여동생, 동양↔서양, 미남↔미인, 소년↔소녀, 손자↔손녀, 식전↔식후, 신랑↔신부, 신사↔

---

11 다음 어례들은 음성언어에서 대립 관계인데, (이 사전의) 수어에서는 반형어가 아닌 경우이다: 가능/불가능, 가르치다/배우다, 가입/탈퇴, 강하다/약하다, 게으르다/부지런하다, 기쁘다/슬프다, 깊다/얕다, 깨끗하다/더럽다, 넓다/좁다, 녹다/얼다, 더위=덥다/추위=춥다, 맑다/흐리다, 맛없다/맛있다, 사다/팔다, 상/벌, 성공/실패, 쉽다/어렵다, 쓰다³/벗다, 앞/뒤, 조건/무조건, 좋다/나쁘다, 찬성/반대, 출근/퇴근, 크다/작다, 합격/불합격

숙녀, 아버지↔어머니, 아주머니↔아저씨, 앞↔뒤, 외조부=외할아버지↔외조모=외할머니, 완전↔불완전, 원고↔피고, 원시↔근시, 자격↔무자격, 진보↔퇴보, 차남↔차녀, 효자↔효녀

b. 기혼↔미혼, 긍정↔부정, 단점=결점↔장점, 대모↔대부, 얼다↔녹다

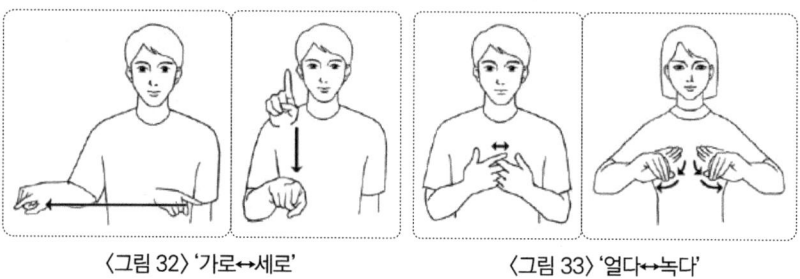

〈그림 32〉 '가로↔세로'   〈그림 33〉 '얼다↔녹다'

4.2. 특성

음성언어의 대립 관계와 관련하여 수어의 반형어는 3가지 측면에서 특징적인 모습으로 실현된다.

첫째, '반형어'는 수어 그림이 대립적 형태로 나타나는 것으로, (19)-(21)의 어례와 같이 대립의 정도에 따라 원형적인 보기에서부터 주변적인 보기에 이르기까지 정도성을 지닌다.

둘째, 수어의 '반형어'는 음성언어의 '대립어' 또는 '반의어'와 일치하지 않는다. 곧 '(주 11)'의 어례에서 보듯이 음성언어의 대립어가 수어에서는 반형어가 아닌 경우도 있고, (22)와 같이 그 반대의 경우도 존재한다. 전자의 경우 수어의 어원 정보가 다른 데서 반형어가 아님이 예정되어 있다.

셋째, 『한국수화사전』(2005/2007: xi)의 일러두기에 따르면 "반형어는 '↔'기호를 앞세워 모두 보여주었다."라고 하였지만, (23)과 같이 이 기준이 지켜지지 않은 사례들이 적지 않다.

5. 상하 관계

여기서는 음성언어의 상하 관계에 기초하여 수어의 '상위어'와 '하위어'를 살피기로 한다.

5.1. 양상

'상하 관계' 또는 '하의 관계'는 단어의 의미적 계층구조에서 한쪽이 의미상 다른 쪽을 포함하거나 다른 쪽에 포함되는 관계이다. 예를 들어, '동물-개-진돗개', '식물-나무-참나무'의 계층에서 '기본층위(basic level)'인 '개' 및 '나무'는 상위어 '동물' 및 '식물'의 하위어이며, 하위어 '진돗개' 및 '참나무'의 상위어이다(임지룡 2024a: 78-80, 200-202 참조). 수어의 상하 관계에서 주요 양상을 보면 다음과 같다.

먼저, 수어의 상위어는 하위어의 합성으로 이루어지는 경향성을 보이는데, 상위어는 하위어의 복합어로 이루어진다.

첫째, 상위어는 〈그림 34〉, 〈그림 35〉에서 보듯이 '가구' '악기'를 비롯하여 (24)와 같이 하위어에 해당하는 '원형적인 동작(장롱문을 여는 동작, 무치다, 홍보, 먹다, 작은 북을 두드리는 동작)+여러 가지'의 복합어로 이루어진다.

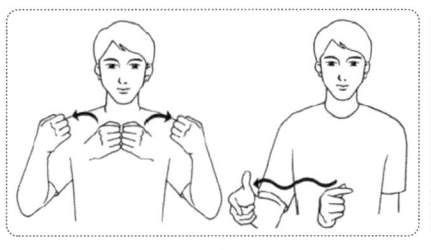
〈그림 34〉 '가구'

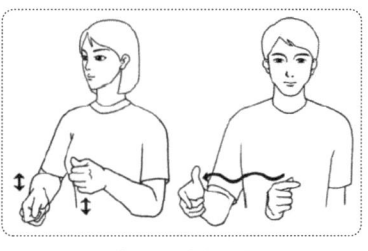
〈그림 35〉 '악기'

(24) 가구(家具)〖장롱문을 여는 동작+여러 가지〗, 나물〖무치다+여러 가지〗, 매스컴(mass com)〖홍보+여러 가지〗, 먹을거리=음식·식량·양식〖먹다+여러 가지〗, 악기〖작은 북을 두드리는 동작+여러 가지〗

둘째, 상위어는 〈그림 36〉, 〈그림 37〉에서 보듯이 '건물' '과일'을 비롯하여 (25)와 같이 하위어에 해당하는 '원형적인 구성원(집, 쌀, 사과, 쇠, 물건, 배추)+여러 가지'의 복합어로 이루어진다. 이 경우 '집, 쌀, 사과, 쇠, 물건, 배추'와 같은 원형적 구성원은 기본층위에 속한다.

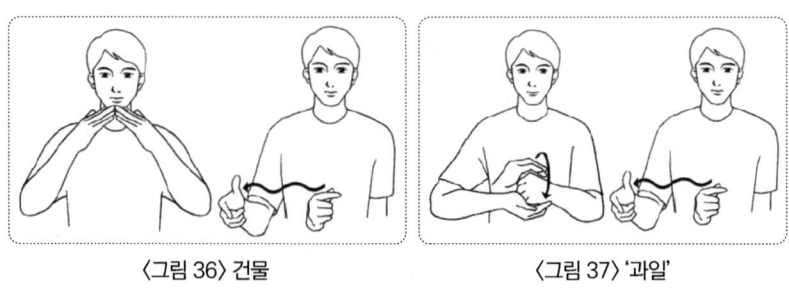

〈그림 36〉 '건물'   〈그림 37〉 '과일'

(25) 건물〖집+여러 가지〗, 곡식〖쌀+여러 가지〗, 과실(果實)=과일〖사과+여러 가지〗, 광물〖쇠+여러 가지〗, 금속〖쇠+여러 가지〗, 물자(物資)〖물건+여러 가지〗, 채소〖배추+여러 가지〗

이러한 경향성은 미국수어(ASL)에서도 마찬가지이다(Newport & Bellgui 1979: 230-236 임지룡 2017a: 246-247 참조). 〈표 1〉에서 보듯이 상위어 '악기·과일·연장·의복·가구·교통수단'은 기본층위에 해당하는 하위어의 합성으로 이루어지며, 〈그림 38〉은 상위어 '교통수단(vehicle)'이 하위어 '자동차+비행기+기차 등'의 합성임을 보여준다. '과일'에 대한 한국수어 〖사과+여러 가지〗와 미국수어 '사과+오렌지+바나나 등'을 대비해 보면 두 언어의 수어 실현 양상이 흥미롭다.

〈표 1〉 '하위어의 합성에 의한 미국수어의 상위어'

상위어	하위어
악기	클라리넷+피아노+기타 등
과일	사과+오렌지+바나나 등
연장	망치+톱+드라이버 등
의복	원피스+블라우스+바지 등
가구	의자+테이블+램프 등
교통수단	자동차+비행기+기차 등

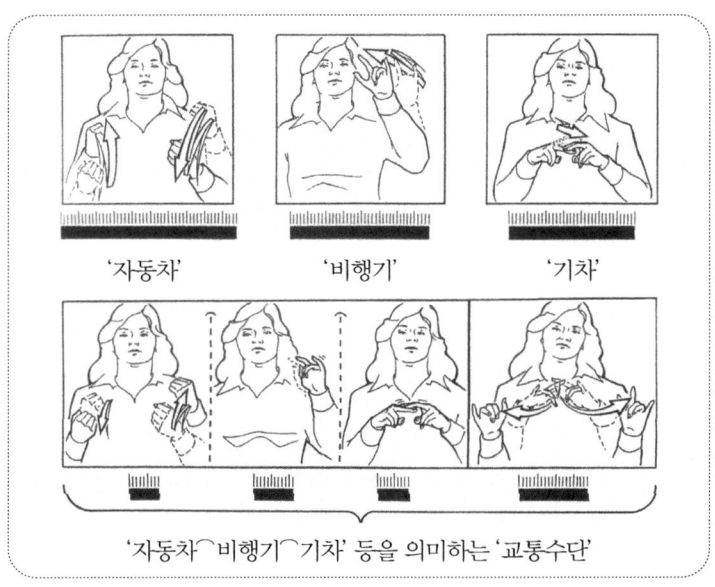

〈그림 38〉 하위어의 합성으로 이루어진 상위어 '교통수단'

셋째, 상위어는 〈그림 39〉에서 보듯이 '명암'을 비롯하여 (26)과 같이 하위어에 해당하는 한 쌍의 대립어 합성으로 이루어진다.

 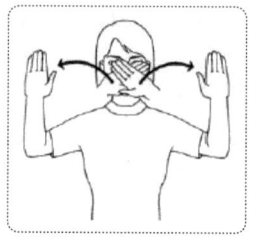 

〈그림 39〉 '명암' 　'밝다'　 '어둡다'

(26) 가감(加減)[모으다+빼다], 길이[길다+짧다], 남녀[남자+여자], 남북(南北)[①남(南)+북(北). ②따뜻하다+춥다], 높낮이[높다+낮다], 매매(賣買)[팔다+사다], 명암=[밝다+어둡다]=주야[밤+낮], 모녀[어머니+딸], 모자[어머니+아들], 부녀[아버지+딸], 부자[아버지+아들], 선악[좋다+나쁘다], 승패[이기다+지다], 자녀[아들+딸], 자매[언니+여동생], 장단=길이[길다+짧다], 좌우[왼쪽+오른쪽]

다음으로, 수어의 하위어는 (27)과 같이 상위어를 기준으로 형성되는 경향성을 보인다.[12] (27)의 어례들 가운데 (27a)는 〈그림 40〉에서 보듯이 '계절', (27b)는 '소·말·개·닭', (27c)는 '새', (27d)는 '꽃'과 같은 상위어를 공통으로 하위어가 형성된다.[13]

(27) a. 봄[계절+따뜻하다], 여름[계절+덥다], 가을[계절+바람], 겨울[계절+춥다]

---

[12] '부분 관계(meronymy)'는 단어의 계층구조에서 전체에 대한 부분의 관계를 가리키는데(임지룡 2024a: 211 참조), 수어에서 하위어가 상위어를 기준으로 형성되듯이 부분어는 전체어를 어근으로 해서 이루어진다. 예를 들어, 부분어 '교사(校舍)[학교+집]', '교기(校旗)[학교+기]', '교문(校門)[학교+문]' 등은 전체어 '학교(學校)'를 공유한다.

[13] '올챙이[개구리+헤엄치는 올챙이를 나타내는 동작]'는 (27b), '까치[까치 꼬리의 동작]' '제비[나는 제비를 나타내는 동작]'는 (27c)의 경향을 따르지 않는다.

b. 송아지[소+새끼], 망아지[말+새끼], 강아지[개+새끼], 병아리[닭+새끼]
  c. 까마귀[검정+새], 비둘기[편지+새], 종달새[봄+새], 참새[재잘거림을 나타내는 동작+새]
  d. 개나리[노랑+꽃], 무궁화[대한민국+꽃], 봉선화[손톱에 물들이는 동작+꽃], 장미[가시+꽃], 진달래[먹는 동작+꽃]

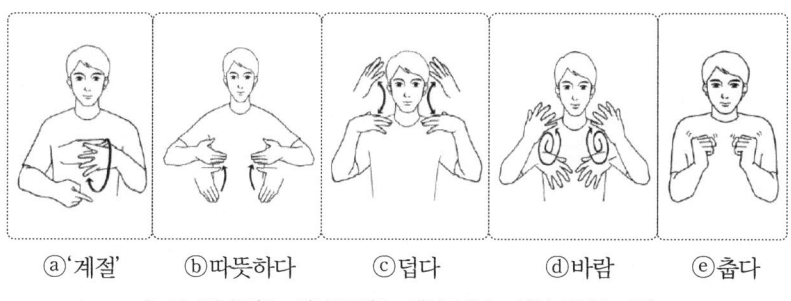

ⓐ '계절'   ⓑ 따뜻하다   ⓒ 덥다   ⓓ 바람   ⓔ 춥다

〈그림 40〉 '봄(ⓐ+ⓑ)' '여름(ⓐ+ⓒ)' '가을(ⓐ+ⓓ)' '겨울(ⓐ+ⓔ)'

5.2. 특성

음성언어와 관련하여 수어의 상하 관계는 특징적인 모습으로 실현된다. 일반적으로 수어의 형태는 그 어원 정보가 음성언어의 개념 차원에 바탕을 두고 있다. 곧 (24)-(25)의 상위어는 하위어의 원형적인 동작 및 기본층위 구성원과 그런 사례의 여러 가지를 결합하며, (26)의 상위어는 이항 대립의 두 하위어를 합성한 것이다. 한편, (27)의 하위어는 상위어에다가 개체의 특징적인 성질을 결합한 것이다.

요컨대 수어에서 상하 관계의 상위어와 하위어는 상호 관련성 속의 개념과 속성을 활용한다는 점에서 동기화되어 있다.

6. 마무리

이상에서 『한국수화사전』(2005/2007)의 수어 어휘를 대상으로 수어 의미 관계의 양상과 특성을 살펴보았다. 이제까지 논의한 바를 간추리고 남은 과제를 제시하면서 이 장을 마무리하기로 한다.

첫째, 의미 관계는 단어들이 의미나 개념상으로 상호 관련 속에서 위상과 기능을 확보하므로 음성언어뿐만 아니라 수어에서 중요한 비중을 차지한다.

둘째, 다의 및 동음이의 관계는 수어에서 특징적인 양상을 보인다. 즉 음성언어의 다의어에 속하는 유형은 의미 변이가 2-3개 국면으로 제한되며, 한 단어의 뜻풀이가 1개이고 어원 정보가 2개이면서 수어 그림이 2가지인 유형은 동의어에 해당하며, 음성언어의 다의어에 어깨번호를 붙이거나 동음이의어는 표제어를 달리하고 별개의 수어 그림으로 실현된다.

셋째, 수어에서 형태가 같은 동형어에는 음성언어의 동의어 및 유의어, 의미를 공유하지만 동사의 유형이 다르거나 품사가 다른 어례들, 환유적 어례들, 의미상 무관하지만 어원 정보가 닮은 어례들이 있는데, 이들은 동의어가 아니다. 수어의 동의어는 동일한 의미에 둘 이상의 형태가 다른 것으로 표준 수어와 지역 수어의 대응, 남북한 간의 수어, 음성언어의 다의어가 2가지 다른 방식의 수어 형태, 즉 그림을 갖는 경우이다.

넷째, 수어의 반형어는 대립의 정도에 따라 원형적인 보기에서 주변적인 보기에 이르기까지 정도성을 지니며, 음성언어의 '대립어' 또는 '반의어'가 수어에서 반형어가 아닌 경우도 있고 그 반대의 경우도 존재한다. 따라서 수어의 '반형어'는 음성언어의 '대립어' 또는 '반의어'와 일치하지 않는다.

다섯째, 수어의 상위어는 하위어의 원형적 동작 및 기본층위 구성원과 '여러 가지'를 결합하거나 이항 대립의 두 하위어를 합성하며, 하위어는 '상위어'와 '개체의 특징적 성질'을 결합한다. 수어와 음성언어의 상하 관계,

그리고 수어의 상위어와 하위어는 상관성을 띠며, 수어의 상위어와 하위어는 상호 동기화되어 있다.

이상에서 본 바와 같이 수어의 의미 관계는 음성언어의 '의미·개념'과 '형태'의 측면에서 닮은 점과 다른 점을 공유하는데, 수어의 측면에서 의미 관계의 독자적인 양상과 특성은 '고유한 형식의 언어'로서 수어가 지닌 특성의 일환이다. 이와 관련하여 앞으로 다음과 같은 두 가지 과제를 규명할 필요가 있다.

첫째, 의미 관계를 중심으로 음성언어와 수어의 교육, 통역, 사전편찬에 관심을 갖고 두 언어의 관련성에 관한 본질 규명 및 원활한 의사소통의 방안을 탐구하는 일이다.

둘째, 의미 관계를 중심으로 음성언어의 건청인, 수어의 농인, 그리고 이들 언어 각각을 기점으로 두 언어를 사용하는 건청인과 농인의 개념체계와 사고 과정에 관심을 갖고 그 양상과 특성을 탐구하는 일이다. 이것은 오늘날 인지언어학에서 언어의 보편성 가설뿐만 아니라, 언어 상대성 가설에 귀 기울이는 추세와도 무관하지 않다.

제7장 : 한중 수어의 대립어 양상 비교*

1. 들머리

이 장은 인지언어학적 관점에서 한중 수어에 나타난 대립어를 통해 수어에 반영된 개념적 구조의 특성을 밝혀보려는 데 목적이 있다. 아울러 언어 간 대조를 통해 문화권에 따른 수어의 공통성과 특이성도 함께 살펴보고자 한다. 이 장의 기본적인 틀인 인지언어학은 세상에 대한 우리의 경험과 우리가 세상을 인지하고 개념화하는 방식에 기초하여 '언어', '몸과 마음', '문화'의 상관성 규명을 추구한다(임지룡 2010: 10 참조). 즉 언어를 인간 '마음(mind)'의 산물로 간주하면서 인간의 인지적, 신체·경험적, 문화적 맥락에 의해 동기화되어 있다고 본다.

이와 같이 우리는 언어를 통해 개념적 체계의 작용 방식을 이해하게 되는데, 이 경우 '언어'는 음성언어뿐만 아니라 수어도 같은 맥락에서 적용된다.[1] 그런데 수어는 음성언어와 달리 수형(손의 모양), 수위(손의 위치),

---

* 이 장은 임지룡·석수영(2015). "한중 수어에 나타난 대립어의 양상 비교."(『현대문법연구』 85: 87-114. 현대문법학회.)의 내용을 깁고 더한 것임.
[1] 많은 연구자들은 수어가 도상적일 뿐만 아니라 언어 구조에서 상당히 환유적이면서 은유적이기도 하다는 사실을 입증하였다. 곧 음성언어에서 환유와 은유를 구조화하는

수동(손의 움직임), 수향(손의 방향), 그리고 비수지 기호(얼굴 표정 등 손 이외 다른 표지)를 사용하여 의사소통한다. 그럼에도 불구하고 수어에는 음성언어와 공통된 개념적 체계의 바탕 위에 그 기능을 수행하게 된다. 예를 들어, 음성언어에서 시간 개념과 관련하여 '과거'는 '뒤'에 있고, '미래'는 '앞'에 있다고 보면서 공간 개념과 관련지어 이야기한다. 마찬가지로 수어에도 이를 뒷받침하는 증거가 있다. '한국수어(Korean Sign Language, KSL)'와 '중국수어(Chinese Sign Language, CSL)에서 '과거'와 '미래', '以前(이전)'과 '以後(이후)'는 〈그림 1〉과 같이 표현된다.

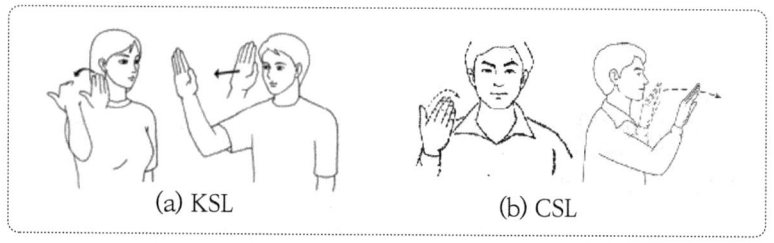

〈그림 1〉 '과거/미래'와 '以前/以後'

〈그림 1〉에서 보듯이, KSL과 CSL 모두 '과거·以前'은 '뒤로 넘기는 동작'으로 표현하고 있으며, '미래·以後'는 '앞으로 내미는 동작'으로 표현하고 있다. 수어의 지시 내용에 차이가 있지만, 과거를 뜻할 때는 '뒤'에, 미래를 뜻할 때는 '앞'에 있다고 보는 점에서는 음성언어와 공통된 개념적 구조를 지니고 있다.

한편, CSL에서 '과거'는 '以前(이전)'과 동일한 기호를 사용하고 있는 반면, '미래'에 대응하는 '將來'는 또 다른 양상을 보인다. 〈그림 2〉에서 '將來'는 '將'의 지문자(指文字) 'J'와 '來'의 기호로 사용하고 있다. 이와 같이 수어

동일한 원리가 수어에도 작용한다는 것인데, 이는 인간의 지각과 인지에 공통점이 있음을 의미한다(Dancygier & Sweetser 2014: 179-182 참조).

는 음성언어와 비교해 볼 때 음성언어와 유사한 특징을 지니고 있는 것도 있으며, 수어만의 고유한 특징도 지니고 있다.

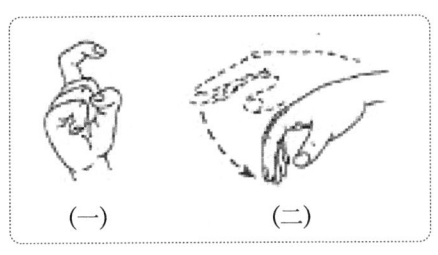

〈그림 2〉 CSL '將來'

이에 이 장에서는 이제까지 논의된 바 없는 한중 수어의 대립어를 중심으로 그 개념적 구조의 작용 양상과 의미 특성을 밝혀보기로 한다. 먼저, 논의의 대상을 선정하고 분석의 기제를 제시한다. 다음으로, 동일한 대립어가 한중 수어에 나타나는 양상을 검토하고, 그 의미 특성, 그리고 한중 수어의 공통점과 차이점을 대조함으로써 한중 수어에 반영된 개념적 차이를 규명하기로 한다. 이 과정에서 수어를 비롯한 언어의 구조와 의미 간의 도상성, 수어의 보편성과 문화 특정성이 드러날 것이며, 장차 한국과 중국의 수어를 대조언어학적 관점에서 연구할 수 있는 계기가 마련될 것이다.

2. 비교 대상 및 분석 기제

한중 수어의 비교 대상 목록을 설정하고 그 분석을 위한 기제로서 도상성과 개념적 비유에 대해 살펴보기로 한다.

2.1. 비교 대상

자연언어에 무수한 대립어가 존재하고 있는데, 이는 경험과 판단을 대립 관계로 파악하려는 인간의 보편적인 경향성에서 비롯된 것이라 할 수 있다 (임지룡 1989: 4, 1992: 157 참조). 이와 관련하여 구체적인 비교의 대상을 〈표 1〉과 같이 선정하기로 한다.

〈표 1〉 비교 대상 목록

한국어	길다/짧다, 높다/낮다, 깊다/얕다, 멀다/가깝다, 넓다/좁다, 굵다/가늘다, 두껍다/얇다, 크다/작다, 동/서, 남/북, 오른쪽/왼쪽, 앞/뒤, 위/아래, 안/밖
중국어	长/短, 高/低, 深/浅, 远/近, 宽/窄, 粗/细, 厚/薄, 大/小, 东/西, 南/北, 右/左, 前/后, 上/下, 內/外

〈표 1〉에 제시된 비교 대상은 대립어의 [+공간성] 성분을 바탕으로 한 것이다. 인간의 기본적인 인지 영역으로 '공간', '시간', '색채', '소리' 등이 있는데, 그 가운데 '공간'이 가장 기본적인 영역이다. 인간은 자신의 몸을 이용하여 공간 개념을 인지한다. 곧 신체 기관이 있는 쪽은 '앞/前', 신체 기관이 없는 쪽은 '뒤/後', 대칭되는 신체 기관의 두 방향은 '왼쪽/左'와 '오른쪽/右'로 인식한다. 그리고 중력에 의한 직립 자세에서 꼭대기 부분은 '위/上', 바닥 부분은 '아래/下'로 인지하게 된다.[2]

더불어 공간에 존재하는 특정 대상의 속성을 대립적으로 파악한 것이 '길다/짧다, 높다/낮다, 깊다/얕다, 멀다/가깝다, 넓다/좁다, 굵다/가늘다, 두껍다/얇다, 크다/작다', 그리고 '长/短, 高/低, 深/浅, 远/近, 宽/窄, 粗/

---

2   정수진(2010)에서는 공간 개념을 나타내는 국어의 어휘를 선정하고 유형화하여 각 유형이 구체화하는 기본적인 공간 개념의 체계를 원론적으로 분석한 바 있다.

細, 厚/薄, 大/小'이다. 이들은 모두 물리적 대상의 공간적인 속성을 표현하고 있는데, 1차원 공간 개념인 직선을 '길다/짧다' '높다/낮다'로, 2차원 공간 개념인 면적을 '넓다/좁다'로, 3차원 공간 개념인 부피를 '굵다/가늘다' '깊다/얕다' '두껍다/얇다'를 통해, 그리고 물리적 대상의 공간 점유량을 '크다/작다'를 통해 표현하며, 두 지점 사이의 거리는 '멀다/가깝다'를 통해 표현한다(임지룡 1984: 120-126 참조). 아래에서 이러한 기본적 공간 개념이 한중 수어로 어떻게 표상되는지 구체적인 양상을 살펴보고 그 의미 특성을 밝히기로 한다.

이를 위해 검토하는 수어 자료는 KSL의 경우 국립국어원 한국표준수화규범 제정 추진위원회(2005/2007)의 『한국수화사전』, CSL의 경우 『中國手語(修訂版)』(上・下)(中国聋人协会 편)을 대상으로 삼는다. 그리고 CSL의 경우 그림은 『中國手語』를 바탕으로 구성된 온라인 『星空手語詞典(수어 사전)』[3]에서 수집하되, 개정판과 다른 경우는 『中國手語(修訂版)』을 따르기로 한다.

2.2. 도상성과 개념적 비유

위의 비교 대상을 효율적으로 검토하기 위하여 인지언어학의 '도상성'과 '개념적 비유'의 기제를 사용하기로 한다. 이에 대한 기본적인 원리를 제시하면 다음과 같다(S. Wilcox 2007, 임지룡 2011, 임지룡・송현주 2015 참조).

먼저, '도상성(iconicity)'의 기제이다. 이는 언어의 중요한 특성 가운데 하나로서 언어의 구조(형식・형태)와 의미(내용・기능) 간에 존재하는 유사성을 말한다. 도상성은 (3)의 세 가지 측면으로 대별할 수 있다.

---

[3] http://www.xiazaiba.com

(3) 도상성의 세 가지 측면
    a. 언어의 형태와 그 형태가 나타내는 사물 간의 유사성
    b. 언어의 형태와 의미 간에 나타나는 유사성
    c. 언어 구조와 개념 구조 간의 유사성

이러한 유사성에 기초하는 도상성은 기호의 내용을 파악하는 데 한층 더 쉽고 효율적인 특징을 지니고 있다. 언어의 구조와 의미 간에는 양적·순서적·거리적 도상성이 내재되어 있는데,[4] 이러한 도상성은 효율성, 경제성, 자연성, 현저성 등에 대한 언어 사용자의 인지 경향성이 발현된 것으로써, 언어 공동체의 몸과 마음의 구조, 사회문화적 배경과 뿌리 깊은 상관성을 지니는 것이라 하겠다(임지룡 2004: 178-193 참조). 도상성은 수어의 두드러진 특징으로 확인된 바 있다. 예를 들어, 미국수어에서는 상위층위가 기본층위 신호의 합성으로 이루어진다(Newport & Bellugi 1979: 230-233, 임지룡 2011: 175-176, Murphy 2002: 214 참조). 〈그림 3〉과 같이 '교통수단(vehicle)'에 대한 수어는 '자동차(car)⌒비행기(airplane)⌒기차(train) 등'의 기본층위 신호의 연속체에 의해 표현된다.

〈그림 3〉에는 수어에 양적 도상성이 반영되어 있다. 즉 상위층위 '교통수단'은 '자동차', '비행기', '기차' 등 기본층위보다 더 많은 언어적 재료를 요구한다. 개념적 복잡성의 정도를 보면, 기본층위에 속하는 '자동차'나 '비행기', '기차' 등은 다른 층위에 비해서 '기본성'을 갖고 있으며, 머릿속에서 쉽사리 영상을 떠올릴 수 있으며, 최소의 인지적 노력을 필요로 하며, 인지적으로 가장 현저한 층위에 속한다. 무엇보다 우리의 신체적 경험에서 가장 친숙하다. 이에 형태적 복잡성과 개념적 복합성이 비례하는 경우로 도상적 '양의

---

4 '양적 도상성'은 개념의 복잡성 정도가 언어적 재료의 양과 비례하는 것이며, '순서적 도상성'은 시간적 순서나 우선성의 정도가 언어 구조에 반영된 것이며, '거리적 도상성'은 개념적 거리와 언어적 거리가 비례 관계를 형성하는 것을 가리킨다.

원리'가 적용된다고 하겠다. 기본층위에 속하는 '자동차', '비행기', '기차'를 개별적으로 보아도 도상성이 존재한다.[5] '자동차'는 기호가 의미하는 대상의 현저한 부분의 외형적 특징을 나타내며, '비행기'는 기호가 의미하는 대상의 기능적 특징을 나타내며, '기차'는 기호가 의미하는 대상을 인지 주체가 인지하는 지각적 특징을 나타낸다. 곧 수어의 형태와 의미 간에 형태적·기능적·지각적 유사성 등이 존재함을 확인할 수 있다.

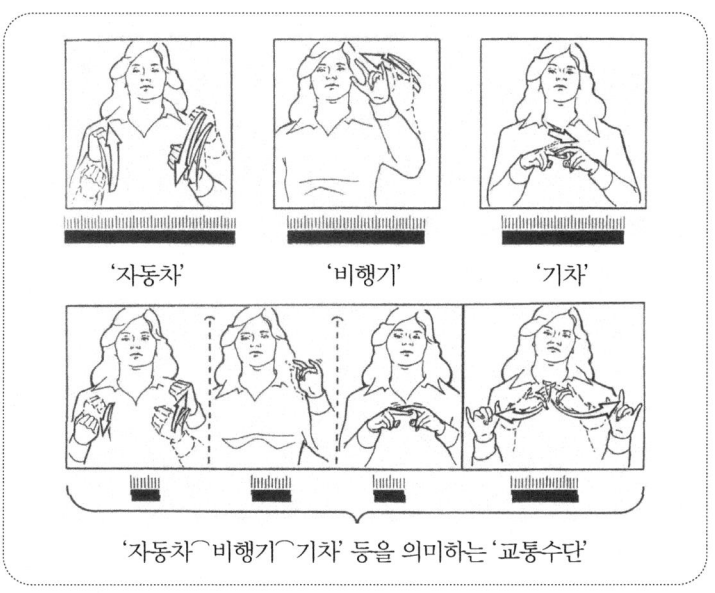

〈그림 3〉 기본층위를 활용한 상위층위 수어(Newport & Bellugi 1979: 232)

다음으로, '비유' 즉 '개념적 환유(conceptual metonymy)'와 '개념적 은유(conceptual metaphor)'이다. 인지언어학적 관점에 따르면, 인간의 개

---

5 수어는 음성언어와 달리 조음기관(얼굴, 손, 팔 등)의 움직임을 사용하여 사물의 움직임을, 조음기관의 공간관계에 의해 사물의 공간관계를 도상적으로 나타내도록 하는 장치가 자연스럽게 갖추어져 있다(Dancygier & Sweetser 2014: 180 참조).

념적 체계는 본질적으로 비유적이라고 한다. '환유'가 '인접성'에 바탕을 둔 것이라면, '은유'는 유사성에 바탕을 둔 것이다.

첫째, '개념적 환유'는 '은유'와 함께 개념적 차원에 속한다. '개념적 환유'는 '동일한 틀', '영역', '이상적 인지모형' 속의 한 개념적 요소나 실체(사물, 사건, 특성), 즉 '매체(vehicle)'가 다른 개념적 실체(사물, 사건, 특성), 즉 목표에 정신적 접근을 제공하는 인지 과정이다(Kövecses & Radden 1998: 39, Radden & Kövecses 1999: 17-21 참조).

한편, 환유의 작용 원리를 래내커(Langacker 1993: 6)에서는 '참조점 관계(reference-point relation)'로 설명하고 있는데, '참조점'은 지각상 덜 현저한 실체에 정신적 접근을 제공하는 현저한 개념적 실체를 가리킨다. 이것은 인간의 인지능력 가운데 하나인 환유적 능력에 의해 매체와 목표 간에 정신적, 심리적 접근이 이루어지는 것이라 하겠다. 환유적 인지 과정을 도식화하면 〈그림 4〉와 같다.

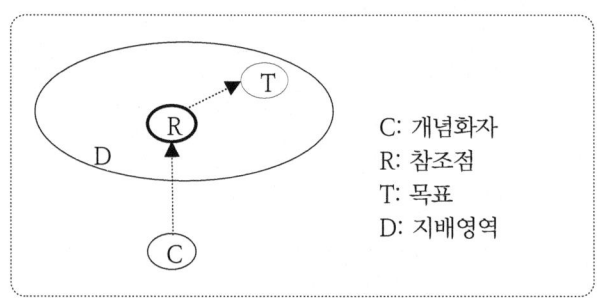

〈그림 4〉 참조점 관계(Langacker 1993: 6)

〈그림 5〉에서 매체의 선택은 언어마다 차이가 있다. 예를 들어, KSL, CSL에서 '나무'를 보면 '나무'의 부분으로 전체를 대신하여 표현하는 환유적 과정은 공통적이다. 그렇지만 매체의 선택에 있어서, KSL에서는 '뻗어 가는 나뭇가지'에 지각적 현저성을 부여하는 반면, CSL에서는 '나무줄기'에 지각

적 현저성을 부여하여 표현하고 있어 두 언어 간에 차이가 존재한다.

둘째, '개념적 은유'는 '근원 영역(source domain)'과 '목표 영역(target domain)'으로 구성되어 있는데, '근원 영역'은 익숙하고 구체적이어서 구조화된 경험인 반면, '목표 영역'은 낯설고 추상적이어서 구조화되지 않은 경험이다. '목표 영역'은 '근원 영역'에 의해서 개념화되는데, 두 영역 간의 '사상(mapping)'을 도식화하면 〈그림 5〉와 같다.

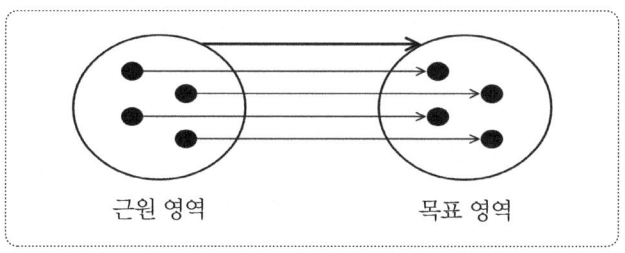

〈그림 5〉 개념 영역 간의 사상

개념적 은유는 수어에도 널리 퍼져 있다. 수어의 경우 KSL, CSL 모두 '생각'을 '머리 부분(관자놀이)'에 대고 표현하는데, 여기서 근원 영역은 '머리'에 해당하고, 목표 영역은 추상적인 '마음(mind)'에 해당한다. 이 과정에는 개념적 은유 "생각은 사물이다."가 내재되어 있다. 동일한 유사성에 바탕을 둔 '도상성'과 '은유'는 종종 동시에 존재하거나 '은유적 사상(metaphorical mapping)'에 의존한다(S. Wilcox 2007: 1117-1124 참조).

3. 한중 수어의 공간 속성 대립어 양상

여기에서는 한중 수어의 '공간 속성' 대립어를 중심으로 두 언어 간 수어에 나타난 대립적 양상을 통해, 수어에 반영된 인지 과정 및 개념 구조의 차이 등을 살펴보기로 한다. 이 경우 '공간 속성'은 물리적 대상이 차지하는 공간 점유량, 형태적인 특성에 따른 분류 등 공간적 속성 개념을 표현한 어휘들이다.

3.1. '크다/작다'와 '大/小'

'크다/작다', '大/小'는 대상의 외형적 길이, 넓이, 높이, 부피 따위가 보통 정도를 넘을 때는 '크다/大'로, 그 반대이면 '작다/小'로 표현한다. 곧 물체의 공간 점유량이 기준치에서 (+) 방향은 '크다/大', (-) 방향은 '작다/小'이다.[6] KSL과 CSL에서 '크다/작다', '大/小'는 〈그림 6〉과 같이 표현된다.

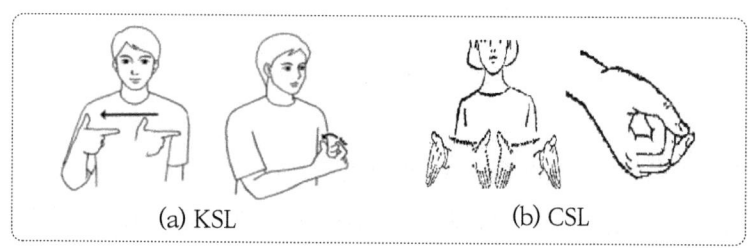

〈그림 6〉 '크다/작다'와 '大/小'

〈그림 6〉의 KSL에서는 지문자 'ㅋ'과 '매우'라는 기호로 '크다'를 표현하고 있으며, '작다'는 '오른 주먹의 1지(검지) 끝에 5지(엄지) 끝을 댔다가 튕겨 벌리는 동작'으로 표현하고 있다. 한편, CSL에서는 양 손바닥이 마주 보고 동시에 양옆으로 폭넓게 이동하는 동작으로 '大'를 표현하고 있으며, '小'는 엄지손가락을 새끼손가락에 대고 있는 동작으로 표현하고 있다.

---

6 임지룡(1984)에서는 '길다/짧다, 높다/낮다, 깊다/얕다, 멀다/가깝다, 넓다/좁다, 굵다/가늘다, 두껍다/얇다, 크다/작다'를 '공간감각어'로 분류하여 그 의미 특성을 분석한 바 있다.

〈그림 6〉을 보면, 두 언어 모두 다른 양상을 보이고 있다. KSL의 '크다'는 정도성에 초점을 부여하고 지문자에 '매우'라는 정도부사를 사용하여 표현하였으며, '작다'의 경우는 '적다'와 동일한 기호를 사용하고 있다. 이는 〈그림 7〉에서 보듯이 CSL에서 '少(적다)'의 기호와 같다. 즉 KSL의 '작다'와 '적다'는 CSL의 '少'와 동일한 기호를 사용하는 셈이다. 다시 말해, KSL에서는 '작다'와 '적다'가 동일한 기호를 사용하는 반면, CSL에서는 '小'와 '少'가 서로 다른 기호로 표현되고 있다.

〈그림 7〉 CSL '少'

한편, '크다'의 경우에도 주목되는 특징이 있다. 음성언어에서 '키(身長)'를 한국어에서는 '키가 크다'의 '크다'로 표현하고 있는 반면, 중국어에서는 '個高'의 '高'로 표현하고 있다.[7] 그 반면, 수어에서 KSL은 〈그림 8〉에서 보듯이 CSL의 '高'와 동일한 기호를 사용하고 있다. 이는 수어가 음성언어와 다른 특징을 지니고 있음을 뜻한다. '키'의 경우 몸의 길이에 대해 말하는 것이기 때문에 수어에서는 '높다'의 방식으로 이루어지고 있다. '크다'가 부피, 길이, 넓이 등을 두루 표현할 수 있는 점을 고려하면 음성언어에서 '키'는 '크다'로 표현하고 있지만, KSL과 CSL에서는 중국어의 '高'가 그 개념을 더 잘 드러내는 표현 방식이라 하겠다.

---

7 물론 '大个子(큰 키)/小个子(작은 키), 또는 '个子小(키가 작다)'라는 표현이 존재하지만, '个子大(키가 크다)'는 어색하다. 따라서 키의 경우 '高'가 더 전형적으로 사용된다.

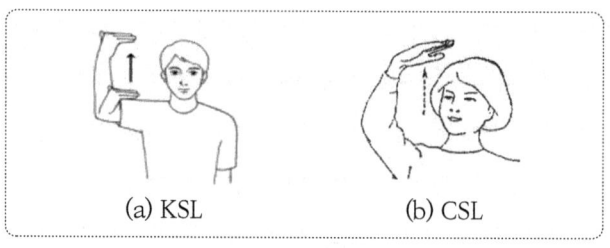

〈그림 8〉 KSL '(키) 크다'와 CSL '高'

3.2. '길다/짧다'와 '長/短'

'길다/짧다'와 '長/短'은 '선(線)' 또는 직선이 수평 방향으로 차지하는 공간의 크기 개념인 길이와 관련되어 기준점에서 (+) 방향에 '길다/長', (-) 방향에 '짧다/短'가 있다.[8] KSL과 CSL에서 '길다/짧다', '長/短'은 〈그림 9〉와 같이 표현된다.

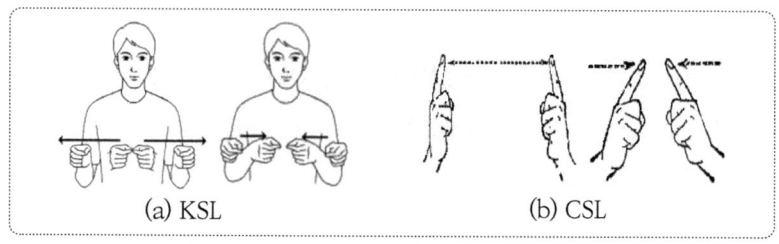

〈그림 9〉 '길다/짧다'와 '長/短'

〈그림 9〉의 KSL에서는 '닿아있던 두 지점이 양옆으로 벌어지는 동작'으

---

[8] 정수진(2010: 98)에서는 사물의 선(線)이 수직 또는 수평 방향으로 차지하는 공간의 크기 개념인 길이는 '길다, 짧다, 높다, 낮다'를 통해 표현되고, '면(面)'이 차지하는 공간의 크기 개념인 넓이는 '넓다, 좁다'를 통해, '입체적 사물(立體)'에 차지하는 공간의 크기 개념인 부피는 '굵다, 가늘다, 깊다, 얕다, 두껍다, 얇다'를 통해 표현되며, 두 사물이 공간적으로 멀어진 길이의 개념인 거리는 '멀다, 가깝다'를 통해 표현된다고 한 바 있다.

로 '길다'를 표현하고 있으며, '좌우에서 중간으로 접근시켜 맞대는 동작'으로 '짧다'를 표현하고 있다. 한편, CSL에서는 '마주 향하는 두 지점이 양옆으로 벌어지는 동작'으로 '長'을 표현하고 있으며, '양옆에서 중간으로 접근시켜 맞대는 동작'으로 '短'을 표현하고 있다.

두 언어의 수형(手形)은 다르지만 수동(手動)은 동일하다. 그리고 KSL, CSL 모두 직선이 차지하는 공간의 크기 개념인 길이를 수평 방향으로 표현하고 있으며, (+) 방향에 속하는 것이 척도 길이가 길고, (-) 방향에 속하는 것이 척도 길이가 짧음을 나타내고 있는 점에서 공통적이다. 차이점은 KSL에서는 '길다'가 '닿아있던 두 지점이 벌어지는 동작'으로 표현하는 반면, CSL에서는 '닿아있던 두 지점'이 아니라 '마주 향하는 두 지점'이라는 점이다. 이는 곧 전체 사건과 부분으로 이루어지는데, 초점을 부여한 부분이 두 언어 간에 차이가 있음을 의미한다.

3.3. '높다/낮다'와 '高/低(矮)'

'높다/낮다'와 '高/低(矮)'는 직선이 수직 방향으로 차지하는 공간의 크기 개념인 길이와 관련되어 기준점에서 (+) 방향에 '높다/高', (-) 방향에 '낮다/低(矮)'가 있다. KSL과 CSL에서 '높다/낮다', '高/低(矮)'는 〈그림 10〉과 같이 표현된다.

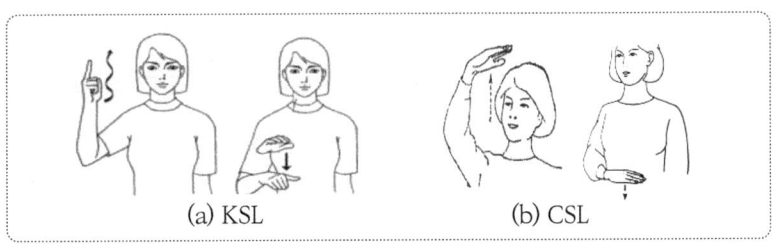

〈그림 10〉 '높다/낮다'와 '高/低(矮)'

〈그림 10〉에서 '머리 위로 올리는 동작'으로 '높다/高'를, '낮추는 동작'으로 '낮다/低(矮)'를 표현하고 있으며, 모두 직선이 차지하는 공간의 크기 개념인 길이를 수직 방향으로 표현하고 있는 점이 공통적이다. 그렇지만 수동(手動)이나 수위(手位)에서 약간의 차이가 있다. KSL에서 '높다'는 나선형으로 올리는 동작을 취하고 있는 반면, CSL는 그렇지 않다. 그리고 '낮다'의 경우 KSL에서는 '가슴 앞'에서 낮추는 것이지만, CSL에서는 '腹(배)'에서 낮추는 것이라는 점에서 수위에 차이가 있다.

3.4. '넓다/좁다'와 '宽/窄'

'넓다/좁다'와 '宽/窄'은 '면(面)' 또는 넓이와 폭이 차지하는 공간의 개념과 관련되어 기준치에서 (+) 방향에 '넓다/宽', (-) 방향에 '좁다/窄'가 있다. KSL과 CSL에서 '넓다/좁다', '宽/窄'은 〈그림 11〉과 같이 표현된다.

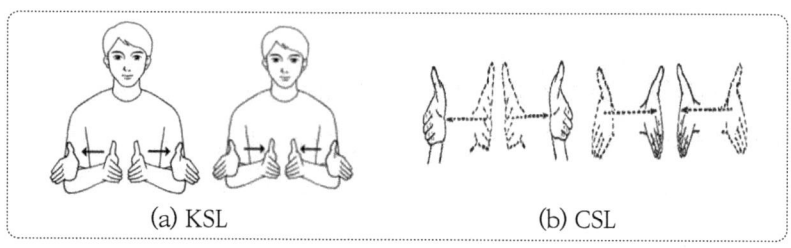

〈그림 11〉 '넓다/좁다'와 '宽/窄'

〈그림 11〉에서 KSL, CSL 모두 같은 방식, 즉 '손끝이 밖으로 향하고 두 손을 마주보게 하여 양옆으로 벌리거나 좁히는 동작'으로 '넓다/좁다'와 '宽/窄'를 표현하고 있다. 다시 말해 '면'이 차지하는 공간의 개념과 관련되어 두 언어 모두 동일한 기호를 사용하고 있다. 이는 한중 수어 사용자 간에 공통된 개념 구조가 존재하고 이를 언어적으로 표현하는 방식도 동일함을 알 수 있다. CSL의 경우 '宽'은 〈그림 6〉의 '大'와 거의 동일한데, '宽'의

경우 폭이 '大'보다 상대적으로 좀 작다는 점에 차이가 있다.

3.5. '굵다/가늘다' 와 '粗/细'

'굵다/가늘다'와 '粗/细'는 3차원에 속하는 부피 개념을 표현한 것으로 입체물의 직경이 기준치에서 (+) 방향은 '굵다/粗', (-) 방향은 '가늘다/细'이다. KSL과 CSL에서 '굵다/가늘다', '粗/细'는 〈그림 12〉와 같이 표현된다.

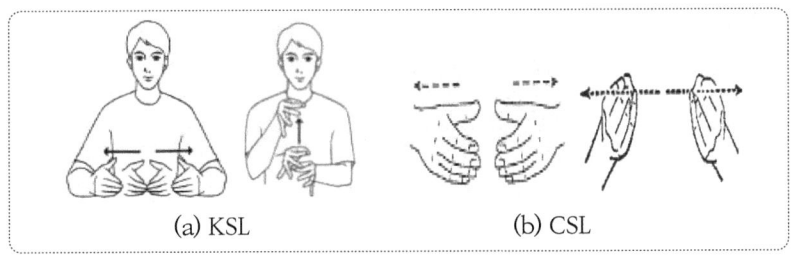

〈그림 12〉 '굵다/가늘다'와 '粗/细'

KSL에서 '굵다'는 '굵기를 가늠하는 동작(굵은 물체를 잡았을 때의 손의 모양)으로서, 두 손을 펴서 손끝이 마주 보게 하여 양옆으로 벌리는 동작'으로 표현하고 있다. 그 반면, '가늘다'는 '왼손, 오른손의 1·5지 끝을 맞대어 동그라미를 만들어 놓고, 오른손을 왼손의 1·5지 위에 올려놓았다가 위로 높이 올리는, 곧 가는 것을 구성하는 동작'으로 표현하고 있다. 즉, '굵다'는 넓이에 초점을 두어 수평 방향으로, '가늘다'는 길이에 초점을 두어 수직 방향으로 동작이 이루어지고 있다.

한편, CSL에서 '粗'는 KSL과 같은 방식으로 표현하고 있는데, '细'는 '엄지손가락과 새끼손가락을 붙이고 중간에서 양옆으로 벌리는 동작'으로 물체의 가늚을 표현하고 있다. KSL과의 차이점은 CSL에서는 '细'도 수평 방향으로 벌리는 것으로 표현하고 있어 KSL과는 달리 '粗'와 수향(手向)에서 대립적인 속성이 일치하게 유지되고 있음을 알 수 있다. 음성언어와 비교해 보면, 예를 들어, '기둥'이나 '나무줄기' 따위에 대해서 얘기하기 때문에 '가늘다'의 경우가 KSL에서 수직으로 표현된 것도 유연성이 있다고 하겠다.

3.6. '깊다/얕다'와 '深/淺'

'깊다/얕다'와 '深/淺'은 어떤 대상의 내부로 파고 들어가는 깊이의 정도가 기준면에서 (+) 방향이면 '깊다/深', (-) 방향이면 '얕다/淺'이다. 모두 '겉에서 속까지의 거리 또는 길이'가 길거나 짧음을 나타낸다. KSL과 CSL에서 '깊다/얕다', '深/淺'은 〈그림 13〉과 같이 표현된다.

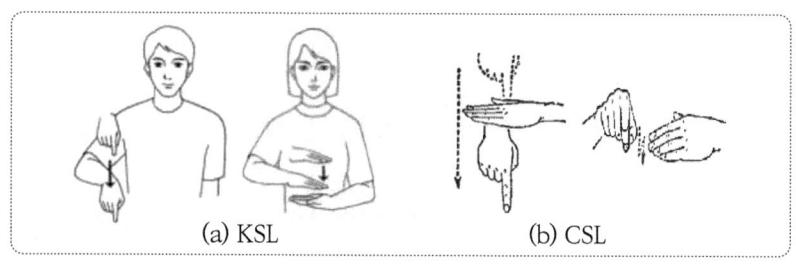

〈그림 13〉 '깊다/얕다'와 '深/淺'

KSL, CSL 모두 척도의 길이가 긴 것과 짧은 것으로 표현하고 있으며, 수직 방향으로 표현하고 있다는 점이 동일하다. KSL에서 '깊다'는 '1지를 펴서 끝이 아래로 향하게 하여 내리는 동작'으로 표현하고 있으며, '얕다'는 '바닥에 가까이 이르는 동작, 곧 손바닥이 위로 손끝이 오른쪽으로 향하게 편 왼 손바닥 위에서, 손바닥이 아래로 손끝이 왼쪽으로 향하게 편 오른손을 내리다 멈추는 동작'으로 표현하고 있다.

한편, CSL에서 '深'은 '왼손의 손바닥이 아래로 손끝이 오른쪽으로 향하게 펴고, 오른손 검지의 손끝이 아래로 향하게 하여 내리는 동작'으로 표현하고 있으며, '淺'은 '왼손의 손바닥이 아래로 손끝이 오른쪽으로 향하게 하고, 오른손 엄지와 검지를 붙인 다음 왼쪽 손가락의 손끝에서 아래로 톡톡 치는 동작'으로 표현하고 있다. 차이점은 KSL에서 '깊다'는 어떤 기준점을 뜻하는 수형이 없으며, '얕다'는 '왼손'으로 '바닥'을 뜻하는 수형이 존재한다. 반면, CSL에서는 '바닥'을 뜻하는 수형이 존재하지 않으며, '深', '淺' 모두 어떤 기준점을 뜻하는 수형이 수반되어 있다는 점이다.

수면에서 물밑으로 파고 들어가는 거리가 길거나 멀면 '수저(水底)', 즉 '물밑'이 보이지 않게 되고, 얕으면 물밑이 보이게 된다. 그리고 어떤 대상의 내부로 파고 들어가는 손이 닿지 못할 만큼 깊이가 있으면 바닥이나 아랫면을 접촉할 수 없지만, 거리가 멀지 않으면 손이 닿게 된다. 이러한 일상적인 경험이 KSL에서 '얕다'가 보이는 '바닥'을 왼손으로 표현하며, CSL에서 마치 손이 바닥을 톡톡 칠 수 있는 정도의 거리를 보여주는 듯 특정 동작으로 '淺'을 표현한다고 하겠다.

3.7. '두껍다/얇다'와 '厚/薄'

'두껍다/얇다'와 '厚/薄'는 입체의 두께가 기준치에서 (+) 방향이면 '두껍다/厚', (-) 방향이면 '얇다/薄'이다. KSL과 CSL에서 '두껍다/얇다', '厚/薄'은 〈그림 14〉와 같이 표현된다.

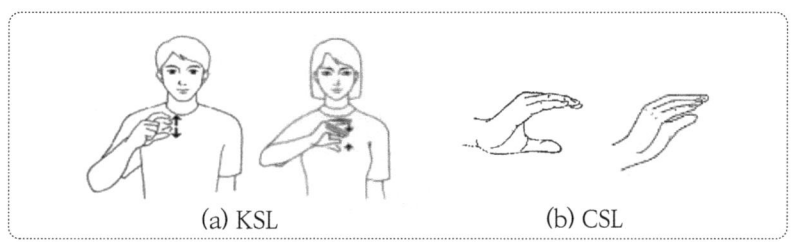

〈그림 14〉 '두껍다/얇다'와 '厚/薄'

〈그림 14〉에서 두께를 나타내는 동작으로 KSL에서 '두껍다'는 '1지, 5지를 펴서 약간 오므렸다가 벌리는 동작'으로 표현하고 있으며, '얇다'는 '가슴 앞에서 1·2·3·4지와 5지 사이를 좁히는 동작'으로 표현하고 있다.

CSL도 유사한데 다른 점은 '厚'는 '1·2·3·4지와 5지 사이를 5cm 간격을 두고 벌리는 동작'으로 표현하고 있으며, '薄'는 '1·2·3·4지와 5지 사이를 1cm 간격으로 좁히는 동작'으로 표현하고 있어 수형(手形)이 '얇다'와 '薄'의 경우 차이가 있다. 그리고 CSL에서 '厚'는 '두껍다'와 달리 '약간 오므리는 동작'이 없다. 부피나 두께를 표현하는 정도가 크고 작음은 두 언어 간에 유사하나 수형이 다른 것이 있으며, KSL에서 '두껍다'는 또 한 번 오므리는 동작이 있다는 점에서 차이가 있다.

3.8. '멀다/가깝다'와 '遠/近'

'멀다/가깝다'와 '遠/近'은 두 지점 사이의 거리가 한쪽 지점을 바탕으로 하여 기준점에서 (+) 방향이 '멀다/遠', (-) 방향이 '가깝다/近'이다. KSL과 CSL에서 '멀다/가깝다', '遠/近'은 〈그림 15〉와 같이 표현된다.

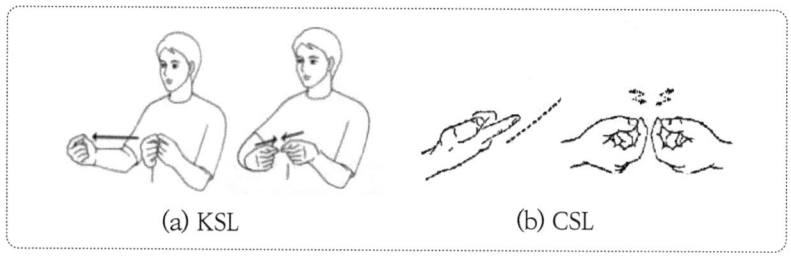

〈그림 15〉 '멀다/가깝다'와 '遠/近'

KSL에서는 '두 지점이 마주 댔다가 오른손을 밖으로 내밀면서 벌어지는 동작' 또는 '두 지점을 접근시켜 맞대는 동작'으로 '멀다', '가깝다'를 표현하고 있다. 한편, CSL에서도 '엄지를 검지에 붙이고 앞을 향하여 이동하는 동작'으로 '遠'을 표현하고 있으며, '近'은 KSL의 '가깝다'와 동일한 방식으로 표현하고 있다.

두 언어의 차이점을 보면, KSL에서는 '멀다'가 마주 댔다가 벌어지는 것으로 CSL과 다르다. 그리고 CSL는 '앞'으로 이동하는 반면, KSL에서는 '밖'으로 내민다. 이는 '몸'의 이동과 관련되어 있지만 세부적으로 차이가 있는데, KSL은 '몸'을 '그릇'으로 간주하되 '몸'의 '안-밖'으로 '멀다'를 이해하는 반면, CSL에서는 '몸'을 '그릇'으로 간주하되 '몸'의 '앞-뒤'로 '遠'을 이해하고 있어 개념화 방식이 다르다고 하겠다.

3.9. 한중 수어 공간 속성 대립어의 특성

위에서 기술한 '공간 속성'의 한중 수어 간 대립어 양상에 반영된 개념적 구조의 특성, 즉 문화권에 따른 수어의 공통성과 특이성을 살펴보면 다음과 같다.

첫째, 수어 구조와 개념 구조는 닮아 있다. 예를 들어, '공간 속성'의 대립어인 '길다/짧다'와 '長/短'을 보면 '선'이 차지하는 공간의 크기 개념은 '길다>짧다', '長>短'이다. 이는 〈그림 9〉에서 보았듯이, 수어에도 그대로 반영되어 있다. 또한, '넓다/좁다', '寬/窄'를 보면 '면'이 차지하는 공간의 크기 개념은 '넓다>좁다', '寬>窄'이다. 이는 〈그림 11〉에서 보았듯이, 수어에도 그대로 반영되어 있다. 곧 '개념 구조 ⇄ 수어 구조'의 대응 과정을 확인할 수 있는데, 이는 수어도 음성언어와 공통된 개념적 체계의 바탕 위에 그 기능을 수행함을 뜻한다.

둘째, 수어에 도상성과 은유가 존재한다. KSL의 '길다/짧다'를 통해 도상적 사상 관계를 〈그림 16〉과 같이 도식화할 수 있다. 이는 CSL의 '長/短'도 마찬가지이다.

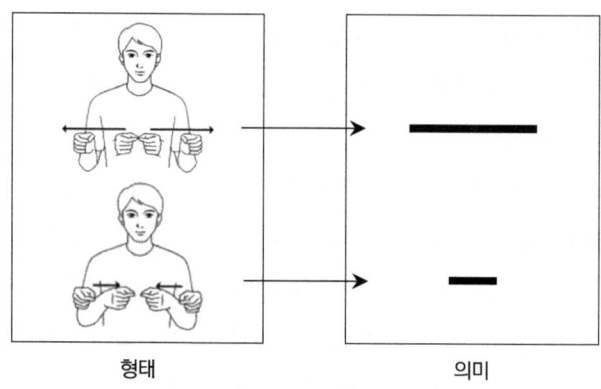

〈그림 16〉 '길다/짧다', '長/短'의 도상적 사상

〈그림 16〉은 유사성에 바탕을 둔 도상성과 은유가 동시에 존재함을 알 수 있다. 개념적 거리와 수어의 구조 간에 거리적 도상성이 존재한다. 물론 공통된 개념 구조가 한중 수어에 표상되는 방식이 차이가 있거나 다를 수 있으며, 유기적인 관계나 근거를 찾기 어려운 것도 있다. 그럼에도 불구하고 수어의 구조와 의미 간에 도상성과 은유가 존재한다는 것은 수어도 음성언어와 같이 수어 구조에 효율성, 경제성, 자연성, 현저성 등 인지적 경향성이 반영됨을 의미한다.

셋째, 수어는 기본적으로 시각언어의 특성상 수형, 수위, 수동, 수향 등 '수어소(chereme)'를 통해 관련 내용을 대신 표현하는 것으로 환유에 기반을 두고 있다. 다만 매체의 선택에서 언어마다 차이가 있어 관련 수어가 다르게 실현되는 것이다. 수어에 도상성, 은유, 환유가 동시에 존재하거나 복합적으로 작용한다.

음성언어와 달리 수어는 '가역성(reversivility)'[9], 즉 형식적으로 서로 대

---

9   '가역성(reversivility)'은 수어의 특징으로 대개 반의어에서 관찰할 수 있으며(석동일 1989: 37 참조), '주다/받다' '순종하다/불순종하다'처럼 수동의 대립에 의한 반의어이다(이준우·남기현 2014: 295 참조).

칭성의 대립어쌍을 만드는 양상을 드러낸다. 이 역시 도상성이 반영된다. 즉 형태가 다르면 의미도 달라지는 도상성을 인식할 수 있다. '공간 속성'의 대립어를 언어별로 그 특성을 살펴보면 〈표 2〉와 같다.

〈표 2〉 수어소에 따른 의미 차이

	한	중
수향에 따른 의미 차이	길다/짧다, 높다/낮다, 넓다/좁다	長/短, 高/低, 宽/窄
수위에 따른 의미 차이	-	厚/薄
수형에 따른 의미 차이	-	粗/細

〈표 2〉에서 보듯이, 수향에 따른 의미 차이가 현저하다는 점에서 두 언어가 동일하다. 한편 CSL에서는 수위나 수형에 따라 의미가 달라지는 '厚/薄', '粗/細'가 있다. 나머지는 여러 수어소가 같이 결합하여 작용하거나 서로 다른 양상을 보이고 있는데 대체로 공통된 개념적 체계를 갖고 있음이 확인된다.

넷째, 한중 수어에서 공간 개념화의 공통성과 차별성을 살펴보면 공통적으로 표현된 대립어는 '길다/짧다'와 '長/短', '넓다/좁다'와 '宽/窄', '굵다'와 '粗'가 있고, 완전히 다르게 표현된 대립어는 '크다/작다'와 '大/小'가 있다. 나머지는 대체로 공통된 개념적 구조를 지니고 있지만, 수어로 실현된 방식이 다소간의 차이점을 드러낸다. 이는 '공간'이 가장 기본적인 인지 영역으로 문화 간 보편성을 지니고 있음을 의미한다.

4. 한중 수어의 공간 방위 대립어 양상

여기에서는 한중 수어의 '공간 방위' 대립어를 중심으로 두 언어 간 수어에 나타난 대립적 양상을 통해, 수어에 반영된 인지 과정 및 개념 구조의 차이 등을 살펴보기로 한다. 이 경우 '공간 방위'는 글자 그대로 방위에 대한 개념을 표현한 어휘들이다.

4.1. '동/서'와 '東/西'

'동/서'와 '東/西'는 아래에서 살펴보게 될 '남/북' 및 '南/北'과 마찬가지로 지리적 위치, 또는 공간 방위를 나타내는 개념의 언어적 표현들이다. KSL과 CSL에서 '동/서', '東/西'는 〈그림 17〉과 같이 표현된다.

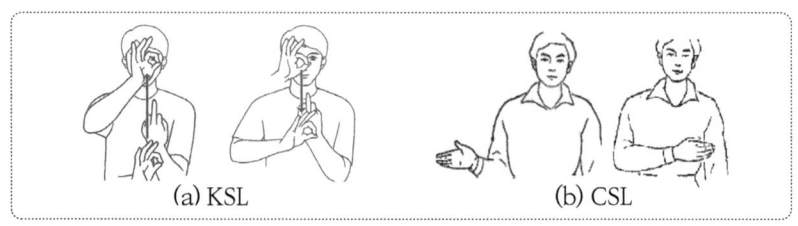

〈그림 17〉 '동/서'와 '東/西'

〈그림 17〉에서 KSL의 '동'은 '해가 떠오르는 동작'으로, '서'는 '해가 떨어짐을 나타내는 동작'으로 표현하고 있다. 한편, CSL의 '東'은 '손바닥을 펴서 손끝이 오른쪽을 향하는 동작'으로, '西'는 '손바닥을 펴서 손끝이 왼쪽을 향하는 동작'으로 표현하고 있다. 물론 수형도 다르지만, 수동 및 수향이 KSL에서는 '위-아래'로, CSL에서는 '오른쪽-왼쪽'으로 이루어짐으로써 대립어가 성립되는데 수동 및 수향이 두 언어 간에 차이가 있다. 그리고 KSL에서는 해가 동쪽에서 뜨고 서쪽으로 지는 자연현상 또는 자연법칙에 바탕을 두고 기호화된 반면, CSL에서는 지도에서 표기된 방위, 즉 위는 북쪽(上北), 아래는 남쪽(下南), 왼쪽은 서쪽(左西), 오른쪽은 동쪽(右東)이라는 관습적 지식에 근거하여 기호화되었다. 이에 '남/북'과 '南/北'도 〈그림 18〉에

서 보는 바와 같이 다르게 표현된다.

4.2. '남/북'과 '南/北'

'남/북'과 '南/北'은 KSL과 CSL에서 〈그림 18〉과 같이 표현된다.

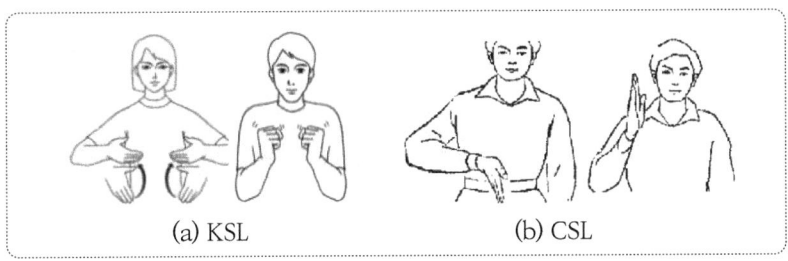

〈그림 18〉 '남/북'과 '南/北'

KSL의 '남'은 '따뜻하다'의 수어와 같은 기호로, '북'은 '춥다'와 같은 기호로 표현하고 있다.[10] CSL의 '南'은 일관되게 '손바닥을 펴서 손끝이 아래쪽을 향하는 동작'으로, '北'은 '손바닥을 펴서 손끝이 위쪽을 향하는 동작'으로 표현하고 있다. 지역 특성상 남부는 따뜻하고 북부는 추운데, KSL은 이러한 특성과 동기화되어 있다.

한편, CSL은 지도 표기의 관습에 따라 앞서 살펴본 '東', '西'와 같이 기호화되었다. CSL에서는 수동 및 수향이 '위-아래'로 이루어짐으로써 대립어가 되는 반면, KSL에서는 기후에 따른 생리적인 경험으로 '남/북'이 실현된 점이 다르다.[11]

10　KSL의 경우 '남'과 '북'은 또 다른 기호로 표현하는 방식이 있는데, 여기서는 '동서남북'을 표현할 때 '남'과 '북'의 〈그림 18〉을 취하였다.
11　음성언어에서 방향대립어의 구조는 지도상의 좌표, 즉 위-아래의 '북-남', 좌우의 '서-동'으로 대립된다(임지룡 1992: 163 참조).

4.3. '오른쪽/왼쪽'과 '右/左'

'오른쪽/왼쪽'과 '右/左'는 KSL과 CSL에서 〈그림 19〉와 같이 표현된다.

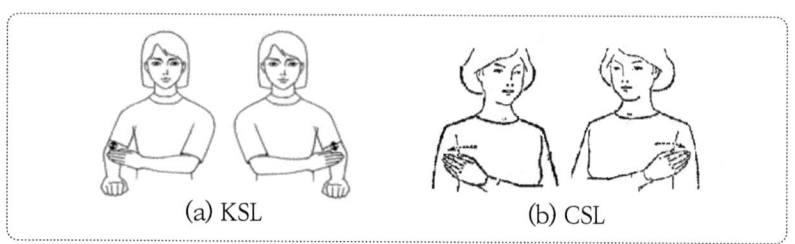

〈그림 19〉 '오른쪽/왼쪽'과 '右/左'

〈그림 19〉의 KSL이나 CSL 모두 '오른쪽/右'은 '오른팔을 가리키는 동작'으로 표현하고 있으며, '왼쪽/左'는 '왼팔을 가리키는 동작'으로 표현하고 있다. 이는 몸을 기준으로 좌우를 인식하는 경향성, 즉 수어에 반영된 개념 구조가 공통적임을 의미한다. 이는 '앞/뒤'와 '前/後'도 마찬가지이다.

4.4. '앞/뒤'와 '前/後'

'앞/뒤'와 '前/後'는 KSL과 CSL에서 〈그림 20〉과 같이 표현된다.

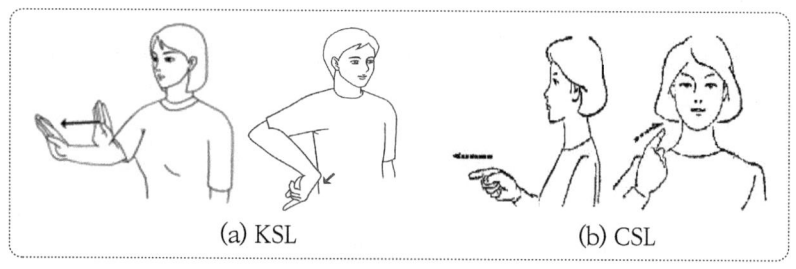

〈그림 20〉 '앞/뒤'와 '前/後'

〈그림 20〉에서 KSL, CSL의 '앞/뒤', '前/後'도 '오른쪽/왼쪽', '右/左'와 마찬가지로 몸 앞쪽은 '앞/前', 몸 뒤쪽은 '뒤/後'로 몸을 기준점으로 하여 방위를 표현하고 있다.

KSL에서 '뒤'가 '어깨 뒤'가 아니라 '허리 뒤'를 가리키고 있지만, '앞과 뒤'를 아우르는 '앞뒤'에서는 '뒤'가 '어깨 뒤'를 가리키는 것으로 두 언어 공통적이다. 이는 몸을 기준으로 '앞뒤'를 인식하는 인간의 인지능력에 따라, 수어에 반영된 개념 구조가 공통적임을 의미한다고 하겠다. 물론 수형에서 조금 차이가 있지만 기본적으로 몸을 기준으로 앞쪽, 뒤쪽을 가리키는 데는 공통적이다.

4.5. '위/아래'와 '上/下'

'위/아래'와 '上/下'는 KSL과 CSL에서 〈그림 21〉과 같이 표현된다.

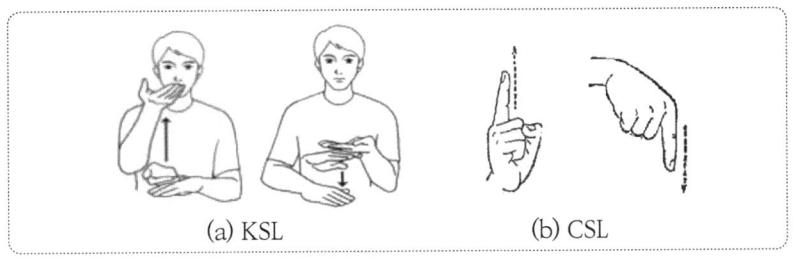

〈그림 21〉 '위/아래'와 '上/下'

〈그림 21〉의 KSL과 CSL에서 '위/上', '아래/下'는 동일한 방향으로 표현되고 있다. 차이점은 KSL에서는 또 다른 손으로 '기준'을 나타내며 '기준보다 높은 쪽은 '위', '기준보다 낮은 위치'는 '아래'를 표현하고 있는데, CSL에서는 '기준'을 나타내는 특정한 방식이 없다. 그렇지만 몸을 통해 인지하는 공간 방위의 개념이므로, 공통된 개념적 구조가 존재한다고 하겠다. 다만

공통된 개념 구조가 수어로 표상된 방식이 두 언어 간에 조금 차이가 있다.

4.6. '안/밖'과 '內/外'

'안/밖'과 '內/外'는 KSL과 CSL에서 〈그림 22〉와 같이 표현된다. 〈그림 22〉의 KSL에서는 왼손으로 둘러싸인 공간을, 오른손으로 1지를 펴서 끝이 아래로 향하게 하여 수평으로 원을 그리고 그 가운데에 점을 찍는 방식으로 '안'을 표현하고 있다. '밖'은 왼 손등에 오른 손등을 댔다가 밖으로 내미는 동작으로 '밖'을 표현하고 있다.

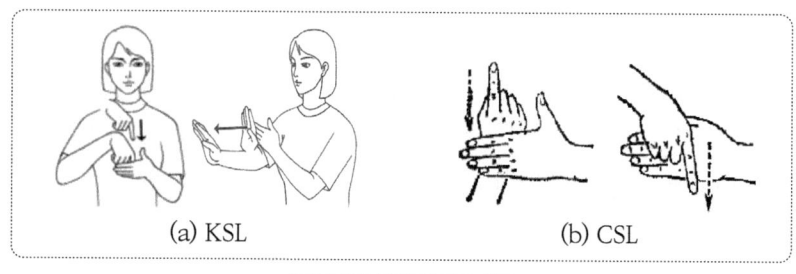

〈그림 22〉 '안/밖'과 '內/外'

한편, CSL에서는 왼손으로 둘러싸인 공간을, 오른손은 검지를 펴서 손바닥 안에서 위에서 아래로 이동하여 '內'를 표현하고 있으며, '外'는 마찬가지로 왼손으로 둘러싸인 공간을, 오른손은 검지를 펴서 손등에서 아래로 가리키며 표현하고 있다.

둘러싸인 공간의 외부와 내부를 표현하는 점에서는 KSL, CSL 모두 동일하나 세부적인 수형이나 수동, 수향은 차이가 있다. 특히 KSL에서 '안'은 수직, '밖'은 수평으로 표현하는 반면, CSL에서는 모두 수직으로 표현하고 있다. 무엇보다 특이한 것은 CSL에서 '內'는 위에서 아래로 이동하는 방식으로 표현하고 있다. 이는 '內'와 '外'의 경우 특히 위나 아래의 방향은 중요하지 않고 둘러싸인 면(공간), 또는 경계의 내부인지 외부인지가 더 중요하게 인식됨을 의미한다.

4.7. 한중 수어 공간 방위 대립어의 특성

위에서 기술한 '공간 방위'의 한중 수어 간 대립어 양상에 반영된 개념적 구조의 특성, 즉 문화권에 따른 수어의 공통성과 특이성을 살펴보면 다음과 같다.

첫째, 앞서 논의한 '공간 속성'의 대립어와 마찬가지로 공간 방위의 수어 구조도 개념 구조와 닮아 있다. KSL의 '오른쪽/왼쪽'과 CSL의 '上/下'를 통해 도상적 사상 관계를 〈그림 23〉과 같이 도식화할 수 있다.

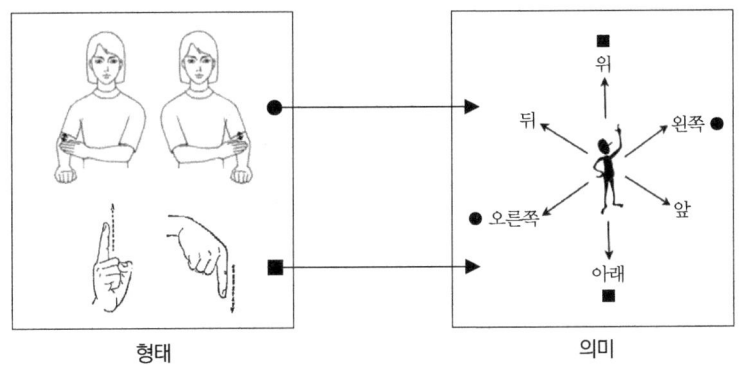

〈그림 23〉 방위의 도상적 사상[12]

다만, 방위를 나타내는 '동/서', '남/북'과 '東/西', '南/北'은 두 언어 사용자의 개념적 구조가 다르다고 할 수 있다. 몸을 기준점으로 형성된 앞뒤, 위아래, 좌우 등 개념은 수어에도 그대로 반영되어 있음을 확인할 수 있다.

---

12 방향을 도식화한 그림은 Löbner(2002: 90) 참조.

이 또한 유사성에 바탕을 둔 도상성과 은유가 동시에 존재함을 의미한다.

둘째, '공간 방위'의 대립어도 수형, 수위, 수동, 수향 등 수어소를 통해 관련 내용을 표현하는데, 기본적으로 개념적 환유가 깔려있다. 다만 매체의 선택이나 지각적 현저성의 차이로 인해 수어가 다르게 실현된다.

그리고 음성언어와 달리 수어는 가역성, 즉 형식적으로 서로 대칭성을 보이는 대립어 쌍을 만드는 경향을 지니고 있다. 이 역시 도상성이 반영되는데, 형태가 다르면 의미도 달라지는 도상성을 인식할 수 있다.

'공간 방위'의 대립어를 언어별로 그 특성을 살펴보면 〈표 3〉과 같다. 〈표 3〉은 수향에 따른 의미 차이가 가장 크며 두 언어가 동일하다.

〈표 3〉 수어소에 따른 의미 차이

	한	중
수향에 따른 의미 차이	동/서, 오른쪽/왼쪽, 앞/뒤, 위/아래	東/西, 南/北, 右/左, 前/後, 上下

'안/밖'과 '內/外'는 양상이 조금 다르게 나타나는데, 둘러싸인 공간을 의미하는 수형, 수향에 따라 의미가 달라지면서 대립이 되는 것은 공통적이지만, 또 다른 손의 수향이 서로 다른 양상을 보이고 있다.

셋째, 한중 수어에서 공간 개념화의 공통성과 차별성을 살펴보면 공통적으로 표현된 대립어는 '오른쪽/왼쪽'과 '右/左', '앞/뒤'와 '前/後'가 있으며, 완전히 다르게 표현된 대립어는 '동/서'와 '東/西', '남/북'과 '南/北'이다. 나머지는 대체로 공통된 개념적 구조를 지니고 있지만, 수어로 실현된 방식이 다소간의 차이점을 드러낸다.

5. 마무리

이상에서 한중 수어에 나타난 대립어를 '공간 속성'의 대립어인 '길다/짧다, 높다/낮다, 깊다/얕다, 멀다/가깝다, 넓다/좁다, 굵다/가늘다, 두껍다/얇다, 크다/작다', '长/短, 高/低, 深/浅, 远/近, 宽/窄, 粗/细, 厚/薄, 大/小', 그리고 '공간 방위'의 대립어인 '동/서, 남/북, 오른쪽/왼쪽, 앞/뒤, 위/아래, 안/밖', '东/西, 南/北, 右/左, 前/后, 上/下, 內/外'를 중심으로 그 작용 양상을 살펴보았다. 이제까지 논의한 바를 간추려 이 장을 마무리하기로 한다.

첫째, '공간'은 가장 기본적인 인지 영역에 속하고, 인간이 몸을 통해서 경험된다. 한중 수어에서 공간 개념화의 공통성과 차별성은 다음과 같다. 즉 KSL, CSL에서 공통적으로 표현된 대립어는 '길다/짧다'와 '长/短', '넓다/좁다'와 '宽/窄', '굵다'와 '粗', '오른쪽/왼쪽'과 '左/右', '앞/뒤'와 '前/後'이다. 완전히 다르게 표현된 대립어는 '크다'와 '大', '동/서'와 '東/西', '남/북'과 '南/北'이다. 나머지 대립어는 대체로 공통된 개념적 구조를 지니고 있지만, 수형·수동·수위의 측면에서 다소간의 차이를 드러낸다. 이를 통해 수어 구조와 개념 구조 간에 닮음이 확인된다. 즉, 수어도 음성언어와 공통된 개념적 체계의 바탕 위에 그 기능을 수행한다고 하겠다.

둘째, 수어에 도상성, 환유, 은유가 널리 퍼져 있음을 한중 수어에 나타난 대립어 양상을 통해 확인할 수 있다. 도상성은 수어의 두드러진 특징으로 도상성과 은유가 동시에 작용한다. 그리고 시각언어의 특성상 수어는 사건 전체의 부분이나 관련 내용의 부분적인 실체나 특성으로 목표에 정신적 접근을 제공하기 때문에 기본적으로 환유적 기제가 전제되어 있다.

셋째, 대립어는 경험과 판단을 대립 관계로 파악하려는 인간의 보편적인 경향성에서 비롯된 것이지만, 한중 두 수어 간에 공통성뿐만 아니라 개별적 특성이 있음을 확인하였다. 이는 '공간'이 기본적인 인지 영역으로 문화

간에 보편적인 특성을 지니고 있음과 동시에 공간 속성이나 공간 방위에 대한 경험 또는 판단이 다르거나, 한중 수어 사용자들의 몸과 마음을 통한 신체적 경험, 문화적·사회적 배경이 다를 수 있기 때문이라 하겠다.

   끝으로, KSL과 CSL을 대조 분석한 결과 특이성보다 공통성이 더 많이 확인되었다. 이는 '공간'에 대한 기본적인 경험이 보편적임을 의미하며, 수어 역시 세상에 대한 인간의 체험과 긴밀히 동기화되어 있음을 의미한다. 몸을 이용하여 인지한 공간 개념을 수어로 표상하는 것이기 때문에 이와 같은 특징은 KSL나 CSL뿐만 아니라 ASL(미국수어)나 JSL(일본수어)에도 반영되어 있다고 하겠다.

제8장 수어의 도상적 양상과 의미 특성

1. 들머리

　이 장은 인지언어학적 관점에서 수어의 형태와 의미 간의 닮음인 도상성의 양상과 의미 특성을 밝히는 데 목적이 있다. '수어'는 농인들의 의사소통을 위한 손짓 중심 언어이다. 수어는 언어라는 점에서 음성언어와 공통성을 지닐 뿐 아니라, 손짓을 매체로 하는 언어라는 점에서 특이성을 지니고 있다. 음성언어의 형태와 의미의 관계는 자의성과 도상성이 공존하는데, 수어는 손짓과 시각에 의해 표현되고 이해되는 만큼 그 형태와 의미 관계는 음성과 청각에 의한 음성언어보다 한층 더 도상적일 개연성이 크다. 그러나 한국수어를 대상으로 이러한 개연성은 제대로 검증되지 못한 실정이다.
　'도상성(圖像性, iconicity)'은 '자의성(恣意性, arbitrariness)'과 대립되는 용어로, 언어 기호의 형태가 의미와 체계적으로 닮아 있음을 뜻한다. 타웁(Taub: 2001: 37)에서는 수어 언어학자의 경우 음성 언어학자와 달리 도상성을 무시할 수 없는데, 도상성이 수어에 매우 널리 퍼져 있기 때문이라고 하였다. 수어 탐구의 일반 언어학적 방법론에서 확인되었듯이, 인지언어학은 수어의 도상적 특성을 효율적이고 설득력 있게 밝혀 주는 주요 방법론이다(S. Wilcox 2004, 2007, 2015, S. Wilcox & Occhino 2017 참조).

이와 관련하여, 우리 학계에서는 최근 들어 수어의 도상성에 대한 관심이 일어나고 있는데, 한중 수어의 비유에 관한 석수영(2015), 한중 수어의 대립어 양상에 관한 임지룡·석수영(2015), 한국수어의 동기화 양상에 관한 임지룡·송현주(2015), 한중 수어의 신체어에 관한 석수영(2016), 한중 수어 어휘의 동기화 양상에 관한 석수영·김기석(2017), 수어 도상성을 활용한 교육적 시사점 모색에 관한 신홍임(2019), 생산적 수어 어휘의 도상성에 관한 송미연 외(2020) 등이 주목된다. 그렇지만 한국수어의 형태와 의미 간에 존재하는 도상성의 총체적이며 역동적인 지형도를 그리는 일은 이제 출발선상에 있다고 하겠다.

이에 이 장에서는 수어 도상성의 성격을 규명하기 위해 그 분석 기제, 도상성의 유형과 도상적 수어의 작용 원리, 『한국수화사전』(2005/2007)을 중심으로 수어의 도상적 양상, 수어의 도상적 의미 특성을 기술하기로 한다.

2. 수어 도상성의 분석 기제

여기에서는 자의성과 도상성의 이해, 도상성의 유형과 도상적 수어의 작용 원리를 기술하기로 한다.

2.1. 자의성과 도상성

2.1.1. 자의성의 개념

언어의 형식과 내용 관계의 유연성 정도를 양극적으로 논의하게 될 경우 자의성과 도상성이 뚜렷한 대립을 이룬다. 아래에서는 이 두 가지 사항에 대해서 살펴보기로 한다.

상징 기호의 형식과 내용의 관계는 순전히 관습에 따른 것이므로, 형식을 통해서 내용을 유추할 수 없고 내용을 통해서 형식을 유추할 수 없다. 이와 관련하여 소쉬르(F. de Saussure 1916)는 기호의 '시니피앙(signifiant)'과 '시니피에(signifié)'에 간에 필연성을 찾을 수 없는 경우를 '자의성(arbitrariness)'이라고 하였다.

그러면, 언어 기호의 자의성은 어떤 의미를 띠고 있는 것인가? 언어 기호의 자의성은 장단점을 아울러 지니고 있다(Lyons 1981: 19-20 참조). 먼저, 자의성의 장점은 어휘의 확장이 반드시 형식과 의미를 짝짓는 일반 원리에 해당할 때만 가능한 것이 아니므로 의사 전달 체계의 융통성을 증가시킨다는 점이다. 즉 자의성은 그 체계를 더 융통성 있고 응용 가능한 것으로 만드는 이점이 있다. 그 반면, 자의성은 언어 습득 과정에서 필요한 기억 장치에 큰 부담을 주는 결과를 가져오므로 학습하기에 어려움이 따르며, 그 체계를 알지 못하면서 기호를 전달받은 사람은 해석 과정에서 어려움을 겪게 되는 단점을 지닌다.

2.1.2. 자의성의 재고

미국의 언어학자 하킷(C. Hockett 1959, 1960)은 '구성 자질(design features)'의 목록을 만들어서 사람의 말과 동물의 의사소통 간의 유사점과 차이점을 밝힌 바 있다. 그 가운데 하나가 '자의성(arbitrariness)'이다.

스토키(W. C. Stokoe)와 동료들은 수어 탐구에서 하킷의 구조주의를 수용하면서도 자의성이 언어에 필요한 자질이라는 개념에 도전을 계속하였다. 이로 말미암아 하킷(C. Hockett 1978)은 "주피터의 이마를 찾아서"라는 언어의 기원에 관한 논문에서 자의성의 표명을 재검토하게 되었다. 하킷이 '구성 자질'을 처음 제시했을 당시 언어는 음성-청각적 통로로 전달되어야 한다고 주장했지만, 스토키의 영향 아래 수어와 같은 시각적 언어를 포함하도록 통로를 수정하였다. 그 뒤 하킷은 의사소통의 통로 차이가 '통사적 차원성'에서 중요한 차이를 만든다고 하였다. 또한, 그는 음성언어와 달리 수어는 어느 정도 도상적이라고 하였다. 이로써 하킷(C. Hockett 1978: 274-275)에서는 자의성에 장점도 있지만 단점도 있어서 "음성언어의 한계로서, 그 차이를 뒤바꾸는 것이 더 흥미로운 사실을 드러낸다."라고 하였다.

2.1.3. 도상성의 개념

도상성의 기본 개념에 대해서 살펴보기로 한다. 1930년대에 미국의 철학자 퍼스(C. Peirce)는 기호를 형식과 내용의 관계에 따라 세 가지로 분류하였다. 즉 기호의 형식과 내용의 관계에서, '도상(icon)' 기호는 닮음, 즉 유사성이 존재하는 경우이며, '지표(index)' 기호는 자연적 관계, 즉 인접성이 존재하는 경우이며, '상징(symbol)' 기호는 관습적 관계, 즉 자의성으로 이루어진 것이다(Dirven & Verspoor(eds.) 2004: 4 참조).[1]

'도상 기호(icon sign)'에서 유래한 '도상성(iconicity)'은 언어의 구조(또는 형식)가 의미(또는 내용)와 체계적으로 닮은 현상을 가리킨다. 이러한 도상성은 다음 세 가지 측면에서 정의되어 왔다(임지룡 2008: 327-328 참조).

첫째, '도상성'은 언어의 형태와 그 형태가 나타내는 사물 간의 유사성이라 할 수 있다. 둘째, '도상성'은 언어의 형태와 의미 간에 나타나는 유사성이라 할 수 있다. 셋째, '도상성'은 언어 구조와 개념 구조 간의 유사성으로

---

[1] 아라비아 숫자 1·2·3은 형태가 의미의 어떤 측면과도 상관성이 없으므로 '자의적'인 반면, 한자의 一·二·三이나 로마 숫자 Ⅰ·Ⅱ·Ⅲ은 기호 一이나 Ⅰ의 출현 횟수가 숫자를 나타내는 양과 상관성을 띠므로 '도상적'이다.

확장될 수 있다. 즉 언어에서 도상성이란 언어 구조 속에 개념 구조가 직접적으로 반영된 것으로서, 언어의 구조는 종종 우리가 상황을 지각하는 방식과 같이 세계에서 상황의 구조를 반영하는 것으로 확장될 수 있다. 따라서 도상성은 언어의 형태와 의미의 연계가 유사성에 기초하므로 기호의 내용을 파악하는 데 한층 더 쉽고 효율적임을 알 수 있다.[2]

2.1.4. 자의성과 도상성의 새로운 관점

음성언어와 수어에서 도상성은 전통적으로 언어 처리, 발달, 그리고 진화에 대한 우리의 이해에 있어 주변적이고 무관한 현상으로 여겨져 왔다. 오히려 언어의 자의적이고 상징적인 본성은 오랫동안 인간 언어 체계의 구성 자질로 간주되어 왔다. 최근 들어 음성언어와 수어를 대상으로 도상성과 자의성에 대한 인식이 전환점을 맞이하고 있다. 이에 대한 두 가지 관점을 들면 다음과 같다.

페르니스 & 비글리오코(Pernissv & Vigliocco 2014)[3]는 "도상성의 다리: 경험의 세계에서 언어의 경험으로"에서 도상성이 자의성과 동일한 수준에서 근본적인 속성이라고 주장한다. 자의성은 언어적 신호의 효율성과 구별 가능성을 보장해 준다. 그 반면, 도상성은 의미의 전달을 쉽게 해 주는데, 인지 체계가 언어적 및 몸짓 의사소통 형태를 우리가 세상을 경험하는 방식과 연결하는 방법에 대한 발판을 제공하기 때문이라고 하였다.

---

[2] 이와 관련하여, Meir & Tkachman(2018: 2)에서는 "언어는 인간이 사용하는 가장 일반적 의사소통의 상징체계이며, 도상성의 개념은 언어적 기호와 체계를 특징짓는 데 중요한 역할을 한다."라고 하였다.

[3] Perniss는 영국 런던대학교 인지, 지각 & 뇌과학 학과(Cognitive, Perceptual & Brain Sciences Department), Vigliocco는 런던대학교 청각장애, 인지 & 언어연구센터(Deafness, Cognition & Language Research Centre) 소속이다.

따라서 성공적인 의사소통을 위해서는 도상성과 자의성 둘 다가 필요하다는 것이다. 이렇게 볼 때 '자의성'과 '도상성'은 둘 다 언어의 구성 자질이라 할 수 있다.

메이어 & 타흐만(Meir & Tkachman 2018: 22)에 따르면 도상성의 연구는 단순히 도상성이 언어 진화, 처리, 습득에 어떤 역할을 하는지에 대한 논쟁에서, 도상성이 어느 정도까지 이러한 역할을 하는지에 대한 질문으로 '인식체계의 대전환(paradigm shift)'을 겪었다고 하였다.

2.1.5. 자의적 수어와 도상적 수어

'자의적 수어(artificial sign language)'는 수어의 형태와 의미가 아무런 관련성이 없는 경우이다. 수어 역시 자연스럽게 발달된 자연언어이기 때문에, 형태와 의미가 자의적인 관계에 있는 수어가 존재하게 마련이다. 자의적 수어인 '사람', '수어'를 보면 〈그림 1〉과 같다.

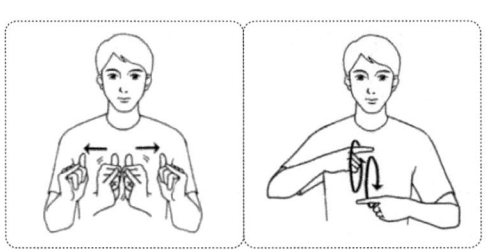

〈그림 1〉 자의적 수어 '사람', '수어'

〈그림 1〉에서 '사람'은 두 주먹의 4·5지⁴를 펴서 끝이 위로 향하게 맞대고 세워, 양옆으로 두 번 약간 돌리며 벌리는 동작을 통해 표현한다. '수어'는

---

4   수어에서 1지는 집게손가락, 2지는 가운뎃손가락, 3지는 약손가락, 4지는 새끼손가락, 5지는 엄지손가락을 이른다.

두 주먹의 1지를 펴서 손등이 밖으로 향하게 하여 상하로 나란히 놓고 엇갈리게 돌리는 동작으로 표현한다. '사람', '수어'의 의미를 나타내기 위한 이러한 형태는 '사람', '수어'의 의미와 아무런 관련성을 지니지 않는다.

한편, '도상적 수어(iconic sign language)'는 수어의 형태와 의미가 닮음의 관계에 있는 경우이다. 이는 수어의 형태가 수어가 나타내고자 하는 의미와 연관된 것으로, 도상적 수어는 의미의 부분 또는 전체를 시각적 형태로 표현한 것이다. 도상적 수어의 실제 모습을 〈그림 2〉 및 〈그림 3〉을 통해서 보기로 한다.

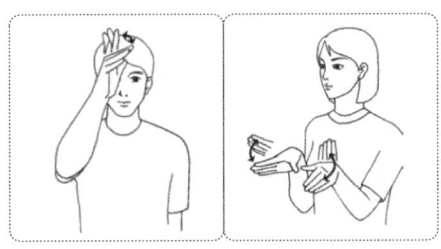

〈그림 2〉 도상적 수어 '닭', '나비'

〈그림 3〉 도상적 미국수어 'chicken(닭)', 'butterfly(나비)'

〈그림 2〉의 한국수어에서 '닭'은 닭의 볏이 흔들리는 모습과 비슷하고, '나비'는 나비의 날갯짓하는 모습과 유사하다. 또한, 〈그림 3〉의 미국수어에서 '닭'은 닭의 부리와 먹이를 쪼는 동작, '나비'는 나비의 날갯짓과 유사하다. 이처럼 한국수어와 미국수어의 '닭'과 '나비'의 의미를 나타내는 데 사용

된 수어 형태에는 다소의 차이가 있지만, '닭'과 '나비'의 부분인 '볏, 부리, 날개'의 모양이나 동작이 '닭'과 '나비' 전체를 의미한다는 점에서 닮았으며, 이는 수어의 형태와 의미가 도상적임을 나타내는 예가 된다.

2.2. 도상성의 유형과 도상적 수어의 작용 원리

2.2.1. 수어 분석을 위한 도상성의 유형

여기서는 수어의 도상성을 탐구하기 위해 도상성의 폭을 최대화하는 관점을 취하여, 다음 세 가지로 대별하기로 한다.

첫째, '영상적 도상성(imagic iconicity)'이다. 이것은 기호의 '형태'와 '지시 대상물' 간에 시각적 영상이 유사한 것을 가리킨다. 예를 들어, 대상을 직접적으로 찍어낸 사진이나 그림, 그림 글자나 한자의 육서 가운데 대상의 모양을 그대로 본뜬 '山 川 日 月 凹 凸 木 人' 등과 같은 상형 글자는 영상적 도상성의 보기이다.

둘째, '구조적 도상성(structural iconicity)'은 기호의 형태적 특징이 의미 구조의 양상과 대응하는 것을 가리킨다. 구조적 도상성은 개념의 복잡성 정도가 언어적 재료의 양과 비례하는 '양적 도상성', 시간적 순서나 우선성의 정도가 언어 구조에 반영된 '순서적 도상성', 개념적 거리와 언어적 거리가 비례관계를 형성하는 '거리적 도상성'으로 나뉜다.

셋째, '비유적 도상성(figurative iconicity)'은 기호의 형태와 내용 간에 환유적, 은유적 관계로 맺어진 도상성이다.[5] 환유란 '태극마크'가 '태극마크

---

5   의미 분석에서 '도상성', '환유', '은유'는 별개의 기제이지만, 수어 탐구에서 이들은 상호 밀접한 관계를 맺고 있으므로, 여기서는 '환유'와 '은유'를 도상성의 일환으로 하위 분류한다.

를 단 국가 대표 선수'를 의미하듯이 현저한 매체인 부분을 통해서 전체를 가리키거나, "택시가 파업했다."의 '택시'가 '택시 운전사'를 의미하듯이 전체를 통해서 부분을 가리키는 인지 전략이다. 한편, 은유란 "사랑이 {싹트다·꽃피다·결실 맺다}."나 "사랑을 심다."에서 '사랑'이 '식물'을 의미하듯이 익숙한 근원 영역으로서 추상적인 목표 영역을 구조화하는 인지 전략이다.

이상에서 살펴본 세 가지 유형의 도상성은 수어에서 개별적으로 나타나는 경우도 있지만, 복합적으로 나타나는 경우도 적지 않다. 〈그림 4〉는 '시계'와 '시간'의 '한국수어(KSL)'이다.

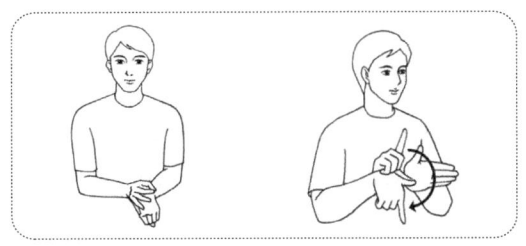

〈그림 4〉 한국수어 '시계' 및 '시간'

〈그림 4〉에서 '시계'는 오른손의 손가락으로 동그라미를 만들어 왼 주먹의 손목 등에 올려놓은 동작, 즉 손목시계를 나타내는 동작으로 '영상적 도상성'에 해당한다. 또한, '손목시계'를 통해 '시계'를 지칭하는데, 이것은 부분을 통하여 전체를 대표한다는 점에서 환유에 의한 '비유적 도상성'이다. 한편, '시간'은 시곗바늘이 돌아가는 동작으로 표현하는 '영상적 도상성'에 해당하며, '시곗바늘 → 시계 → 시간'의 연쇄 과정은 부분('시곗바늘')이 전체('시계')를 지칭하며, 참조점('시계')이 목표('시간')를 지칭하는 '비유적 도상성'이 작용하고 있다.

2.2.2. 도상적 수어의 작용 원리

언어는 형식과 내용으로 이루어지며, 의사소통에 사용되는 언어 단위는 그 자체로 완결된 상태가 아니라, 미완의 불완전한 실마리에 지나지 않는다. 이러한 상태의 언어를 화자나 청자가 의사소통의 상황에서 이 실마리를 통해 필요하고도 충분하게 해석함으로써 의사소통이 원활히 이루어진다. 수어의 경우에도 마찬가지인데, 수어 화자가 '수어소(chereme)'를 조합하여 만들어 낸 단어 및 문장은 불완전한 실마리이며, 수어 청자가 이를 매체로 필요하고도 충분한 만큼 해석해 내어야 한다.

먼저, 환유에 의한 도상적 수어가 생산되는 과정을 보기로 한다. 타웁(Taub 2001: 44)은 〈그림 5〉와 같이 미국수어 '나무'를 통해 '유사구축 모형(analogue-building model)'을 제시한 바 있다.

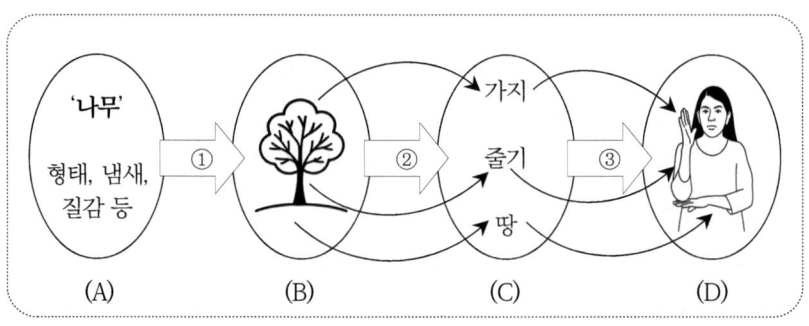

〈그림 5〉 유사구축 모형

〈그림 5〉의 '유사구축 모형'은 수어에서 도상적 항목이 만들어지는 정신적 과정의 모형이다. 이 과정은 (A)(실재물 '나무')에서 (B)(나무의 원형적 시각 영상)를 표시하기 위한 ①'영상 선택(image selection)' 단계, (B)에서 (C)(수어 범주에 적합한 도식적 영상)의 ②'도식화(schematization)' 단계, (C)에서 (D)(수어 '나무'의 기호화된 영상)의 ③'부호화(encoding)' 단계의

3가지로 간추릴 수 있다. 이상의 세 단계를 거쳐 '나무'에 대한 형태와 의미 간의 도상적 수어가 생성된다. 이 경우 '영상 선택'과 '도식화' 단계에서 환유의 인지 기제가 작용하게 된다.

유사구축 모형에 따라 수어 '집'의 생성 과정을 보면 〈그림 6〉과 같다.

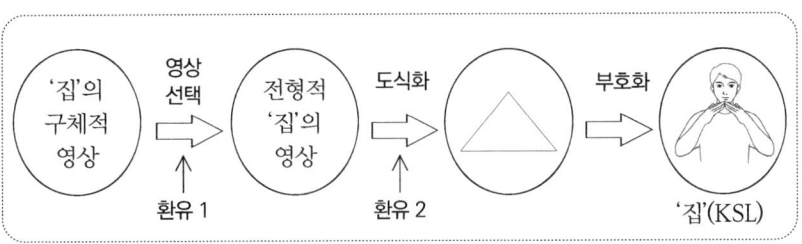

〈그림 6〉 유사구축 모형에 의한 '집'의 수어 과정(임지룡 2018b: 71)

〈그림 6〉은 유사구축 모형에 의해 '집'의 수어 과정을 나타낸 것으로 '집' 전체의 구체적 영상에서 영상을 선택하며('환유1'), '집'의 여러 구성 요소 가운데 가장 현저한 '지붕'을 도식화하며('환유2'), 그 결과 수어로서 '집'을 표현하게 된다.

다음으로, 은유에 의한 도상적 수어가 생산되는 과정을 보기로 한다. 타웁(Taub 2001: 96-98)은 은유적 수어를 '이중 사상(double mapping)'으로 설명하였다. 이 과정을 'THINK-PENETRATE(생각하다-뚫고 나가다)'의 예를 통해 설명하면 그 도식화 과정은 〈그림 7〉과 같다.

〈그림 7〉에서 (A)는 추상적인 의미를 갖는 목표 영역으로서 어려움에도 불구하고 성공적으로 의사소통을 수행한다는 뜻에 대응하며, (B)는 어려움에도 불구하고 성공적으로 어떤 물건을 보낸다는 구체적인 경험으로 근원 영역에 대응한다. (C)는 이러한 의미를 드러내기 위해 선택된 영상을 도식화한 것이며, (D)는 THINK-PENETRATE로 부호화된 수어의 영상이다.[6]

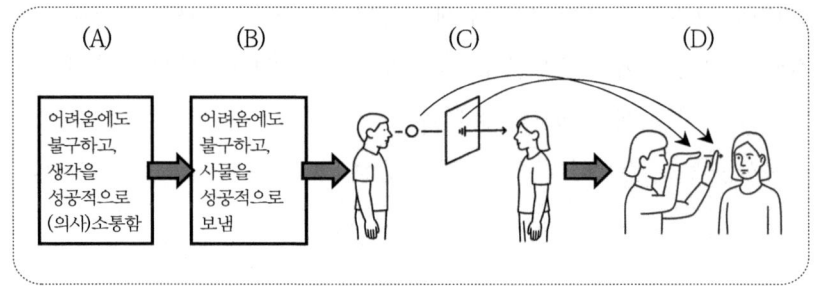

〈그림 7〉 미국 수어 THINK-PENETRATE의 유사구축 과정(Taub 2001: 111 참조)

또한, 'THINK-PENETRATE(생각하다-뚫고 나가다)'의 '이중 사상' 과정은 〈표 1〉과 같다.[7]

〈표 1〉 THINK-PENETRATE의 이중 사상(Taub 2001: 103)

도상적 사상		은유적 사상
수어조형체[8]	근원 영역	목표 영역
나→	대상	생각
이마	머리	마음; 생각의 장소
나→ 이마를 만짐	머리에 있는 물건	고안자가 이해한 생각
나→ 수신자를 향한 이동	누군가에게 물건을 보냄	누군가에게 생각을 전달함
비자배적인 B	대상을 막고 있는 장벽	의사소통의 어려움
나→ B의 손가락 사이를 뚫는 동작을 함	장벽을 뚫음	어려움에도 불구하고 의사소통에 성공함
수어자의 위치	발신자	생각의 고안자
수신자의 위치	수신자	생각을 알고자 하는 사람

---

6   그림에서 화살표는 선택된 영상이 도식화되는 과정에서 구조적으로 보존된 것들 간의 대응 관계를 보여 준다.
7   Taub(2001: 98)은 '도상적/은유적' 수어와 음성언어/문자언어 사이에 다음과 같은 핵심적인 차이가 있음을 지적하였다. 즉 미국수어의 도상적/은유적 체계는 ⓐ창의적인 새로운 기호를 사용하며, ⓑ이미 존재하는 기호의 창의적 변용을 허용하며, ⓒ담화를 통해 유의미하게 조절될 수 있는 은유적 대상이나 장면의 확립을 허용하는 경향이 있다.
8   '수어조형체(articulator)'는 음성언어의 '조음기관'에 해당하는 것으로, 손뿐 아니라

〈표 1〉에서 보듯이, THINK-PENETRATE는 먼저 도상적 사상이 일어난 뒤에 은유적 사상이 일어난다. 이는 수어가 갖는 특수성이라고 할 수 있다. 수어의 형태가 의미와 도상적 관계에 있는 경우, 근원 영역의 구성 요소들은 수어소에 대응하며 이들 수어소의 형태는 목표 영역에서 나타내고자 하는 의미를 표현하는 데 기여한다.

요컨대 수어는 이와 같은 과정을 거쳐 언어의 형식과 의미 간에 상관성을 띠게 마련이다. 이것은 자의성과 대립되는 수어의 도상성이 갖는 특징이라 할 수 있다.

3. 수어의 도상적 양상

한국표준수화규범 제정 추진위원회(2005/2007)의 『한국수화사전』을 대상으로 영상적, 구조적, 비유적 도상성의 전형적인 양상을 살펴보기로 한다.

3.1. 영상적 도상성

'영상적 도상성(imagic iconicity)'은 수어의 형태가 사물의 형태와 닮은 것으로, 모양과 동작으로 나뉜다. 팬터마임이나 몸동작 퀴즈와 유사하게 수어의 영상적 도상성은 손짓으로 대상의 모양과 동작을 나타낸다. 이 경우 수어의 모양 및 동작과 지시 대상의 닮음은 상당 부분 도식화된 상태라 하겠다. 따라서 영상적 도상성은 대상의 특징적인 한 부분을 통해 대상 전체를 가리키므로, 환유적 도상성과 관련된다.

수어자의 얼굴, 눈, 눈썹, 볼, 입이 중요한 조형체이다(S. Wilcox 2015: 670 참조).

3.1.1. 모양

모양, 즉 외형 기반 도상적 수어는 지시물의 외적 형태의 전체 또는 부분을 본뜬 수어를 말하는데, 주로 지시물의 외형 전체를 드러내기보다 지시물의 가장 특징적인 부분을 통해 그 의미를 드러낸다. 즉 어떤 지시물을 수어로 나타낼 때, 수어 공동체는 해당 지시물이 다른 것과 구별되는 특징적인 한 부분에 현저성을 부여하여 수어의 형태를 결정한다.

여기에서는 〈그림 8〉 및 〈그림 9〉를 통해 모양 기반 도상적 수어에 대해 살펴보기로 한다.

〈그림 8〉에서 '소'는 두 주먹의 1·5지를 펴서 1지 끝이 위로 향하게 하여 5지 끝을 머리 양쪽에 대는 것으로 나타낸다. '시계'는 오른손의 1·5지 끝을 맞대어 동그라미를 만들고, 손등이 위로 향하게 쥔 왼 주먹의 손목 등에 올려놓는 것으로, '집'은 두 손의 손끝을 맞대어 좌우로 비스듬히 세워 표현한다. 즉, '소'는 소의 뿔 모양을, '시계'는 둥근 형태의 시계 모양을, '집'은 지붕의 모양을 통해 각각의 의미를 표현한다.

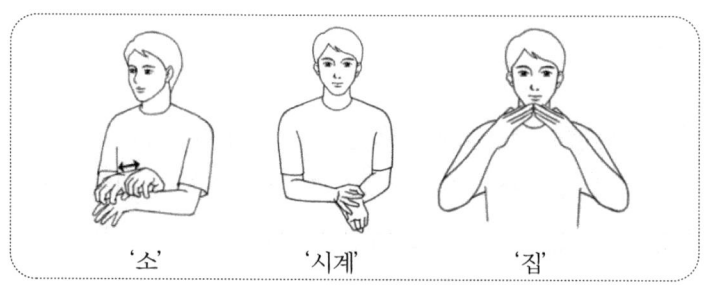

〈그림 8〉 모양 기반 도상적 수어(1)

〈그림 9〉에서 '다리'는 수평으로 들어 올린 왼팔의 손목 밑에 오른 주먹의 1·2지를 댔다가 팔꿈치 쪽으로 옮겨 교량 모양을 만든 것이다. '얼굴'은 1지를 왼쪽으로 한 바퀴 돌려서 얼굴 모양을 만든 것이며, '달'은 초승달

모양을, '나팔'은 나팔을 연주하는 동작의 모양 영상적 도상성의 보기이다.

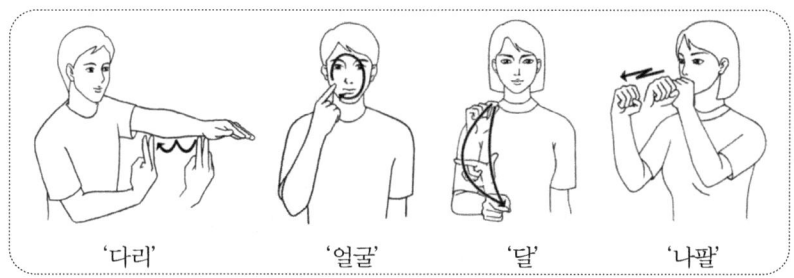

〈그림 9〉 모양 기반 도상적 수어(2)

수어에는 '모양'을 기호화한 경우가 적지 않다. 즉, '인삼(人蔘)'은 '인삼의 얽힌 뿌리'의 모양을, '기둥'은 '건물의 기둥'의 모양을, '종이'는 '치아'의 '하양과 '네모'의 모양을 통해 만들어진다.

3.1.2. 동작

동작 기반 도상적 수어는 지시물이 움직이거나 사용되는 방식 또는 이동 경로를 본뜬 수어로서 그 수효가 매우 많다. 〈그림 10〉의 '야구', '축구', '수영'을 통해 동작 기반 도상적 수어에 대해 살펴보기로 한다.

〈그림 10〉에서 보듯이, 스포츠와 관련된 수어는 동작 기반 도상적 수어의 전형적인 보기이다. '야구'는 오른 주먹의 1지를 펴서 끝이 위로 향하게 세우고 왼손으로 오른 팔꿈치를 받치고 오른손을 반원을 그리며 안으로 돌리는 동작으로 표현한다. '축구'는 손바닥이 위로 향하게 편 왼 손바닥에 오른 주먹의 바닥을 대며 1지를 힘주어 튕겨 펴는 동작이다. '수영'은 손등이 위로 손끝이 오른쪽으로 향한 왼팔에 오른 주먹의 등을 대고 1·2지를 펴서 번갈아 움직이며 오른쪽으로 이동시키는 동작으로 나타낸다.

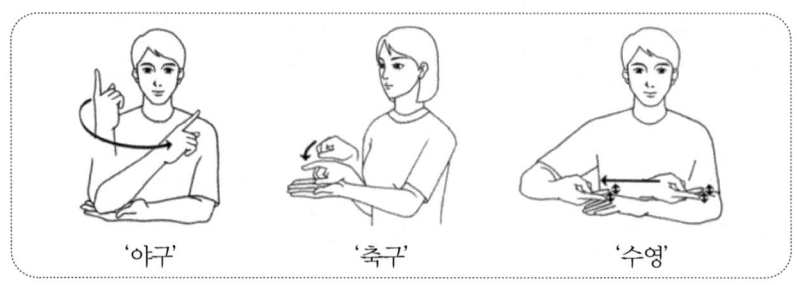

〈그림 10〉 동작 기반 도상적 수어(1)

즉, '야구'는 타자가 방망이를 휘두르는 동작이며, '축구'는 발로 차는 동작이고, '수영'은 발차기를 하는 동작으로 표현된다. '야구', '축구', '수영'은 다양한 동작들로 수행되는 스포츠인데, 수어에서 '야구', '축구', '수영'은 각각 하나의 특징적인 동작을 통해 전체 의미를 표현한다.

지시물 자체의 동작 또는 '수어자(signer)'가 지시물을 이용하는 동작 중 일부를 통해 의미를 나타내는 동작 기반 도상적 수어의 경우이다.

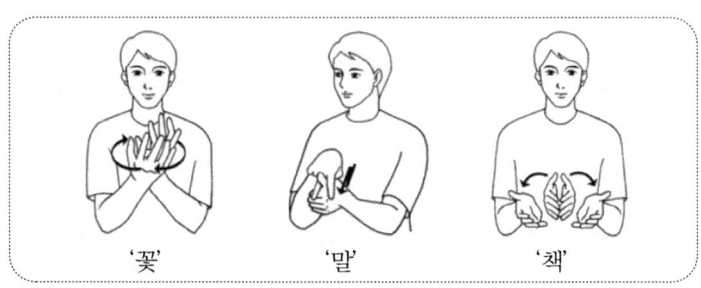

〈그림 11〉 동작 기반 도상적 수어(2)

〈그림 11〉에서 보듯이, '꽃'은 약간 구부린 두 손의 손목을 X자로 맞댔다가 손목을 천천히 돌려 두 손바닥이 마주보게 하는 동작으로 표현한다. '말(馬)'은 왼 주먹의 5지를 펴서 끝이 밖으로 향하게 모로 세우고 그 위에 오른 주먹의 1·2지를 펴서 벌려 올려 끼우고 상하로 두 번 움직이는 것으로,

'책'은 두 손을 펴서 손끝이 밖으로 향하게 하여 맞댔다가 손목을 양옆으로 돌려 펴는 동작으로 나타낸다.

즉 '꽃'은 꽃봉오리가 벌어지는 동작으로, '말'은 말을 타는 동작으로, '책'은 책을 펴는 동작으로 해당 지시물을 나타낸다. '꽃'은 바람에 흔들리며, 피고 지는 등의 다양한 동작을 할 수 있는 주체로, 수어자는 꽃의 여러 동작 중에서 한 가지 동작, 곧 꽃이 피는 동작을 통해 '꽃'이라는 지시물을 드러낸다. 그런데, 수어 '말(馬)'은 말 자체의 동작이 아니라, 수어자가 '말'을 이용하는 방식 곧 말을 타는 동작을 통해 '말'의 의미를 드러낸다는 점에서 '꽃'과 차이가 있다. '책'의 경우에도 책은 스스로 움직일 수 있는 대상이 아님에도 불구하고, 수어자가 책을 펴는 동작을 통해 '책'의 의미를 나타낸다. 요컨대 '말', '꽃', '책'은 모두 스스로 또는 수어자와 관련하여 다양한 동작과 연관되지만, 수어로 표현될 때에는 이들 동작 중에서 특정 동작이 전체 의미를 드러내는 방식으로 도식화된다.

〈그림 12〉의 동작 영상적 도상성의 수어를 보기로 한다.

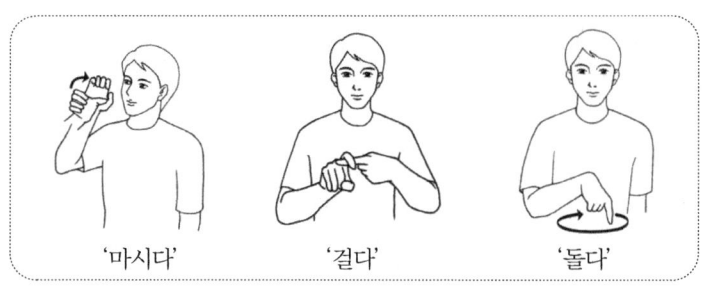

〈그림 12〉 동작 영상적 도상성 수어

〈그림 12〉에서 '마시다'는 컵을 쥐고 액체를 입에 대는 동작을, '걸다'는 못에 옷을 거는 동작을, 그리고 '돌다'는 동그라미 모양의 동작을 통해 표현된다. 수어에는 이처럼 '동작'을 기호화한 경우가 많다. 특히 스포츠와 관련

한 수어에서 두드러지는데, 〈그림 10〉의 '야구', '축구', '수영'에서 보는 바와 같다.

3.2. 구조적 도상성

'구조적 도상성(structural iconicity)'은 수어의 형태적 특징이 의미 구조의 양상과 대응하는 것으로, 양·순서·거리적 도상성으로 나뉜다.

3.2.1. 양적 도상성

'양적 도상성', 즉 '도상적 양(iconic quantity)'은 수어의 개념적 양이 형태적 양과 상관성을 띤 경우이다. 양의 복잡성은 개념의 문제로서 복합어뿐만 아니라 단일어에서도 적용된다.

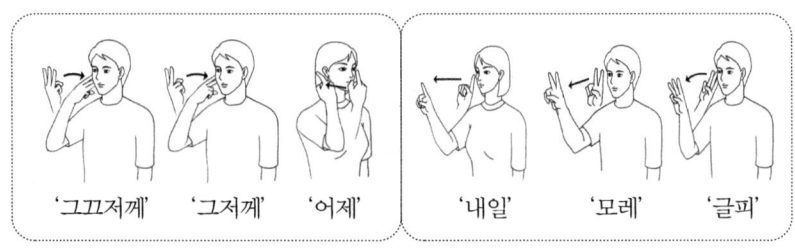

〈그림 13〉 양적 도상성 수어

〈그림 13〉에서 보듯이, '어제·그저께·그끄저께' 및 '내일·모레·글피'에서 '어제'에 비해 '그저께', '그저께'에 비해 '그끄저께'가 개념적으로 더 복잡하며, '내일'에 비해 '모레'가, '모레'에 비해 '글피'가 개념적으로 더 복잡한데, 수어에서 복잡성의 정도가 손가락의 수에 의해 도상적으로 표현된다.

3.2.2. 순서적 도상성

'순서적 도상성', 즉 '도상적 순서(iconic sequence)'는 시간적 순서, 자연성 및 우선성의 정도가 수어의 구조에 도상적으로 표현된 것이다. 〈그림 14〉 및 〈그림 15〉에서 보듯이, '쇠고기'는 [소+고기], '백두산(白頭山)'은 [하양(白)+머리(頭)+산(山)]의 순서에 따라 표현된 순서적 도상성의 보기이다. 수어 '백두산'은 한자어의 의미를 도상적으로 표현한 것이다.

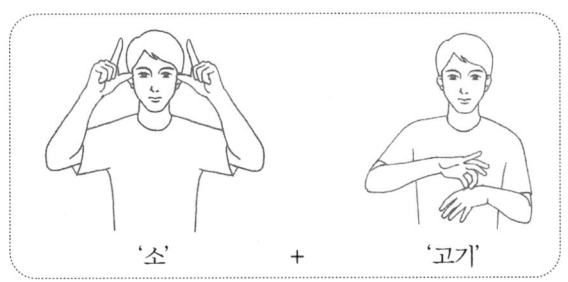

〈그림 14〉 순서적 도상성 수어 '쇠고기'

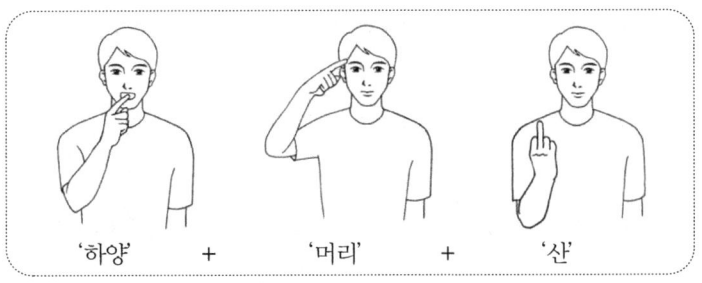

〈그림 15〉 순서적 도상성 수어 '백두산(白頭山)'

3.2.3. 거리적 도상성

'거리적 도상성', 즉 '도상적 거리(iconic distance)'는 수어의 형태적 거리가 개념적 거리와 비례 관계를 형성하는 경우이다. 〈그림 16〉에서 보듯이, '가깝다'와 '멀다'에서 '가깝다'는 두 지점의 거리가 짧은 것이며, '멀다'는 떨어진 것을 가리키는 것으로 거리적 도상성의 보기이다.

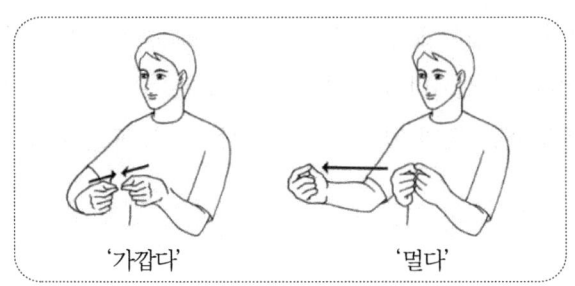

〈그림 16〉 거리적 도상성 수어

3.3. 비유적 도상성

'비유적 도상성(figurative iconicity)'은 수어의 형태가 지시물의 부분과 상관성을 갖는 '환유적 도상성', 그리고 수어의 형태가 지시물의 의미와 개념적 유사성의 상관성을 갖는 '은유적 도상성'으로 나뉜다.

3.3.1. 환유적 도상성

수어의 환유적 도상성은 대상이나 사건의 부분을 지칭하여 대상이나 사건을 기술하는 것이다. 〈그림 16〉에서 보듯이, 동물의 특징적인 모양이나 동작을 통해서 동물을 지칭한다.

〈그림 17〉 환유적 도상성 수어

곧 '개'는 '두 귀', '소'는 '뿔', '닭'은 '벼슬', '돼지'는 '둥근 코', '하마'는 '벌린 입'의 모양을 묘사해서 그 대상을 나타낸다. 이처럼 수어에서는 대상을 묘사할 때 특징적인 한 부분을 통해 전체를 나타내는 방식이 흔하다. 이것은 수어를 이루는 공간, 시각(視覺), 손짓 등의 요소들이 제한된 시간 안에 대상을 나타내기 위한 수어 특유의 전략이라 할 수 있다.

3.3.2. 은유적 도상성

수어의 은유적 도상성은 형태와 의미의 관계가 개념적 유사성으로 관련성을 맺는 것이다. 〈그림 18〉에서 보듯이 '결혼'과 '이혼'에 대한 수어는 양손의 모양이 합쳐짐과 흩어짐으로 대립된다.

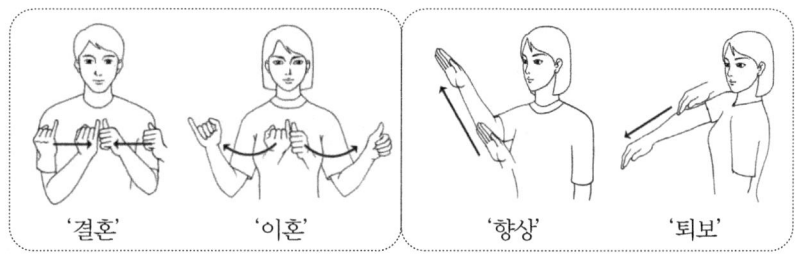

〈그림 18〉 은유적 도상성 수어

이것은 "결혼은 연결, 이혼은 분리이다."라는 개념적 은유에 따른 것이다. 또한, '향상'과 '퇴보'는 손의 모양이 위와 아래를 향하는데, 이것은 "좋음은 위, 나쁨은 아래이다."에 대한 개념적 은유에 따른 은유적 도상성의 보기이다.

수어의 은유적 도상성은 음성언어의 개념적 은유와 비교하여 제약을 많이 받는다. 공간 언어인 수어의 특성상 수어자가 전언을 생산하고 수신자가 이해하는 과정에서 비유성이 짙은 경우는 제약을 받게 된다. 수어의 도상성이 구체적인 형태-의미 간에 많이 나타나는 것은 이런 제약과 무관하지 않다.

3.3.3. 복합적 도상성

수어에서 환유 및 은유의 복합적 도상성의 경우를 보기로 한다. 〈그림 19〉에서 보듯이 '어제'와 '과거', 그리고 '내일'과 '미래'는 신체 부위를 중심으로 대립되고 있다. 곧 '어제'는 '과거'의 부분이며, '내일'은 '미래'의 부분인데, 이것은 환유적 도상성이다. 한편, '어제'와 '과거'는 '뒤'이며, '내일'과 '미래'는 '앞'인데, 이것은 은유적 도상성이다.

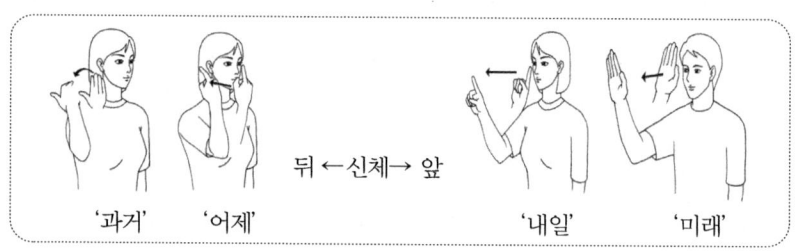

〈그림 19〉 복합적 도상성 수어

4. 수어의 도상적 의미 특성

수어의 도상적 의미 특성을 수어 도상성의 특성, 수어의 문화 간 변이의 측면에서 기술하기로 한다.

4.1. 수어 도상성의 특성

음성언어의 도상성과 대비하여 수어 도상성의 특성을 들면 다음과 같다.

첫째, 수어는 음성언어에 비해 도상성이 훨씬 더 널리 퍼져 있다. 그 까닭은 손의 시각적 움직임이 주로 보이지 않는 '성도 조음 기관(vocal tract articulator)'보다 훨씬 더 많은 기호적 잠재력을 가지고 있기 때문이며(S. Wilcox 2004: 121 참조), '손-시각적 양식(manual-visual modality)'은 모든 언어 구조의 층위에서 도상적 표현의 풍부한 가능성을 제공하기 때문이다(Meir & Tkachman 2018: 7 참조). 또한, 수어 사용자들이 손짓으로 단어와 문장을 만들고, 눈으로 그 기호를 해독하는 과정에서, 정확하고 쉽게 의사소통하도록 하기 위해서는 기호의 형식과 내용 간에 도상성을 활용하는 것이 효율적이기 때문이다.

둘째, 음성언어에서 대체로 단일어는 자의적이며 합성어는 도상적인 반면, 수어의 경우 단일어도 도상적인 경향이 짙다.

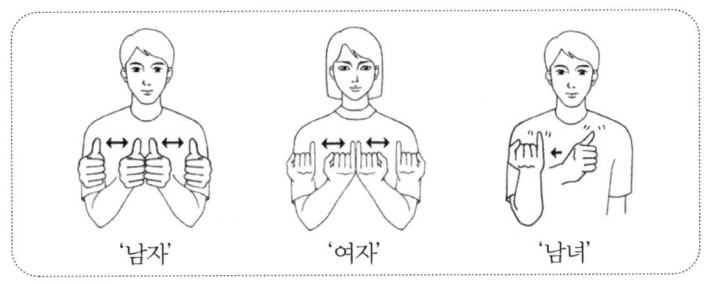

〈그림 20〉 수어의 대립관계의 도상성

예를 들어, '남녀'뿐만 아니라 '남자'와 '여자'의 경우 음성언어의 대립어 각각은 형태와 의미가 자의적인 반면, 수어에서는 〈그림 20〉에서 보듯이 '남녀'뿐만 아니라 '남자'와 '여자'는 의미와 형태의 관계가 도상적이다.

셋째, 수어의 도상성은 영상적, 구조적, 비유적 도상성이 복합적으로 나타나는 일이 흔하다.

넷째, 수어의 도상적 양상 가운데 비유에 의한 환유적 도상성이 가장 활성화되어 있다. 그 까닭은 수어의 형태가 그 의미에 대해 특징적인 모양이나 동작을 포착하여 기호화하는 경향이 짙기 때문이다. 또한, 환유적 도상성에서 부분이 전체를 대표하는 경우가 대부분이다.

다섯째, 은유적 도상성은 '방향적 은유(orientational metaphor)'에 의한 도상성이 흔한데, 이는 근원 영역 '방향'이 신체성에 기반함으로써 그 개념이 뚜렷하여 추상적인 목표 영역으로 '사상(mapping)' 되기 쉽기 때문이다. 그 반면, 개념적 은유의 '존재론적 은유(ontological metaphor)'나 '구조적 은유(structural metaphor)'에 의한 도상성은 드문데,[9] 이들의 경우 수화자나 수신자가 추상적 개념을 도상적 사상에서 은유적 사상의 이중 사상을 표현하고 이해하는 데 어려움을 느끼기 때문이다. 이를 메이어(Meir 2010: 865)에서는 '이중 사상 제약(double mapping constraint)'이라고 하였다.

4.2. 수어의 문화 간 변이

수어는 언어 및 문화 간 변이를 밝히기에 좋은 시험장이다. 〈그림 21〉의 '새'에 관한 미국수어(ASL)와 튀르키예수어(TSL)는 문화간 수어 차이의 인지 과정을 잘 보여 준다(Emmorey 2014: 2 참조).

---

9   이와 관련하여 Wilbur(1987: 173)에 따르면 미국수어를 대상으로 한 연구에서 '구조적 은유'를 식별하는 것이 가장 어려운 조사라고 한 바 있다.

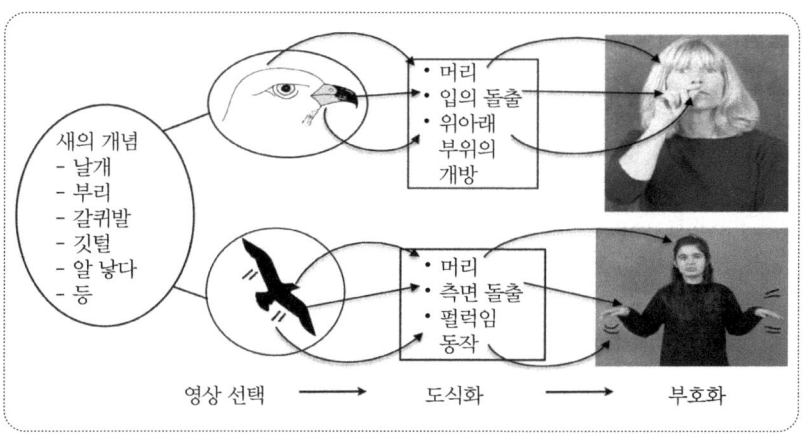

〈그림 21〉 유사구축 모형에 의한 '새'의 미국수어와 튀르키예수어

　〈그림 21〉에서 '새'의 인지 과정을 보면, 구체적인 이미지에서 영상을 선택하고, 이를 도식화하는데, 미국수어에서는 '부리'에 초점을 두는 반면 튀르키예수어에서는 '전신, 특히 날개'에 초점을 둔다. 그런 다음 이를 부호화하여 최종적으로 수어가 형성된다. 곧 수어 형성의 인지 과정은 '영상 선택(image selection) → 도식화(schematization) → 부호화(encoding)'의 단계를 거치게 된다. 이 경우 '도식화' 단계가 한층 더 중요한데, '새'의 경우, 미국수어는 '부리'에 기반을 두고 형성되는 반면, 튀르키예수어는 '전신, 특히 날개'에 기반을 두고 형성된다.
　한편, '새'에 대한 한국수어는 〈그림 22〉와 같이 미국수어와 튀르키예수어의 '부리'와 '전신, 특히 날개' 양면을 포함하고 있다.[10]

---

[10] Currie *et al.*(2002: 224-236)에서는 멕시코수어, 스페인수어, 일본수어, 프랑스수어의 어휘를 비교하였는데, 각각의 두 수어 간 유사한 수어의 비율이 23%에서 38%로, 전혀 관련이 없는 일본수어와 멕시코수어 간에도 20%를 공유한 것으로 드러났다. 이러한 관찰의 핵심적 설명은 많은 수어에서 '도상적 본질(iconic nature)'에 따라 관련이 없는 수어에서조차 동일한 개념에 대해 유사한 수어가 나타날 수 있다는 것이다.

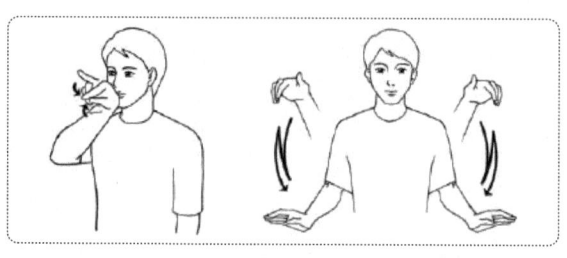

〈그림 22〉 한국수어 '새'

'나무'에 대한 한국수어와 미국수어·덴마크수어·중국수어는 모두 도상적이지만, 그 형태를 형상화하는 방식에는 차이가 있다(Klima & Bellugi 1979: 523 참조).

〈그림 23〉에서 보듯이, 한국수어에서는 나뭇가지가 다투어 뻗는 동작에 초점을 두고 표현하였다. 미국수어(ASL)와 덴마크수어(DSL)는 도상성의 정도가 높은데, ASL에서는 '땅, 나무기둥, 나뭇가지'가 '왼팔, 오른팔, 손바닥'을 통해 표현하며, DSL에서는 나무의 윤곽이 손에 의해서 그려진다. 한편, 중국수어(CSL)에서는 나무의 '몸통'을 두 팔로 안는 부분적 도상성이다.

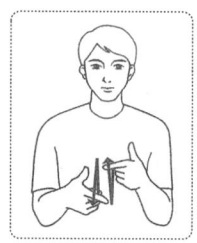 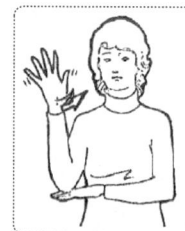  

〈그림 23〉'나무'의 한국수어와 ASL·DSL·CSL

'달걀'과 'egg'도 문화 간 수어 차이의 사례이다. 〈그림 24〉의 한국수어에서 '달걀'은 눈의 멍을 삭이기 위해 눈에 달걀을 대고 돌리는 동작으로 나타내는 반면, 미국수어에서 '달걀'은 달걀을 깨는 동작으로 나타낸다.

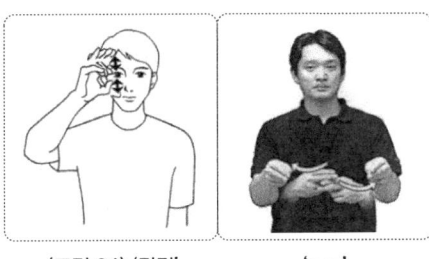

〈그림 24〉 '달걀'   'egg'

또한, 〈그림 〈25〉에서 한국수어의 '예쁘다'는 연지를 찍는 동작과 관련되지만, 미국수어의 '예쁘다'는 오른손으로 오른쪽에서 왼쪽으로 얼굴 전체를 가리키며 둥글게 회전하는 동작으로 나타낸다.

〈그림 25〉 '예쁘다'   'pretty'

'달걀', '예쁘다'는 이들 대상이나 상태가 갖는 의미를 표현하기 위해 여러 가지 영상 중에서 '달걀'의 기능, '연지'를 찍어 아름다움을 표현하는 행동을 현저하게 지각하고, 이러한 행동을 통해 의미를 표현하고 있는데, 이는 한국인의 문화적 경험에 따른 것이다.

수어의 문화 간 변이 양상은 닮음과 다름으로 나타나기도 한다. 〈그림 26〉의 '책임'은 남북한 수어의 공통성을 나타내는 반면, '꺾다'는 차별성을 드러낸다.

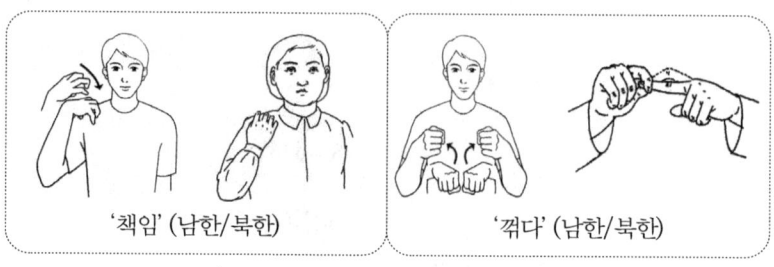

〈그림 26〉 남북한 수어의 공통성과 차별성

5. 마무리

　이상에서 수어 도상성의 분석 기제, 도상성의 유형과 도상적 수어의 작용 원리, 수어의 도상적 양상과 의미 특성을 통해 그 성격을 살펴보았다. 이제까지 논의한 바를 간추려 이 장을 마무리하기로 한다.

　첫째, 수어 도상성의 분석 기제이다. 언어 기호에서 형태와 의미가 무관한 자의성과 유관한 도상성을 바탕으로 자의적 수어와 도상적 수어를 기술하였다. 도상성의 유형은 영상적·구조적·비유적 도상성으로 대별되며, 도상적 수어의 작용 원리로서 환유에 의한 도상적 수어의 생산 과정은 '유사구축 모형'과 은유에 의한 도상적 수어의 생산 과정은 '이중 사상'으로 설명될 수 있다.

　둘째, 수어의 도상성은 세 가지로 대별된다. 영상적 도상성은 수어의 형태가 사물의 형태와 닮은 것으로 모양과 동작으로 나뉜다. 구조적 도상성은 수어의 형태적 특징이 의미 구조의 양상과 대응하는 것으로 양, 순서, 거리 도상성으로 나뉜다. 비유적 도상성은 수어의 형태가 의미와 부분-전체의 상관성을 갖는 환유적 도상성, 수어의 형태가 의미와 개념적 유사성의 상관성을 갖는 은유적 도상성, 그리고 환유와 은유가 동시에 작용하는 복합적 도상성으로 나뉜다.

셋째, 수어의 도상적 의미 특성이다. 수어의 도상성은 음성언어의 도상성과 공통성뿐만 아니라 특이성을 갖는다. '손-시각적 양식'의 수어는 '음성-청각적 양식'의 음성언어보다 도상성이 한층 더 활성화되어 있다. 또한, 환유적 도상성이 활성화되어 있으며, 은유적 도상성 가운데 방향적 도상성이 흔하며, 영상적·구조적·비유적 도상성이 복합적으로 나타나는 일이 흔하다. 끝으로, 수어는 문화 간 변이 현상을 갖는데, 한국수어를 중심으로 여러 문화권의 수어에 대한 도상성의 여부와 도상적 공통성과 특이성을 규명하는 일이 필요하다.

제9장 수어의 비유적 도상성

1. 들머리

  이 장은 인지언어학적 관점에서 『한국수화사전』(2005/2007)의 단일어[1]를 중심으로 수어에 내재된 비유적 도상성의 양상과 특성을 규명하는 데 목적이 있다. '수어의 비유적 도상성'은 '수어' '도상성' '비유'의 세 가지 개념 또는 영역이 융합된 것이다. '수어'는 '음성언어', '도상성'은 '자의성', '비유'는 '직설'과 각각 대립을 이루는데, '수어의 비유적 도상성', 곧 '수어의 환유적·은유적 도상성'은 보여주고 보는 언어로서 '수어'의 한 특성으로 주목된다.

  '수어의 도상성'과 '수어의 비유'는 인지언어학계에서 핵심 분야로 공인됨으로써 그 성격이 활발히 논의 중이다. 국제인지언어학계의 경우 인지언어학적 관점에서 수어를 조망한 주요 논의에는 윌콕스 외(S. Wilcox, P. P. Wilcox & Jarque 2004), 윌콕스(S. Wilcox 2007), 윌콕스 & 윌콕스(S. Wilcox & P. P. Wilcox 2013), 메이어 외(Meir et al., 2013), 윌콕스(S.

---

[1] 『한국수화사전』(2005/2007)의 수어 어휘 구성에 대해서는 임지룡(2021b: 139-144) 참조.

Wilcox 2015), 윌콕스 & 오치노(S. Wilcox & Occhino 2017), 윌콕스 & 마르티네(S. Wilcox & Martínez 2021) 등이 있는데, 그 핵심 주제 가운데 도상성, 환유 및 은유가 포함된다. 퐈우 외(Pfau, Steinbach & Woll 2012)는 수어의 국제적 핸드북이며, 음성언어와 수어의 통합을 다룬 단행본으로 윌콕스(S. Wilcox 2018)가 있다. 수어의 '도상성'[2]과 '환유' 및 '은유'에 대한 주요 논의에는 듀커(Deuchar 1990), 윌콕스(P. P. Wilcox 2000), 타웁(Taub 2001), 윌콕스(S. Wilcox 2004), 메이어(Meir 2010), 타웁(Taub 2012), 가네코 & 스턴-스펜서(Kaneko & Sutton-Spence 2017), 키멜만 외(Kimmelman et al. 2017), 메이어 & 코헨(Meir & Cohen 2018), 뵈르스텔 & 레픽(Börstell & Lepic 2020) 등이 있다.

우리 학계의 경우 수어의 '도상성'에 대한 논의를 보면, 서도원(2007)은 『한국수화사전』의 어휘에 비해 충남 아산(온양) 지역의 수어 어휘가 도상성이 두드러짐을 밝힌 바 있으며, 남기현(2012b)은 단일어 2,674개의 기호학적 특성,[3] 임지룡·송현주(2015)는 한국수어의 동기화 양상, 임지룡(2018b)은 수어의 도상적 양상과 의미 특성, 신홍임(2019)은 한국어 수어의 도상성을 활용한 교육적 시사점 모색, 송미연 외(2020)는 한국수어의 생산적 수어 어휘에서 나타난 도상성을 다루었다. 한편, 수어의 '비유'에 대한 논의를 보면, 석수영(2015)은 한중 수어의 비유, 최영주(2017)는 수어의 개념적 은유와 환유, 리우징나(2018)는 한중 수어의 시간 개념화 대조,

---

[2] Klima & Bellugi(1979)의 *The Signs of Language*(『언어의 수어』)는 수어의 '자의성'과 함께 본격적으로 '도상성'을 다룬 주요 단행본이다.

[3] 남기현(2012a: 65-82, 2012b)에 따르면 『한국수화사전』의 단일어 2,674개에서 도상 기호는 46%, 지표 기호는 4%, 상징 기호는 33%, 지표-상징 기호는 1%, 도상-상징 기호는 16%로 나타났다. 한편, 한편, Woll(1984)의 연구에서는 '기본 수어(basic sign)' 어휘의 40%가 도상적이며, Deuchar(1990: 172)에서는 미국수어 664개 표본에서 34%가 도상적이었다. 이들의 연구에서 도상성은 기본어휘, 구체적 대상의 수어에 더 높은 것으로 드러났다.

최화니(2019)는 한국수어의 시간 은유, 그리고 최영주(2022)는 한국수어에 나타나는 [도덕성은 청결함] 은유를 다루었다. 이러한 논의들은 수어 탐구의 새로운 시각으로 주목된다. 그렇지만, '수어의 비유적 도상성'은 나라 안팎의 언어학계에서 제대로 논의된 바 없다.

　이에 이 장에서는 인지언어학적 관점에서 '수어·도상성·비유'의 세 가지 개념 또는 영역이 융합된 '수어의 환유적 도상성' 및 '수어의 은유적 도상성'의 양상과 특성을 밝히기로 한다. 이러한 논의가 갖는 의의는 다음과 같다. 첫째, 이제까지 수어 연구에서 탐구자의 시선이 닿지 않았던 수어의 환유적·은유적 도상성에 관한 양상과 특성을 밝힘으로써 수어의 심층적 이해에 이를 수 있게 된다. 둘째, 수어의 환유 및 은유에 관한 비유적 도상성이 수어 탐구의 핵심 과제로 자리매김하게 되며 수어의 효율적인 교육 및 통역에 활용될 수 있다. 셋째, 수어의 환유적·은유적 및 범 수어적 도상성 간, 그리고 이들과 음성언어 간의 공통성과 차이점을 밝힘으로써 '비유적 도상성'에 관한 수어와 음성언어 간의 상호 이해 및 탐구에 상승효과를 도출할 뿐 아니라, 이를 바탕으로 언어의 일반적인 특성과 언어를 부려 쓰는 인간의 인지 구조 해명에 한 걸음 다가설 수 있게 된다.

2. 수어의 도상성·비유·비유적 도상성

　수어는 시각적 언어를 통해 인간의 사고 과정을 나타내는 특유한 방식 때문에 인지언어학자들 사이에서 관심이 높아지고 있다. 여기서는 인지언어학적 관점에서 수어의 '도상성', '비유', '비유적 도상성'의 성격을 살피기로 한다.

2.1. 수어의 도상성

'도상성(iconicity)'은 기호의 '형태'가 '개념·의미' 또는 그것이 가리키는 '지시물·대상' 간의 닮은 현상으로, 명확히 수어의 한 가지 특징이며, 수어의 구조에서 필수적 역할을 한다(S. Wilcox 2007: 1117-1119, Kaneko & Sutton-Spence 2017: 266-267 참조). 인지언어학적 관점에서 '도상성'[4]은 '영상'과 '지시물' 간의 객관적인 관계가 아니라, 영상에 대한 우리의 '정신적 모형'과 '지시물' 간의 관계이다(Taub 2001: 19 참조). 또한, 도상성은 기호의 형태와 대상물 간의 직접적 관계나 해석된 실재라기보다, 특별한 문화·공동체·사회의 구성원으로서 우리 경험뿐만 아니라 모든 인간의 공통된 신체적 경험에 의해 동기화되는 관계이다(S. Wilcox & Martínez 2021: 502 참조). 이것은 '도상성'의 여부가 수어 형태에 결정되어 있는 것이 아니라, 수어 공동체의 인지 여부에 달린 것임을 뜻한다.

수어의 도상성은 '직설적 도상성(literal iconicity)'과 '비유적 도상성(figurative iconicity)'으로 나뉜다.

〈그림 1〉 '다리²' '안경' '세수(하다)'

---

[4] 음성언어의 도상성에 대해서는 임지룡(2004) 및 Radden(2021), 수어와 음성언어 간의 도상성에 대한 논의는 Perniss et al.(2010), Yap et al.(2014), Meir & Tkachman(2018), 수어의 도상성에 대해서는 S. Wilcox(2004), Demey et al.(2008), Bross(2024) 참조.

'직설적 도상성'은 〈그림 1〉에서 보듯이 '다리²'는 [교각을 나타내는 동작], '안경'은 [안경을 나타내는 동작], '세수(하다)'는 [얼굴을 씻는 동작]으로 지시물의 모양이나 형상에 대한 물리적·구체적 도상성이다.

그 반면, '비유적 도상성'은 아래(3.1., 3.2.)에서 볼 간접적·암시적인 환유 및 심리적·추상적인 은유적 도상성이다.

2.2. 수어의 비유

언어 표현은 글자 그대로의 '직설적 표현'과 환유와 은유에 의한 '비유적 표현'으로 대별된다. 인지언어학에서는 비유의 '환유'와 '은유'가 언어 이전에 개념 차원의 문제라는 점에서 '개념적 환유'와 '개념적 은유'라고 부른다.

먼저, '개념적 환유(conceptual metonymy)'는 하나의 개념 영역에 있는 어떤 요소를 언급하면서 그것과 인접성 관계에 있는 다른 요소를 대신하여 지칭하는 것으로 확대 지칭 양상과 축소 지칭 양상으로 대별된다. 확대 지칭 양상은 인접한 두 요소 가운데 부분이 전체를 지칭하는 것이다. 예를 들어, "일손이 모자란다."에서 '일손'은 현저한 참조점으로서 '일꾼'을 지칭한다. 축소 지칭 양상은 인접한 두 요소 가운데 전체가 부분을 지칭하는 것이다. 예를 들어, "옆집이 이사를 갔다."에서 '옆집'은 현저한 참조점으로서 '옆집 사람'을 지칭한다.

수어에서 '개념적 환유'는 확대 지칭 양상으로 실현된다. 〈그림 2〉에서 보듯이 '개'는 [두 귀의 동작], '닭'은 [닭 벼슬을 구성하는 동작], '돼지'는 [둥근 코를 나타내는 동작]으로 나타난다. 이것은 가장 현저한 특징으로써 이들 동물을 수어로 형상화한 '개념적 환유'의 보기이다.

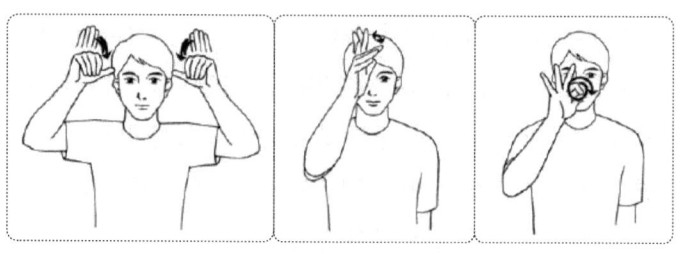

〈그림 2〉 '개' '닭' '돼지'

다음으로, '개념적 은유(conceptual metaphor)'는 '한 사물'('목표 영역' 또는 '추상적 영역')을 '다른 사물'('근원 영역' 또는 '구체적 영역')에 의해 이해하고 표현하는 것으로, 구조적·존재론적·방향적 은유가 있다(임지룡 2024a: 301-306 참조).

'구조적 은유(structural metaphor)'는 근원 영역이 목표 영역에 대하여 상대적으로 풍부한 지식 구조를 제공함으로써 추상적인 목표 영역이 근원 영역의 수준으로 구조화되는 것을 말한다. 수어의 실현 양상을 보면, 〈그림 3〉은 [바늘이 돌아가는 동작]의 '시간' 및 이와 호응 관계에 있는 '얻다, 마련하다, 투자하다'인데, 이는 "시간은 돈이다."라는 구조적 은유에 기초한다.

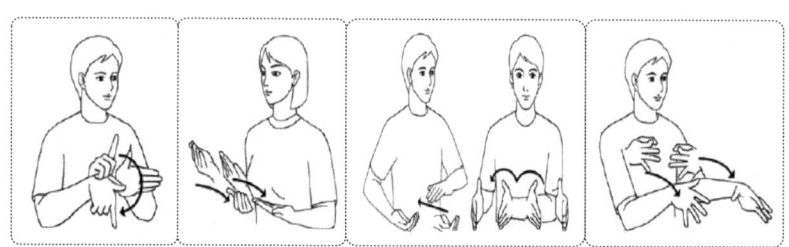

〈그림 3〉 '시간' '얻다, 마련하다, 투자하다'

〈그림 3〉은 개별 어휘 가운데 복합적 내용의 구조적 은유를 찾기 어려우므로, 문장 층위의 예문을 제시하였다.

'존재론적 은유(ontological metaphor)'는 추상적인 대상을 사물처럼 구체적인 존재로 개념화하는 것이다. 〈그림 4〉에서 보듯이 '기억=외다'는 [머리에 잡아넣는 동작]이며, '망각=잊다'는 [머리에서 나가버리는 것을 나타내는 동작]인데, 이는 "생각·마음은 그릇이다."라는 존재론적 은유에 기초한다.

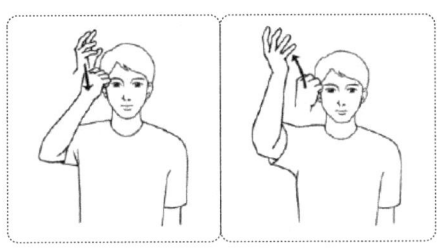

〈그림 4〉 '기억=외다↔망각=잊다'

'방향적 은유(orientational metaphor)'는 공간상의 방향과 관련하여 하나의 전체적 개념 구조를 이루는 것을 말한다. 〈그림 5〉에서 보듯이, '이기다'는 '위'이며, '지다³/지다⁶'은 '아래'이다.⁵ 이것은 "이기다는 위이다."이며, "지다는 아래이다."의 방향적 은유에 기초한다.

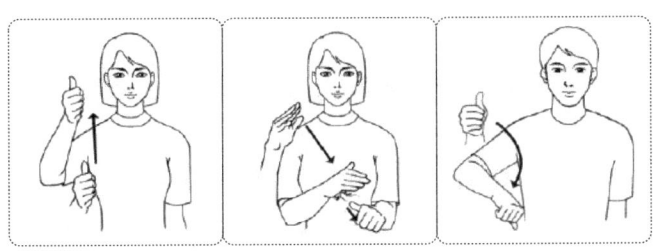

〈그림 5〉 '이기다' '지다³' 및 '지다⁶'

---

5 '지다³'은 "경기에서 졌다.", '지다⁶'은 "소송에서 졌다."에 해당한다.

2.3. 수어의 비유적 도상성

'수어의 비유적 도상성'은 '수어의 도상성'과 '수어의 비유'의 융합이다. 이제까지 수어 탐구에서 도상성과 환유 및 은유를 개별적인 현상으로 처리해 왔으나, 실제로 이들은 융합되어 '환유적 도상성'과 '은유적 도상성'으로 실현된 것이라 하겠다.[6]

먼저, '환유적 도상성(metonymical iconicity)'을 보기로 한다. 〈그림 2〉에서 기술한 '개' '닭' '돼지'는 '수어의 환유' 표현이자 '수어의 환유적 도상성'의 보기이다. 수어에서 '환유적 도상성'은 공간상에서 도상성과 개념적 환유의 융합으로 나타나는데, 이는 타웁(Taub 2001: 44)의 '유사구축 모형(analogue-building model)'으로 설명할 수 있다. 이 모형에 따른 '집'의 수어 생성 과정을 보면 〈그림 6〉과 같다(임지룡 2018b: 70-71).

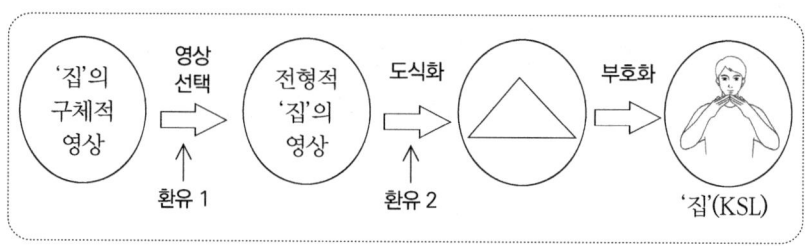

〈그림 6〉 유사구축 모형에 의한 수어 '집'의 생성 과정(임지룡 2018b: 71)

〈그림 6〉의 '집'은 3단계로 이루어진다. 첫째, '영상선택(image selection)' 단계로서 '집' 전체의 구체적 영상'에서 영상을 선택한다('환유1'). 둘째, '도식

---

6 이것은 피카소의 "여인의 두상들(1937)"에서 코와 오른쪽 눈은 전면을 응시하고 왼쪽 눈과 입술은 측면을 응시하는 두 얼굴의 합성이나, Rubin(1958: 201)의 "루빈의 컵"에서 '마주 보고 있는 얼굴'과 '하나의 꽃병'의 두 가지 그림이 겹쳐진 현상에 비유될 수 있다.

화(schematization)' 단계로서 '집'의 여러 구성 요소 가운데 가장 현저한 '지붕'을 도식화한다('환유2'). 셋째, '부호화(encoding)' 단계로서 부호화된 영상의 결과인 수어 '집'을 윤곽화한다. 이상과 같이 '영상선택'과 '도식화' 단계에서 환유적 인지 기제가 작용하여 '집'에 대한 형태와 의미 간의 환유적 도상성이 생성된다.

다음으로, '은유적 도상성(metaphorical iconicity)'을 보기로 한다. 〈그림 5〉의 '이기다' '지다³/지다⁶'은 '수어의 은유' 표현이자 '수어의 은유적 도상성'의 보기이다. 수어에서 '은유적 도상성'은 공간상에서 도상성과 개념적 은유의 융합으로 나타나는데, 이는 타웁(Taub 2001: 44)의 '유사구축 모형(analogue-building model)' 및 타웁(Taub 2001: 96-98, Taub 2012: 400-403)의 '이중 사상(double mapping)'으로 설명할 수 있다. 은유적 도상성에는 '도상적 사상(iconic mapping)'에 추상적인 목표 영역이 구체적인 근원 영역으로 사상되는 '은유적 사상(metaphorical mapping)'이 추가되는데, 이것이 '이중 사상'이다(Kaneko & Sutton-Spence 2017: 271-272 참조). 이 모형에서 예시된 〈그림 7〉의 미국수어 'I-INFORM-YOU(나-정보를 알려주다-너)'의 이중 사상 과정을 보면 〈표 1〉과 같다.

〈그림 7〉 I-INFORM-YOU (한국어-미국수화사전 2008: 854)

〈표 1〉에서 'I-INFORM-YOU'는 도상적 사상이 일어난 뒤에 은유적 사상이 일어남을 보여준다. 이 수어에서 도상적 사상의 의미는 수어자가 머릿속에 있는 작고 평평한 물건을 꺼내서 수신자에게 전달하는 것이다. 이

경우, 수어자가 단순히 머릿속의 물건을 꺼내서 상대방에게 전달하는 것이 아니라, 은유적 사상의 의미인 '생각'을 쥐는 물건으로 개념화하여 수어자가 수신자와 생각한 정보를 주고받는 것이다. 이처럼 '이중 사상' 모형은 수어의 은유적 도상성을 해명하는 데 유용한 기제이다.

〈표 1〉 I-INFORM-YOU의 '이중 사상'(Taub 2001: 103)

도상적 사상		은유적 사상
수어조형체	근원 영역	목표 영역
[없음]	물건	생각
이마	머리	마음: 생각의 장소
Flat-O[7] 손모양	물건을 쥐는 동작	생각을 계획함
Flat-O를 이마에 댐	물건이 머릿속에 위치함	생각이 고안자에게 이해됨
Flat-O가 수신자의 위치로 이동하면서 열림	누군가에게 물건을 던짐	누군가에게 생각을 전달함
수어자의 위치	보내는 사람	생각의 고안자
수신자의 위치	받는 사람	생각을 이해하려는 사람

3. 수어 비유적 도상성의 양상

여기서는 수어의 확대 지칭에 의한 환유적 도상성과 방향적 은유를 중심으로 한 은유적 도상성의 양상을 살피기로 한다.

3.1. 환유적 도상성의 양상

수어의 환유적 도상성은 사물이나 사건의 현저한 특징을 포착하여 그

---

7 'Flat-O'는 미국수어의 '분류사(classifier)' 체계에서 '작고 평평한 물건 쥐기'의 의미를 나타낸다(Taub 2001: 99 참조).

사물이나 사건을 수어로 표현하는 것으로, 주요 양상을 5가지 측면에서 기술하기로 한다.

첫째, '동물'의 한 특징으로써 그 동물을 지칭한다. 〈그림 8〉에서 보듯이 '매'는 [부리를 구성하는 동작], '소'는 [소의 귀를 나타내는 동작], '코끼리'는 [코끼리 코를 나타내는 동작과 같이 이들 동물의 '원형적인 특징(prototypical characteristics)'인 '부리' '귀' '코'를 묘사한다. 수어의 이러한 용례들은 (1)과 같다.

〈그림 8〉 '매' '소' '코끼리'

(1) 개, 개구리, 거북, 거위, 노루, 다람쥐, 닭, 당나귀, 도마뱀, 돼지, 박쥐, 뱀, 사슴, 소라, 악어, 양, 오리, 원숭이, 잠자리, 제비, 조개, 참새, 캥거루, 코뿔소, 타조, 토끼, 펭귄, 하마

둘째, '사물'의 한 특징으로써 그 사물을 지칭한다.

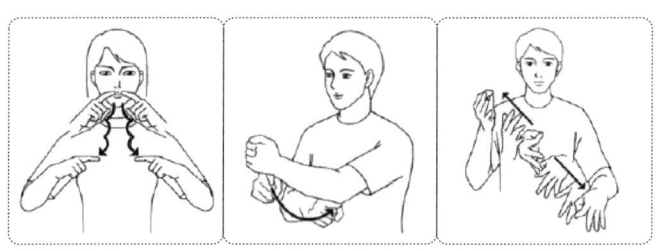

〈그림 9〉 '탑' '소매' '대나무'

〈그림 9〉에서 보듯이 '탑'은 [탑의 층을 나타내는 동작]을, '소매'는 [소매의 배래를 구성하는 동작]을, '대나무'는 [대나무의 마디를 나타내는 동작]을 묘사한다. 이러한 용례들은 (2)와 같다.

(2) 가옥=집, 돈=금전·화폐·가격

셋째, '사물과 관련된 한 행동으로써 그 사물을 지칭한다. 〈그림 10〉에서 보듯이 '바이올린'은 [바이올린을 켜는 동작]을, '우산'은 [우산을 펴는 동작]을, '활'은 [활시위를 잡아당기는 동작]을 묘사한다. 이러한 용례들은 (3)과 같다.

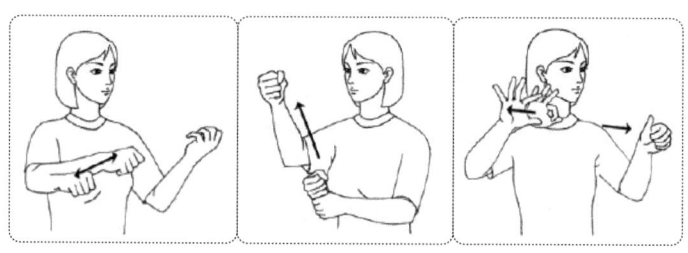

〈그림 10〉 '바이올린' '우산' '활'

(3) 가방, 국수, 라이터, 망원경, 목탁, 미끄럼틀, 반창고, 베개, 벨트, 병풍, 보청기, 북, 비¹, 비녀, 비누, 비디오, 선풍기, 속도계, 손가방=핸드백, 울타리, 수갑, 열쇠, 옻, 자전거, 장구, 종(鐘)=방울, 주머니, 주사위, 중절모자, 집게, 책=도서·서적·펴다, 첼로, 침(鍼), 칫솔, 카드, 칼, 컵=잔, 케이블카, 탈=가면, 크림, 클랙슨, 팔찌, 펌프, 페달, 풍금=오르간, 풍선, 풍차, 피리, 피아노, 하모니카, 허리띠, 헬리콥터, 호루라기=호각

넷째, '지시물'과 관련된 한 행동으로써 그 지시물의 활동을 지칭한다.

〈그림 11〉에서 보듯이 '야구'는 [방망이를 휘두르는 동작]을, '운전'은 [핸들을 돌리는 동작]을, '트럼프'는 [트럼프를 섞는 동작]을 묘사한다. 이러한 용례들은 (4)와 같다.

(4) 골프, 교미, 레슬링[1], 발레, 배구, 시위=데모, 운동, 유도, 축구, 춤=무용, 탁구, 타작, 태권도

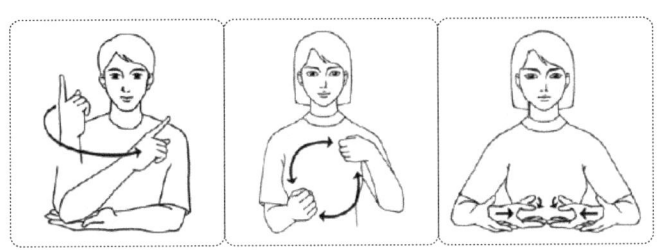

〈그림 11〉 '야구' '운전' '트럼프'

다섯째, '사람·동물'의 한 행동으로써 그 사람·동물을 지칭한다. 〈그림 12〉에서 보듯이 '골키퍼'는 [공을 받는 동작]을, '친구'는 [손을 맞잡는 사이임을 나타내는 동작]을, '원숭이'는 [뺨을 긁는 동작]을 묘사한다. 이러한 용례들은 (5)와 같은데, '수위'는 [살피다+보초를 서는 동작]의 복합어이다.

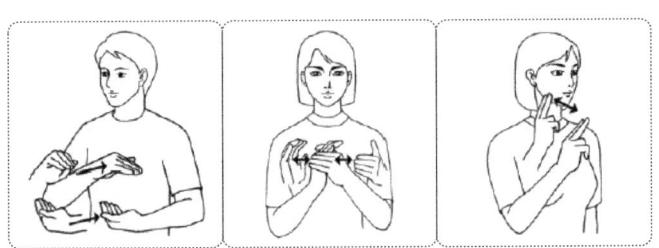

〈그림 12〉 '골키퍼' '친구' '원숭이'

(5) 친척, 친구=동무·벗, 곰, 수위

3.2. 은유적 도상성의 양상

수어의 은유적 도상성은 구체적이고 익숙한 근원 영역을 활용하여 추상적이고 덜 익숙한 목표 영역을 수어로 표현하는 것이다. 방향을 근원 영역으로 한 은유적 도상성의 주요 양상을 6가지 측면에서 기술하기로 한다.

첫째, 상하, 즉 '위↔아래' 방향이다. 〈그림 13〉에서 보듯이 '위↔아래'는 [위쪽을 나타내는 동작] 대 [아래쪽을 나타내는 동작]을, 〈그림 14〉에서 보듯이 '선조↔후손'은 [거슬러 올라가는 동작] 대 [스쳐 내리는 동작]을 묘사한다.

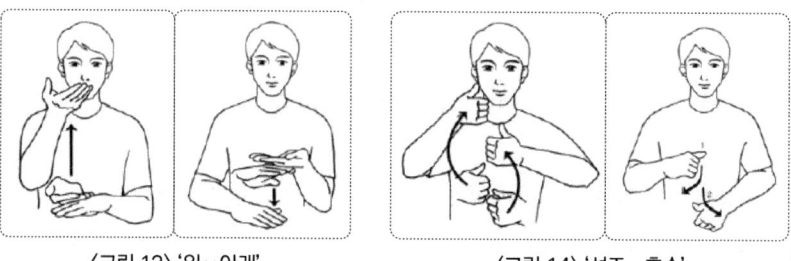

〈그림 13〉 '위↔아래'   〈그림 14〉 '선조↔후손'

'위↔아래'에서 '위'는 '이상(以上)·선배'와 '동형어'[8]이며, '아래'는 '밑·이하(以下)·후배'와 동형어이다. 이것은 "선배는 위이다.", "후배는 아래이다."의 '방향적 은유', 구체적으로 '위/아래' 방향에 기반한 '은유적 도상성'의 보기이다. 이러한 용례들은 (6)과 같다.

(6) a. 위↔아래, 선조↔후손, 동(東)=①뜨다¹·해돋이↔①저물다·지

---

[8] '동형어(同形語)'는 표현이 같은 수어이다. 『한국수화사전』(2005/2007: xi)에서는 "'=' 기호의 표현이 같은 수화인 동형어에는 동의어도 있고 동의어가 아닌 것도 있다."라고 하였다. 여기서는 '동형어'의 첫 번째는 '='를, 그 다음부터는 '·'을 붙인다.

다¹ ②날·일·태양·해↔②서(西), 이북↔이남
b. 오르다²=등산/오르다³↔내려가다¹·내려가다²/내리다¹·내리다²
·내리다³·내리다⁵·내리다⁶,   오르다¹·오르다⁴·오르다⁵=승진↔
내려가다³·내리다⁴, 떨어지다¹·떨어지다³/떨어지다⁴·떨어지다²
c. 고혈압↔저혈압, 비싸다↔싸다¹, 상순↔하순, 아침↔저녁, 뛰다³,
월반, 도시=시(市), 할인=바겐세일, 수그리다=수긍

(6a)의 '동(東)'은 두 가지 의미를 지니는데, ①의 '뜨다¹·해돋이'와 동형어이고 '저물다·지다¹'와 반형어이며,⁹ ②의 '날·일·태양·해'와 동형어이고 '서(西)'와 반형어이다. '동(東)'의 ①, ② 각각은 개념상으로 동의적 동형어인데, '동(東)↔서(西)'에서 "동은 위이며, 서는 아래이다."는 '은유적 도상성'이지만, '동(東)'의 동형어 및 그 반의어 '뜨다¹↔지다¹'는 '위↔아래' 방향의 '직설적 도상성'이다. 수어 어휘에서 은유적 도상성과 직설적 도상성의 혼재는 흔한 양상이다.

예를 들어, (6b)의 '오르다'는 음성언어에서 다의어인데, 수어에서는 5개의 어깨번호를 붙여서 별개의 표제어에 대한 수어 그림을 제시하고 있다. 그중 '오르다²'는 "산에 오르다.", '오르다³'은 "불꽃이 오르다."로서 수어 표현이 '직설적 도상성'이며 그 반형어는 '내려가다¹·²/내리다¹·²·³·⁵·⁶'인 반면, '오르다¹'은 "물가가 오르다.", '오르다⁴'는 "봉급이 오르다.", '오르다⁵'는 "지위가 오르다."로서 '위'를 지향하는 '은유적 도상성'이다. '떨어지다'도 마찬가지인데, '(잎이) 떨어지다¹', '(옥상에서) 떨어지다³'는 '직설적 도상성'인 반면, '(선거에서) 떨어지다²', '(쌀이) 떨어지다⁴'는 '아래'를 지향하는 '은유

---

9 '반형어(反形語)'는 표현이 반대가 되는 수어이다. 『한국수화사전』(2005/2007: xi)에서는 "반형어를 '↔' 기호로 된 표시하는데, 반대가 되는 유사한 경우에도 반형어로 처리하였다."라고 하였다. 수어의 반형어에 대해서는 임지룡(2021a: 825-828, 2021b: 149-151) 참조.

적 도상성'이다. (6c)는 은유적 도상성의 용례로, 대립어 쌍들은 '위↔아래' 방향을 지향하며, '뛰다³' '월반' '도시=시(市)'는 '위'를, '할인=바겐세일' '수 그리다=수긍'은 '아래'를 지향한다.

〈그림 15〉에서 보듯이 '진보=향상↔퇴보'는 [오르는 동작] 대 [아래로 내려감을 나타내는 동작]을 묘사한다. '진보=향상'과 같이 "좋은 것은 위이다."이며, '퇴보'와 같이 "나쁜 것은 아래이다."이다. 이러한 용례를 들면, (7a)는 대립어 쌍이며, (7b)는 '좋은 것'이며, (7c)는 '나쁜 것'이다.

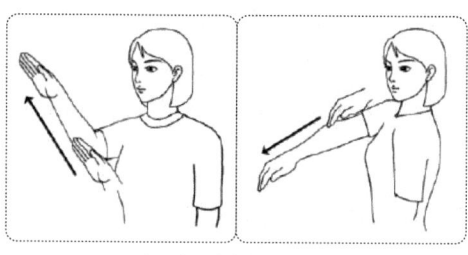

〈그림 15〉 '진보↔퇴보'

(7) a. 진보=향상↔퇴보, 이기다↔패배=지다, 합격↔불합격, 경조(慶弔), 승부(勝負), 승패(勝敗)

b. 경건, 공경, 낫다², 빛나다, 승진, 우수(하다), 정직(하다)=솔직하다, 존경=섬기다, 탁월하다, 화려(하다)=호화, 훌륭하다=위대하다, 희망=소망

c. 기각(棄却), 나쁘다, 낙선(落選), 낙제(落第), 낡다=썩다·묵다¹·부패, 실패, 뒤떨어지다, 불량, 사임=하야, 속다, 실격=떨어지다², 실망하다, 어리석다=미련, 저주, 저주, 죄=범죄, 탄압=압박·억압, 폐지, 포기=기권·체념, 함락

〈그림 16〉에서 보듯이 '건강하다↔허약하다'는 [오르는 동작] 대 [아래로 내리는 동작]을 묘사한다. 곧 "건강함은 위이다."이며, "허약함은 아래이다."

이다.[10] 이러한 용례를 들면, (8b)는 '건강한 것'이며, (8c)는 '허약한 것'이다.

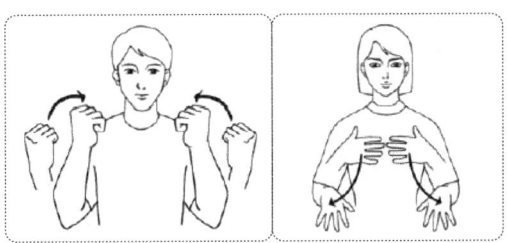

〈그림 16〉 '건강하다↔허약하다'

(8) a. 건강하다=튼튼하다¹↔허약하다, 가볍다↔무겁다
    b. 성장(하다)=자라다·성숙(하다)·발육
    c. 기진맥진(氣盡脈盡), 마비, 쇠약, 고단하다=노곤하다·지치다·피곤·피로, 힘들다, 우울(하다)=시무룩하다·수심·찡그리다, 낙담(落膽)=낙망·낙심·실망·절망, 구금(拘禁), 사망=죽다·돌아가다²

〈그림 17〉에서 보듯이 '화나다↔자제하다'는 [속에서 치밀어 오름을 나타내는 동작] 대 [도로 내리는 동작]을 묘사한다. '화나다'와 같이 "{감정적·감정의 발산은 위이다."이며, '자제하다'와 같이 "감정의 억제는 아래이다."인데, 이 경우 '감정의 발산'은 신체 및 심리 상태의 활성화이며, '감정의 억제'는 신체 및 심리 상태의 비활성화이다. 이러한 용례를 들면, (9a)는 대립어 쌍이며, (9b)는 '감정의 발산' 또는 '감정의 활성화'이며, (9c)는 '감정의 억제' 또는 '감정의 비활성화'이다.

---

10 『한국수화사전』에서 '가볍다↔무겁다'는 "가방이 가볍다/무겁다."와 같이 '위/아래' 방향의 직설적 도상성인데, 이에 바탕을 둔 "{몸·발걸음·마음}이 가볍다/무겁다."는 은유적 도상성이다.

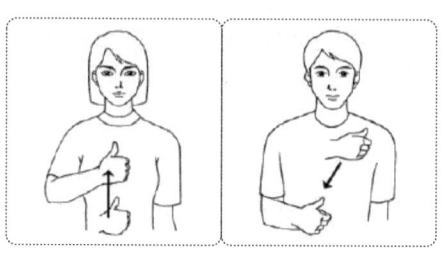

〈그림 17〉 '화나다↔자제하다'

(9) a. 화나다=노엽다·노하다·성나다·성내다·화내다↔견디다=인내·자제(하다)·참다, 거만=건방지다·교만·오만↔겸손=겸허, 불복=반항·어기다², 저항↔복종=순응·순종
   b. 흥분, 치밀다
   c. 가라앉다²,¹¹ 조용하다=가만히·고요하다, 따분하다=지루하다, 뉘우치다, 사과(하다)=죄송하다, 체념=포기, 기권, 억제, 서운하다=섭섭하다·안타깝다·애석·애타다

둘째, 전후, 즉 '앞↔뒤' 방향이다. 〈그림 18〉에서 보듯이 '앞↔뒤'는 [몸 앞쪽 가리키는 동작] 대 [허리 뒤를 가리키는 동작]을 묘사한다.

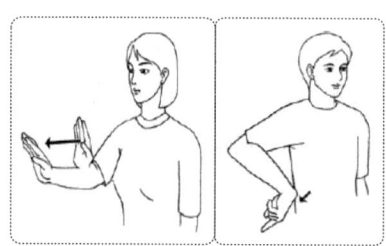

〈그림 18〉 '앞↔뒤'

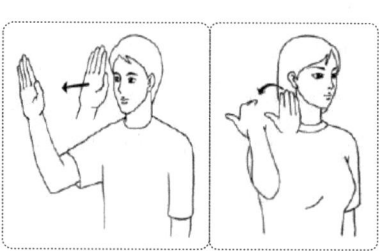

〈그림 19〉 '미래↔과거'

---

11 '가라앉다²'는 "흥분이 가라앉았다."에 해당한다.

이러한 직설적 방향의 '앞' '뒤'를 근원 영역으로 하여 〈그림 19〉에서 보듯이 '미래↔과거'와 같은 목표 영역의 은유적 도상성을 표현하는데, "미래는 앞이다."이며, "과거는 뒤이다."이다. 이러한 용례들은 (10b)와 같다.

(10) a. 앞↔뒤
 b. 미래=다음²·앞날·장래·장차↔과거, 내일↔어제, 글피↔그끄저께, 내년=명년·이듬해↔작년

셋째, 내외, 즉 '안↔밖' 방향이다. 〈그림 20〉에서 보듯이 '안↔밖'은 [손바닥 가운데를 가리키는 동작 대 [손끝을 밖으로 내미는 동작을 묘사하는 직설적 도상성이다.¹² '안' '밖' 방향을 근원 영역으로 하여 〈그림 21〉의 '이전↔이후'와 같은 목표 영역의 은유적 도상성을 표현하는데, "이전은 안이다."이며, "이후는 밖이다."이다. 이 경우 시간을 나타내는 '이전'의 '과거'는 '안'을, '이후'의 '미래'는 '밖'을 지향한다.¹³ '안↔밖'의 대립적 용례는 (11b)이며, '안'의 용례는 (11c)이며, '밖'의 용례는 (11d)이다.

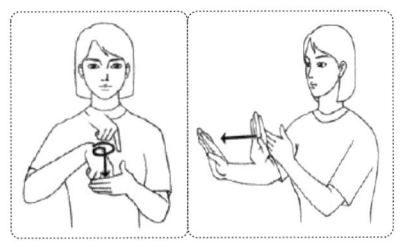
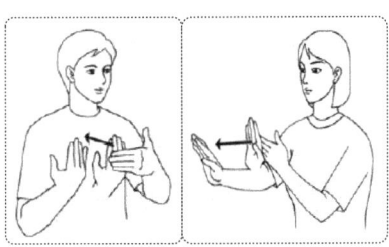

〈그림 20〉 '안↔밖'   〈그림 21〉 '이전↔이후'

---

12 '안'과 '밖'은 대립성이 약하다. 『한국수화사전』에서 '안=내부'는 '외부'와 반형어로 표시되어 있으나 대립성이 없으며(임지룡 2021b: 150-151 참조), 복합어 '안팎=내외'는 [속+밖을 가리키는 동작으로 기술되어 있으며, '밖'은 '이후'와 동형어이다.
13 한국수어의 '시간 은유'에 대한 사례들은 리우징나(2018) 및 최화니(2019) 참조.

(11) a. 안=내부·속·이내↔외부
    b. 전(前)=이전↔후=이후·나중·밖, 수입↔수출, 받다=얻다↔드리다=바치다·봉사·제출
    c. 손님=내빈(來賓)·초대
    d. 주다, 부치다=발송·보내다¹, 근면=열심

넷째, 좌우, 즉 '왼쪽↔오른쪽'의 방향이다. 〈그림 22〉에서 보듯이 (12a)의 '좌우' '왼쪽' '오른쪽'은 직설적 도상성을 표현한다.

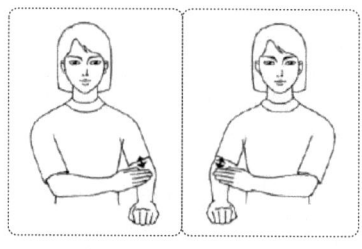
〈그림 22〉 '왼쪽↔오른쪽'

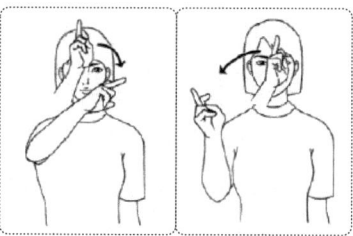
〈그림 23〉 '오전↔오후'

(12) a. 좌우, 왼쪽=좌측↔오른쪽=우측
    b. 오전↔오후

직설적 '왼쪽' '오른쪽' 방향을 근원 영역으로 하여 〈그림 23〉의 '오전↔오후'와 같은 목표 영역의 은유적 도상성을 표현하는데, "오전은 왼쪽이다."이며, "오후는 오른쪽이다."이다. 이 경우 시간은 왼쪽에서 오른쪽으로 흘러가는 것으로 개념화되어(Santiago et al. 2007, Flumini & Santiago 2013. 참조), '오전'의 '과거'는 '왼쪽'을, '오후'의 '미래'는 '오른쪽'을 지향한다.

다섯째, 원근, 즉 '가까움↔멂'의 방향이다. 〈그림 24〉에서 보듯이 (13a)의 '가깝다↔멀다'는 직설적 도상성이며, (13b)의 용례들도 '가까움'과 '멂'을 대립적으로 표현한다. 이에 바탕을 둔 〈그림 25〉의 '결혼↔이혼'은 [남녀

가 결합하는 동작] 대 [남녀가 헤어지는 동작]으로, '가까움' 즉 '접촉'과 '멂' 즉 '분리'의 은유적 도상성을 개념화한다. 이러한 용례에는 (13c)의 '관계↔관계없다'가 있으며, '단절'은 복합어 [마음+모으다]로 '가까움'을, '분열'은 [나누어 가지는 동작]으로 '멂'을 지향한다. 한편, (13a)의 '늘리다¹=늘다¹↔줄이다'는 "고무줄을 늘리다." "말소리를 줄이다."의 직설적 도상성인 반면, (13c)의 '늘리다²=늘다²'는 "재산을 늘리다." "인원이 늘다."의 은유적 도상성을 나타낸다.

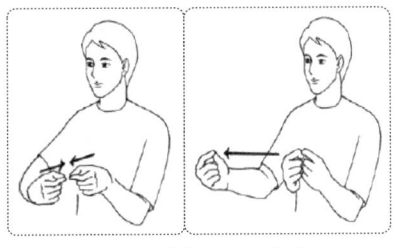
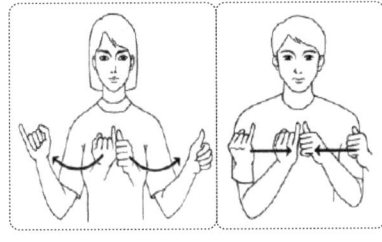

〈그림 24〉 '가깝다↔멀다'   〈그림 25〉 '결혼↔이혼'

(13) a. 가깝다↔멀다, 늘리다¹=늘다¹↔줄이다
 b. 접촉↔분리, 검거=붙들다·붙잡다·잡다↔놓치다
 c. 결혼↔이혼, 관계↔관계없다=무관하다·상관없다, 단절, 분열, 늘리다²=늘다²

여섯째, 개폐, 즉 '열림↔닫힘' 방향이다. 〈그림 26〉에서 보듯이 '열다↔닫다'는 [문이 열리는 동작] 대 [문이 닫히는 동작]의 직설적 도상성이다. 이에 바탕을 둔 〈그림 27〉의 '관대하다↔옹졸하다'는 [마음이 넓고 큰 동작] 대 [마음이 좁고 작은 동작]으로, '열림'과 '닫힘'의 은유적 도상성을 개념화한다. 이러한 용례에는 (14b)의 [가려졌던 시야가 트임을 나타내는 동작] 대 [눈앞이 닫힘을 나타내는 동작]인 '밝다↔어둡다'가, (14c)의 [내어주는 동작의 '베풀다'가, [풀어버리는 동작의 '해결(하다)'가 있다.

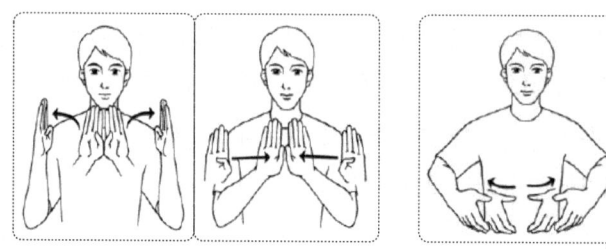

〈그림 26〉 '열다↔닫다'

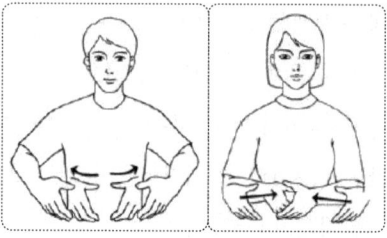

〈그림 27〉 '관대하다↔옹졸하다'

(14) a. 열다=문↔닫다
    b. 관대(寬大)하다=너그럽다↔옹졸하다, 밝다=낮↔어둡다=밤²
    c. 베풀다, 해결(하다)=수습·처리·풀다²

4. 수어 비유적 도상성의 특성

여기서는 수어의 비유적(환유적·은유적) 도상성의 양상을 바탕으로 그 특성을 살피기로 한다.

4.1. 비유적 도상성의 특성

환유 및 은유를 포괄한 비유적 도상성의 특성으로 다음 2가지를 들 수 있다.

첫째, 수어의 비유적 도상성에서 '비유'의 본질적 특성이다. '비유'는 언어 이전의 개념적 현상으로 우리의 경험과 사고를 확충하고 추론하는 데 기본적이며 필수적인 인지 기제이다(임지룡 2017a: 253 참조). 이것은 수어의 비유가 일상언어나 예술언어와 상통한다는 것을 뜻한다. 3.1.의 수어 용례와 (15)에서 조국으로 보내진 쇼팽의 '심장'은 '심장의 주인'을, 묘지 위에 뿌려진 그 '흙'은 '폴란드'를 가리키는 확대 지칭의 환유이다.

(15) 피아노의 시인이자 작곡가 쇼팽(1910~1949)은 20세에 폴란드 바르샤바를 떠나 39세에 프랑스 파리에서 죽었다. 장례식이 끝나자, 유언에 따라 심장이 도려내졌다. **심장은 주인을 대신하여 조국으로 보내져** 바르샤바의 성 십자가 성당에 안치되었다. 조국을 떠나올 때 벗들이 "모든 폴란드인들이 너의 대성을 기원하고 있다."면서 담아준 흙을 은잔에 고이 간직해 왔는데, 파리의 페르 라셰즈 **묘지 위에 그 흙이 뿌려졌다.** (박종호의 '문화일류' 조선일보 2022.3.23. A29 참조.)

한편, 수어 용례 (8)과 일상언어 및 예술언어 (16), (17)에서 건강과 같이 좋은 것 또는 긍정은 '위'를 지향하며, '질병'과 같이 나쁜 것 또는 부정은 '아래'를 지향한다. 이것은 일상적 경험과 동기화되어 있는데, 우리는 건강하고 기분이 좋을 때는 몸이 가볍고 솟구치는 느낌을 받으며, 허약하고 슬프거나 우울할 때는 자리에 눕거나 쓰러진다. 곧 (16), (17)은 직설적 방향 '위/아래'를 근원 영역으로 한 방향적 은유이다.

(16) a. 몸이 날아갈 듯이 가벼웠다./과로로 쓰러졌다.
 b. 사기가 {올라가다/내려가다}.
 c. 수준이 {높다/낮다}.

(17) a. 이가 덜덜 갈리고 가슴이 떨리며 몹시도 추웠으나 **마음은 알 수 없이 둥실둥실 가벼웠다.** (이효석 1996: 338, 『메밀꽃 필 무렵』, 『한국현대대표소설선』 4, 창작과 비평사.)

b. 이렇게 비 내리는 날이면 원구의 **마음은 감당할 수 없도록 무거워지는 것이었다.** (손창섭 1996: 368, 『비 오는 날』, 『한국현대대표소설선』 8, 창작과 비평사.)

둘째, 비유적 도상성의 수어 독자적인 특성이다. 먼저, 음성언어에서는 비유(환유·은유)와 도상성이 별개의 현상으로 나타나는 반면, 수어에서는 융합되어 나타난다.[14] 다음으로, 음성언어보다 수어에서 '도상적 항목'이 한층 더 풍부하다. 그 까닭은 선형성과 분절성을 특징으로 하는 음성언어는 단어의 형태가 개념을 청각적-음성 양식을 통해 제시하는 반면, 동시성과 중층성[15]을 특징으로 하는 수어는 단어의 형태가 개념을 시각적-몸짓 양식을 통해서 제시하기 때문이다. 구체적으로, 단일어의 어휘적 도상성은 음성언어에서 '소리-소리 대응'에 의한 의성어에 국한되는 반면, 수어의 경우 '시각-시각 대응'에 의한 (직설적 도상성뿐만 아니라) 비유적 도상성의 다양하고 풍부한 용례를 갖는다. 그런 점에서 수어는 음성언어와 달리 비유적 도상성이 실현되는 최적의 현장이라 할 수 있다.

4.2. 환유적 도상성의 특성

환유적 도상성의 양상을 바탕으로 그 특성 3가지를 기술하면 다음과

---

14 이와 관련하여 P. P. Wilcox(2000: 93-96)에서는 미국수어에서 부정적으로 여겨지는 '건청인처럼 생각하고 행동하기로 선택하는 농인'의 의미인 'THINK-HEARING'를 사례로 환유, 도상성, 은유가 상호작용하는 복합적인 방식을 기술하였다. 또한, S. Wilcox & Martínez(2021: 503-504)에서는 개념적 은유, 개념적 환유, 인지적 도상성은 다른 현상이지만, 수어 연구자들은 많은 수어 표현들이 매우 복합적인 방식으로 이 인지적 과정들을 통합한다고 하였다.
15 이것은 정보가 순차적인 음성언어와 달리 수어는 상당히 많은 양의 정보를 동시에 포장하거나, 수어 단어 하나에 몇 가지 음성언어가 대응될 수 있음을 가리킨다.

같다.

첫째, 환유적 도상성은 확대 지칭 양상으로 실현된다. 즉 수어의 환유적 도상성은 '부분'이 '전체'를 지칭하는 '확대 지칭'이지, 그 역인 '전체'가 '부분'을 지칭하는 '축소 지칭'은 찾아보기 어렵다. 실제로 수어는 지시물의 한 부분이 전체를 대표한다는 점에서 도상적 기호뿐만 아니라 수어 기호의 상당수가 환유적이라 할 수 있다. 이 점은 음성언어와 대비되는 수어의 특성이라 하겠는데, 시간의 제약 아래 공간상에서 손과 표정으로 목표 대상을 경제적이며 효율적으로 형상화는 방식은 현저한 특징을 포착하여 그 대상을 대표하는 일이기 때문이다.

둘째, 3.1.에서 제시된 (1)-(5)의 환유적 용례는 수어의 전형적인 개념화 방식을 보여주는데, 그 활성화 정도에 주목할 만하다. 『한국수화사전』(2005/2007)에 나타난 환유적 도상성의 활성화 정도는 개략적으로 '사물과 관련된 한 행동으로써 그 사물을 지칭', '동물의 한 특징으로써 그 동물을 지칭', '지시물과 관련된 한 행동으로써 그 활동을 지칭', '사물의 한 특징으로써 그 사물을 지칭', '사람·동물의 한 행동으로써 그 사람·동물을 지칭' 순으로 나타난다.

셋째, 환유적 도상성의 구현은 대상의 구체적인 영상에 대해 원형적 영상을 선택해서 도식화할 때 사회-문화적 배경과 깊은 관련성을 갖는다.

〈그림 28〉에서 보듯이 '돼지'를 한국수어(KSL)에서는 '둥근 코'로 형상화하는 반면, 중국수어(CSL)에서는 '큰 귀'로 표현하고 있다. 이것은 '돼지'에 대해 한국 문화권에서는 '둥근 코'에, 중국 문화권에서는 '큰 귀'에 현저성을 부여한 데 기인한다. 한국 문화권에서 특정한 사람을 지칭하는 '들창코'는 돼지의 코 모양에서 비롯된 것으로, 이를 강원도 방언에서는 '돼지코'라고 한다. 대조적으로 중국 문화권에서 '돼지'는 '귀'가 부각된다.[16]

---

[16] 중국 드라마 '서유기'에서 저팔계가 본모습으로 돌아올 때 먼저 '귀'가 변하며, '신서유

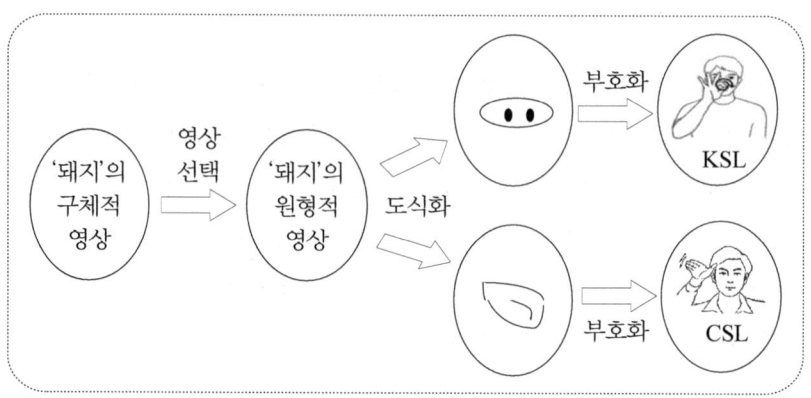

〈그림 28〉 '돼지'의 한국 및 중국 수어(석수영 2015: 307 참조)

'고양이'의 경우, 한국수어에서는 '고양이 세수'를 뜻하는 [발바닥에 침을 바르는 동작], 북한수어에서는 [입 언저리에 침을 바르는 동작], 중국수어에서는 [양손으로 고양이 수염을 나타내는 동작], 일본수어에서는 [앞발로 얼굴을 씻는 모양], 미국 및 스페인의 카탈루냐수어에서는 [한 손으로 고양이 수염을 나타내는 동작]으로 이루어진다. 6개 수어는 크게 고양이의 '세수'와 '수염'으로 나뉜다. 또한, '나무'에 대한 한국수어·미국수어·덴마크수어·중국수어·일본수어 모두 그 개념에 대한 도상적 형태를 갖지만, 그 실현 양상은 다르다(Bellugi & Klima 1976: 523, Deuchar 1987: 319 참조).

이상의 '돼지' '고양이' '나무'의 사례에서 보듯이 지시물에 대해 가능한 도상적 선택이 많이 있지만, 실제로 사용되는 형태는 공동체에서 결정되므로, 수어들마다 서로 다른 형태를 가진다. 곧 도상성은 수어의 형태를 결정하는 것이 아니라 동기화한다(Taub 2012: 388 참조). 이 점을 고려하여 수어들 간의 상관성과 어족을 규명하는 일이 필요하다고 하겠다.

기'에서 저팔계의 새로운 능력을 발휘될 때 '귀'가 커진다고 한다(석수영 2015: 296-297 참조).

4.3. 은유적 도상성의 특성

은유적 도상성의 양상을 바탕으로 그 특성 5가지를 기술하면 다음과 같다.

첫째, 비유적 도상성에서 은유적 도상성은 환유적 도상성보다 한층 더 복합적이고 복잡한 과정을 겪는다. 〈그림 6〉에서 '집'의 '유사 구축 모형'은 '영상선택' '도식화' '부호화'의 3단계로 이루어지는데, 그중 '영상선택'에서 환유적 도상성은 특정 부위에 초점을 맞추는 반면, 은유적 도상성은 〈표 1〉에서 보듯이 '이중 사상'을 통해서 생성되는데, 이것은 도상적 사상에 은유적 사상이 추가된다. 〈그림 5〉의 '이기다↔지다'의 핵심 사항을 중심으로 한 '이중 사상'은 〈표 2〉와 같다.

〈표 2〉 "좋은 것은 위, 나쁜 것은 아래이다."의 '이중 사상'

도상적 사상		은유적 사상
수어조형체	근원 영역	목표 영역
위를 향한 이동	수직에서 위	좋음
아래를 향한 이동	수직에서 아래	나쁨

수어의 은유적 도상성은 '도상적 사상'과 '은유적 사상'의 이중 사상을 거쳐야 하는데 그 과정이 복잡할 뿐 아니라 은유적 사상에서 근원 영역과 목표 영역의 '사상(mapping)'에 제약이 나타나는 경우에는 은유적 도상성이 실현되지 못하게 된다.

타웁(Taub 2001: 96-98)에서는 이를 '이중 사상 제약(double mapping constraint)'이라 하였으며, 메이어(Meir 2010: 878-880) 및 메이어 & 코헨(Meir & Cohen(2018: 3-6)에서는 이 제약에 의해 은유적 도상성의 수효가 적다고 하였다. 영어의 'eat(먹다)'의 용법에서 '이중 사상 제약'[17]을 보기로 한다.

(18) a. The house *ate* up all my savings.(집이 내 저축을 모두 *먹어* 치웠다.)
　　 b. My car *eats* gas.(내 차가 휘발유를 *먹어* 치운다.)

(18)의 'eat(먹다)'는 글자 그대로 집이나 차를 먹어 치운 것이 아니라 발생한 사건으로 인해 저축이나 휘발유가 소비되었다는 것을 뜻하는 은유이다. 그런데 이러한 표현은 미국수어나 이스라엘수어로 번역할 때 'eat(먹다)'의 은유적 해석이 불가능하다고 한다. 곧 'eat(먹다)'가 도상적으로 은유적 해석이 불가능한 것은 그 형태가 행위자의 입에 무언가를 넣는 것을 나타내기 때문이다. 그런데 (18) a, b에서 'eat(먹다)'의 은유적 용법은 소비를 나타낸다. '먹다'와 "소비하기는 먹는 것" 두 영역 간의 '사상(mapping)'은 〈표 3〉의 가운데와 오른쪽 열에 제시되어 있는데, 도상적 사상과 은유적 사상은 일치되지 않으므로, 이중 사상 제약을 받게 된다.

〈표 3〉 '먹다'와 "소비하기는 먹는 것"의 '이중 사상'
(Meir 2010: 979, Meir & Cohen 2018: 4 참조)

도상적 사상		은유적 사상
수어조형체	근원 영역	목표 영역
수형	사물(음식물)을 잡기	X
입	먹는 사람의 입	X
안으로 이동	음식물을 입으로 넣기	X
X	음식물의 소비	사물의 소비

둘째, 수어의 은유적 도상성은 '방향적 은유'가 주류를 이룬다. 이것은 범언어적인 수어의 특성으로서, 수어가 방향을 '형성적 자질(formational

---

17　도상성과 은유의 상호작용에서 '이중 사상 제약'은 Meir(2010: 878-891), Meir et al.(2013), Cohen & Meir(2015), Meir & Cohen(2018: 3-6) 참조.

feature)'¹⁸의 부분으로 통합하기 때문이다(Kaneko & Sutton-Spence 2017: 276 참조). 물론 구조적 은유나 존재론적 은유가 있지만,¹⁹ 방향적 은유에 비해 소수에 불과한 것으로 보인다. 방향적 은유는 방향을 은유의 근원 영역으로 사용하며, 그 전형적인 사례는 대립관계를 이룬다. 『한국수화사전』(2005/2007)에 나타난 은유적 도상성의 활성화 정도는 개략적으로 '상하 방향', '내외 방향', '원근 방향', '개폐 방향', '전후 방향', '좌우 방향' 순으로 나타난다. 그중에서 '상하 방향'이 생산성과 다양성에서 압도적 우위를 차지하고 있다.

셋째, 수어의 은유적 도상성에서 방향적 은유의 대립적 의미는 6가지로 실현된다. (가) '상하' 또는 '위↔아래' 방향은 〈그림 13〉의 직설적 도상성을 바탕으로 다양한 은유적 도상성을 생성하는데, '좋은 것' '건강함' '감정의 발산' 시간의 '아침' 등은 '위'이며, '나쁜 것' '허약함' '감정의 억제' 시간의 '저녁' 등은 '아래'이다. (나) '전후' 또는 '앞↔뒤' 방향은 〈그림 18〉의 직설적 도상성을 바탕으로 시간의 은유적 도상성을 생성하는데, '미래'는 '앞'이며, '과거'는 '뒤'이다. (다) '내외' 또는 '안↔밖' 방향은 〈그림 20〉의 직설적 도상성을 바탕으로 시간의 은유적 도상성을 생성하는데, '이전'은 '안'이며, '이후'는 '밖'이다. (라) '좌우' 또는 '왼쪽↔오른쪽'의 방향은 〈그림 22〉의 직설적 도상성을 바탕으로 은유적 도상성을 생성하는데, '오전'은 '왼쪽'이며, '오후'는 '오른쪽'이다. (마) '원근' 또는 '가까움↔멂'의 방향은 〈그림 24〉의 직설적 도상성을 바탕으로 은유적 도상성을 생성하는데, '결혼'은 '가까움'이며,

---

18 '수어의 형성적 자질'로서 '매개변인(parameter)'에는 '손모양' '손의 위치' '손의 경로 움직임' '손바닥 방향' '손 이외의 자질'의 5가지가 중요하다(Kaneko & Sutton-Spence 2017: 264-265 참조).

19 Meir & Cohen(2018)에서는 수어의 은유가 음성언어의 은유와 다른 점 3가지를 논의하였는데, 그중 2가지를 들면, "(a)어떤 은유는 음성언어에서 매우 흔하지만 수어에서는 적절하지 않다." "(b)신체 부위 용어는 수어의 경우 매우 특정한 유형에서 가능하지만 음성언어에서는 그러한 제약이 없다."라고 하였다.

'이혼'은 '멂'이다. (바) '개폐' 또는 '열림↔닫힘' 방향은 〈그림 26〉의 직설적 도상성을 바탕으로 은유적 도상성을 생성하는데, '관대하다'는 '열림'이며, '옹졸하다'는 '닫힘'이다. 이상에서 본 수어의 은유적 도상성은 신체성에 기반을 둔 방향을 근원 영역으로 하여 비유적이고 추상적인 대상을 개념화한 것이다.

    넷째, 방향에 기반을 둔 수어들 간의 은유적 도상성은 보편성의 가능성이 열려 있다. 현 상태에서 수어들 간의 폭넓은 대조가 이루어진 것은 아니지만, 한국수어를 중심으로 미국수어, 중국수어, 일본수어의 사례를 들면 다음과 같다. 미국수어의 경우, '행복하다' '부유하다' '성공'과 같이 '행복·긍정'은 '위'로의 이동을, '슬프다' '가난하다' '떨어지다'와 같이 '슬픔·부정'은 '아래'로의 이동을 나타내며, 이동의 방향뿐만 아니라 '손바닥' 방향도 '좋음'은 '위'로 향하며 '나쁨'은 아래로 향한다. 또한, '미래' '내일' '내주' '내년'과 같이 '미래'는 '앞'으로의 이동을, '과거' '역사' '어제' '지난주' '작년'과 같이 '과거'는 '뒤'로의 이동을 나타낸다(Wilbur 1987, P. P. Wilcox 2000, Kaneko & Sutton-Spence 2017: 270 참조). 중국수어의 경우, '성공' '좋다'는 '위'를, '실패' '나쁘다'는 아래를 지향한다. 구체적으로, '좋다'는 엄지손가락을 '위'로 가리키며 '나쁘다'는 새끼손가락을 '아래'로 가리키며, '아름답다'는 '높은 코'로, '추하다'는 '납작코'로 나타낸다(석수영 2015: 300-303 참조). '시간'의 경우 '상순'은 '위'를, '하순'은 '아래'를, '어제'는 '뒤'를, '내일'은 '앞'을 지향한다.[20] 일본수어의 경우, '고가(高價)'는 '위'로, '저가(低價)'는 '아래'를 지향하며, '손님' '윗사람' '선배' '남편'[2] '천황'은 보통의 위치보다

---

[20] '오전' '오후'의 경우 한국수어와 북한수어에서는 '왼쪽'의 '과거'와 '오른쪽'의 '미래'로 방향이 같은 반면(『손말사전: 롱아학교용』 2005: 748 참조), 중국수어에서 '上午(오전)' '下午(오후)'는 '왼쪽'의 '미래'와 '오른쪽'의 '과거'로 좌우의 방향이 뒤바뀐다(리우징나 2018: 63 참조).

위를 차지한다(『일본어-수화사전』(2004) 참조). 이러한 경향은 농인과 건청인이 유사한 방식으로 세계를 개념화한다는 것을 뜻한다. 이것은 본질적으로 인간이 가진 신체성을 바탕으로 동일하게 물리적 환경과 상호작용하기 때문이라 하겠다.

5. 마무리

이상에서 『한국수화사전』(2005/2007)의 수어 어휘를 중심으로 그 비유적 도상성의 의미 양상과 특성을 살펴보았다. 이제까지 논의한 바를 간추리고 남은 과제를 제시하면서 이 장을 마무리하기로 한다.

첫째, 인지언어학은 신체화, 용법 기반 모형, 도상성·환유·은유의 기제를 통해 수어의 본질을 밝히는 계기를 마련하였다. 이 연장선상에서 인지언어학은 한국수어 탐구에 새 지평을 열 뿐 아니라, 수어 탐구를 통해 인지언어학의 변경을 넓히는 상승효과를 가져올 것으로 기대된다.

둘째, 이제까지 수어 탐구에서 개별적인 개념 또는 영역으로 간주되어 왔던 '도상성', '환유', '은유'는 수어에서 융합되어 '비유적 도상성', 구체적으로 '환유적 도상성'과 '은유적 도상성'으로 실현된다.

셋째, 수어의 환유적 도상성은 '부분'이 '전체'를 지칭하는 '확대 지칭' 양상으로 실현된다. 『한국수화사전』(2005/2007)에 나타난 환유적 도상성의 활성화 정도는 '사물의 한 행동으로써 그 사물을 지칭', '동물의 한 특징으로써 그 동물을 지칭', '지시물의 한 행동으로써 그 활동을 지칭', '사물의 한 특징으로써 그 사물을 지칭', '사람·동물 한 행동으로써 그 사람·동물을 지칭' 순으로 나타난다.

넷째, 수어의 은유적 도상성은 신체성에 바탕을 둔 '방향'을 근원 영역으로 추상적인 목표 영역을 개념화하는 '방향적 은유'가 주류를 이룬다. 『한국

『수화사전』(2005/2007)에 나타난 은유적 도상성의 활성화 정도는 대립 관계의 '상하 방향', '원근 방향', '내외 방향', '개폐 방향', '전후 방향', '좌우 방향' 순으로 나타나는데, 그중에서 '상하 방향'이 생산성과 다양성에서 압도적 우위를 차지하고 있다. 또한, 방향적 은유의 대립적 의미는 (가) '좋은 것·건강함·감정의 발산'은 '위'이며, '나쁜 것·허약함·감정의 억제'는 '아래'이다. (나) 시간과 관련하여, '미래'는 '앞', '과거'는 '뒤'이며, '이전'은 '안', '이후'는 '밖'이며, '오전'은 '왼쪽'이며, '오후'는 '오른쪽'이다. (다) '결혼'은 '가까움'이며, '이혼'은 '멂'이다. (라) '관대하다'는 '열림'이며, '옹졸하다'는 '닫힘'이다.

다섯째, 비유적 도상성은 수어와 음성언어 간에 공통성과 특이성을 갖는다. 음성언어에서보다 수어에서 도상적 항목이 한층 더 풍부한데, 그 까닭은 선형성과 분절성을 특징으로 하는 음성언어는 단어의 형태가 개념을 청각적-음성 양식을 통해서 제시하는 반면, 동시성과 중층성을 특징으로 하는 수어는 단어의 형태가 개념을 몸짓-시각적 양식을 통해서 제시하기 때문이다. 비유적 도상성에서 은유적 도상성은 환유적 도상성보다 복잡하고 복합적인 생성과정을 겪는데, 환유적 도상성은 유사구축 모형으로, 은유적 도상성은 유사구축 모형 및 이중 사상과 그 제약으로 설명된다.

끝으로, 도상적 환유의 형태는 수어 공동체의 문화 특정적 경향성에 따라 상대적이며, 은유적 도상성의 형태는 신체성을 기반으로 보편적일 개연성이 높은 것으로 보인다. 이를 실마리로 하여 한국수어를 중심으로 수어들 간의 상관성과 어족을 규명하는 일이 남은 과제라 하겠다.

제10장 　 수어 탐구의 내일을 향하여

1. 들머리

우리나라에서 수어가 그 올바른 지위를 확보하게 된 것은 2016년 2월 3일 '한국수화언어법(법률 제13978호)'이 제정된 데서라 하겠다. 이 법은 한국수어가 대한민국 농인의 공용어이며, 농인의 고유한 형식의 언어임을 밝히고 있다. 또한, 이 법의 목적이 한국수어의 발전 및 보전의 기반을 마련하여 농인과 한국수어 사용자의 언어권과 삶의 질을 향상시키는 것을 명시하였다.

이 법을 기점으로 지난 10여 년 가까이 농인의 지위와 농문화 환경이 크게 향상되었다. 구체적으로 국가와 지방자치단체에서 한국수어를 교육·보급하는 정책을 수립하고 시행하도록 규정하였다. 문화체육관광부 산하 국립국어원에서는 한국수어의 연구·정보화·교육과 보급하는 일을 힘써 해 오고 있다. 또한, 지자체마다 수어교육원 및 수어교실, 수어 실연, 수어통역센터, 수어경연대회 등을 운영하고 있다. 방송에서는 농인들과 정보를 공유해야 할 필요성이 있는 경우 수어 통역을 제공하고 있다. 한편, 수어 관련 대학원과 학회, 그리고 수어 연구자들이 수어 탐구의 지평을 넓히고 있다.

이러한 흐름에 발맞추어 인지언어학 분야에서는 수어 탐구에 큰 관심을 기울이고 있음이 주목된다. 윌콕스(S. Wilcox 2007: 1130)에서는 "인지언어학자에게 수어는 지각이 인지와 언어의 문법적 구조에 미치는 영향, 언어의 사용에 기초한 모형, 형태와 구조 간의 관계, 은유, 환유, 도상성 간의 복합적인 상호작용, 신체화된 제스처의 근원으로부터 언어의 진화를 연구하기 위한 이상적 자료의 원천을 제공한다."라고 하였다. 윌콕스 & 마르티네(S. Wilcox & Martínez 2021: 508)에서는 "인지언어학 분야는 세계 수어 본질에 대한 우리의 지식을 발전시키는 데 크게 기여해 왔다."라고 하였다.

'인지언어학'과 '수어'는 두 측면에서 상호 소통을 통해 상승효과를 가져올 수 있을 것이다. '인지언어학'은 음성언어를 중심으로 언어, 사람, 문화의 상관성 속에서 언어를 탐구하는 관점인데, 손짓 언어인 수어로 그 지평을 넓힘으로써 언어의 본질 규명에 한 걸음 더 다가가게 되었다. 한편, '수어'는 이제까지 기존의 구조주의와 형식주의 관점에서 그 성격을 기술하고 교육해 왔는데, 인지언어학의 신체화, 용법기반 모형, 환유와 은유, 도상성, 정신 공간과 개념적 혼성, 문법화 등의 기제를 활용함으로써 수어의 본질 규명에 전환점을 가져올 것으로 기대를 모으고 있다.

아래에서는 인지언어학적 관점에서 수어 탐구의 과제와 미래의 방향을 기술하기로 한다.

2. 수어 탐구의 과제

수어 탐구의 인지언어학적 기제를 검토하고 수어 탐구의 과제 12가지에 대해서 살펴보기로 한다.

2.1. 수어 탐구의 기제

최근 들어 '수어'가 인지언어학의 블루오션으로 주목받게 되었다. 수어의 감각 양식이 인지언어학의 철학적 근원인 '체험주의(experientialism)'[1]의 '신체화(embodiment)'와 밀접한 관련을 맺고 있을 뿐 아니라, 방법론상으로 '용법 기반 모형(usage-based model)'을 통해 수어 문법을 수어 사용 지식으로부터 구축하게 되었다. 한국수어 탐구의 지평을 심화 확충하기 위한 수어 탐구의 인지언어학적 주요 기제 다섯 가지를 들기로 한다.

첫째, '개념적 환유(conceptual metonymy)'는 동일한 영역·틀 안에서 '매체(vehicle)'·'근원(source)'이라는 한 개념적 실체가 '목표(target)'라는 다른 개념적 실체에 정신적 접근을 제공하는 인지 과정이다. 수어는 사물이나 사건의 한 특징을 기호화하는 경향이 강하므로 개념적 환유의 기제가 수어 분석의 유용한 장치로 활용될 수 있다.

둘째, '개념적 은유(conceptual metaphor)'는 익숙한 '근원 영역'을 통하여 낯선 목표 영역을 개념화하는 인지 전략이다. 수어에서 개념적 은유는 추상적 의미를 나타내는 어휘가 신체성에 기반하고 있는 곳, 특히 방향에 관한 수어의 사례 분석에서 유용한 장치로 활용될 수 있으며, 보편적인 경향성을 띤다는 점에서 주목된다.

셋째, '도상성(iconicity)'은 기호의 '형태'가 '개념·의미' 또는 그것이 가리키는 '지시물·대상' 간의 닮은 현상이다. 도상성은 수어의 구조에서 필수적 역할을 하는데, 그 유형은 직설적 도상성에서 비유적 도상성으로 나뉜다. 수어에서 환유, 은유, 도상성은 복합적인 방식으로 융합되어 나타나는 경우

---

[1] '체험주의'란 인지언어학의 철학적 기반으로서, 우리의 추상적 사고 및 의미가 근본적으로 일상의 신체화된 경험에서 유래한다는 관점이다(임지룡 2017a: 22 참조). '체험주의'에 대한 논의는 Johnson(1987), Lakoff & Johnson(1999) 참조.

가 흔하므로, 수어 독자적인 특성 규명이 기대된다.

넷째, '정신공간 이론(mental space theory)' 및 '개념적 혼성 이론(blended mental space theory)'은 '정신공간' 및 '혼성공간'을 통해 담화의 의미 창조와 새로운 개념의 출현 방식에 인지적 모형을 제공하는 것을 목표로 한다. 이 기제로 수어의 담화 및 개념 공간을 규명할 수 있을 것이다.

다섯째, '문법화(grammaticalization)'[2]는 한 언어에서 문법 형태들이 발전하는 것인데, '어휘적 기능 → 문법적 기능 → 새로운 문법적 기능'으로 진행된다. 문법화는 수어의 의미 변화를 추적할 수 있는 유용한 기제이다.

2.2. 수어와 음성언어

수어와 음성언어의 차이점과 공통점에 대한 관심은 수어 탐구가 본격적으로 시작된 이래로 지속되어 왔다. 전형적으로, 수어와 음성언어의 차이점은 감각 양상의 측면에서 '몸짓-시각적 양식'과 '음성-청각적 양식'이며, 정보 전달의 측면에서 '동시성·중층성'과 '선형성·분절성'을 갖는다. 수어와 음성언어의 공통점은 '자연언어'이며, 수어도 음성언어와 같이 두뇌의 좌반구에서 처리된다는 점이다. 수어 탐구에서 음성언어와의 상관성이 지속적으로 밝혀지고 있지만, 수많은 궁금증이 탐구 과제로 남아 있다. 그 가운데 사례 분석을 통해 검증되어야 할 주요 사항을 들기로 한다.

먼저, 수어와 음성언어 간에 텍스트 및 명제의 이해와 산출의 완전성과 속도는 어떠한가에 대해서이다. 또한, 수어로써 농인의 메시지를 건청인에게, 그리고 그 역의 경우를 통역으로써 전달력은 어느 정도인가 하는 점이다.

---

2 '문법화'는 Hopper & Traugott(2003) 및 Bybee(2006)에서 비롯된 것으로, '내용어', 즉 '어휘적 자료'가 '기능어'로, 기능어 즉 '문법적 자료'가 새로운 문법적 기능으로 '추상화'되는 과정을 가리킨다(임지룡 2024a: 331 참조).

이와 관련하여 어휘, 문법, 화법에서 음성언어와 수어의 차이를 살펴보기로 한다. 한국어의 어휘는 『표준국어대사전』(1999년)에 50만 8천여 개, 2016년 10월 5일에 개통한 사용자 참여형 온라인 국어사전 『우리말샘』에 100만 개 이상이 실려 있으며, '먹다' '가다'와 같은 기본어휘 및 기초어휘는 수많은 다의어로 이루어져 있다. 그 반면 한국수어의 경우 사전 등재 어휘 수를 보면 『한국수화사전』(2005/2007)은 6,812개, 『한국수어사전』(https://sldict.korean.go.kr/)은 일상생활 수어 3,669건을 포함하여 표제어 수가 15,542건(2024.11.1. 기준)이며, 『한국수어』(2018)에는 1,350개가 실려 있다. 또한, 이들 사전에서 표제어의 다의어도 퍽 제한되어 있다. 지문자와 지숫자로 이를 보완한다 하더라도 한국어와 한국수어 어휘의 간극은 매우 크다.

한국어에서 중요한 역할을 하는 수많은 (보)조사와 어미가 한국수어에는 그 수가 극히 제한되어 있다. 또한, 한국어는 화자와 청자 간의 '지위' '친밀도' '성별'에 따라 "어디 {가니/가는가/가시는가/갑니까/가십니꺼?}"와 같은 청자 대우법의 화계가 다양하게 발달되어 있다. 이 점을 고려해 볼 때 수어와 음성언어 간에 '텍스트 및 명제의 이해와 산출의 완전성과 속도', 그리고 '통역의 전달력'을 검토하고 필요할 경우 보완점을 마련해야 할 것이다.

다음으로, 음성언어 (탐구)를 통해 수어 (탐구)가, 수어 (탐구)를 통해 음성언어 (탐구)가 얻는 이점은 무엇이며, 그 둘의 공생 방안은 무엇인가 하는 점이다. 한국수어와 한국어가 독자성뿐만 아니라 상보성을 지니고 있으므로, 그 탐구와 사용에 관심을 갖고 공생 방안의 지혜를 모으면 놀라운 상승효과가 나올 수 있을 것이다. 또한, '마서스 비니어드 섬사람들'의 교훈에서 보듯이 농인과 건청인이 함께 수어로 소통함으로써 청각장애를 극복한 사례를 되새겨 볼 만하다.

2.3. 수어와 제스처

수어가 단순히 분석할 수 없는 묘사적 제스처는 아니다. 그렇지만 수어와 제스처 간에 관련성을 부인할 수는 없다. 일찍이 정치가이자 철학자인 베이컨(F. Bacon, 1591~1626)이 '눈의 언어(the language of the eye)'로서 제스처의 연구를 지지한 이래, 의사인 불워(J. Bulwer, 1606~1656)는 제스처를 보편적 언어로 간주하고 제스처와 초기 수어의 관계를 탐구한 바 있다(Hassemer & Evola 2021: 512 참조). 최근 들어 수어와 제스처에 관한 인지언어학계의 탐구는 두 가지 주제로 대별된다(S. Wilcox & Martínez 2021: 506-508 참조).

첫째, 건청인 공동체에서 사용되는 제스처가 수어로 통합되어 수어 체계의 일부가 된 역사적 발전이다. 이 접근법은 '문법화 이론(grammaticalization theory)'에 기초하고 있다. 어휘적 기호가 문법화되어 새로운 문법적 기호를 형성하는 사례가 입증되었다. 지중해 지역에서 'to leave·depart(떠나다)'를 뜻하는 제스처가 고대 프랑스수어에서 'partir(떠나다)'로 통합되었으며, 미국수어의 서법 기호 'can(할 수 있다)'이 내용어 'strong(강하다)'에서 파생되었다.

둘째, 일부 수어와 수어 구문이 언어 및 제스처 자료의 융합, 즉 '수어-제스처 융합(sign-gesture fusion)'이라는 주장이다. 그 사례는 '가리키기 수어(pointing sign)'인데, 그중에서도 인칭대명사가 전형적이다. 미국수어의 1인칭 대명사는 수어자의 가슴 중앙을 가리키는 것으로 지정되어 있다.

본질적으로, 음성언어는 선형적인 반면 수어는 중층성을 특징으로 한다. 음성언어에서 동시에 나타나는 특성, 즉 중층성이라고 하면 억양과 제스처를 들 수 있다. 수어의 도상성은 음성언어의 제스처와 그 경계가 흐릿하다. 이러한 점을 고려할 때 음성언어의 제스처와 손짓을 주된 매체로 삼는 수어 간의 상관성이 장차의 주요 탐구 과제라 할 수 있다.

2.4. 수어 습득과 실어증

농인 아동의 90% 이상이 건청인 부모에게서 태어나므로, 이들은 가정 이외의 환경에서 수어를 습득해야 한다(S. Wilcox & Martínez 2021: 500 참조). 실제로 수어의 습득 및 실어증은 어떻게 이루어지는가? 한국수어 습득 및 실어증의 주요 탐구 과제를 들기로 한다.

첫째, 수어 환경, 즉 '농인 부모-농인 아동'의 '수어 모어 화자(native signer)', '농인 부모-건청인 아동'의 '코다(CODA)', '건청인 부모-농인 아동'에 따른 수어의 습득과 학습에 대한 시기와 양상 및 특성, 그리고 음성언어와 동일성 및 차별성을 규명하는 일이다.

둘째, 수어 습득의 최적 기간, 또는 수어 습득의 가능 시기인 '임계기(critical period)'를 확인하는 일이다. 또한, 임계기에서 수어를 습득한 경우와 임계기가 지난 뒤 수어를 학습한 경우의 차이점, 그리고 수어 환경에 따른 습득의 양상과 특성을 음성언어의 경우와 대비하여 동일성 및 차별성을 밝히는 일이다.

셋째, 수어 습득에서 도상성의 역할이다. 국제수어학계에서는 도상성이 언어 습득에서 무의미하다는 관점과 유의미하다는 관점이 대립되고 있다. 도상성과 관련하여 여러 환경에서 출발한 농아의 수어 습득에 대해 실증적인 사례 연구가 필요하다.

넷째, 수어 실어증에 대해서 제대로 보고된 것을 본 적이 없다. 그 양상과 특성을 규명하고, 음성언어의 경우와 상관성을 살피는 일이 필요하다. 음성언어의 경우 "말을 잊어버리는 데도 순서가 있다. 고유명사, 보통명사, 형용사, 부사, 동사 순으로 기억이 안 난다."('김형석의 100세 일기' 조선일보 2018.4.28.)라는 증언이 품사의 개념이 융합된 수어의 경우에는 어떠한지 주목된다.

2.5. 수어의 의미 관계

의미 관계는 의미가 가로·세로로 얽힌 관계이다. 이것은 수많은 어휘가 본질적으로 우리 '머릿속 사전(mental lexicon)'에서 유기적으로 저장되고 효율적으로 검색할 수 있도록 하기 위함이다. 수어와 음성언어 간의 의미 관계는 공통점도 있지만, 감각 양상의 차이에 따른 특이성도 존재한다. 이 점은 다량의 수어 어휘를 통해서 검증되어야 할 사항인데, 그 중요한 몇 가지를 들기로 한다.

첫째, '다의 관계'는 음성언어에서 한 단어의 '형태'에 대응되는 '의미^1, 의미^2,……의미^n'의 관계로서 기본의미를 바탕으로 관련성을 지닌 채 파생 의미로 확장되어 가는데, 수어의 경우에는 별개의 양상으로 실현되는 것으로 보인다. 또한, 음성언어의 다의어는 '먹다'처럼 수많은 파생어가 생산되는데, 수어에서는 이러한 파생어의 생산이 제한되고 다른 방식으로 처리되는 것으로 보인다. 이 점은 더 많은 수어 자료를 통해 검증되어야 한다.

둘째, '동의 관계'는 음성언어에서 둘 이상의 단어가 의미상으로 같은 '동의어'와 비슷한 '유의어'로 나뉜다. 『한국수화사전』(2005/2007: xi)에서는 표현이 같은 수어를 '동형어('=')'라 하였다. 그 가운데는 음성언어의 동의어 및 유의어와 의미를 공유하기도 하지만 동사의 유형이 다르거나 품사가 다른 어례들, 환유적 어례들, 의미상 무관하지만 어원 정보가 닮은 어례들이 있는데, 의미가 같은 단어 및 형태가 같은 단어가 재검토되어야 한다.

셋째, '대립 관계' 또는 '반의 관계'는 음성언어에서 의미상으로 공통적인 속성을 많이 가지면서 한(두) 가지 현저한 속성이 다를 때 성립되는 의미 관계이다. 『한국수화사전』(2005/2007: xi)에서는 표현이 반대가 되는 수어를 '반형어('↔')'라 하였다. 그 가운데는 수어 그림이 대립적인 것, 음성언어의 대립어가 반형어가 아닌 경우도 있고, 음성언어에서 대립어가 아닌 경우에도 반형어로 처리된 경우가 있는데, 의미 대립이 존재하는 경우에 반형어 규정을 재검토해야 한다.

넷째, '상하 관계'는 음성언어의 경우 단어의 의미적 계층구조에서 한쪽이 의미상 다른 쪽을 포함하거나 다른 쪽에 포함되는 관계이다. 『한국수화사전』(2005/2007)의 경우 '가구'와 '건물'처럼 상위어가 하위어의 원형적인 동작 및 기본층위 구성원과 그런 사례의 '여러 가지'를 결합한 경우, '길이'처럼 상위어가 이항 대립의 두 하위어를 합성한 경우, '여름'처럼 하위어가 상위어에다가 개체의 특징적인 성질을 결합한 경우뿐만 아니라, '꽃' '나무'처럼 상위어와 하위어의 상관성이 없는 경우가 존재한다. 이러한 유형의 양상들이 (북한의 손말사전을 포함하여) 상하 관계의 다양한 사례에서 검증되어야 한다.

2.6. 수어 사전

'사전'은 한 언어공동체의 보배로운 창고이다. '한국수어 사전'이 한국수어의 '보고(寶庫)'가 되기 위해서 그 현황과 갖추어야 할 요건들을 기술해 보기로 한다.

먼저, 대표적인 한국수어 사전 4가지는 (1)과 같다.

(1) a. (국립국어원) 한국표준수화규범 제정 추진 위원회의 『한국수화사전』(2005/2007)은 6,812개의 표제어를 싣고 있다.
b. 국립국어원에서 개통한 『한국수어사전』(https://sldict.korean.go.kr/)(2016)은 15,542건(2024.11.1. 기준)의 표제어를 싣고 있으며, 그중 '일상생활 수어'는 3,669건이다.
c. 한국농아인협회의 『한국수어』(2018)는 일상생활에서 빈도가 높은 1,350개의 수어를 싣고 있다.
d. 국립국어원의 『한국수어누리사전』(https://sldict.korean.go.kr/)(2025. 2.6 개통)은 한국수어 말뭉치(영상자료)를 기반으로 한국수어 고유

의 언어적 특성을 담아낸 1,000여 개의 항목을 싣고 있다.

다음으로, 한국수어 특수사전 12가지는 (2)와 같다.

(2) a. 한국표준수화규범 제정 추진위원회(2004).『한국수화 어원사전』
 b. 한국표준수화규범 제정 추진위원회(2007).『한국수화사전 별책
  Ⅰ 일상생활수화』
 c. 한국표준수화규범 제정 추진위원회(2007).『한국수화사전 별책
  Ⅱ 법률수화』
 d. 한국표준수화규범 제정 추진위원회(2008).『한국수화사전 별책
  Ⅲ 교통수화』
 e. 한국표준수화규범 제정 추진위원회(2008).『한국수화사전 별책
  의학수화』
 f. 한국표준수화규범 제정 추진위원회(2008).『한국수화사전 별책
  정보통신수화』
 g. 한국표준수화규범 제정 추진위원회(2010).『한국수화사전 별책
  Ⅵ 불교수화』
 h, 한국표준수화규범 제정 추진위원회(2010).『한국수화사전 별책
  Ⅶ 천주교수화』
 i. 한국표준수화규범 제정 추진위원회(2010).『한국수화사전 별책
  Ⅷ 기독교수화』
 j. 김승국(2010).『한국수화사전 별책 국어교과수화』
 k. 김승국(2011).『한국수화사전 별책 경제수화』
 l. 김승국(2012).『한국수화사전 별책 정치수화』

(1), (2)에서 보듯이 지난 20여 년 동안 한국수어 (특수)사전이 상당수 출간된 것은 고무적인 일이라 하겠다. 이들 사전을 기반으로 하여 장차의

과제 몇 가지 들면 다음과 같다.

첫째, 기본어휘 및 기초어휘, 그리고 삶에 바탕을 둔 사전이 필요하다. 둘째, 이해 및 검색용 '가나다 사전'과 표현용 '분야별 사전'이 필요하다. 셋째, 수어의 본질과 특성에 기반을 둔 사전이 필요하다. 예를 들면, 동형어·반형어·다의어는 수어와 음성언어가 다른데, 이런 점을 고려해야 한다. 넷째, 양방향 이중사전인 '한국수어-한국어 사전' 또는 '한국어-한국수어 사전'이 필요하다(이하영 외 2024: 1 참조). 다섯째, 농인 중심의 수어사전이 필요하다. 기존의 가나다 차례로 된 한국수어 사전이 농인보다는 건청인의 활용도가 높다는 점을 고려할 때 수형을 기반으로 한 사전과 농사회에서 사용하는 어휘와 관용적 표현을 수록해야 한다(이준우 2016: 27 참조).

2.7. 수어 교육

수어 교육은 대상에 따라 목표, 내용, 방법 등이 다르다. 우선, 농인을 대상으로 하는 경우는 농인 부모의 환경에서 수어를 습득한 토박이 화자와 건청인 부모의 환경에서 구화를 익히다가 농아학교에서 수어를 학습한 후기 화자로 나뉜다. 전자의 집단은 수어로 기본적인 의사소통을 할 수 있는 반면, 후자의 집단은 수어를 제2 언어로 학습해야 한다. 농인의 수어 환경을 고려하여 적합한 교육과정, 교과서, 교육방법 및 평가 방안을 마련하여 교육하는 일이 필요하다.[3] 다음으로, 건청인을 대상으로 하는 경우 농인의 가족, 수어 학습을 필요로 하는 이들, 예를 들어, 자원봉사자나 수어 통역자가 있다.[4]

---

[3] 농인 대상 한국수어 교육과정 개발에 대해서는 최상배 외(2017) 참조. 이봉원 외 (2018: 37-39)에서는 농인을 위한 한국수어 교재 개발의 방향으로 '농인 학습자의 수어 능력과 수준을 고려한 교육 강화', '수어 기능의 강화', '농인의 문화를 반영한 교재', '스스로 학습과 교재의 활용도 강화'를 제시하였다.

수어 교육의 목표는 의사소통의 기본적인 단계에서 유창한 단계에 이르기까지 초급·중급·고급의 수준을 상정한다면 고려해야 할 요소들로, 표현과 이해 과정, 음운·형태·통사·어휘·의미·담화 층위가 있다. 이러한 요소들을 고려하여 교육 내용과 방법이 마련되어야 한다. 곧 수어교육의 큰 그림은 단계별 목표·내용·방법의 청사진인 교육과정이 짜여져야 하며, 이에 바탕을 둔 교재와 교육방법 및 목표의 달성 정도를 되돌아 보는 평가의 잣대가 제시되어야 한다.

농인을 대상으로 하는 수어 교육에서 지혜를 모아야 할 사항 두 가지를 들기로 한다.

첫째, 표현의 측면에서 음성언어의 '말하기'는 '보여주기'로, '쓰기'는 이른바 '전사 체계(轉寫體系, transcription system)'의 방식으로 나타내야 하며, 이해의 측면에서 '듣기'는 '보기'로, '읽기'는 '전사된 내용'을 받아 들여야 하는데, '전사하기'의 표현이나 '전사된 내용'을 이해하기란 결코 쉽지 않다.[5]

둘째, 제2 언어로서 한국어를 학습하는 일이다. 이 경우 표현으로서 '말하기'와 '쓰기', 이해로서 '듣기'와 '읽기' 가운데, 특히 '쓰기'와 '읽기'를 제2

---

4 신홍임(2024: 192-193)에서는 건청인 대학생이 수어를 습득한 뒤 자신의 표정 및 제스처에서 변화를 인식하였고, 이 변화를 크게 인식할수록 수어 학습 점수가 높아지는 경향이 나타났다고 한다. 또한, 이 변화는 건청인 대학생들에게 시공간 활용을 통해 정보가 기억에 입력되는 방식에 영향을 끼쳐 인지능력 향상의 가능성이 있다는 것이다.

5 위키피디아의 'Sign language(수어)'에서 'written forms(글자 형태)'에 따르면 수어에는 공식적인 문자 형태가 없다고 하는데, 수어의 전사 체계를 보면 다음과 같다. 스토키에 의한 '스토키 표기법(Stokoe notation)'은 1965년 손의 사용을 통해 『미국수어 사전』을 위해 고안한 것으로 일반적 용도로는 사용되지 않았다. 서튼(Sutton)이 1974년에 개발한 '수어 쓰기(SignWriting)'는 수어를 음성학적으로 표기하는 시스템이다. '함부르크 표기법(Hamburg Notation System)'은 1990년대 초에 개발된 것으로 연구자를 위한 전사 체계이다. 한편, 언어학자 블랑코(Blanco)와 농인 알파로(Alfaro) 및 카스칼레스(Cascales)에 의해 개발된 '수어 언어용 알파벳 문자 체계(Sistema de escritura alfabética, SEA)'가 2003년 출판되었으며 스페인수어로 온라인에서 접근이 가능하게 되었다.

언어 학습자에게 적합한 교육과정, 교과서, 교육방법 및 평가 방안을 마련하여 교육하는 일이다.[6] 이 경우 농인의 입장에서 수어 교육과 한국어 교육이 조화를 이루는 일이 필요하다.

2.8. 수어 통역

'수어 통역'은 '장애인 차별금지 및 권리구제 등에 관한 법률(제정2008. 4.11.)' 및 '한국수화언어법(제정 2016.2.3./시행 2023.8.8.)'에서 명시되어 있다.[7]

'장애인 차별금지 및 권리구제 등에 관한 법률'에서는 '수어 통역'에 관해 다음 네 가지 조항에서 '정당한 편의제공 의무'와 '정보접근에서 차별금지'를 밝히고 있다. (3a)는 '고용'에 있어서 사용자가 장애인을 위해 통역자의 보조인 배치를, (3b)는 '교육'에 있어서 책임자가 청각 장애인의 교육에 필요한 한국수어 통역의 의사소통 수단을 강구·제공을, (3c)는 '재화와 용역의 제공 및 이용'에 있어서 장애인 관련자로서 한국수어 통역을 위해 장애인의 의사소통을 지원하는 자에 대해 부당한 처우의 불가함을, 그리고 공공기관 등은 자신이 주최·주관하는 행사에서 장애인의 참여 및 의사소통을 위해 필요한 한국수어 통역사의 필요한 지원을 해야 함을 명시하였다.

(3) a. 제11조(정당한 편의제공 의무) ①사용자는 장애인이 해당 직무를 수행함에 있어서 장애인이 아닌 사람과 동등한 근로조건에서 일할 수 있도록 정당한 편의를 제공해야 한다. 6. 화면낭독·확대

---

6 윤석민(2013: 77-81)에서는 농인에게 체계적인 국어 교육의 필요성 방안으로 "조기에 지속적인 국어 교육이 필요하며 수화와 국어 능력을 갖춘 교사가 농인에 맞는 교재를 활용하여 전문적으로 교육해야 한다."라고 하였다.
7 수어 통역에 대해서는 원성옥(2013b: 135-153, 원성옥 외(2013) 참조.

프로그램, 무지점자단말기, 확대 독서기, 인쇄물음성변환출력기 등 장애인 보조기구의 설치·운영과 낭독자, 장애인 통역자 등의 보조인 배치

b. 제14조(정당한 편의제공 의무) ①교육책임자는 당해교육기관에 재학 중인 장애인의 교육활동에 불이익이 없도록 다음 각 호의 수단을 강구하고 제공하여야 한다. 4. 시·청각 장애인의 교육에 필요한 한국수어 통역, 문자통역기(속기), 점자자료 및 인쇄물 …… 등 의사소통 수단

c. 제20조(정보접근에서의 차별금지) ②장애인 관련자로서 한국수어 통역…… 등을 위하여 정당한 사유 없이 이들의 활동을 강제·방해하거나 부당한 처우를 하여서는 아니 된다.

d. 제21조(정보통신·의사소통 등에서의 정당한 편의제공의무) ③ 공공기관 등은 자신이 주체 또는 주관하는 행사에서 장애인의 참여 및 의사소통을 위하여 필요한 한국어 통역사…… 등 필요한 지원을 하여야 한다.

'한국수화언어법'에서는 '수어통역'에 관해 다음 세 가지 조항에서 '정의' '기본계획 수립' '수어통역'를 밝히고 있다. (4a)는 '수어통역'을 한국수어를 국어로 변화하거나 국어를 한국수어로 변환하는 것으로 정의하고 있다. (4b)는 문화체육관광부장관이 한국수어발전기본계획에서 '한국수어 통역에 관한 사항'을 포함하여 전문가들의 심의를 거쳐 5년마다 수립·시행하여야 함을 명시하였다. (4c)는 국가와 지방자치단체가 ①-④호에서 농인 등에게 수어통역 지원, ⑤호에서 수어통역 관련 전문인력의 양성, ⑥호에서 수어통역센터의 설치·운영에 관한 사항을 명시하고 있다.

(4) a. 제3조(정의) 6. "수어통역"이란 한국수어를 국어로 변환하거나 국어를 한국수어로 변환하는 것을 말한다.

b. 제6조(기본계획의 수립) "한국수화언어법"에서는 '수어통역'에 관해 ①문화체육관광부장관은 한국수어의 발전 및 보전을 위한 한국수어발전기본계획을 한국수어 관련 전문가들의 심의를 거쳐 5년마다 수립·시행하여야 한다 ②기본계획에는 다음 각 호의 사항이 포함되어야 한다. 6. 한국수어 통역에 관한 사항

c. 제16조(수어통역) ①국가와 지방자치단체는 수어통역이 필요한 농인등에게 수어통역을 지원하여야 한다. ②국가와 지방자치단체는 공공행사, 사법·행정 등의 절차, 공공시설 이용, 공영방송, 그 밖에 공익을 위하여 필요하다고 인정하는 경우에 수어통역을 지원하여야 한다. ③국가와 지방자치단체는 대통령령으로 정하는 중요 정책 등을 발표하는 경우 발표 현장에 수어통역사를 배치하는 등 수어통역을 지원하여야 하며, 발표 내용을 농인등이 알 수 있도록 정보통신망 등을 이용하여 수어통역 영상을 공표하여야 한다. ④국가와 지방자치단체는 농인 등이 구직, 직업훈련, 근로 등 직업 활동 전반에 불이익이 없도록 수어통역을 지원하여야 한다. ⑤국가와 지방자치단체는 수어통역 관련 전문인력의 양성을 위하여 노력하여야 한다. ⑥국가와 지방자치단체는 「장애인복지법」 제58조제1항제2호에 따른 장애인 지역사회재활시설 중 수어통역센터를 설치·운영할 수 있다.

'수어 통역'의 필요성은 농인과 건청인 간의 원활한 의사소통에 있다. 즉, 재난 상황·의료 분야 등 생존을 비롯하여 삶을 이루어가는 과정에서 정보 공유를 위해 한국수어를 한국어로, 한국어를 한국수어로 필요충분하게 변환하는 일이다. 이를 위해서는 통역사의 양성이 필요하다. 통역사는 수어 통역사 자격증을 획득한 전문 통역사뿐만 아니라, 아마추어 수준의 통역 자원봉사자를 들 수 있다. 정부와 지방자치단체에서 수어통역센터를 통해 두 유형의 통역사 양성을 활성화해야 한다. 통역사 양성의 교과과정,

교재, 교사, 평가 등 일련의 여건이 갖추어지고 실행하는 과제가 남아 있다.

또한, 농인들의 지구촌 '교통어(lingua franca)'인 '국제수어(International Sign, IS)'에 대한 이해와 공유도 필요하다. 국제수어는 1924년에 제정되어 UN 회의, 올림픽, 세계 농인 대회 등에서 많이 사용되는데,[8] 미국수어를 바탕으로 한 '피진(pigin)'[9]이라 할 수 있다. 1973년 세계농아인연맹위원회(CUS)에서 '표준화한 국제수어체계'를 발표한 바 있다. 그 기준은 여러 가지 수어로부터 가장 이해하기 쉽게 만들 것, 오해를 주지 않는 수어를 선택할 것, 수어의 습득이 쉽도록 할 것 등이다. 이에 따라 1975년 CUS에서 국제수어 1,500개를 수록한 *GESTUNO: International Sign Language of the Deaf* (『국제 농인 수어』)가 출간되었다.[10]

2.9. 남북한 수어

한국의 수어와 북한의 손말에 관한 일치도를 보면 이질화의 정도가 심각하다. 그 몇 가지 사례를 들면 다음과 같다.

『한국수화사전』(2005/2007)과 『손말사전(롱아학교용)』(2005)에서 표제어가 같은 1,660개의 완전 일치도는 213개(13%)이다. 또한, 『한국수어 & 조선손말』(2021)은 『한국수어』(한국농아인협회, 2018)와 『손말학습(참

---

[8] 高嶋由布辻(2024: 157)에 따르면 국제 수어 통역사는 2015년부터 세계 농인연맹과 세계 수어 통역사협회가 공동으로 인정하고, 국제수어와 음성영어 및 문자영어로 의사소통이 가능한 농인 통역사가 전 세계에 42명이 있다고 한다.

[9] '피진(pigin)'은 서로 다른 언어를 사용하는 사람들이 의사소통을 위해 자연스럽게 형성한 혼합 언어이다.

[10] 방탄소년단(BTS)이 2021년 7월 9일 발매한 '퍼미션 투 댄스(Permission to Dance)' 뮤직비디오에 국제수어로 구성된 안무를 표현하며 다양한 메시지를 담아 큰 관심을 불러일으킨 바 있다. 예를 들어, 두 주먹을 쥔 상태에서 엄지손가락을 펴고 위아래로 흔드는 동작은 '즐겁다'를, 한쪽 손바닥 위에 알파벳 A 모양의 다른 쪽 손을 움직이는 것은 '춤추다', 두 손으로 브이(V)를 만드는 것은 '평화'를 뜻한다.

고자료)』(2005)을 대상으로 남북한이 일상에서 사용하고 있는 기초생활 수어어휘 497개를 수록한 것인데, 완전 일치하는 사례는 90개(18.11%), 부분 일치하는 사례는 59개(11.87%), 불일치하는 사례는 348개(70.02%) 이다. 최상배 외(2022)에서는 한국·북한·일본수어 401개를 대조분석한 바 있다. 그 결과 일치도에 있어서 한국수어와 일본수어는 33%, 한국수어와 북한수어는 30%, 북한수어와 일본수어는 18%로 나타났다.

위의 사례에서 보듯이 남북한 수어 또는 손말의 이질화가 매우 심각한데, 그 원인을 밝히고 극복 방안을 찾아야 한다. 그 일환으로, 남북한 수어 이질화의 심각성을 해결하기 위해서 『겨레말큰사전』처럼, 『겨레수어·손말큰사전』 편찬이 이루어져야 한다. 또한, 남북한의 수어와 손말의 형태·어휘·문법·의미·화용 분야의 대조 분석이 병행되어야 한다. 이와 함께 남북한 농인이 함께하는 자리가 마련되고 정례화하는 일이 필요하다.

2.10. 한국수어의 계통

"알타이어족이 성립한다면, 한국어는 알타이어족에 속할 가능성이 높다. 그러나 아직 비교언어학적으로 입증되지 않았다."(권재일 2013: 154). 이 표현에서 보듯이 한 나라 언어의 계통을 규정하는 것은 매우 어려운 일이다. 한국수어는 어떠한가? 한국수어의 성립은 공식적으로 수어 교육이 시작된 1913년 조선총독부에 의해 재생원 맹아부가 설치되면서부터라 할 수 있다(원성옥·강윤주 2002: 23 참조).[11] 재생원 맹아부 아본과(啞本科)에서는 일본 교사가 파견되어 조선의 농학생들을 일본수어로 지도하였는데, 대만의 경우도 유사하다.

---

11 Fischer & Gong(2010: 501)에서는 한국에서 수어가 일본의 점령 이전인 1889년부터 사용되었으며 1908년부터 학교에서 사용되었다고 하였다.

사사키(Sasaki 2007: 123)에서는 스미스(Smith 1989, 1990)의 논의에서 대만수어와 한국수어가 일본수어와 상당히 유사하며, 건청인 수어 사용자이자 연구가인 이치다(Ichida)가 2002년 봄 한국을 여행하면서 일본수어와 한국수어 간의 유사성을 보고한 바 있는데, "전반적인 인상은 두 나라 수어 간의 차이는 방언적 차이로 간주할 수 있다. 많은 기초어휘 항목이 유사하다."라고 하였다.[12] 이 보고가 과장되었다 하더라도 한국수어와 일본수어의 관련성에 대해 주목되는 언급이라 하겠다. 또한, 피셔 & 공(Fischer & Gong 2010: 501)은 "동아시아의 수어 구조의 변이"에서 동아시아 수어 어족을 중국수어와 일본수어 어족으로 나누고, 일본수어 어족에 일본수어·한국수어·대만수어를 포함시켰다. 그들은 대만수어와 마찬가지로, 한국수어도 일본수어의 많은 어휘항목과 문법적 특징을 공유한다고 하였다.

한국수어의 계통 연구는 걸음마 단계에 있다. 한국수어를 중심으로 북한수어, 일본수어, 그리고 대만수어와 음운, 형태, 문법, 어휘 및 의미·화용 측면에서 대조 분석하는 일이 장차의 탐구 과제이다.

2.11. 수어의 의미 변화

수어를 포함한 자연언어는 언어공동체의 삶과 문화를 공유하면서 변화하기 마련이다. 미국수어의 'must(의무)'는 프랑스수어 "IL FAUT('It is necessary')"와 관련이 있으며, 그 19세기 중반 형태는 로마 시대의 '의무'를 나타내는 제스처에서 도출된 것으로 보고 있다(제3장 5.6. 참조).

相良啓子(2018: 130-135)의 "일본·대만·한국수어 어휘에 나타나는 의

---

[12] Ichida(2002)에서는 한국수어의 상투적 표현(감사합니다, 미안합니다), 기본 동사(떠나다, 계시다), 인간관계에 관한 기본어휘(남자, 여자, 아버지, 어머니, 형제자매, 결혼하다, 친구), 기본 형용사와 부사(진짜로, 좋다, 바쁘다, 젊다, 매우, 괜찮다, 또한, 항상), 의문사(어디, 누구, 언제), 접속어(-면)가 상응하는 일본수어와 비슷하다고 하였다.

미 변화"는 역사적으로 관련이 있고 공통된 표현이 많이 존재하는 세 나라 수어의 의미 변화를 다룬 점에서 주목된다. 이 논문은 2016-2018년에 걸쳐 20대에서 90대까지 일본수어(도쿄 10명·오사카 10명), 대만수어(타이베이 10명·타이난 10명), 한국수어(서울 4명·부산 4명·제주도 3명)의 의미 변화를 비교하였다. 그중 한국수어의 변화를 보면 다음과 같다.

첫째, '아침(朝)'의 의미 변화이다.

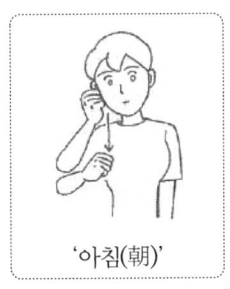
'아침(朝)'
〈그림 1〉 일본수어
(『新日本語-手話辞典』)

'새벽'
〈그림 2〉 한국수어
(Cho and Soon 2000)

'아침(朝)'
〈그림 3〉 한국수어
(Cho and Soon 2000)

〈그림 1〉과 〈그림 2〉의 앞으로 내민 주먹을 빠르게 아래로 내리는 표현은 원래 '해돋이에서 정오까지'의 '오전(朝, morning)' 또는 '아침'을 뜻하는 것으로, 일본수어와 대만수어에서는 그 의미가 그대로 유지되고 있지만, 한국수어에서는 '해가 뜨기 전의 시각' 즉 '새벽(dawn)'의 의미로 변화하였다. 현행 한국수어에서 '아침(朝)'은 〈그림 3〉과 같이 집게손가락과 엄지손가락으로 원을 만들어 해를 나타내고, 해가 떠오르는 모습의 형태가 사용되고 있다. 곧 '아침(朝)'의 한국수어는 의미가 변화한 것이라 하겠다.

둘째, '잘하다·솜씨 좋다'와 '서툴다'의 의미 변화이다. 〈그림 4, 5〉는 세 나라 수어에서 공통적으로 사용되지만 그 의미가 다르다. 현행 일본수어에서는 각각 '上手(잘하다·솜씨 좋다)'와 '下手(서툴다)'의 의미이다(『新日本語手話辞典』). 한국수어에서는 〈그림 4〉가 '잘하다·솜씨 좋다' 외에도 '좋다'나

'잘되고 있다'의 의미로 사용되며, 〈그림 5〉가 '서툴다' 외에도 '틀림'이라는 의미로 사용되어 일본수어에 비해 의미 범위가 넓다. 한편, 대만수어에서는 각각 '가능'과 '불가능'이라는 전혀 다른 의미로 사용되는데, 이는 1949년부터 중국수어의 영향을 받은 때문인 것으로 보인다(Smith 2005 참조).

〈그림 4〉 일본수어　　　　　　〈그림 5〉 일본수어
(『新日本語-手話辞典』)　　　　(『新日本語-手話辞典』)

셋째, '좋다'의 의미 변화이다. 〈그림 6-8〉의 주먹을 코 위에 두는 표현은 일본·대만·한국수어에서 공통적으로 '좋다'라는 뜻으로 사용되고 있다. 일본수어에서는 '좋다'라는 뜻으로만 사용되는 반면, 대만수어에서는 '좋다' 및 인사할 때 사용하는 "안녕하세요"의 의미로도 사용되며, 한국수어에서는 '좋다'뿐만 아니라 '좋아하다'의 의미로도 사용된다. 곧 '좋다'의 한국수어는 의미가 확장된 것이라 하겠다.

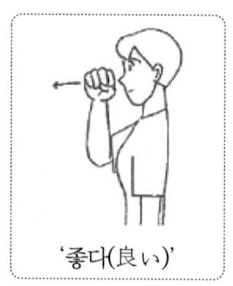  

〈그림 6〉 일본수어　　〈그림 7〉 대만수어　　〈그림 8〉 한국수어
(『新日本語-手話辞典』)　(『手能生橋』 2013: 56)　(Cho and Soon 2000)

한국수어에 대해 의미 변화의 양상을 규명하는 것은 수어 탐구의 주요한 과제의 하나이다. 장진권(1996a: 23, 1996b: 54)에서는 한국수어의 사용 시기를 1기(1913~1945), 2기(1945~1980), 3기(1980~)로 나눈 바 있다. 수어의 변화 양상을 추적할 자료를 확보하여 의미 변화의 양상인 의미 폭의 확대와 축소, 의미 가치의 상승과 하락, 의미 내용의 대치와 이동 등을 밝혀야 할 것이다.

2.12. 수어의 언어 간 대조

음성언어를 대상으로 언어 상대성과 보편성이 지난 20세기에 중요한 쟁점이 된 바 있다. 언어 상대성 가설은 1940년대 전후의 기술·구조언어학에서 문화 특정적인 언어 체계가 사람들의 사고방식이나 세계를 보는 방식을 결정하거나 영향을 미친다는 견해이다. 한편, 언어보편성 이론은 1950년대 후반부터 변형생성이론에서 인간의 사고는 모든 문화에 걸쳐 비슷하고 언어는 인간 사고의 반영이므로 본질적으로 모든 언어는 비슷하다는 관점이다.

1980년대 후반에 등장한 인지언어학에서는 언어의 상대성과 보편성의 양면을 아우르며, 그 간격을 좁히고 있다. 곧 사람은 종 특유의 신체를 공유함으로써 보편적인 신체적 경험과 제약이 언어의 보편성으로 나타나게 된 것이며, 언어는 문화적 맥락과 깊은 관련성을 맺음으로써 언어 상대성 또는 특정성을 띠게 된 것으로 본다.

자연언어로서 수어는 어떠한가? 오늘날 알려진 세계의 수어는 160개이다. 수어 역시 뿌리를 같이하는 무리가 어족을 형성하고 있다. 온 누리에 사용되는 수어의 공통성과 특이성을 밝히는 일은 중요하고도 가치 있는 일이라 하겠다. 이를 위해 수어 간 음운·형태·통사·의미·화용 차원에서 대조 작업이 이루어져야 한다. 한국수어와 관련한 수어 간의 대조 연구는 출발 시점에 있지만 다음과 같은 논의는 소중한 행보라 하겠다.

남북한 수어의 경우 사전의 어휘를 비교한 김태수(2008), 음운과 단어 수준의 대조 연구인 최상배 외(2019), 남북한 수어의 지문자에 대한 고은지 외(2022), 한국·북한·일본수어를 대조한 최상배 외(2022)가 있다. 일본·대만·한국수어의 어휘를 대조한 사사키(Sasaki 2007), 동아시아 수어 구조의 변이에 대한 피셔 & 공(Fischer & Gong 2010), 일본·대만·한국수어 어휘의 의미 변화에 관한 相良啓子(2018), 세 나라 수어 2·3·4지 표현의 변화를 다룬 相良啓子(2020), 세 나라 수어의 수사 및 친족 표현에서 어휘의 기술과 역사적 변천을 다룬 相良啓子(2021)가 있다. 또한, 한중 수어의 대조로서, 비유를 다룬 석수영(2015), 대립어의 양상에 관한 임지룡·석수영(2015), 신체어의 구조와 의미를 다룬 석수영(2016), 어휘의 동기화 양상에 관한 석수영·김기석(2017), 시간의 비유 양상에 관한 리우징나(2018), '직업'의 동기화 양상을 다룬 석수영·임태성(2024) 등이 있다.

수어는 '몸짓-시각적 양식'의 공간 언어로서 수어 간에 유사한 사례가 많이 나타난다. 멕시코·스페인·일본·프랑스수어의 어휘를 대조한 커리 외(Currie *et al.* 2002: 224-236)에서는 각각의 두 수어 간 유사성의 비율이 23-38%라고 한다. 이러한 현상은 제스처와도 밀접한 관련성을 지니고 있는 수어의 특징이라 할 수 있다.

수어의 대조언어학적 연구에서 한국수어와 지리적으로 가까운 북한·일본·대만수어, 그리고 중국수어를 대상으로 삼아 한국수어의 계통과 어족을 밝히는 작업이 필요하다. 그 범위를 넓혀 미국·영국·프랑스·스페인수어로, 나아가 오대양 육대주로 지평을 넓혀 한국수어와의 공통성과 특이성을 밝히는 일이 필요하다.

2.13. 수어 공학

수어 공학은 수어 탐구의 블루오션, 즉 희망 영역이다. 이제까지 사람이 힘으로 해 오던 일 가운데 풀기 어려운 분야를 컴퓨터 또는 유사한 기계류, 인공지능(artificial intelligence, AI) 등 '공학(technology)'의 도움을 통해 해결을 기대하게 된다. 그러한 몇 가지 분야를 들기로 한다.

수어 사전 분야이다. 국립국어원에서 개통한 『한국수어사전』(https://sldict.korean.go.kr/)(2016)은 15,542건(2024.11.1. 기준)으로, 기존의 한국수어 웹사전과 모바일 앱 사전 등을 통합·정비한 사전이다. 이 사전은 수어의 표제어에 대한 동영상과 그 옆에 수형 사진과 그 설명으로 이루어져 있다. 『한국수어누리사전』(https://sldict.korean.go.kr/)(2025.2.6.)은 1,000여 개의 항목으로, 한국수어 말뭉치에 기반하여 농인이 실제로 사용하는 수어 정보를 한국어로 풀이한 사전이다. 이 사전은 손 모양·위치·한 손/두 손에 의한 수어 형태로 찾기와 한국어 단어의 입력에 의한 한국어로 찾기로 이루어져 있다. 이 두 사전을 기점으로 농인뿐만 아니라 건청인이 풍부하고 쉽게 활용할 수 있는 사전이 편찬되어야 한다.

수어 인식과 생성에 관한 자료 확보 및 분석이다. 이는 수어 탐구와 활용을 위해 필요충분한 자료를 수집하고 이를 편리하게 사용하는 일이다. 수어 인식의 경우 손동작뿐만 아니라 눈과 입의 움직임인 표정을 섬세하게 파악할 수 있어야 하며, 수어 생성은 단어 차원을 넘어 문장, 이야기를 생성할 수 있어야 한다. 이 분야의 활성화는 양질의 수어 통역이나 자동번역으로 이어지는데 인공지능(AI)에 기대하는 바가 크다.

영상 원격 통역 서비스이다. 농인들이 인터넷을 통해 화상 전화기로 의사소통할 수 있게 되었다. VRS(Video Relay Service), 즉 '영상 중계 서비스'는 농인과 건청인이 영상통화를 통해 수어 통역을 중계하는 서비스이다. 농인은 휴대폰·테블릿·PC를 통해 수어로 말하고, 기기의 통역사가 현장에 있지 않은 건청인에게 음성으로 전달하며, 역으로 건청인의 음성을 기기의 통역사가 농인에게 수어로 전달해 준다. VRI(Video Remote Interpreting), 즉 '영상 원격 수어 통역'은 인터넷의 화상 연결을 사용하여 휴대폰·테블릿·PC를 통해 수어 통역사가 실시간으로 통역해 주는 서비스이다. 농인과 건청인의 대면 상황에서 통역이 필요한 의료기관이나 응급상황, 법률 행정, 교육, 고객 서비스 등에서 활용된다. 현장 통역사가 필요하지 않고 즉각성과 접근성을 특징으로 한다.

〈그림 9〉는 VRS/VRI 서비스 장소에서 사용되는 영상 통역기 표지이다.

〈그림 9〉 VRS/VRI 서비스 장소에서 사용되는 영상 통역기 표지

미국에서는 연방정부 차원에서 VRS/VRI 서비스가 제도화되어 있다. 우리나라에서는 '손말이음센터'[13]에서 청각/언어장애인을 위해 '문자서비스' '영상서비스' '107 음성전화 중계' '원격수어통역서비스'를 제공하고 있다.

---

13 한국지능정보사회진흥원 107 손말이음센터는 '장애인차별금지법 제21조(정보통신, 의사소통 등에서의 정당한 편의제공의무)', '전기통신사업법 제4조의 2(장애인 통신중계서비스)'에 따라 2005년 문을 연 뒤, 청각·언어장애인이 전화, 인터넷을 통해 비장애인 또는 다른 장애인과 의사소통을 할 수 있도록 실시간 통신중계서비스를 제공하고 있다.

그 가운데서 '원격수어통역서비스'는 이용자와 상대방이 같은 공간에서 수어통역사 없이 의사소통이 필요할 경우 중계사가 원격지에서 실시간으로 수어 통역을 제공하는 서비스이다.

〈그림 10〉은 '원격수어통역서비스'이다. 그 이용 방법은 손말이음센터 홈페이지에 로그인해서 회원 가입을 한 뒤, 홈페이지에서 '원격수어통역서비스'를 선택하여 중계사와 연결되면, 건청인은 헤드셋(스피커)을 활용하여 음성으로 소통하고 상대방은 화상카메라 및 화면을 통해 수어 또는 문자로 의사소통할 수 있도록 실시간 통역이 이루어진다.

〈그림 10〉 원격수어통역서비스

인공지능의 활용이다. 장차 사람처럼 생각하고 사람을 뛰어넘을 인공지능이 출현하게 될 것이다. 그렇게 되면 수어의 자료 확보에 대한 효율성 증대, 통역 및 자동번역의 길이 열릴 수 있게 될 것인데, 준비해야 할 사항이 적지 않을 것이다. 대화형 인공지능 서비스 'ChatGPT'에 "수어에 관한 시를 알려줘."라고 하니 "한국수어에 대한 따뜻한 마음과 존중을 담은 짧은 시를 하나 지어드릴게요."라고 하며 (5)의 시로 응답하였다.

(5) 손으로 그리는 말 -수어(手語)를 위한 시-
소리는 없지만/세상 가장 따뜻한 언어가 있다./손끝에서 피어나는 말,/눈빛으로 전하는 마음.//움직임 하나하나에/사랑이 깃들고,/속삭임보다 깊은 이해가 흐른다.//말이 닿지 못한 곳에/손이 닿고,/귀가 듣지 못한 마음을/눈이 듣는다.//수어는 말한다./"우린 다 다르지만,/서로를 향한 길은/언제나 있다."

3. 마무리

 이제까지 수어 탐구의 인지언어학적 기제와 과제 12가지에 대해서 살펴보았다. 대부분의 경우가 사례 연구를 통해 검증하고 대조해야 할 사항이다. 이를 위해 두 가지 사항을 고려할 필요가 있을 것으로 본다.
 첫째, 음성언어를 대상으로 많은 성과를 거둔 '용법의존 모형'을 수어에 적용하여 "수어 지식은 수어 사용으로부터 나온다."라는 정신을 실행해야 할 것이다.
 둘째, '수어'라는 화두를 중심에 두고 여러 관련 분야가 정보를 나누면서 협업하는 일이 필요하다. 이른바 통합과 소통을 아우르는 '통섭(統攝, consilience)'의 연대가 이루어져야 한다. 잘 알다시피 '인지과학(cognitive science)'은 '마음'과 '마음의 작용'을 탐구하기 위한 학제적 연구로서 인간의 행동 및 그 산물 자체는 마음의 산물이라는 관점을 취하고 있다. '마음'을 중심으로 '심리학·철학·언어학·인류학·신경과학·컴퓨터과학'이 한자리에 모였던 연장선 위에서 '공학' 및 '인공지능'과 손잡고 수어 탐구의 새길을 모색해야 할 것이다.
 최근에 선천성 난청 환자들이 유전자 치료를 통해 청력을 회복해 들을 수 있게 된 반가운 소식을 만났다. 의학 학술지 '네이처 메디신(Nature Medicine)' 2025년 7월 2일 자에 스웨덴 '카롤린스카 연구소(Karolinska Institutet)' 연구팀이 선천적 '청각신경병증'을 앓고 있는 환자 10명에게 유전자 치료제를 투여한 결과, 환자 모두의 청력이 개선되었다고 발표했다.[14] 한 7세 소녀는 청력을 거의 회복해 4개월 뒤 어머니와 일상적 대화를 나눌 수 있었으며, 태어나서 20년 만에 처음으로 상대방의 목소리와 일상의 소리를 듣게 된 사례도 나왔다. 대부분의 환자는 지하철 소음에 해당하는 90dB(데시벨)의 소리도 듣지 못하는데, 유전자 치료제를 투여한 결과 환자들은 약 1개월 만에 청력을 회복하여 일상적 대화가 가능한 52dB까지 개선되었다. 전 세계에 20만 명의 환자가 이 병을 앓고 있는 것으로 추정된다고 한다. 유전자 치료 개발 덕분에 선천성 난청 환자들이 세상의 소리를 들을 수 있게 된 것이다.

우리나라에서도 머지않아 유전자 치료를 통해 선천성 난청 농인들의 청력 회복이 이루어질 날이 올 것이다. 이 치료를 받은 농인들은 수어와 음성언어를 함께 사용할 수 있게 되어, 농인들의 삶에 크나큰 변화가 일어날 뿐 아니라, 수어 통역에 있어서도 새길이 열릴 것으로 기대된다.

요컨대 수어 탐구의 미래 방향은 밝을 것으로 전망된다. 수어학계 및 교육계, 언어학계, 심리학계, 뇌과학계, 공학계 등의 협업을 통해 '수어'라는 푸른 바다의 신비를 밝힘으로써 언어와 마음의 본질에 한 걸음 다가서고 농인의 삶과 농문화가 '수어 연합 깃발(Sign Union flag)'과 함께 펄럭이게 될 것이다.

---

14 '청각신경병증'은 귀에 들어온 소리가 뇌로 전달되는 과정에 문제가 생겨 소리를 듣지 못하는 유전 질환이다. 유전자 치료제 작동 원리 5단계는 다음과 같다. ①무해한 바이러스에 정상 유전자 투입 ②바이러스를 치료 부위에 주입 ③정상 유전자가 병종 유전자를 대체 ④단백질 정상적으로 생성 ⑤유전 질환 치료.

| 부록 |

한국수화언어법

[시행 2023. 8. 8.] [법률 제19592호, 2023. 8. 8., 타법개정] 문화체육관광부(국어정책과), 044-203-2538

제1장 총칙

제1조(목적) 이 법은 한국수화언어가 국어와 동등한 자격을 가진 농인의 고유한 언어임을 밝히고, 한국수화언어의 발전 및 보전의 기반을 마련하여 농인과 한국수화언어사용자의 언어권과 삶의 질을 향상시키는 것을 목적으로 한다.

제2조(기본이념) ① 한국수화언어(이하 "한국수어"라 한다)는 대한민국 농인의 공용어이다.
② 국가와 국민은 한국수어를 사용하는 농인이 농정체성을 확립하고 한국수어와 농문화를 계승·발전할 수 있도록 협력한다.
③ 농인과 한국수어사용자(이하 "농인등"이라 한다)는 한국수어 사용을 이유로 정치·경제·사회·문화의 모든 생활영역(이하 "모든 생활영역"이라 한다)에서 차별을 받지 아니하며, 모든 생활영역에서 한국수어를 통하

여 삶을 영위하고 필요한 정보를 제공받을 권리가 있다.

④ 농인등은 한국수어로 교육받을 권리가 있다.

제3조(정의) 이 법에서 사용하는 용어의 뜻은 다음과 같다.
1. "한국수어"란 대한민국 농문화 속에서 시각·동작 체계를 바탕으로 생겨난 고유한 형식의 언어를 말한다.
2. "농인"이란 청각장애를 가진 사람으로서 농문화 속에서 한국수어를 일상어로 사용하는 사람을 말한다.
3. "한국수어사용자"란 농인 외에 청각장애 또는 언어장애로 인하여 한국수어를 일상어로 사용하거나 보조적으로 사용하는 사람을 말한다.
4. "농문화"란 농인으로서의 농정체성과 가치관을 기반으로 하는 생활양식의 총칭을 말한다.
5. "농정체성"이란 농인으로서 가지는 자기동일성을 말한다.
6. "수어통역"이란 한국수어를 국어로 변환하거나 국어를 한국수어로 변환하는 것을 말한다.
7. "공공기관등"이란 국가, 지방자치단체 및 「공공기관의 운영에 관한 법률」에 따른 공공기관을 말한다.

제4조(국가와 지방자치단체의 책무) ① 국가와 지방자치단체는 한국수어를 교육·보급하고 홍보하는 등 농인등의 한국수어 사용 환경을 개선하기 위한 정책을 수립·시행하여야 한다.

② 국가와 지방자치단체는 농인의 농정체성 확립과 농문화 육성에 필요한 정책을 수립·시행하여야 한다.

③ 국가와 지방자치단체는 제1항 및 제2항에 따른 정책을 수립·시행할 때 농인등의 의견을 수렴하고 참여를 보장하여야 한다. 〈신설 2022. 1. 18.〉

④ 국가와 지방자치단체는 이 법을 해석·적용할 때에는 「장애인의 권리에 관한 협약」의 내용과 취지에 부합하도록 하여야 한다. 〈개정 2022. 1. 18., 2023. 8. 8.〉

제5조(다른 법률과의 관계) 한국수어에 관하여 다른 법률에 특별한 규정이 있는 경우를 제외하고는 이 법에서 정하는 바에 따른다.

제2장 기본계획의 수립 등

제6조(기본계획의 수립) ① 문화체육관광부장관은 한국수어의 발전 및 보전을 위한 한국수어발전기본계획(이하 "기본계획"이라 한다)을 한국수어 관련 전문가들의 심의를 거쳐 5년마다 수립·시행하여야 한다.
② 기본계획에는 다음 각 호의 사항이 포함되어야 한다.
1. 한국수어정책의 기본방향과 추진목표에 관한 사항
2. 모든 생활영역에서 농인의 한국수어 사용 환경의 개선에 관한 사항
3. 한국수어의 연구 및 전문용어 표준화에 관한 사항
4. 한국수어의 교육에 관한 사항
5. 한국수어의 보급에 관한 사항
6. 한국수어 통역에 관한 사항
7. 한국수어 관련 전문인력 양성에 관한 사항
8. 농인의 농정체성 확립과 농문화 육성에 관한 사항
9. 한국수어의 정보화에 관한 사항
10. 남북한 한국수어의 교류 및 연구에 관한 사항
11. 한국수어의 발전을 위한 민간 부분의 활동 촉진에 관한 사항
12. 한국수어 관련 법령의 제정·개정에 관한 사항
13. 그 밖에 한국수어의 발전에 필요한 사항

③ 문화체육관광부장관은 기본계획을 수립할 때에는 미리 관계 중앙행정기관의 장과 협의하여야 한다.

④ 문화체육관광부장관은 확정된 기본계획을 관계 중앙행정기관의 장과 특별시장·광역시장·특별자치시장·도지사·특별자치도지사(이하 "시·도지사"라 한다)에게 알려야 한다.

⑤ 문화체육관광부장관은 기본계획의 수립을 위하여 필요하다고 인정하는 경우 공공기관등에 기본계획의 수립에 필요한 자료의 제출을 요구할 수 있으며 자료의 제출을 요구받은 자는 정당한 사유가 없으면 이에 따라야 한다.

⑥ 그 밖에 기본계획의 수립 등에 필요한 사항은 대통령령으로 정한다.

제7조(연도별 시행계획의 수립·시행 등) ① 문화체육관광부장관, 관계 중앙행정기관의 장 및 시·도지사는 기본계획에 따라 매년 한국수어발전시행계획(이하 "시행계획"이라 한다)을 수립·시행하여야 한다.

② 관계 중앙행정기관의 장과 시·도지사는 다음 연도의 시행계획 및 전년도의 시행계획에 따른 추진실적을 대통령령으로 정하는 바에 따라 문화체육관광부장관에게 제출하고, 문화체육관광부장관은 매년 시행계획에 따른 추진실적을 평가하여야 한다.

③ 시행계획의 수립·시행과 추진실적의 평가 등에 필요한 사항은 대통령령으로 정한다.

제8조(보고) 정부는 기본계획, 시행계획 및 추진실적을 확정한 후 지체 없이 국회에 보고하여야 한다.

제9조(실태조사) ① 문화체육관광부장관은 한국수어 정책의 추진을 위하여 3년마다 농인의 한국수어 사용 환경 등에 관한 실태를 조사할 수

있다.

② 문화체육관광부장관은 제1항에 따른 실태조사를 위하여 필요한 경우에는 공공기관등에 자료 제출이나 의견 진술 등을 요구할 수 있다. 이 경우 자료 제출이나 의견 진술 등을 요구받은 자는 특별한 사유가 없으면 이에 따라야 한다.

③ 한국수어의 사용 환경 등에 관한 실태조사에 필요한 사항은 대통령령으로 정한다.

제3장 한국수어의 발전 및 보급

제10조(한국수어의 연구 등) ① 문화체육관광부장관은 한국수어의 보전 및 발전을 위하여 한국수어에 대한 지속적인 연구를 수행하여야 한다.

② 문화체육관광부장관은 농인등이 각 분야의 전문용어를 쉽고 편리하게 사용하도록 전문용어를 한국수어로 표준화하는 연구 사업을 실시할 수 있다.

③ 문화체육관광부장관은 제1항에 따른 연구를 수행하기 위하여 전문기관을 지정하거나 연구소·대학 또는 그 밖에 필요하다고 인정하는 관계 전문기관에 연구를 위탁할 수 있다.

제11조(한국수어의 교육 등) ① 국가와 지방자치단체는 농인등의 한국수어 및 한국어 능력을 신장할 수 있는 교육환경을 조성하여야 한다.

② 국가와 지방자치단체는 농인등에 대한 교육과 관련하여 장애 발생 초기부터 한국수어를 습득할 수 있도록 필요한 정책을 마련하여야 한다. 〈개정 2023. 8. 8.〉

③국가와 지방자치단체는 농학교로 하여금 한국수어를 한국어와 동등한 교수·학습 언어로 사용하도록 하여야 한다.

④ 국가와 지방자치단체는 농학교 교육에서 한국수어를 사용한 교육 및 한국수어를 통한 학습이 원활히 이루어질 수 있도록 지원하여야 한다.

제12조(농인 등의 가족에 대한 지원) ① 국가와 지방자치단체는 농인등의 가족을 위한 한국수어 교육, 상담 및 관련 서비스 등 지원체계를 마련하여야 한다.

② 국가와 지방자치단체는 청각장애가 있는 아동의 부모 등이 한국수어를 원활히 사용할 수 있도록 한국수어 교육 등을 실시하여야 한다.

제13조(한국수어의 정보화) ① 국가는 한국수어의 정보화를 통하여 지식과 정보를 생산·활용할 수 있도록 각종 사업을 적극적으로 시행하여야 한다.

② 국가는 원격정보통신서비스망 등 정보통신망을 활용하여 누구나 한국수어를 편리하게 사용할 수 있도록 필요한 정책을 마련하여야 한다.

제14조(한국수어의 사용촉진 및 보급) ① 문화체육관광부장관은 공공 대중매체를 활용하여 국민들에게 한국수어를 홍보하는 등 한국수어에 대한 인식을 확산하고 한국수어 사용을 촉진하여야 한다.

② 문화체육관광부장관은 한국수어를 배우려는 국민을 위하여 교육과정과 교재를 개발하고 한국수어교원을 양성하는 등 한국수어의 보급에 필요한 사업을 시행하여야 한다.

③ 문화체육관광부장관은 한국수어 사용촉진 및 보급을 위하여 공공기관 및 한국수어 관련 법인·단체를 한국수어교육원으로 지정할 수 있다.

④ 국가는 제3항에 따라 지정된 한국수어교육원의 운영에 필요한 경비를 예산의 범위에서 지원할 수 있다.

⑤ 제2항에 따른 한국수어교원의 자격요건 등에 관한 사항 및 제3항에

따른 한국수어교육원의 지정요건 등에 관한 사항은 대통령령으로 정한다.

제15조(한국수어 능력의 검정) ① 문화체육관광부장관은 한국수어능력의 향상·평가를 위하여 한국수어능력을 검정할 수 있다.

② 제1항에 따른 한국수어능력의 검정 방법·절차·내용 및 시기에 관하여 필요한 사항은 대통령령으로 정한다.

제16조(수어통역) ① 국가와 지방자치단체는 수어통역이 필요한 농인등에게 수어통역을 지원하여야 한다. 〈개정 2023. 8. 8.〉

② 국가와 지방자치단체는 공공행사, 사법·행정 등의 절차, 공공시설 이용, 공영방송, 그 밖에 공익을 위하여 필요하다고 인정하는 경우에 수어통역을 지원하여야 한다. 〈개정 2023. 8. 8.〉

③ 국가와 지방자치단체는 대통령령으로 정하는 중요 정책 등을 발표하는 경우 발표 현장에 수어통역사를 배치하는 등 수어통역을 지원하여야 하며, 발표 내용을 농인등이 알 수 있도록 정보통신망 등을 이용하여 수어통역 영상을 공표하여야 한다. 〈신설 2022. 1. 18.〉

④ 국가와 지방자치단체는 농인등이 구직, 직업훈련, 근로 등 직업 활동 전반에 불이익이 없도록 수어통역을 지원하여야 한다. 〈개정 2022. 1. 18.〉

⑤ 국가와 지방자치단체는 수어통역 관련 전문인력의 양성을 위하여 노력하여야 한다. 〈개정 2022. 1. 18.〉

⑥ 국가와 지방자치단체는 「장애인복지법」 제58조제1항제2호에 따른 장애인 지역사회재활시설 중 수어통역센터를 설치·운영할 수 있다. 〈개정 2022. 1. 18.〉

제17조(한국수어의 날) ① 농인등의 한국수어 사용 권리를 신장하고 한국수어에 대한 국민의 인식을 고취하기 위하여 매년 2월 3일을 한국수어의 날로 하며, 한국수어의 날이 속한 주간을 한국수어 주간으로 정한다.
② 국가와 지방자치단체는 제1항에 따른 한국수어의 날 기념 행사 등을 실시할 수 있다.
[전문개정 2020. 12. 22.]

제18조(민간단체 등의 활동 지원) 국가와 지방자치단체는 한국수어의 발전과 보급을 목적으로 하는 법인·단체 등에 대하여 예산의 범위에서 필요한 지원을 할 수 있다.

제4장 보칙

제19조(협의) 중앙행정기관의 장은 한국수어의 사용에 관한 내용이 포함된 법령을 제정하거나 개정하고자 할 때에는 미리 문화체육관광부장관과 협의하여야 한다.

제20조(권한의 위임·위탁) ① 이 법에 따른 문화체육관광부장관의 권한은 대통령령으로 정하는 바에 따라 그 일부를 시·도지사에게 위임할 수 있다.
② 문화체육관광부장관은 이 법에 따른 업무의 일부를 대통령령으로 정하는 바에 따라 관련 기관·단체 등에 위탁할 수 있다.

부칙〈법률 제13978호, 2016. 2. 3.〉

제1조(시행일) 이 법은 공포 후 6개월이 경과한 날부터 시행한다.

제2조(다른 법률의 개정) ① 교통약자의 이동편의 증진법 일부를 다음과 같이 개정한다.
제17조제1항 중 "수화(手話)"를 "한국수어"로 한다.
② 방송법 일부를 다음과 같이 개정한다.
제69조제8항 전단 중 "수화"를 "한국수어"로 한다.
③ 영화 및 비디오물의 진흥에 관한 법률 일부를 다음과 같이 개정한다.
제38조제2항 중 "수화"를 "한국수어"로 한다.
④ 장애인·노인·임산부 등의 편의증진 보장에 관한 법률 일부를 다음과 같이 개정한다.
제16조의2 전단 중 "수화(手話)"를 "한국수어"로 한다.
⑤ 장애인고용촉진 및 직업재활법 일부를 다음과 같이 개정한다.
제21조제1항제3호 중 "수화 통역사"를 "한국수어 통역사"로 한다.
⑥ 장애인 등에 대한 특수교육법 일부를 다음과 같이 개정한다.
제5조제4항 중 "보건복지부장관"을 "문화체육관광부장관·보건복지부장관"으로 한다.
⑦ 장애인복지법 일부를 다음과 같이 개정한다.
제22조제2항 중 "수화"를 "한국수어"로 하고, 같은 조 제3항 중 "수화통역"을 각각 "한국수어 통역"으로 하며, 제23조제2항 중 "수화통역"을 "한국수어 통역"으로 하고, 제71조제1항 중 "수화통역사"를 "한국수어 통역사"로 한다.
⑧ 장애인차별금지 및 권리구제 등에 관한 법률 일부를 다음과 같이 개정한다.

제3조제8호나목 중 "수화"를 "한국수어"로 하고, 제11조제1항제6호 중 "수화"를 "한국수어"로 하며, 제14조제1항제4호 중 "수화통역"을 "한국수어 통역"으로 하고, 제20조제2항 중 "수화통역"을 "한국수어 통역"으로 하며, 제21조제1항 전단 중 "수화"를 "한국수어"로 하고, 같은 조 제2항 중 "수화통역사"를 "한국수어 통역사"로 하며, 같은 조 제3항 중 "수화통역"을 "한국수어 통역"으로 하고, 제23조제3항 중 "수화"를 "한국수어"로 한다.

⑨ 저작권법 일부를 다음과 같이 개정한다.

제33조의2제1항 중 "수화"를 각각 "한국수어"로 한다.

제3조(다른 법령과의 관계) 이 법 시행 당시 다른 법령에서 "수화", "수화통역" 또는 "수화통역사"를 인용한 경우에는 종전의 규정을 갈음하여 이 법의 "한국수어", "한국수어 통역" 또는 "한국수어 통역사"를 각각 인용한 것으로 본다.

부칙〈법률 제17722호, 2020. 12. 22.〉

이 법은 공포한 날부터 시행한다.

부칙〈법률 제18783호, 2022. 1. 18.〉조문목록 없음
이 법은 공포 후 6개월이 경과한 날부터 시행한다.

부칙〈법률 제19592호, 2023. 8. 8.〉 (법률용어 정비를 위한 문화체육관광위원회 소관 43개 법률 일부개정법률)
이 법은 공포한 날부터 시행한다.

참고문헌

강창욱 외 9명(2022). "2022년 한국수어 말뭉치 수집 및 분석." 국립국어원.
고인경·조희경·현영옥·이숙기·윤병천(2016). "한국수어 반의어 분석."『특수교육저널: 이론과 실천』17(3): 35-60. 대구대학교 한국특수교육문제연구소.
고은지·최상배(2022). "남·북한수어 지문자의 직관적 인식과 표현 용이성."『특수교육저널: 이론과 실천』23(1): 111-132. 대구대학교 한국특수교육문제연구소.
국립국어원(1999).『표준국어대사전』. ㈜두산동아.
국립국어원(2014).『수어. 또 하나의 언어』.
국립국어원(2016).『한국수어사전』(https://sldict.korean.go.kr/).
권재일(2004). "표준 수화사전 제정의 바람직한 방향."『한국표준수화사전 편찬을 위한 공청회 자료집』(pp. 259-271). 문화관광부·한국농아인협회.
권재일(2013).『세계 언어의 이모저모』. 박이정.
김억조(2019). "대립어." 임지룡 외,『인지언어학 탐구의 현황과 과제』(pp. 257-274). 한국문화사.
김은희(2005).『손말학습: 참고자료』. 평양: 조선장애자지원협회.
김태수(2008). "한국수화와 북한손말의 어휘 비교:『한국수화사전』과『북한손말』을 중심으로." 나사렛대학교 재활복지대학원 M.R.과정 국제수화통역학전공 석사학위논문.
남기현(2012a). "한국수화의 기호학적 연구: 분류사구문을 중심으로." 고려대학교 대학원 언어학과 박사학위논문.

남기현(2012b). "한국수화 단일어의 기호학적 특성."『특수교육: 이론과 실천』13(4): 55-70. 대구대학교 한국특수교육문제연구소.

노선영(2014).『보이는 소리 들리는 마음』. 가교출판.

노선영(2018).『고요 속의 대화』. 좋은땅.

로경수·리광선·리철(2019).『손말사전: 부문별손말』. 평양: 조선롱맹경제문화교류사.

리우징나(2018). "한중 수어에서 시간의 개념화 양상 대조." 경북대학교 대학원 국어국문학과 석사학위논문.

박금순(2021).『한국수어 & 조선손말 : 남북한 기초생활 수어어휘』. 베드로서원.

사회과학연구원언어학연구소(1992).『조선말대사전』. 평양: 사회과학출판사.

서도원(2007). "충남 아산(온양) 지역 수화의 어휘 특성에 관한 조사 연구:『한국수화사전』을 중심으로 한 비교 분석." 나사렛대학교 재활복지대학원 M.R.과정 국제수화통역학전공 석사학위논문.

석동일(1989). "한국수화의 언어학적 분석." 대구대학교 특수교육학과 박사학위논문.

석수영(2015). "한중 수화의 비유." 임지룡 외,『비유의 인지언어학적 탐색』(pp. 283-304). 태학사.

석수영(2016). "수어의 구조와 의미 간의 상관성 고찰: 한중 신체어를 중심으로."『언어과학연구』76: 139-160. 언어과학회.

석수영·김기석(2017). "해석에 기초한 한중 수어 어휘의 동기화 양상."『한국어 의미학』58: 31-56. 한국어 의미학회.

석수영·임태성(2024). "한·중 수어의 '직업'에 관한 동기화 양상 연구."『언어과학연구』108: 371-397. 언어과학회.

신경훈·김현숙·정영선(2023). 『남북의료 손말수어 용어집』. 통일과 나눔.

송미연·홍성은·강창욱·원성옥·변강석·이현화(2020). "한국수어의 생산적 수어 어휘에서 나타난 도상성: 이미지 형성 기법을 중심으로." 『한국청각·언어장애교육연구』 11(1): 109-139. 한국청각·언어장애교육학회.

신홍임(2019). "한국어 수화의 도상성을 활용한 교육적 시사점 모색." 『아시아교육연구』 20(1): 301-320. 서울대학교 교육연구소.

신홍임(2024). "워드 클라우드 기법을 이용한 청인 대학생의 한국 수어에 대한 진정성 인식과 학습효과." 『수어학과 언어융합연구』 1(2): 179-197.

안태성·동금단·전광철·전명혁·최정옥·리창화·림성숙·안호철·리과남(2005). 『손말사전: 롱아학교용』. 평양: 교육도서출판사.

원성옥(2013a). "수화의 언어학적 특징." 『새국어생활』 23(2): 19-42. 국립국어원.

원성옥(2013b). 『수화』. 커뮤니케이션북스.

원성옥 외 5명(2020) "2020 한국수어 문법 연구." 국립국어원.

원성옥 외 3명(2021) "한국수어 문법." 국립국어원.

원성옥·강윤주(2002). 『수화교육개론』. 농아사회정보원.

원성옥·허일·김만영·김유미·남기현·배재만·변강석(2013). 『수화통역의 기초』. 교우사.

윤병천 외 3명(2014). "한국 수어 코퍼스 구축을 위한 기초 연구." 국립국어원.

윤병천·정욱찬·고인경(2016). "조선손말 형태론적 분석." 『특수교육저널: 이론과 실천』 17(4): 137-156. 대구대학교 한국특수교육문제연구소.

윤병천·김칠관(2022). 『한국수화언어학입문』. 양서원.

윤석민(2013). "농인의 국어 능력 향상을 위한 제언." 『새국어생활』 23(2): 66-87. 국립국어원.

윤석민 외 5명(2013). "농인의 국어능력 향상을 위한 기초연구." 국립국어원.
이광호(2019). "유의어." 임지룡 외, 『한국어 의미 탐구의 현황과 과제』 (pp. 425-455). 한국문화사.
이난희·최상배(2017). "북한수어의 수형 분석." 『특수교육재활과학연구』 56(1): 77-96. 대구대학교 특수교육재활과학연구소.
이민우(2019). "반의어." 임지룡 외, 『한국어 의미 탐구의 현황과 과제』 (pp. 457-474). 한국문화사.
이봉원 외 6명(2018). "2018년 농인 대상 한국수어 교재 개발." 국립국어원.
이준우(2016). "수형 기반 한국수어전 구축." 국립국어원.
이준우·남기현(2014). 『한국 수어학 개론』. 나남.
이준우·남기현·조준모(2018). "한국수어사전 편찬 방향을 위한 제언." 『특수교육: 이론과 실천』 19(1): 137-156. 대구대학교 한국특수교육문제연구소.
이한나·최상배(2016). "한국수어 반의관계 양상: 한국어 초급단계 교육용 반의어 쌍을 대상으로." 『이중언어학』 64: 87-216. 이중언어학회.
임지룡(1984). "공간감각어의 의미 특성." 『배달말』 9: 119-137. 배달말학회.
임지룡(1989). 『국어 대립어의 의미 상관체계』. 형설출판사.
임지룡(1991). "국어의 기초어휘에 대한 연구." 『국어교육연구』 23: 87-132. 경북대학교 국어교육과.
임지룡(1992) 『국어의미론』. 탑출판사.
임지룡(1997/2017). 『〈개정판〉 인지의미론』. 한국문화사.
임지룡(2004). "국어에 내재한 도상성의 양상과 그 의미 특성." 『한글』 266: 169-205. 한글 학회.
임지룡(2008). 『의미의 인지언어학적 탐색』. 한국문화사.
임지룡(2010). "어휘의미론과 인지언어학." 『한국어학』 49: 1-35. 한국어학회.

임지룡(2011). "국어 어휘범주의 기본층위 탐색 및 의미특성 연구."『담화와 인지』 18(1): 153-182. 담화·인지언어학회.

임지룡(2015). "대립어 작용 양상의 인지의미론적 특성."『우리말연구』 40: 65-100. 우리말학회.

임지룡(2017a).『한국어 의미 특성의 인지언어학적 탐색』. 한국문화사.

임지룡(2017b). "의미관계의 인지언어학적 지형도." 임지룡 외,『의미관계의 인지언어학적 탐색』(pp. 3-42). 한국문화사.

임지룡(2018a/2024a).『한국어 의미론』. 한국문화사.

임지룡(2018b). "한국수어의 도상적 양상과 의미 특성."『국어교육연구』 68: 63-88. 국어교육학회.

임지룡(2021a). "수어 의미 관계의 양상과 특성."『한글』 82(3): 809-840. 한글 학회.

임지룡(2021b). "『한국수화사전』의 성격과 해석."『국어교육연구』 77: 127-164. 국어교육학회.

임지룡(2022). "수어의 비유적 도상성."『한글』 83(3): 733-772. 한글 학회.

임지룡(2024b). "수어의 인지언어학적 탐구."『한국사회언어학회·담화인지언어학회 2024년 봄 공동학술대회 발표집』(pp. 8-32).

임지룡(2024c). "북한『손말사전』의 성격과 특성."『수어학과 언어융합연구』 1(2): 215-259. 조선대학교 언어융합연구소.

임지룡(2025). "수어의 비유적 도상성"『2025년 언어융합연구소 성과보고회 발표집』(pp. 33-56). 조선대학교 언어융합연구소.

임지룡·석수영(2015). "한중 수어에 나타난 대립어의 양상 비교."『현대문법연구』 85: 87-114. 현대문법학회.

임지룡·송현주(2015). "한국수어의 동기화 양상."『한국어 의미학』 49: 59-85. 한국어 의미학회.

장진권(1996a). "한국 수화의 어원적 의미." 단국대학교 교육대학원 특수교육전공 석사학위 논문.

장진권(1996b). "한국 수화의 어원적 의미."『수화연구』1: 51-62. 한국수화연구회.

장진석(2009). "국어의 다의어에 대한 수화표현 실태 조사: 동사 [보대]를 중심으로."『특수교육연구』16(2): 183-204. 특수교육학회.

전정례(2002). "한국 수화의 언어학적 접근."『국어교육』109: 299-316. 한국어교육학회.

정수진(2010). "국어 공간어의 의미 확장 연구." 경북대학교 대학원 국어국문학과 박사학위논문.

정한데로(2018). "한국수어 음식 명사의 형성: 개념화와 언어화를 중심으로."『형태론』20(2): 232-260. 형태론연구회.

정해권(2024). "개념적 혼성과 한국 수어의 양태."『수어학과 언어융합연구』1(1): 1-33. 조선대학교 언어융합연구소.

정호성(2000). "『표준국어대사전』수록 정보의 통계적 분석."『새국어생활』10(1): 55-72. 국립국어원.

정희원(2016). "대한민국 수화언어 정책의 현황과 전망."『2016 국제학술대회 '수화언어와 사회적 의사소통' 발표집』(pp. 131-167). 국립국어원.

정희찬 외 3명(2023). "2022년 한국어-한국수어 병렬 말뭉치 구축." 국립국어원.

조남호(2002). "현대 국어 사용 빈도 조사: 한국어 학습용 어휘 선정을 위한 기초 조사." 국립국어연구원.

조남호(2003a). "한국어 학습용 어휘 선정 결과 보고서." 국립국어연구원.

조남호(2003b). "국어 기본어휘 선정의 현황과 과제."『새국어생활』13(3): 155-169. 국립국어연구원.

주수양·리진혁·김성일(2009).『조선손말(카드)』. 디자인: 함께 함흥 롱아, 맹인, 장애자 교육쎈터(TOGETHER Educational Center for Deaf,

Blind and Nondisabled Children hamhung e.V.).

차준경(2019). "다의어." 임지룡 외, 『한국어 의미 탐구의 현황과 과제』 (pp. 397-424). 한국문화사.

최상배·안성우(2003). 『한국수어의 이론』. 서현사.

최상배 외 7명(2017). "농인 대상 한국수어 교육과정 개발." 국립국어원.

최상배·고은지·황윤재(2019). "음운과 단어 수준에서의 남북한 수어 대조언어학적 고찰."『건지인문학』 26(1): 377-400. 전북대학교 인문학연구소.

최상배·황윤재·고은지(2022). "한국·북한·일본수어의 대조언어학적 특징."『특수교육논집』 26(2): 1-20. 공주대학교 특수교육연구소.

최영주(2017). "한국수화에 나타난 개념적 은유와 개념적 환유."『현대문법연구』 92: 123-147. 현대문법학회.

최영주(2022). "한국어, 영어, 한국수어에 나타나는 [도덕성은 청결함] 은유."『언어와 언어학』 97: 125-146. 한국외국어대학교 언어학연구소.

최화니(2019). "한국수어의 시간 은유에 대하여: 한국어와의 비교를 중심으로."『열린정신 인문학연구』 20(1): 145-188. 원광대학교인문학연구소.

하윤호 외 14명(2024). "2024년 한국어-한국수어 병렬 말뭉치 구축." 국립국어원.

한국농아인협회(2018). 『한국수어』. 도서출판 사단법인 한국농아인협회.

한국표준수화규범 제정 추진위원회(2004). 『한국수화 어원사전』. 문화관광부·한국농아인협회.

한국표준수화규범 제정 추진위원회(2004). 『일본어-수화사전』. 문화관광부·한국농아인협회.

한국표준수화규범 제정 추진위원회(2004). 『한국어-스페인 수화사전』. 문화관광부·한국농아인협회.

한국표준수화규범 제정 추진위원회(2005). 『한국수화사전』. 문화관광부·한국농아인협회.

한국표준수화규범 제정 추진위원회(2007). 『한국수화사전』(개정판). 문화관광부 국립국어원·한국농아인협회.

한국표준수화규범 제정 추진위원회(2008). 『교통수화』. 국립국어원·한국농아인협회.

한국표준수화규범 제정 추진위원회(2008). 『한국어-미국수화사전』. 국립국어원·한국농아인협회.

한국표준수화규범 제정 추진위원회(2010). 『불교수화』. 국립국어원·한국농아인협회.

한국표준수화규범 제정 추진위원회(2010). 『천주교수화』. 국립국어원·한국농아인협회.

한국표준수화규범 제정 추진위원회(2010). 『기독교수화』. 국립국어원·한국농아인협회.

홍성은 외 13명(2024). "2024년 한국수어 말뭉치 수집 및 구축." 국립국어원.

中国聋人协会(2003). 『中国手语 (上/下)』. 北京: 华夏出版社.

中国聋人协会主(编)(2003/2015). 『中国手语(修订版)』. 北京: 华夏出版社.

中華民國聾人協會(2013). 『手能生橋』. 第一册. 台北: 東鑫印刷.

相良啓子(2018). "日本手話, 台湾手話, 韓国手話の語における意味変化." 『日本言語学大会予稿集』第157回 (pp. 130-136). 日本言語学会. 国立国会図書館デジタルコレクション https://dl.ndl.go.jp/pid/11373548

相良啓子(2020). "日本手話, 台湾手話, 韓国手話の二桁から四桁の数の表現における変化: 「10」「100」「1000」に着目して." 『国立民族学博物館研究報告』 44(3): 557-583.

相良啓子(2021). "日本手話, 台湾手話, 韓国手話における語彙の記述とその歴史的変遷: 数詞および親族表現に着目して." 総合研究大学院大学 博士学術.

財団法人全日本ろうめ聯盟(2011). 『新日本語-手話辞典』. 東京: 中央法規出版株式會社.

髙嶋由布辻(2024). "手話の認知科學." 辻幸夫・菅井三実・佐治伸郎(編), 『ことばと学び』 (pp. 148-169). 朝倉書店.

Ahlgren, I.(1977). "Early linguistic cognitive development in deaf and severely hard of hearing children." *Paper Presented at the First National Symposium on Sign Language Research and Teaching.* Chicago.

Battison, R.(1978). *Lexical Borrowing in American Sign Language.* Silver Spring, M.D.: Linstok Press.

Baus, C., M. Carreiras & K. Emmorey(2013). "When does iconicity in sign language matter?" *Language and Cognitive Processes* 28(3): 261-271.

Bellugi U. & S. Fischer(1972). "A comparison of sign language and spoken language." *Cognition* 12(3): 173-200.

Bellugi U. & E. S. Klima(1976). "Two faces of sign: Iconic and abstract." *Annals of the New York Academy of Sciences* 280: 514-538.

Börstell, C. & R. Lepic(2020). "Spatial metaphors in antonym pairs across sign languages." *Sign Language & Linguistics* 23(1-2): 112-141.

Bross, F.(2024). "What is iconicity?" *Sign Language & Linguistics* 27(1): 73-102.

Brown, R.(1978). "Why are signed languages easier to learn than spoken languages?" *Bulletin of the American Academy of Arts and*

Sciences 32(2): 25-44.

Bybee, J. L.(2006). "From usage to grammar: The mind's response to repetition." *Language* 82(4): 711-733.

Cann, R.(2011). "Sense relations." In C. Maienborn, K. von Heusinger & P. Portner(eds.), *Semantics: An International Handbook of Natural Language* (pp. 456-479). Berlin·Boston: Mouton de Gruyter.

Chomsky, N.(1957). *Syntactic Structures*. The Hague: Mouton. (이승환·이혜숙 공역(1966).『변형생성문법의 이론』. 범한서적주식회사.)

Chomsky, N.(1965). *Aspects of the Theory of Syntax*. Cambridge, M.A.: MIT Press. (이승환·임영재 공역(1975).『생성문법론』. 범한서적주식회사.)

Chomsky, N.(1972). *Language and Mind*. New York: Harcourt Brace Jovanovich.

Chomsky, N.(1975). *Reflections on Language*. New York: Pantheon.

Cohen, A. & I. Meir(2015). "Function variables in metaphoric interpretation: Evidence from iconicity in sign languages." In A. Bar-Asher Siegal(ed.), *Proceedings of the IATL 31, MIT Working Papers in Linguistics #82E*, A. Bar-Asher Siegal. Haifa: University of Haifa.

Currie, A.-M. P. G., R. P. Meier & K. Walters(2002). "A crosslinguistic examination of the lexicons of four signed languages." In R. P. Meier, K. Cormier & D. Quinto-Pozos(eds.), *Modality and Structure in Signed and Spoken Languages* (pp. 224-236). Cambridge, U.K.: Cambridge University Press.

Dancygier, B. & E. Sweetser(2014). *Figurative Languag*. New York:

Cambridge University Press. (임지룡·김동환 옮김(2015). 『비유 언어: 인지언어학적 탐색』. 한국문화사.)

Demey, E. & M. Van Herreweghe, V. U. Brussels(2008). "Iconicity in sign languages." In K. Willems & L. De Cuypere(eds), *Naturalness and Iconicity in Language* (pp. 189-214). De Gruyter Brill: John Benjamins Publishing Company.

Deuchar, M.(1987). "Sign language research." In J. Lyons, R. Coates, M. Deuchar & G. Gazdar(eds.), *New Horizons in Linguistics* 2 (pp. 311-335). Harmondsworth: Penguin.

Deuchar, M.(1990). "Are the signs of language arbitrary?." In H. Barlow, C. Blackemore & M. Weston-Smith(eds.), *Image and Understanding* (pp. 168-179). Cambridge: Cambridge University Press.

Dirven, R. & M. Verspoor(eds.)(1998/2004). *Cognitive Exploration of Language and Linguistics*. Amsterdam·Philadelphia: John Benjamins Publishing company. (이기동 외 9명 옮김(1999). 『언어와 언어학: 인지적 탐색』. 한국문화사.)

Dodwell, C. R.(2000). *Anglo-Saxon Gesture and the Roman Stage*. Cambridge: Cambridge University Press.

Emmorey, K.(2002). *Language, Cognition, and the Brain: Insights from Sign Language Research*. Mahwah, New Jersey: Lawrence Erlbaum Associates, Publishers.

Emmorey, K.(2014). "Iconicity as structure mapping." *Philosophical Transactions R. Soc. B* 369: 20130301. http://dx.doi.org/10.1098/rstb.2013.0301.

Erman, A.(1971). *The Literature of the Ancient Egyptians: Poems, Naratives, and Manuals of Instruction from the Third and Second*

Milenia B.C., Aylward M. Blackman (trans.). New York: Benjamin Blom./New York: E. P. Dutton, c1927.

Fischer, S. & Q. Gong(2010). "Variation in East Asian sign language structures." In D. Brentari(ed.), *Sign Language: A Cambridge Language Survey* (pp. 499-518). New York: Cambridge University Press.

Flumini, A. & J. Santiago(2013). "Time (also) flies from left to right… if it is needed!." *Proceedings of the Annual Meeting of the Cognitive Science Society* (pp. 2315-2320).

Frishberg, N.(1975). "Arbitrariness and iconicity: Historical change in American Sign Language." *Language* 51(3): 696-719.

Groce, N. E.(1985). *Everyone Here Spoke Sign Language: Hereditary Deafness in Martha's Vineyard.* Cambridge, Mass.: Harvard University Press. (박승희 옮김(2003). 『마서즈 비니어드 섬사람들은 수화로 말한다: 장애수용 사회학』. ㈜도서출판 한길사.)

Hassemer, J. & V. Evola(2021). "Cognitive linguistics and gesture." In X. Wen & J. R. Taylor(eds.), *The Routledge Handbook of Cognitive Linguistics* (pp. 512-525). New York and London: Routledge.

Higgins, P. C. & J. Nash(eds.)(1982). *The Deaf Community and the Deaf Population.* Monograph no. 3. Washington, D.C.: Gallaudet College Press.

Hockett, C. F.(1959). "Animal 'languages' and human language." In J. N. Spuhler(ed.), *The Evolution of Man's Capacity for Culture* (pp. 32-39). Detroit: Wayne State University Press.

Hockett, C. F.(1960). "Logical considerations in the study of animal communication." In W. E. Lanyon & W. N. Tavolga(eds.), *Animal*

Sounds and Communication. Symposium Series no. 7: 392-430. Washington, D.C.: American Institute of Biological Sciences.

Hockett, C. F.(1978). "In search of Jove's brow." *American Speech* 53: 243-313.

Hockett, C. F. & D. F. Hockett(1960). "The origin of speech." *Scientific American* 203: 88-97.

Hoff, E.(2013). *Language Development* (Fifth ed.). Belmont, C.A.: Wadsworth Cengage Learning.

Hopper, P. J. & E. C. Traugott(2003). *Grammaticalization.* Cambridge: Cambridge University Press.

Johnson, M.(1987). *The Body in the Mind: The Bodily Basis of Meaning, Imagination, and Reason*. Chicago and London: The University of Chicago Press. (노양진 옮김(2000).『마음 속의 몸: 의미·상상력·이성의 신체적 근거』. 철학과 현실사.)

Ichida, Y.(2002). "Kankoku o hoomon site [Visiting Korea]. Nihon syuwa gakkai nyuusuretaa [Japan Association of Sign Linguistics Newsletter] 125 (April; online).]

Kaneko, M. & R. Sutton-Spence(2017). "Metaphor in sign language." In E. Semino & Z. Demjén(eds.), *The Routledge Handbook of Metaphor and Language* (pp. 263-279). London and New York: Routledge. (임지룡·김동환 옮김(2020).『은유 백과사전: 은유 탐구의 최신 방법론』. 한국문화사.)

Kimmelman, V., M. Kyuseva, Y. Lomakina & D. Perova(2017). "On the notion of metaphor in sign languages." *Signs Language & Linguistics* 20(2): 157-182.

Klima, E. & U. Bellugi(1979). *The Signs of Language*. Cambridge, M.A.:

Harvard University Press.

Kövecses, Z. & G. Radden(1998). "Metonymy: Developing a cognitive linguistic view." *Cognitive Linguistics* 9(7): 37-77.

Krashen. S.(1973). "Lateralization, language learning, and the critical period: Some new evidence." *Language Learning* 23: 63-74.

Landar, H.(1961). "Review of sign language structure: An outline of the visual communication systems of the American deaf by W. C. Stokoe". *Language* 37(2): 269-271.

Lakoff, G. & M. Johnson(1999). *Philosophy in the Flesh: The Embodied Mind and Its Challenge to Western Thought.* New York: Basic Books. (임지룡·윤희수·노양진·나익주 옮김(2002).『몸의 철학: 신체화된 마음의 서구 사상에 대한 도전』. 박이정.)

Lane, H.(1984). *When the Mind Hears: A History of the Deaf.* New York: Random House.

Lane, H., & F. Grosjean(eds.)(1980). *Recent Perspectives on American Sign Language.* Hillsdale, New York: Psychology Press.

Lane, H., R. Hoffmeister & B. Bahan(1996). *A Journey into the Deaf-World. San Diego.* Calif.: Dawn Sign Press.

Langacker, R. W.(1993). "Reference-point constructions." *Cognitive Linguistics* 4(1): 1-38.

Lenneberg, E. H.(1967). *The Biological Foundations of Language.* New York: John Wiley and Sons.

Liddell, S. K.(1998). "Grounded blends, gesture, and conceptual shifts." *Cognitive Linguistics* 9(3): 283-314.

Liddell, S. K.(2000). "Blended space and deixis in sign language discourse." In D. McNeil(ed.), *Language and Gesture* (pp. 331-

357). Cambridge: Cambridge University Press.

Liddell, S. K.(2003). *Grammar, Gesture, and Meaning in American Sign Language*. Cambridge: Cambridge University Press.

Liddell, S. K. & R. E. Johnson(1989). "American Sign Language: The phonology base." *Sign Language Studies* 64: 195-277.

Littlemore, J. & J. R. Taylor(eds.)(2014). *The Bloomsbury Companion to Cognitive Linguistics*. London·New Delhi·New York·Sydne: Bloomsbury Academic.

Löbner, S.(2002). *Understanding Semantics*. Oxofrd: Oxford University Press. (임지룡·김동환 옮김(2010). 『의미론의 이해』. 한국문화사.)

Lyons, J.(1981). *Language and Linguistics: An Introduction*. Cambridge: Cambridge University Press.

MacSweeney, M., C. M. Capek, R. Campbell & B. Woll(2008). "The signing brain: The neurobiology of sign language." *Trends in Cognitive Sciences* 12(11): 432-440.

Mayberry, R. I.(1993). "First-language acquisition after childhood differs from second-language acquisition: The case of American Sign Language." *Journal of Speech and Hearing Research* 36: 1258-1270.

Mayberry, R. I. & E. B. Eichen(1991). "The long-lasting advantage of learning sign language in childhood: Another look at the critical period for language acquisition." *Journal of Memory and Language* 30(4): 486-512.

Mayberry, R. I. & S. D. Fischer(1989). "Looking through phonological shape to lexical meaning: The bottleneck of non-native sign language processin." *Memory & Cognition* 17(6): 740-754.

McBurney, S.(2012). "History of sign languages and sign language linguistics." In R. Pfau, M. Steinbach & B. Woll(eds.), *Sign Language: An International Handbook* (pp. 909-948). Berlin: Mouton de Gruyter.

McNeill, D.(1992). *Hand and Mind: What Gesture Reveal about Thought*. Chicago: University of Chicago Press.

Meier, R. P.(1980). "Person deixis in American Sign Language." In C. Baker & R. S. Cokely(eds.), *Sign Language Structure: Papers from a Conference on Sign Language Research and Linguistics* (pp. 1-16). Chicago: University of Chicago Press.

Meir, I.(2010). "Iconicity and metaphor: Constraints on metaphorical extension of iconic forms." *Language* 86(4): 865-896.

Meir, I. & A. Cohen(2018). "Metaphor in sign languages." *Frontiers in Psychology* 9.01025: 1-13. (https://doi.org/10.3389/fpsyg.2018.01025)

Meir, I., C. Paddon, M. Aronoff & W. Sandler(2013). "Competing iconicities in the structure of language." *Cognitive Linguistics* 24(2): 309-343.

Meir, I. & O. Tkachman(2018). "Iconicity." In M. Aronoff(ed.), *Oxford Research Encyclopedia of Linguistics*. Oxford: Oxford University Press.(https://doi.org/10.1093/acrefore/9780199384655.013.343)

Morris, D.(1967). *The Naked Ape: A Zoologist's Study of the Human Animal*. London: Jonathan Cape Publishing. (김석희 역(2011). 『털 없는 원숭이』. 문예춘추사.)

Murphy, G. L.(2002). *The Big Book of Concepts*. Cambridge,

Massachusetts: The MIT Press.

Murphy, M. L.(2003). *Semantic Relations and the Lexicon: Antonymy, Synonymy, and Other Paradigms*. Cambridge: Cambridge University Press. (임지룡·윤희수 옮김(2008). 『의미 관계와 어휘사전』. 박이정.)

Myklebust, M.(1957). *The Psychology of Deafness*. New York: Grune and Stratton.

Newport, E. L.(1988). "Constrains on learning and their role in language acquisition." *Language Science* 10: 147-172.

Newport, E. L. & U. Bellugi(1979). "Linguistic expression of category levels." In E. S. Klima & U. Bellugi(eds.), *The Signs of Language* (pp. 225-242). Cambridge, M.A.: Harvard University Press.

Newport, E. L., & R. P. Meier(1985). "The acquisition of American Sign Language." In D. I. Slobin(ed.), *The Cross-Linguistic Study of Language Acquisition* Vol. 1 (pp. 881-906). Hillsdale, N.J.: Lawrence Erlbaum Associates.

Paradis, M.(1999). *Neurolinguistic Aspects of Bilingualism*. Amsterdam: John Benjamins Publishing Company.

Perniss, P. & G. Vigliocco(2014). "The bridge of iconicity: From a world of experience to the experience of language." *Philosophical Transactions of the Royal Society* B: Biological Sciences, 369, 20130300. (http://dx:doi:10.1098/ rstb.2013.0300)

Perniss, P., R. L. Thompson & G. Vigliocco(2010). "Iconicity as a general property of language: Evidence from spoken and signed languages." *Frontiers in Psychology* 1. 227. (https://doi.org/10.3389/fpsyg. 2010. 00227)

Pfau, R., M. Steinbach & B. Woll(eds.)(2012). *Sign Language: An International Handbook*. Berlin: Mouton de Gruyter.

Poizner. H., E. S. Klima & U. Bellug(1987). *What the Hands Reveal About the Brain*. Cambridge, Massachusetts, London, England: The MIT Press.

Prinz, P. M. & E. A. Prinz(1979). "Simultaneous acquisition of ASL and spoken English: Phase 1 early lexical development." *Sign Language Studies* 25: 283-296.

Prinz, P. M. & E. A. Prinz(1981). "Acquisition of ASL and spoken English by a hearing child of a deaf mother and a hearing father." *Sign Language Studies* 30: 78-88.

Radden, G.(2021). "Iconicity." In X. Wen & J. R. Taylor(eds.), *The Routledge Handbook of Cognitive Linguistics* (pp. 268-296). New York and London: Routledge.

Radden, G. & Z. Kövecses(1999). "Towards a theory of metonymy." In K.-U. Panther & G. Radden(eds.), *Metonymy in Lnguage and Thought* (pp. 17-59). Amsterdam: John Benjamins Publishing Company.

Riemer, N.(2010). *Introducing Semantics*. Cambridge: Cambridge University Press. (임지룡·윤희수 옮김(2013). 『의미론의 길잡이』. 박이정.)

Rubin, E.(1958). "Figure and ground". In D. C. Beardslee & M. Wertheimer(eds.), *Reading in Perception* (pp. 194-203). Princeton, N. J.·Toronto· London·New York: D. Van Nostrand Company, Inc.

Sandler, W.(2003). *Language Competence Across Populations*. New

York: Psychology Press.

Santiago, J., J. Lupáñez, E. Pérez & M. J. Funes(2007). "Time (also) flies from left to right." *Psychonomic Bulletin & Review* 14(3): 512-516.

Sapir, E.(1921). *Language: An Introduction to the Study of Speech*. New York: Harcourt, Brace and Company.

Sasaki, D.(2007). "The lexicons of Japanese Sign Language and Taiwan Sign Language: A preliminary study of handshape difference." In D. Quinto-Pozos(ed.), *Sign Languages in Contact: Sociolinguistics in Deaf Communities* (pp. 123-150). Washington, D.C.: Gallaudet University Press.

Saussure, F. de.(1916). *Cours de Linguistique Générale*. Paris: Payot. (김현권 옮김(2012). 『일반언어학 강의』. 커뮤니케이션북스.)

Schein, J. & M. Delk(1974). *The Deaf Population of the United States*. Silver Spring, M.D.: National Association of the Deaf.

Smith, W. H.(1989). "The morphological characteristics of verbs in Taiwan Sign Language." PhD diss., Indiana University.

Smith, W. H.(1990). "Evidence for auxiliaries in Taiwan Sign Language." In S. D. Fisher & P. Siple(eds.), *Theoretical Issues in Sign Language Research* vol. 1, *Linguistics* (pp. 211-228). Chicago: Chicago University Press.

Smith, W. H.(2005). "Taiwan Sign Language research: A historical overview." *Language and Linguistics* 6(2): 187-215.

Stokoe, W. C.(1960). *Sign Language Structure: An Outline of the Visual Communication Systems of the American Deaf*. Maryland: Linstok Press.

Stokoe, W. C.(1979). "Language and the deaf experience." In J. Alatis & G. R. Tucker(eds.), *Proceedings from thr 30th Annual Georgetown University Round Table on Language and Linguistics* (pp. 222-230).

Stokoe, W. C., D. Casterline & C. Croneberg(1965). *A Dictionary of American Sign Language on Linguistic Principles*. Washington, D.C.: Gallaudet College Press.

Storjohann, P.(2016). "Sense relation." In N. Riemer(ed.), The Routledge Handbook of Semantics (pp. 248-265). London and New York: Routledge.

Taub, S. F.(2001). *Language From the Body: Iconicity and Metaphor in American Sign Language*. Cambridge: Cambridge University Press.

Taub, S. F.(2012). "Iconicity and metaphors." In R. Pfau, M. Steinbach & B. Woll(eds.), *Sign Language: An International Handbook* (pp. 388-411). Berlin: Mouton de Gruyter.

Tomaszewski, P., P. Krzysztofiak, J. P. Morford & W. Eźlakowski(2022). "Effects of age-of-acquisition on proficiency in Polish Sign Language: Insights to the critical period hypothesis." *Frontiers in Psychology*. (www.frontiersin.org.)

Torigoe, T. & W. Takei(2002). "A descriptive analysis of pointing and oral movements in a home sign system." *Sign Language Studies* 2(3): 281-295.

Trager, G. L. & H. L. Jr. Smith(1951). *An Outline of English Structure*. Washington, D.C.: American Council of Learned Societies.

Valli, C. & C. Lucas(1992). *Linguistics of American Sign Language: An*

Introduction. Washington, D.C.: Gallaudet University Press.

Wilbur, R. B.(1987). *American Sign Language: Linguistic and Applied Dimentions*. Boston: College-Hill Press.

Wilbur, R. B.(2000). "The use of ASL to support the development of English and literacy." *Journal of Deaf Studies and Deaf Education* 5(1): 81-94.

Wilbur, R. B. & M. L. Jones(1974). "Some aspects of bilingual/bimodal acquisition of Sign and English by three hearing children of deaf parents." In *Proceedings of the Tenth Regional Meeting. Chicago Linguistics Socity*, Chicago.

Wilcox, P. P.(2000). *Metaphor in American Sign Language*. Washington, D.C.: Gallaudet University Press.

Wilcox, S.(2004). "Cognitive iconicity: Conceptual spaces, meaning, and gesture in signed language." *Cognitive Linguistics* 15(2): 119-147.

Wilcox, S.(2007). "Signed languages." In D. Geeraerts & H. Cuyckens(eds.), *The Oxford Handbook of Cognitive Linguistics* (pp. 1113-1130). Oxford: Oxford University Press. (김동환 옮김(2011). 『인지언어학 옥스퍼드 핸드북』. 로고스라임.)

Wilcox, S.(2015). "Signed languages." In E. Dąbrowska & D. Divjak(eds.), *Handbook of Cognitive Linguistics* (pp. 668-698). Berlin: De Gruyter. (임지룡·김동환 옮김(2018). 『인지언어학 핸드북』. 박이정.)

Wilcox, S.(2018). *Ten Lectures on Cognitive Linguistics and the Unification of Spoken and Signed Languages*. Leiden·Boston: Brill.

Wilcox, S. & C. Occhino(2017). "Signed languages." In B. Dancygier(ed.),

The Cambridge Handbook of Cognitive Linguistics (pp. 99-117). Cambridge: Cambridge University Press.

Wilcox, S. & P. P. Wilcox(2013). "Cognitive linguistics and signed languages." *International Journal of Cognitive Linguistics* 3: 127-151.

Wilcox, S. & R. Martínez(2021). "Signed languages and Cognitive Linguistics." In Wen, X. & J. R. Taylor(eds.), *The Routledge Handbook of Cognitive Linguistics* (pp. 500-511). New York and London: Routledge.

Wilcox, S., P. P. Wilcox, M. J. Jarque(2003). "Mappings in conceptual space: Metonymy, metapheor, and iconicity in two signed languages." *Jezlkoslovlje* 4(1): 139-156.

Woll, B.(1984). "The comparative study of different sign languages: Preliminary analyses." In Loncke, P. Boyes-Braem & Y. Lebrun(eds.), *Recent Research on European Sign Languages* (pp. 79-91). Lisse: Swets & Zeitlinger.

Yap, D., L. S. Casasanto & D. Casasanto(2014). "Metaphoric iconicity in signed and spoken languages." In P. Bello, M. Guarini, M. McShnne & B. Scassellati(eds.), *Proceedings of the 36th Annual meeting of the Cognitive Science society* (pp. 1808-1913).

찾아보기

[용어]

ㄱ

가리키기 수어(pointing sign) 326
가역성(reversivility) 248, 256
가정 수어(home sign) 20
개념적 은유(conceptual metaphor) 235, 237, 294, 323
개념적 환유(conceptual metonymy) 235, 236, 293, 323
개체 묘사용 동사(entity depicting verbs) 98
갤로뎃대학(Gallaudet University) 58, 77, 78
거리적 도상성 234, 277
건청인(健聽人) 19
공(共) 하위어 134
공간 방위 대립어 249, 255
공간 속성 대립어 237, 247
공간 언어 342
공간감각어 238
공학(technology) 343
교통 통역 57
교통어(lingua franca) 336
구조적 도상성(structural iconicity) 266, 276
구조적 은유(structural metaphor) 99, 294
구조주의 82
구화(口話, lipreading) 22
구화 교수(oral instruction) 68
구화법(oralism) 81
국어기본법 61
국제수어(International Sign, IS) 63, 336
글말 44
기능어 38
기능적 자기공명영상(Functional Magnetic Resonance Imaging, fMRI)' 91
기본층위 235
기의(signifié) 100
기표(signifiant) 100

ㄴ

남북한 수어 336
내용어 38
농문화 19

찾아보기 **381**

농인(聾人) 18
농인 공동체 20
농인 통역사 336
농정체성 19
뇌졸중(stroke) 90
뉴질랜드수어(NZSL) 23

ㄷ

다의 관계 201, 328
다의어 32, 127, 150
다층선(多層線) 25
단어 30
대립 관계 216, 328
대화형 인공지능 서비스 'ChatGPT' 345
데카르트의 이원론(Cartesian dualism) 20
덴마크수어(DSL) 284
도상(icon) 262
도상성(iconicity) 92, 99, 102, 153, 177, 233, 262, 292, 323
도상적 거리(iconic distance) 277
도상적 수어(iconic sign language) 265
도상적 순서(iconic sequence) 277
도상적 양(iconic quantity) 276
도식화(schematization) 268, 283
동시성 25
동음이의 관계 206
동음이의어(同音異義語) 33, 132, 151, 206
동의 관계 209, 328
동의어 32, 152, 173
동형어(同形語) 33, 129, 209, 302
동형이의어(同形異義語) 132, 206

ㄹ

러시아수어(RSL) 23
롱아학교 168
루빈의 컵 296

ㅁ

마서즈 비니어드(Martha's Vineyard) 64
마서즈 비니어드 섬사람들 63
마음-몸 이원론 21
말의 갈래 44
말의 힘 45
매개변인(parameter) 317
머릿속 사전(mental lexicon) 328
멕시코수어 283
몸짓 언어(body language) 22
몸짓-시각 전달 경로(gestural-visual channel of transmission) 22
몸짓-시각적 양식 342
묘사용 동사(depicting verbs) 98
문법화(grammaticalization) 106, 324
문법화 이론(grammaticalization theory) 326

문자언어 44
문화어 149
미국수어(ASL) 23, 79
미국영어(American English) 215
미국의 구조주의(American Structuralism) 77
밀라노 총회(the Milan Conference) 76

ㅂ

반의 관계 328
반의어 153, 174
반형어(反形語) 132, 216, 303
방송 통역 56
방향적 은유(orientational metaphor) 95, 295
백치 아다다 70
범주 변화(category change) 106
법률 통역 57
벙어리 삼룡이 70
복합적 도상성 280
부분 관계(meronymy) 224
부엌 수어(kitchen sign) 20
부정법 36
부호화(encoding) 268, 283
분류사(classifier) 98, 298
분절성 25
브라질수어(BSL) 23
비유적 도상성(figurative iconicity) 266, 278, 292, 310

ㅅ

사라지는 사람들 59
사상(寫像, mapping) 95
사회 관계망 서비스(SNS) 47
상위어 221
상위층위 235
상징(symbol) 262
상하 관계 221, 329
상하위어 134
생득설 83
선형성 25
성도 조음 기관(vocal tract articulator) 281
손-시각적 양식(manual-visual modality) 281
손글모음 34
손글자음 34
손말 44
손말사전 144
『손말사전(롱아학교용)』 145
『손말사전(부문별손말)』 166
『손말학습(참고자료)』 156
수동(movement) 28, 79
수신자 17, 26, 103, 105, 270, 280, 282, 297, 298
수신호 22, 27
수어(手語, sign language) 18, 26, 44
수어 공동체(signed language community) 75
수어 공학 39, 343

수어 교육　331
수어 권리　53
수어 모어 화자(native signer)　27, 327
수어 사전　329
수어 습득　101, 327
수어 실어증　327
수어 연극　59
수어 연합 깃발(Sign Union flag)　6
수어 탐구의 기제　323
수어 통역　56, 333
수어-제스처 융합(sign-gesture fusion)　326
수어소(手語素, chereme)　28, 79, 248, 268
수어와 음성언어　324
수어와 제스처　326
수어의 구조　28
수어의 문법과 문장　36
수어의 손짓-시각적 양식　17
수어의 어휘　32
수어의 언어 간 대조　341
수어의 의미 관계　328
수어의 의미 변화　338
수어의 정의　18
수어의 특징　24
수어의 형태　30
수어의 힘　43, 48
수어자(signer)　17, 79, 274, 298, 326
수어조형체(articulator)　270

수위(location)　28, 79
수향(orientation)　28, 79
수형(handshape)　28, 79
수화 언어(手話 言語)　18, 44
순서적 도상성　234, 277
스리랑카수어(SLS)　23
스토키 표기법(Stokoe Notation)　79
스페인수어　283
시니피앙(signifiant)　261
시니피에(signifié)　261
시제 표지　36
신체화(embodiment)　92, 323
신체화된 인지(embodied cognition)　28
실어증(aphasia)　90
실재공간(real space)　104, 106

ㅇ

양적 도상성　234, 276
언어 박탈(language deprivation)　89
언어 박탈 증후군(Language Deprivation Syndrome, LDS)　89
언어 상대성 가설　341
언어보편성 이론　341
언어의 구성 자질(design features of language)　21
에스놀로그(Ethnologue)　23
열성유전자(recessive gene)　65
영국수어(BSL)　23
영국영어(British English)　215

영상 선택(image selection) 268, 283
영상 원격 수어 통역 344
영상 중계 서비스 343
영상적 도상성(imagic iconicity) 266, 271
올림말 180
용법 기반 모형(usage-based model) 92, 323
『우리말샘』 34
『조선말대사전』 150
원격수어통역서비스 345
위키피디아 332
유사구축 모형(analogue-building model) 268, 297
은유(metaphor) 95
은유적 도상성(metaphorical iconicity) 154, 279, 297, 302, 315
은유적 사상(metaphorical mapping) 237
음성-청각 전달 경로(vocal-auditory channel of transmission) 21
음성-청각적 양식 17
음성언어 17, 26, 32, 44
음소(音素, phoneme) 28, 41, 77, 79
의료 통역 57
의문법 36
의미 탈색(semantic bleaching) 106
이동 분절 30
이중 사상(double mapping) 269
이중 사상 제약(double mapping constraint) 282, 315
인공와우 51
인공지능(artificial intelligence, AI) 343
인지 구조 39
인지과학(cognitive science) 346
인지언어학(Cognitive Linguistics) 5, 91, 229, 322
『일본어-수화사전』 184, 319
일본수어 283
임계기(critical period) 27, 327
임계기(臨界期) 가설(critical period hypothesis) 86
입말 44

ㅈ

자연언어(natural language) 22, 27
자의성(arbitrariness) 100, 261
자의적 수어(artificial sign language) 264
재난 상황의 통역 56
전사 체계(轉寫體系, transcription system) 79, 332
전언(message) 17
전자말 44
정신공간 이론(mental space theory) 103, 324
정지 분절 30
제스처(gesture) 22, 329
조사 36

『조선손말(카드)』 162
조작 묘사용 동사(handling depicting verbs) 98
조형의 이중성(duality of patterning) 22, 77
존재론적 은유(ontological metaphor) 98, 294
종교 통역 57
중국수어(Chinese Sign Language, CSL) 230
중층성 25
지문자(指文字) 34
지표(index) 262
직설적 도상성(literal iconicity) 154, 292

ㅊ

참조점 관계(reference-point relation) 236
청각신경병증 347
청인(廳人) 19
체험주의(experientialism) 323

ㅋ

카탈루냐수어(Catalan Sign Language, LSC) 94
코다(CODA) 55, 84, 327

ㅌ

튀니지수어(TSL) 23

튀르키예수어 283

ㅍ

폴란드수어(Polish Sign Language/Polski Język Migowy, PJM) 88
표면/범위 묘사용 동사(surface/extent depicting verbs) 98
표정 28
표제어 184
『표준국어대사전』 112
표준말 149
품사 32
프랑스수어(FSL) 23, 283
피진(pigin) 336

ㅎ

하위어 221, 224
하위어휘적 구조(sublexical structure) 79
하의 관계 221
한국수어(Korean Sign Language, KSL) 18, 20, 230
『한국수어』 183
『한국수어 & 조선손말: 남북한 기초생활 수어어휘』 191
『한국수어누리사전』 343
『한국수어사전』 34, 184, 329, 343
한국수어 말뭉치 40

한국수어의 계통　337
『한국수화사전』　113, 114, 201, 329
한국수화언어법　18, 61, 321, 349
한국어 학습용 어휘　136, 137
『한국어-미국수화사전』　184
『한국어-스페인 수화사전』　184
합체　61
형성적 자질(formational feature)　317
형태소　30
호주수어(AUSLAU)　23

혼성 이론(blended mental space theory)　103, 324
화용론적 강화(pragmatic strengthening)　106
환유(metonymy)　93
환유적 도상성(metonymical iconicity)　278, 296, 312

U
UN장애인권리협약　61

[인명]

ㄱ
가필드(Garfield)　103, 104, 105
강우석　54
강창욱 외　40
계용묵　70
高嶋由布辻　336
고은지 외　342
고인경 외　199
권재일　111, 337
그레이엄 벨　64
김경환　58
김령　7
김령환　7
김억조　199
김은희　143, 156

김이령　52
김태수　112, 143, 190, 342
김형석　327

ㄴ
나도향　70
나태주　6
남기현　28, 112, 199, 290
노선영　48

ㄷ
데로즈(P. Desloges)　75, 109

ㄹ
람세스 2세　74

로경수 외　143, 166
리우징나　112, 290, 318, 342
리우팡(劉芳)　7

ㅁ
마그나(M. Magnat)　76
모건(Matthew Morgan)　59

ㅂ
박금순　143, 190, 191
박민서　58
박세리　61
박승희　63
박용찬　50
박종호　311
발라르(Arnaud Balard)　7
방탄소년단(BTS)　336

ㅅ
相良啓子　338, 342
서도원　112, 117, 214, 215, 290
석수영　112, 199, 260, 290, 314, 318, 342
석수영·김기석　260, 342
석수영·임태성　342
손청　25, 48, 50
송미연 외　260, 290
송현주　7
쇼팽　311
시런(Ed Sheeran)　59

신홍임　260, 290, 332

ㅇ
안태성 외　143, 146
여위숙　166
오천석　46
원성옥　30, 333
원성옥·강윤주　337
원성옥 외　28
윤병천　162
윤병천·김칠관　28
윤병천 외　40, 143
윤석민　333
윤석민 외　62
윤여정　55
윤이근　166
윤희수　7
이광호　199
이난희 외　144
이미혜　48, 50
이민우　199
이봉원 외　331
이준우　111, 331
이준우 외　111
이준우·남기현　248
이한나·최상배　200
임은정　53, 54
임지룡　112, 130, 134, 135, 137, 190, 198, 199, 216, 221, 222, 224, 229, 232, 233, 234, 238, 251, 262, 269,

289, 292, 294, 296, 303, 307, 310, 323, 324
임지룡·석수영　112, 229, 260, 342
임지룡·송현주　112, 290
임태성　7

ㅈ

장진권　341
장진석　199
전정례　79
정수진　232, 240
정한데로　112
정해권　103
정혜선　181
정호성　137
정희원　113, 117
정희찬 외　40
조남호　112, 137
존슨(Johnson, S.)　198
주수양 외　143, 162
주시경　47

ㅊ

차준경　199
찰리 채플린(Charlie-Chaplin)　95
최상배·안성우　28
최상배 외　144, 331, 337, 342
최영주　112, 290, 291
최화니　291

ㅋ

코처(Kotsur, T)　55
퀸틸리아누스(M. F. Quintilian)　74, 109
클레르(Laurent Clerc)　24

ㅍ

피카소　296

ㅎ

하윤호 외　40
홍성은 외　40
황동혁　54
황용하　7

A

Ahlgren, I.　27

B

Balard, A.　7
Battison, R.　79
Baus, C. *et al.*　101
Bellugi U. & E. S. Klima　314
Bellugi U. & S. Fischer　83
Bross, F.　102, 292
Brown, R.　100
Bybee, J. L.　324
Börstell, C. & R. Lepic　102, 290

C

Cann, R. 199
Chomsky, N. 81, 83
Cohen, A. & I. Meir 316
Currie, A. *et al.* 283, 342

D

Dancygier, B. & E. Sweetser 230, 235
Demey, E. *et al.* 100, 292
Deuchar, M. 290, 314
Dirven, R. & M. Verspoor 262
Dodwell, C. R. 109

E

Emmorey, K. 40, 83, 282
Erman, A. 74

F

Fischer, S. & Q. Gong 337, 338, 342
Flumini, A. & J. Santiago 308
Frishberg, N. 98, 99, 100

G

Gallaudet, T. 24
Gillett, P. G. 70
Groce, N. E. 27, 63

H

Hassemer, J. & V. Evola 326
Higgins, P. C. & J. Nash 70
Hockett, C. F. 21, 77, 261, 262
Hockett, C. F. & D. F. Hockett 22, 77
Hoff, E. 20
Hopper, P. J. & E. C. Traugott 324

I

Ichida, Y. 338

J

Johnson, M. 323

K

Kaneko, M. & R. Sutton-Spence 40, 200, 290, 292, 297, 317, 318
Kimmelman, V. *et al.* 290
Klima, E. & U. Bellugi 100, 284, 290
Klima E. *et al.* 99
Krashen. S. 86
Kövecses, Z. & G. Radden 236

L

Lakoff, G. & M. Johnson 323
Landar, H. 78
Lane, H. 76
Lane, H., & F. Grosjean 75
Lane, H. *et al.* 24
Langacker, R. W. 236
Lenneberg, E. H. 86

Liddell, S. K. 98, 103, 106
Liddell, S. K. & R. E. Johnson 30
Littlemore, J. & J. R. Taylor 103
Lyons, J. 261
Löbner, S. 255

M

MacSweeney, M. *et al.* 26, 90
Mayberry, R. I. 87, 88
Mayberry, R. I. & E. B. Eichen 27, 87
Mayberry, R. I. & S. D. Fischer 87
McBurney, S. 77
McNeill, D. 106
Meier, R. P. 100
Meir, I. 101, 282, 290, 315, 316
Meir, I. & A. Cohen 290, 315, 316, 317
Meir, I. & O. Tkachman 101, 263, 264, 281, 292
Meir, I. *et al.* 289, 316
Morris, D. 45
Murphy, G. L. 234
Murphy, M. L. 135, 199
Myklebust, M. 73

N

Newport, E. L. 87
Newport, E. L. & U. Bellugi 135, 222, 234, 235

Newport, E. L., & R. P. Meier 100

P

Paradis, M. 86
Perniss, P. & G. Vigliocco 263
Perniss, P. *et al.* 292
Pfau, R. *et al.* 23, 78, 290
Poizner. H. *et al.* 27, 90
Prinz, P. M. & E. A. Prinz 68

R

Radden, G. 292
Radden, G. & Z. Kövecses 236
Riemer, N. 106
Rubin, E. 296

S

Sandler, W. 28, 74
Santiago, J. *et al.* 308
Sapir, E. 73
Sasaki, D. 24, 338, 342
Saussure, F. de. 100, 261
Schein, J. & M. Delk 70
Smith, W. H. 338, 340
Stokoe, W. C. 77, 78, 79, 80, 109, 261
Stokoe, W. C. *et al.* 80
Storjohann, P. 199

T

Taub, S. F. 101, 259, 268, 269, 270, 290, 292, 296, 297, 298, 314, 315

Tomaszewski, P. *et al.* 88, 89

Torigoe, T. & W. Takei 20

Trager, G. L. & H. L. Jr. Smith 77, 78

V

Valli, C. & C. Lucas 100

W

Wilbur, R. B. 95, 96, 282, 318

Wilbur, R. B. & M. L. Jones 27

Wilcox, P. P. 98, 290, 312, 318

Wilcox, S. 22, 24, 28, 95, 100, 106, 233, 237, 259, 271, 281, 289, 290, 292, 322

Wilcox, S. & C. Occhino 21, 24, 76, 77, 82, 97, 217, 259, 290

Wilcox, S. & P. P. Wilcox 289

Wilcox, S. & R. Martínez 23, 92, 102, 290, 292, 312, 322, 326, 327

Wilcox, S. *et al.* 94, 95, 289

Woll, B. 290

Y

Yap, D. *et al.* 292